↗ **Chemie**

Abitur clever vorbereitet – Chemie

Wolfgang Kirsch, Marietta Mangold, Brigitte Schlachter, Martina Tschiedel

© BSV GmbH; Genehmigte Sonderausgabe für Tandem Verlag GmbH, Birkenstraße 10, 14469 Potsdam. Änderungen an den Produkten sind nur mit Genehmigung von BSV genehmigt.

Das Werk und seine Teile sind urheberrechtlich geschützt. Jede Nutzung in anderen als den gesetzlichen zugelassenen Fällen bedarf der vorherigen Einwilligung des Verlages. Hinweis zu § 52a UrhG: Weder das Werk noch seine Teile dürfen ohne eine solche Einwilligung gescannt und in ein Netzwerk eingestellt werden. Dies gilt auch für Intranets von Schulen und sonstigen Bildungseinrichtungen.

Auf verschiedenen Seiten dieses Buches befinden sich Verweise (Links) auf Internet-Adressen. Haftungshinweis: Trotz sorgfältiger Kontrolle wird die Haftung für die Inhalte der externen Seiten ausgeschlossen. Für den Inhalt dieser externen Seiten sind ausschließlich deren Betreiber verantwortlich. Sollten Sie bei dem angegebenen Inhalt des Anbieters dieser Seite auf kostenpflichtige, illegale oder anstößige Inhalte treffen, so bedauern wir dies ausdrücklich und bitten Sie, uns umgehend per E-Mail davon in Kenntnis zu setzen, damit beim Nachdruck der Verweis gelöscht wird.

Umschlaggestaltung: rincon2 medien GmbH, rincon.de, Köln
Bildnachweis Cover: shutterstock
Fachkorrektur: Manfred Jäckel
Gesamtherstellung: Tandem Verlag GmbH, Potsdam

ISBN: 978-3-8427-0361-2

Inhaltsverzeichnis

1 Atombau und Periodensystem 9
   1.1 Einfache Atommodelle 10
   1.2 Orbitalmodell 11
   1.3 Elektronenkonfigurationen 12
   1.4 Periodensystem 13

2 Chemische Bindung 15
   2.1 Ionenbindung 16
   2.2 Atombindung 19
   2.3 Metallische Bindung 28
   2.4 Zwischenmolekulare Kräfte 28
   2.5 Struktur-Eigenschafts-Konzept am Beispiel der Schmelz- und
        Siedetemperaturen 29
   2.6 Löslichkeit 32
   2.7 Zusammenfassung: Chemische Bindung 32

3 Chemische Reaktionen – energetisch betrachtet 34
   3.1 Enthalpie 35
   3.2 Entropie 42
   3.3 Freie Enthalpie 45
   3.4 Entropie und Enthalpie im Zusammenspiel 46
   3.5 Zusammenfassung und Rückblick 47

4 Reaktionsgeschwindigkeit 49
   4.1 Definition 50
   4.2 Abhängigkeit vom Zerteilungsgrad (von der Oberfläche) 50
   4.3 Konzentrationsabhängigkeit und Geschwindigkeitsgleichung 50
   4.4 Temperaturabhängigkeit 51
   4.5 Katalysatoren 51

5 Chemisches Gleichgewicht 53
   5.1 Umkehrbare Reaktionen und chemisches Gleichgewicht 54
   5.2 Das Massenwirkungsgesetz 54
   5.3 Verschieben der Gleichgewichtslage und das Prinzip von LE CHATELIER ... 56
   5.4 Löslichkeitsprodukt 57

6 Säure/Base-Reaktionen: Protonenübergänge 60
   6.1 Wichtige Definitionen nach der BRÖNSTED-Säure/Base-Theorie 61
   6.2 pH-Wert 62
   6.3 Die Stärke von Säuren und Basen 63
   6.4 Voraussage von Protolysegleichgewichten 64
   6.5 pH-Berechnungen 64

6.6	Experimentelle Bestimmung des pH-Wertes: Indikatoren	66
6.7	Protolysen von Ionen mit Wasser	67
6.8	Puffer	68
6.9	Säure/Base-Titrationen	69

7 Redoxreaktionen: Elektronenübergänge ... 73

7.1	Oxidation und Reduktion im Bedeutungswandel	74
7.2	Einrichten von Reaktionsgleichungen für Redoxreaktionen	77
7.3	Disproportionierung – Synproportionierung	78
7.4	Redoxreihen	78
7.5	Galvanische Zellen	80
7.6	Standard-Elektrodenpotentiale	83
7.7	Konzentrationsabhängigkeit der Elektrodenpotentiale	86
7.8	Redoxreaktionen in der Analytik	89
7.9	Donator-Akzeptor-Konzept: Redoxreaktionen und Säure/Base-Reaktionen im Vergleich	91
7.10	Redoxreaktion und galvanische Zelle im Überblick	92

8 Redoxreaktionen in Alltag und Technik ... 93

8.1	Elektrolyse – erzwungene Redoxreaktionen	94
8.2	Korrosion	112
8.3	Mobile Energiequellen	117

9 Strukturaufklärung organischer Verbindungen ... 128

9.1	Chemische Methoden	129
9.2	Spektroskopie	130

10 Kohlenwasserstoffe ... 132

10.1	Gesättigte Kohlenwasserstoffe	133
10.2	Ungesättigte Kohlenwasserstoffe: Alkene, Alkine	138
10.3	Aromatische Kohlenwasserstoffe: Benzol	143
10.4	Aromaten mit Heteroatomen und mehrkernige aromatische Verbindungen	149

11 Sauerstoffhaltige organische Verbindungen ... 152

11.1	Alkohole, Alkanole	153
11.2	Verbindungen mit der Carbonyl-Gruppe: Alkanale, Alkanone	163
11.3	Verbindungen mit der Carboxyl-Gruppe: Carbonsäuren	168
11.4	Allgemeine Übersicht über Reaktionsmechanismen	176

12 Stickstoffhaltige organische Verbindungen ... 179

12.1	Amine	180
12.2	Aminosäuren, Aminocarbonsäuren	182
12.3	Säureamide	183
12.4	Nitroverbindungen	184

13 Naturstoffe ... 186
13.1 Kohlenhydrate ... 187
13.2 Fette ... 193
13.3 Proteine ... 194
14 Farbstoffe ... 197
14.1 Lichtabsorption und Farbe ... 198
14.2 Struktur-Eigenschafts-Beziehungen bei organischen Farbstoffen ... 198
14.3 Farbmittel ... 201
14.4 Synthetische Farbstoffklassen ... 202
14.5 Indigo – ein traditioneller Küpenfarbstoff ... 204
14.6 Färbeverfahren im Überblick ... 206
15 Kunststoffe ... 208
15.1 Allgemeines ... 209
15.2 Verfahren zur Kunststoffsynthese ... 211
15.3 Kunststoffe aus Naturprodukten ... 216
16 Aufgaben wie im Abitur ... 218
16.1 Atombau und Periodensystem ... 218
16.2 Chemische Bindung ... 220
16.3 Thermochemie ... 224
16.4 Geschwindigkeit chemischer Reaktionen (Reaktionskinetik) ... 230
16.5 Chemisches Gleichgewicht und Massenwirkungsgesetz ... 234
16.6 Säure/Base- und Löslichkeitsgleichgewichte ... 239
16.7 Puffersysteme ... 249
16.8 Redoxreaktionen ... 252
16.9 Elektrochemie ... 257
16.10 Komplexchemie ... 264
16.11 Kohlenwasserstoffe und Halogenkohlenwasserstoffe ... 268
16.12 Organische Stoffe mit funktionellen Gruppen ... 272
16.13 Aminosäuren/Proteine ... 279
16.14 Fette ... 281
16.15 Kohlenhydrate ... 283
16.16 Seifen und Waschmittel ... 286
16.17 Farbstoffe ... 289
16.18 Kunststoffe ... 292
16.19 Biochemie ... 296
16.20 Kernchemie ... 299
Glossar ... 302
Stichwortverzeichnis ... 316

Fett-farbig gekennzeichnete Begriffe finden Sie im Glossar erläutert.

Chemie besser verstehen mit Basiskonzepten

Fachbegriffe und Lerninhalte des Fachs Chemie in der Oberstufe lassen sich den folgenden **sechs** übergeordneten Prinzipien zuordnen, die als **Basiskonzepte** bezeichnet werden. Sie stellen eine Wissensbasis dar, auf deren Fundament die grundlegenden Strukturen der Wissenschaft Chemie besser begriffen werden können.

Neues Wissen kann mithilfe der Basiskonzepte besser in größere Zusammenhänge eingeordnet werden und wird somit verständlicher. Basiskonzepte dienen als Systematisierungshilfen.

Die Basiskonzepte können als Leitfäden für die Betrachtung und Analyse chemischer Phänomene dienen und sind hilfreich bei der Lösung chemischer Problem- und Aufgabenstellungen.

1. Konzept der Stoff-Teilchen-Beziehungen

Chemie ist die Wissenschaft von den Stoffen und den Stoffänderungen. Stoffe wie auch Stoffänderungen sind mit Sinnesorganen erfahrbar. Erklärbar sind sie jedoch nur mit submikroskopischen Teilchen wie Atomen, Molekülen und Ionen. Der Bau von Atomen, Molekülen und Ionen und deren Verbänden und damit auch das Stoff-Teilchen-Konzept stehen im Mittelpunkt des Themas „Atombau und chemische Bindung".

2. Konzept der Struktur-Eigenschafts-Beziehungen

Stoffe haben unterschiedliche Schmelz- und Siedetemperaturen. Sie zeigen ein unterschiedliches Reaktionsverhalten. Physikalische wie chemische Eigenschaften hängen davon ab, wie die Teilchen aufgebaut sind, wie sie angeordnet sind und welche Wechselwirkungen zwischen den Teilchen existieren. Kurzum, die Strukturen auf der Teilchenebene sind für die Eigenschaften eines Stoffes bestimmend. Bei den Themen „Chemische Bindung", „Zwischenmolekulare Wechselwirkungen" und „Organische Chemie" steht das Struktur-Eigenschafts-Konzept im Vordergrund.

3. Energie-Konzept

In allen Stoffen ist Energie gespeichert. Somit sind alle Stoffänderungen, das heißt alle chemischen Reaktionen, auch mit messbaren Energieänderungen verbunden. Stoffe können bei chemischen Reaktionen Energie abgeben oder auch aufnehmen. Ihr Energiegehalt kann sich somit ändern. Bei freiwillig ablaufenden Reaktionen wird Energie an die Umgebung abgegeben. Der Ordnungszustand des reagierenden Systems nimmt dabei in der Regel ab, was einer Entropie-Zunahme entspricht. Energie-Abgabe sowie Entropie-Zunahme sind die Triebkräfte chemischer Reaktionen.

4. Konzept der Reaktionsgeschwindigkeiten

Manche Stoffe können innerhalb von Sekundenbruchteilen miteinander reagieren, andere Stoffe brauchen für eine chemische Umsetzung Jahre. Ausschlaggebend hierfür sind – neben der Natur der beteiligten Stoffen – Faktoren wie Zerteilungsgrad, Temperatur, Konzentration und Katalysator.

5. Konzept des chemischen Gleichgewichts

In geschlossenen Systemen laufen bei vielen umkehrbaren chemischen Reaktionen Hin- und Rückreaktion gleichzeitig nebeneinander ab. Dabei stellt sich bei konstanten Bedingungen ein mathematisch beschreibbarer, stabiler Gleichgewichtszustand zwischen Ausgangs- und Endstoffen ein. Vorhersagen über den quantitativen Verlauf einer chemischen Reaktion sind somit möglich.

6. Donator-Akzeptor-Konzept

Teilchen können bei einer chemischen Reaktion Energie, aber auch Partikel wie Protonen oder Elektronen miteinander austauschen. Dabei wird das abgebende Teilchen als Donator, das aufnehmende Teilchen als Akzeptor bezeichnet. Werden bei einer chemischen Reaktion Elektronen ausgetauscht, handelt es sich um eine Redoxreaktion, bei einer Protonenabgabe bzw. -aufnahme spricht man von einer Säure-Base-Reaktion oder Protolyse.

Wissen: Basiskonzepte

Die Fachinhalte der Chemie lassen sich übergeordneten Prinzipien, den Basiskonzepten zuordnen. Die Basiskonzepte gewährleisten einen strukturierten Wissensaufbau, sind Systematisierungshilfen und helfen bei der Lösung chemischer Fragestellungen.

Chemie besser verstehen mit Basiskonzepten

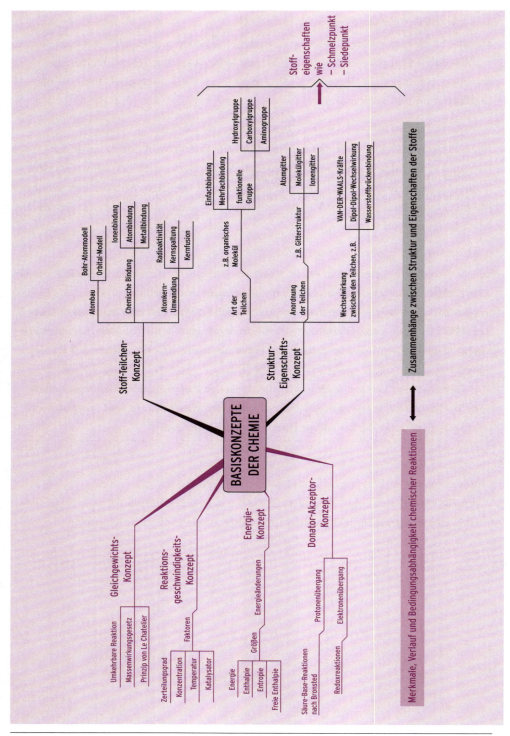

Basiskonzepte der Chemie im Überblick

1 Atombau und Periodensystem

Basiskonzept: Stoff-Teilchen-Beziehungen

- In der Chemie ist unter dem Begriff **Stoff** wahrnehmbare Materie zu verstehen, die durch ihre eigentümlichen, gleichbleibend kennzeichnendenden Eigenschaften wie Dichte, Farbe, Schmelztemperatur … charakterisiert ist – unabhängig von Größe, Gestalt und Form.
- Auf der Stoffebene sind chemische Reaktionen an ihren Begleiterscheinungen wie Wärme- und Geruchsentwicklungen sowie anhand von Stoffänderungen erkennbar.
- Stoffe kann man in Reinstoffe und Stoffgemische untergliedern, wobei Reinstoffe wiederum in Elemente und Verbindungen unterteilt werden. Bei Stoffgemischen unterscheidet man zwischen homogenen und heterogenen Gemischen (→ Abb. 1.1).
- Stoffe sind aus kleinsten **Teilchen**, den **Atomen**, Molekülen und Ionen aufgebaut. Die Existenz von Atomen wird aufgrund experimenteller Untersuchungen nicht mehr bezweifelt. Atome können heutzutage sogar indirekt mithilfe neuerer mikroskopischer Methoden wie die der Rasterkraftmikroskopie auf dem Computerbildschirm dargestellt werden, obwohl sie nur einen Durchmesser von ungefähr einem Zehnmilliardstel Meter haben.
- Alle Atome unterliegen denselben Bauprinzipen, die in verschiedenen Atommodellen, wie dem BOHR'schen Atommodell oder dem Orbitalmodell, unterschiedlich beschrieben und ausformuliert worden sind.
- Entsprechend ihrem Atombau sind die verschiedenen Elemente im Periodensystem der Elemente nach der Protonenzahl angeordnet.
- Atome können einzeln vorliegen und können als **Ionen** positiv oder negativ geladen sein. Sie können sich entsprechend ihren Eigenschaften zu unterschiedlichen Aggregaten (Verbänden) wie **Molekülen** oder Ionengittern verbinden oder organisieren.

Merke: Die erfahrbaren Phänomene der stofflichen Welt können auf der Teilchenebene gedeutet werden.

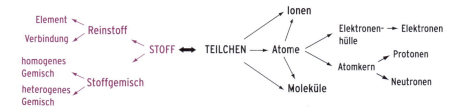

Abb. 1.1 Schlüsselbegriffe des Stoff-Teilchen-Konzepts im Überblick

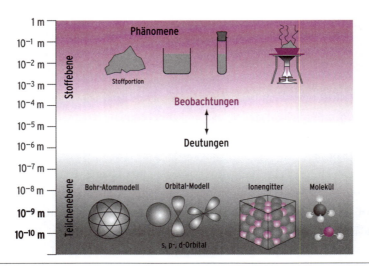

Abb. 1.2: Stoff-Teilchen-Konzept im Überblick

1.1 Einfache Atommodelle

DALTON (1808): Jedem Element entspricht eine Art von Atomen. Sie sind unveränderlich, untereinander in einem Element gleich und in verschiedenen Elementen von unterschiedlicher Masse. Chemische Reaktionen sind Umgruppierungen von Atomen. DALTON führte bereits Symbole zur Bezeichnung chemischer Elemente ein. Die heutige Schreibweise von Formeln geht auf BERZELIUS (1815) zurück.

THOMSON (1904): Atome stellen Massenteilchen (Kugeln) dar. Die positive Ladung ist über das gesamte Volumen verteilt. Negativ geladene Teilchen, die Elektronen, sind in diese Grundmaterie eingebettet und gleichen die positive Ladung aus. Ein positiv geladenes Ion entsteht, wenn Elektronen abgegeben werden, ein negativ geladenes, wenn Elektronen aufgenommen werden.

RUTHERFORD (1911): Atome bestehen aus einem sehr kleinen positiv geladenem Massenzentrum (Atomkern) und einer negativ geladenen Elektronenhülle. Die Elektronen bewegen sich mit großer Geschwindigkeit um den Kern.

BOHR (1913): Die negativen Elektronen der Atomhülle umkreisen planetenähnlich den positiven Atomkern.
Postulate:
① Die Elektronen können sich nur auf ganz bestimmten, einzelnen Bahnen um den Kern bewegen. Dieser Bewegung entspricht ein ganz bestimmtes Energieniveau.
② Der Umlauf auf diesen Bahnen erfolgt strahlungslos mit konstanter Energie.

③ Das Elektron absorbiert oder emittiert Energie nur beim sprunghaften Übergang zwischen zwei Energieniveaus.

Durch Energiezufuhr kann ein Elektron auf eine kernfernere Bahn angehoben werden. Nach kurzer Zeit fällt das Elektron auf die kernnähere zurück. Dabei wird Licht einer bestimmten Wellenlänge ausgesandt. Die Energie des emittierten Lichts entspricht dabei genau der Energiedifferenz der beiden Bahnen. Regt man daher Atome durch Energiezufuhr an, so erhält man ein charakteristisches Linienspektrum.

1.2 Orbitalmodell

Bestimmte Experimente mit Elektronen lassen sich nur deuten, wenn man das Elektron als Welle betrachtet. In anderen Experimenten verhalten sich Elektronen wie Teilchen. Je nach zu beobachtender Eigenschaft des Elektrons muss man also entweder das Teilchenmodell oder das Wellenmodell des Elektrons heranziehen (**Welle-Teilchen-Dualismus**). Da es prinzipiell nicht möglich ist, gleichzeitig den Ort und die Geschwindigkeit eines Elektrons exakt anzugeben (HEISENBERG, 1927), lassen sich keine Aussagen über den momentanen Aufenthaltsort des Elektrons im Atom machen. Die Vorstellung, dass sich Elektronen auf Elektronenbahnen (Orbits) bewegen, wird daher aufgegeben. Stattdessen werden die Elektronen durch Orbitalfunktionen im dreidimensionalen Raum beschrieben.

Ein **Orbital** ist damit der **Aufenthaltsbereich**, in dem ein Elektron mit großer Wahrscheinlichkeit anzutreffen ist.

Vier **Quantenzahlen** charakterisieren den Zustand des Elektrons im Atom:
- Die **Hauptquantenzahl** n (n = 1, 2, 3, ...) gibt die Größe des Orbitals an.
- Die **Nebenquantenzahl** ℓ ($\ell \leq n - 1$) gibt die Form des Orbitals an:
  $\ell = 0$: s-Orbital, kugelförmig
  $\ell = 1$: p-Orbitale, hantelförmig
  $\ell = 2$: d-Orbitale, kleeblattförmig
  ($\ell = 3$: f-Orbitale, $\ell = 4$: g-Orbitale)
- Die **Magnetquantenzahl** m ($-\ell \leq m \leq +\ell$) gibt die Lage des Orbitals im Raum an.
- Die **Spinquantenzahl** s ($s = +\frac{1}{2}$, $s = -\frac{1}{2}$) gibt die Eigenrotation des Elektrons an.

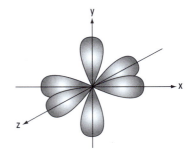

Abb. 1.3: Die Form der p-Orbitale Die $2p_x$- und $2p_y$-Orbitale liegen in der Zeichenebene, das $2p_z$-Orbital steht senkrecht darauf

Beispiele:

Hauptquantenzahl 1: nur ein kugelförmiges s-Orbital (1s)

Hauptquantenzahl 2:
- ein kugelförmiges s-Orbital (2s), das größer ist als das 1s-Orbital
- drei hantelförmige p-Orbitale, die senkrecht aufeinander stehen ($2p_x$, $2p_y$, $2p_z$),
  → Abb. 1.3

Hauptquantenzahl 3:

- ein kugelförmiges s-Orbital (3s), das größer ist als das 1s- und das 2s-Orbital
- drei hantelförmige p-Orbitale, die senkrecht aufeinanderstehen ($3p_x$, $3p_y$, $3p_z$) und größer sind als die 2p-Orbitale
- fünf 3d-Orbitale

1.3 Elektronenkonfigurationen

Die **Elektronenkonfiguration** eines Atoms erhält man, indem man alle Elektronen des Atoms Orbitalen zuordnet. In der **Pauling-Schreibweise** wird das Orbital als Kästchen dargestellt, die Elektronen werden durch Pfeile symbolisiert, wobei die entgegengesetzte Pfeilrichtung für die entgegengesetzte Rotationsrichtung (Spin) des Elektrons steht.
Beispiel: $\boxed{\uparrow\downarrow}$ symbolisiert ein Orbital, das mit zwei Elektronen mit entgegengesetztem Spin besetzt ist.
Beim Aufstellen von Elektronenkonfigurationen sind folgende Prinzipien zu beachten:

- **Energieprinzip:** Energieärmere Zustände werden vor energiereicheren besetzt.
- **HUND'sche Regel:** Energiegleiche Orbitale gleicher Nebenquantenzahl werden zunächst einfach besetzt.
- **PAULI-Prinzip:** Elektronen eines Atoms dürfen nicht in allen vier Quantenzahlen übereinstimmen, das heißt ein Orbital kann maximal zwei Elektronen (unterschiedlichen Spins) aufnehmen.

Beim Aufstellen von Elektronenkonfigurationen ist Folgendes zu beachten:

- Die Orbitale müssen nach dem Energieprinzip (Energieniveauschema) besetzt werden.
- Es gibt jeweils:
  - ein s-Orbital,
  - drei energiegleiche p-Orbitale,
  - fünf energiegleiche d-Orbitale.
- p- und d-Orbitale einer Hauptquantenzahl werden zunächst einfach besetzt (HUND'sche-Regel).
- Ein Orbital kann mit höchstens zwei Elektronen besetzt sein, die dann einen entgegengesetzten Spin haben.

Beispiel: **Kurzschreibweise** für die Elektronenkonfiguration von Phosphor (P): $1s^2\ 2s^2\ 2p^6\ 3s^2\ 3p^3$ ($1s^2$ gesprochen: „eins-s-zwei"), $\rightarrow$ Abb. 1.4. Als Merkhilfe für das Energieniveauschema der Orbitale eignet sich das **Schachbrett**. Es wird zeilenweise von links nach rechts gelesen, wobei man mit der unteren Zeile anfängt ($\rightarrow$ Abb. 1.5).

- s-Orbitale sind mit maximal 2 Elektronen,
- die drei p-Orbitale einer Hauptquantenzahl mit maximal 6 Elektronen,
- die fünf d-Orbitale einer Hauptquantenzahl mit maximal 10 Elektronen und
- die sieben f-Orbitale einer Hauptquantenzahl mit maximal 14 Elektronen besetzt.

Beispiel: Die Elektronenkonfiguration für Arsen (As) mit 33 Elektronen lautet also in Kurzschreibweise: $1s^2\ 2s^2\ 2p^6\ 3s^2\ 3p^6\ 4s^2\ 3d^{10}\ 4p^3$

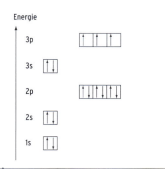 

Abb. 1.4: Die Elektronenkonfiguration von Phosphor (P) im Grundzustand

Abb. 1.5: Das Schachbrett als Merkhilfe für das Energieniveauschema der Orbitale

1.4 Periodensystem

Aufbau

Die Stellung eines Elements im Periodensystem ist auf seine Elektronenkonfiguration zurückzuführen. Die **Ordnungszahl** entspricht der Protonenzahl, beim Atom auch der Elektronenzahl. Elektronen mit gleicher Hauptquantenzahl werden als **Schale** zusammengefasst. Elektronen mit der Hauptquantenzahl $n = 1$ gehören dabei zur K-Schale, die Elektronen mit der Hauptquantenzahl $n = 2$ bilden die L-Schale. Es folgen dann M-, N-, O-, P- und Q-Schale. Je größer die Hauptquantenzahl ist, desto größer ist auch der Radius der Kugelschale. Die maximale Elektronenbesetzung für die n-te Schale ist mit $2n^2$ Elektronen erreicht. Alle Elemente einer **Periode** (horizontale Reihe) besitzen dieselbe Schalenzahl. Die Elemente einer **Gruppe** (vertikale Reihe) besitzen die gleiche Anzahl an Elektronen auf der äußeren Schale (**Valenzelektronen**). Bei den Hauptgruppen stimmt dabei die Zahl der Valenzelektronen mit der Gruppennummer überein.

Name der Gruppe	Elektronenkonfiguration der Valenzelektronen
Alkalimetalle	s^1
Erdalkalimetalle	s^2
Borgruppe	s^2p^1
C-Si-Gruppe	s^2p^2
Stickstoffgruppe	s^2p^3; stabil
Chalkogene	s^2p^4
Halogene	s^2p^5
Edelgase	s^2p^6; sehr stabil (Edelgaskonfiguration)

Tab. 1.1: Hauptgruppen des Periodensystems

Atomradien und Ionenradien

Kationen haben einen kleineren Radius als Atome, da sie eine Schale weniger besitzen. **Anionen** haben einen größeren Radius als Atome, da sich die Elektronen der äußeren Schale untereinander stärker abstoßen. Innerhalb einer **Gruppe** nehmen die **Atomradien** mit zunehmender Ordnungszahl (von oben nach unten) zu, da neue Schalen aufgebaut werden. Innerhalb einer **Periode** nehmen die Atomradien mit zunehmender Ordnungszahl ab, da die Elemente einer Periode dieselbe Schalenzahl besitzen, die Kernladung aber zunimmt und die Elektronen daher stärker angezogen werden. Die **Radien** der **Kationen** und **Anionen** nehmen ebenfalls innerhalb der Gruppe von oben nach unten zu, innerhalb der Periode von links nach rechts ab.

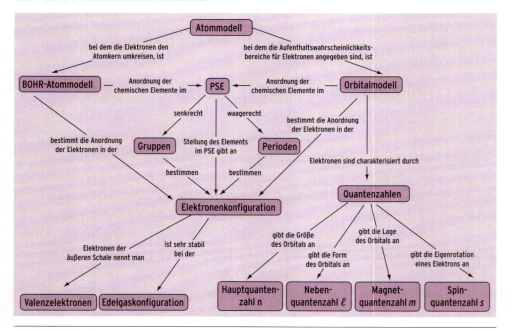

Abb. 1.6: Zusammenfassung zum Kapitel Atombau und Periodensystem

2 Chemische Bindung

Basiskonzept: Struktur-Eigenschafts-Beziehungen

- **Salze** haben aufgrund ihrer Ionenbindung andere typische physikalische und chemische Eigenschaften als Stoffe, die aus Molekülen aufgebaut sind. So liegen Schmelz- und Siedetemperaturen bei Salzen wegen der starken, ungerichteten elektrostatischen Anziehungskräfte der geladenen Teilchen im Ionengitter in der Regel einige hundert Kelvin höher als bei Stoffen, die aus Molekülen bestehen.
- **Moleküle** setzen sich aus Atomen zusammen, die durch Elektronenpaarbindung (Atombindung) miteinander verbunden sind. Da in Molekülen aufgrund der mehr oder weniger polaren Atombindungen höchstens Teilladungen vorhanden sind, sind die elektrostatischen zwischenmolekularen Anziehungskräfte sehr viel geringer ausgeprägt als die Anziehungskräfte bei Ionen. Daraus resultieren unter anderem auch die niedrigeren Siede- und Schmelztemperaturen bei molekularen Stoffen.
- **Metalle** zeichnen sich durch elektrische Leitfähigkeit, Wärmeleitfähigkeit, gute Verformbarkeit und eine metallisch glänzende Oberfläche aus. Diese Eigenschaften beruhen auf der metallischen Bindung: Die Atome sind im Metallgitter dicht gepackt; zwischen den positiv geladenen Atomrümpfen existieren frei bewegliche Valenzelektronen.

Merke: Art, Anordnung und Wechselwirkung der Teilchen bestimmen die Eigenschaften eines Stoffes.

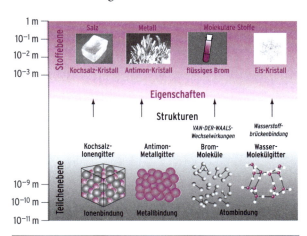

Abb. 2.1: Chemische Bindung und Struktur-Eigenschafts-Konzept

2.1 Ionenbindung

2.1.1 Bildung der Ionen

In der Reaktion zwischen Metallen und Nichtmetallen erreichen **Metalle** die stabile (= energiearme) **Edelgaskonfiguration**, indem sie ihre Valenzelektronen abgeben. **Nichtmetalle** erreichen die Edelgaskonfiguration, indem sie ihre äußere Schale durch Elektronenaufnahme zum Oktett (s^2p^6) auffüllen (→ Abb. 2.2).

Beispiel

2 Na + Cl$_2$ → 2 NaCl; $\Delta H \leq 0$ (exotherm)

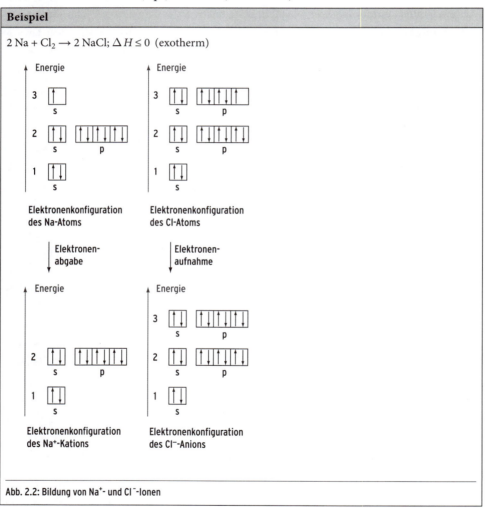

Abb. 2.2: Bildung von Na$^+$- und Cl$^-$-Ionen

Wissen: Regel von KOSSEL

Die Reaktionsfähigkeit von Atomen beruht auf deren Bestreben, durch Abgabe oder Aufnahme von Elektronen in der Reaktion mit anderen Atomen Edelgaskonfiguration zu erreichen.

Metalle geben Elektronen ab und werden zu **Kationen**.
Nichtmetalle nehmen Elektronen auf und werden zu **Anionen**.

Definition
Kation = positiv geladenes Teilchen
Anion = negativ geladenes Teilchen

Typische Nichtmetalle sind: Halogene (F, Cl, Br, I), und die Elemente O, S, N, P, C, H. Die Ionen bilden ein **Ionengitter** (→ Abb. 2.3). Ionenverbindungen werden als **salzartige Stoffe** bezeichnet. Bei der Bildung des Ionengitters aus den Ionen der Gasphase wird ein großer Energiebetrag (**Gitterenergie**) frei. Die Gitterenergie liefert die Energie für die energieverbrauchenden Teilschritte der Salzbildung.

Vorsicht Falle
Die **Gitterenergie** – und nicht etwa das Entstehen einer Edelgaskonfiguration – ermöglicht die Bildung eines Salzes. Es gibt auch stabile Kationen, die auf der äußeren Schale keine s^2p^6-Konfiguration besitzen.

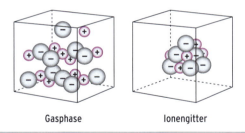

Abb. 2.3: Bildung des Ionengitters

Die **Gitterenergie** kann über den **BORN-HABER-Kreisprozess** bestimmt werden. Dazu zerlegt man gedanklich die Bildung eines salzartigen Stoffes aus den Elementen in Teilschritte.

Beispiel: Bildung von NaCl
① Das Na-Metall wird sublimiert (verdampft), sodass isolierte Na-Atome als Dampf vorliegen (benötigte Energie: Sublimationsenergie).
② Die Chlor-Moleküle werden in Atome gespalten (benötigte Energie: **Bindungsenergie**).
③ Na-Atome geben je ein Elektron ab (benötigte Energie: Ionisierungsenergie).
④ Cl-Atome nehmen je ein Elektron auf (umgesetzte Energie: **Elektronenaffinität**).
⑤ Die in der Gasphase vorliegenden Na^+- und Cl^--Ionen lagern sich zu einem Ionengitter zusammen (freiwerdende Energie: **Gitterenergie**).

2.1.2 Ionengitter und Gitterenergie

Die **Gitterenergie** gibt an, wie viel Energie frei wird, wenn Ionen aus der Gasphase heraus ein Ionengitter bilden. Die Kationen und Anionen im Kristallverband werden durch elektrostatische Anziehungskräfte (COULOMB-Kräfte) zusammengehalten. Diese Kräfte sind ungerichtet und wirken gleichmäßig nach allen Seiten. Die Anionen sind größer als die Kationen und bilden eine **dichteste Kugelpackung**. Die kleineren Kationen liegen in den Lücken zwischen den Anionen.

Beispiel: NaCl (Kochsalz)

Die großen Cl^--Anionen bilden die dichteste Kugelpackung, in deren Lücken die kleinen Na^+-Kationen liegen (→ Abb. 2.4). Jedes Kation ist von sechs Anionen umgeben, jedes Anion von sechs Kationen. Die **Koordinationszahl** (= Anzahl der nächsten Nachbarn im Ionengitter) beträgt daher für jede Ionenart 6.

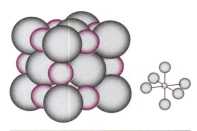

Abb. 2.4: NaCl-Ionengitter

Formeln von Ionenverbindungen sind **Verhältnisformeln**. Sie geben das Zahlenverhältnis von Kationen und Anionen im Ionengitter an.

Die Gitterenergie ist im Wesentlichen abhängig:

① von der Ladung der Ionen: Je höher die Ladung ist, desto stärker ziehen sich Kationen und Anionen an.

② vom Radius der Ionen: Je kleiner der Radius ist, desto größer ist die Ladungsdichte des Ions, desto stärker ziehen sich Kationen und Anionen an.

Da beim Schmelzen und Sieden von salzartigen Verbindungen die Ionen aus dem Gitter gelöst werden und die elektrostatische Anziehung der Ionen überwunden werden muss, sind Schmelz- und Siedetemperatur von der Gitterenergie abhängig.

Beispiel: Ordnen von Salzen

NaCl, CaS, Al_2O_3, KBr, MgO nach steigender Schmelz- und Siedetemperatur geordnet:

1. Ordnen nach der Ladung: Die Ladung der Kationen (Metalle) entspricht bei den Hauptgruppenmetallen der Gruppennummer, bei den Anionen (Nichtmetallen) der Differenz zwischen acht Elektronen und der Gruppennummer.

$Al_2^{3+}O_3^{2-}$; $Ca^{2+}S^{2-}$; $Mg^{2+}O^{2-}$; Na^+Cl^-; K^+Br^-

2. Ordnen nach dem Ionenradius: Da innerhalb einer Gruppe im Periodensystem die Ionenradien mit steigender Ordnungszahl (von oben nach unten) zunehmen (→ Seite 13), ergibt sich die Reihenfolge:

Al_2O_3, MgO, CaS, NaCl, KBr

→ Abnahme von Schmelz- und Siedetemperatur

2.1.3 Übersicht: salzartige Stoffe

Eine **Ionenbindung** liegt vor, wenn in einer Verbindung **Metall und Nichtmetall** enthalten sind. Wichtige salzartige Verbindungen sind daher:

Metall + Nichtmetall (binäre Verbindungen)	Metall + Säurerest
Oxide (O^{2-})	Sulfate (SO_4^{2-})
Sulfide (S^{2-})	Sulfite (SO_3^{2-})
Nitride (N^{3-})	Nitrate (NO_3^-)
Halogenide (F^-, Cl^-, Br^-, I^-)	Nitrite (NO_2^-)
Hydroxide (OH^-)	Phosphate (PO_4^{3-})
	Carbonate (CO_3^{2-})

Hinweis: Das NH_4^+-Ion (Ammonium-Ion) verhält sich wie ein Metall-Kation. Bei Ammonium-Verbindungen handelt es sich daher um salzartige Stoffe.

2.2 Atombindung

2.2.1 LEWIS-Formeln und Oktettregel

Die Bindung zwischen Nichtmetall-Atomen beruht auf der Bildung **gemeinsamer Elektronenpaare**. Es entstehe**n** **Moleküle**.

Solche **bindenden Elektronenpaare** werden aus ungepaarten Valenzelektronen der Atome gebildet. Durch die gemeinsamen Elektronenpaare erreichen die Atome **Edelgaskonfiguration**. Valenzelektronen, die nicht an der Bindung beteiligt sind, bezeichnet man als **freie Elektronenpaare**.

In den LEWIS-Formeln (Valenzstrichformeln) werden Elektronenpaare als Strich, einzelne Elektronen als Punkte dargestellt.
Beispiel: HCl-Molekül
LEWIS-Formel: H–C̄l|
Durch das gemeinsame Elektronenpaar erreicht das Chlor-Atom Edelgaskonfiguration (s^2p^6), das Wasserstoff-Atom erreicht die Edelgaskonfiguration von Helium (s^2). Das Chlor-Atom hat drei freie Elektronenpaare.

Oktettregel: Jedem Atom werden vier Elektronenpaare zugeordnet.

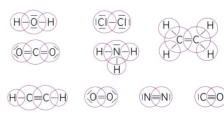

Abb. 2.5: LEWIS-Formeln und Oktettregel

Strategie zum Aufstellen von Lewis-Formeln

① Summe der Valenzelektronen aller Atome bestimmen.

② Oktettbedarf für alle Atome berechnen (für H-Atome zwei Elektronen, für alle anderen Atome acht Elektronen).

③ $\frac{(\sum \text{Oktettbedarf} - \sum \text{Valenzelektronen})}{2}$ = Anzahl gemeinsamer Elektronenpaare.

Bei Molekül-Anionen und -Kationen muss die Ladung der Teilchen zu den Valenzelektronen addiert bzw. von der Zahl der Valenzelektronen subtrahiert werden.

④ Wasserstoff bindet in der Regel an Sauerstoff.

⑤ Mit freien Elektronen zum Oktett ergänzen.

Beispiel: HClO-Molekül

Summe Oktettbedarf = 2 + 8 + 8 = 18; Summe Valenzelektronen = 1 + 7 + 6 = 14

$\frac{18 - 14}{2}$ = 2 gemeinsame Elektronenpaare, Wasserstoff bindet an Sauerstoff.

Lewis-Formel: H−$\overline{\underline{O}}$−$\overline{\underline{C}}$l|

Ausnahmen: Die Oktettregel ist eine Regel, von der es natürlich Ausnahmen gibt.

Formalladungen eines Atoms in einer Verbindung erhält man, indem man von der Anzahl der Valenzelektronen des freien Atoms die freien Elektronen und die Hälfte der Bindungselektronen des Atoms im Molekül subtrahiert.

Beispiel: CO-Molekül

C-Atom: 4 Valenzelektronen;

in der Bindung:

2 freie Elektronen + 3 Elektronen: 4 − 5 = − 1;

O-Atom: 6 Valenzelektronen;

in der Bindung:

2 freie Elektronen + 3 Elektronen: 6 − 5 = + 1

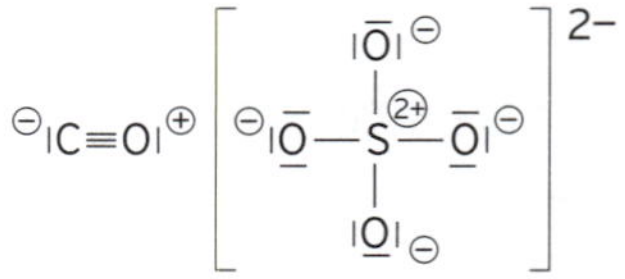

Abb. 2.6: LEWIS-Formeln und Formalladungen

2.2.2 Modell: Elektronenpaarabstoßung

Lewis-Formeln ermöglichen keine Aussage über die Gestalt eines Teilchens. Dies ist erst mit dem **Elektronenpaarabstoßungs-Modell** möglich:

● Elektronenpaare stoßen sich ab und nehmen einen möglichst großen Abstand voneinander ein.

● Freie Elektronenpaare beanspruchen einen etwas größeren Raum als bindende Elektronenpaare.

● Elektronen einer Mehrfachbindung werden als Einheit betrachtet. Sie beanspruchen etwas mehr Raum als Elektronen einer Einfachbindung.

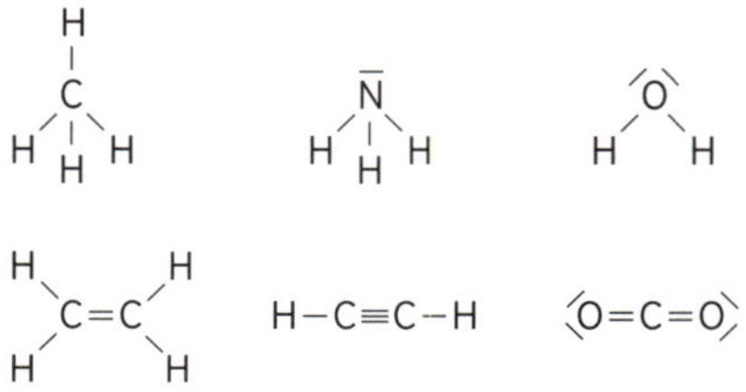

Abb. 2.7: Molekülstrukturen nach der Elektronenpaarabstoßung

- Jede Einfachbindung, jede Mehrfachbindung und jedes freie Elektronenpaar stellt eine Elektroneneinheit dar.

Das C-Atom in CH_4, das N-Atom in NH_3 und das O-Atom in H_2O sind jeweils von vier Einheiten umgeben. Jedes C-Atom in C_2H_4 ist von drei Einheiten umgeben.
Das C-Atom in C_2H_2 und das C-Atom in CO_2 sind jeweils von zwei Einheiten umgeben. Durch die Abstoßung der Elektronenpaare ergibt sich eine bestimmte Molekülgeometrie.

*	Struktur	Bindungswinkel	Beispiele
4	Zentralatom liegt im Zentrum eines Tetraeders, die vier Elektronenpaare ragen in die Ecken des Tetraeders	109° tetraedrisch	CH_4, NH_3, H_2O
3	Zentralatom liegt in der Mitte eines gleichseitigen Dreiecks, die Elektroneneinheiten ragen in die Ecken des Dreiecks	120° trigonal-planar	Ethen (C_2H_4)
2	lineare Anordnung der Elektroneneinheiten des Zentralatoms	180° linear	Ethin (C_2H_2), CO_2

* Anzahl der Elektroneneinheiten, die das Zentralatom umgeben

Tab. 2.1: Übersicht über die Molekülstruktur

2.2.3 Modell: Molekülorbitale

Molekülorbitale entstehen durch Überlappen benachbarter Atomorbitale.
Beispiel: H_2-Molekül

Abb. 2.8: Überlappende Atomorbitale beim Wasserstoff

Die beiden einfach besetzten s-Orbitale des Wasserstoffs überlappen zu einem Molekülorbital: s-s-Überlappung. Man bezeichnet dieses Molekülorbital als s-Orbital, die Bindung als **σ-Bindung** (sigma-Bindung).
Die σ-Bindung ist rotationssymmetrisch zur Bindungsachse der beiden Atomkerne und ermöglicht daher eine **freie Drehbarkeit** der Atome um die Bindungsachse. Molekülorbitale gehorchen dem PAULI-Prinzip (zwei Elektronen mit entgegengesetztem Spin).

a) sp³-Hybridisierung

Ein Kohlenstoff-Atom besitzt zwei einfach besetzte 2p-Orbitale. Die einfachste (stabile) C–H-Verbindung müsste daher die Formel CH_2 haben; Kohlenstoff müsste also zweibindig sein.
Um die vier energetisch gleichen Bindungen des Kohlenstoffs – z. B. im Methan (CH_4) – zu beschreiben, muss das Orbital-Modell „angepasst" werden, damit aus zwei einfach besetzten Orbitalen vier einfach besetzte Orbitale entstehen, die zudem untereinander energetisch gleich sind.

- **Promotion**: Ein Elektron wird vom 2s-Niveau auf das (energiereichere) 2p-Niveau angehoben. Es entstehen vier einfach besetzte Orbitale, die aber nicht energiegleich sind (angeregter Zustand).
- **Hybridisierung**: Vier gleiche Orbitale entstehen, indem sich das 2s- und die drei 2p-Orbitale mischen (Valenzzustand).

sp³-Hybridisierung: Ein s- und drei p-Orbitale mischen sich.
Orbitale, die durch Hybridisierung entstanden sind, werden als **Hybridorbitale** bezeichnet. Sie bestehen aus einem großen und einem kleinen Orbitallappen (→ Abb. 2.9). sp³-Hybridorbitale ordnen sich tetraedrisch an.

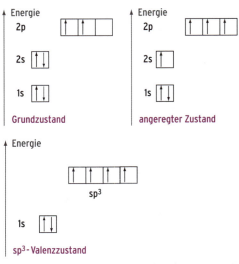

Abb. 2.9: sp³-Hybridisierung des Kohlenstoffs

Methan
Überlappungen: 4 x C—H-σ-Bindung: sp³-s-Überlappung.
Die Bindungswinkel betragen 109°. Die vier Molekülorbitale ragen in die vier Ecken des Tetraeders, in dessen Zentrum das C-Atom liegt.

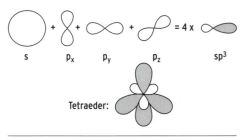

Abb. 2.10: Hybridorbitale und Molekülorbitalmodell von Methan

Im **Ammoniak (NH₃)** bindet Stickstoff drei Wasserstoff-Atome. Da drei einfach besetzte Orbitale vorhanden sind, entfällt die Promotion (→ Abb. 2.11).
Überlappungen:
3 x N—H-σ-Bindung: sp³-s-Überlappung
Die Bindungswinkel betragen 107°.
Der Tetraederwinkel ist verringert, da das Orbital des freien Elektronenpaars mehr Raum in Anspruch nimmt und die Molekülorbitale daher zusammendrückt.

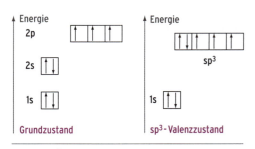

Abb. 2.11: sp³-Hybridisierung des Stickstoffs

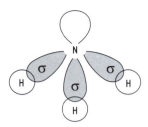

Abb. 2.12: Molekülorbitalmodell von Ammoniak (NH₃)

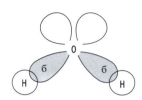

Abb. 2.13: Molekülorbitalmodell von Wasser (H₂O)

Der Sauerstoff im **Wasser-Molekül** bindet zwei Wasserstoff-Atome. Da zwei einfach besetzte Orbitale vorhanden sind, entfällt die Promotion (→ Abb. 2.14).
Überlappungen:
2 x O—H-σ-Bindung: sp³-s-Überlappung
Der Bindungswinkel beträgt 104,5°.
Der Tetraederwinkel ist verringert, da die Orbitale der freien Elektronenpaare mehr Raum in Anspruch nehmen und die Molekülorbitale daher zusammendrücken.

b) sp²-Hybridisierung

Im Ethen (H₂C=CH₂) betragen die Bindungswinkel 120° (→ Seite 138). Der Kohlenstoff kann daher nicht sp³-hybridisiert sein.
Ein s- und zwei p-Orbitale mischen sich (**sp²-Hybridisierung**). Die drei sp²-Hybridorbitale bilden σ-Bindungen aus. Beide C-Atome im Ethen besitzen je ein p-Orbital, das an der Hybridisierung nicht teilgenommen hat.
Eine Überlappung von p-Orbitalen, die nicht hybridisiert sind, bezeichnet man als **π-Bindung** (pi-Bindung).
Überlappungen:
4 x C—H-σ-Bindung: sp²-s-Überlappung
1 x C—C-σ-Bindung: sp²-sp²-Überlappung
1 x C—C-π-Bindung: 2p_y-2p_y-Überlappung

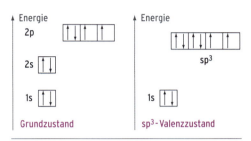

Abb. 2.14: sp³-Hybridisierung des Sauerstoffs

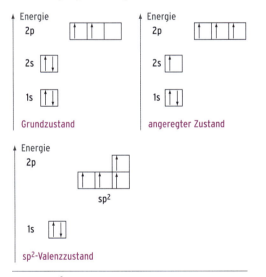

Abb. 2.15: sp²-Hybridisierung des Kohlenstoffs

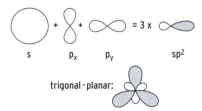

Abb. 2.16: Hybridorbitale/Molekülorbitalmodell von Ethen

Alle Atome liegen in einer Ebene, die Bindungswinkel betragen etwa 120°. Die **π-Bindung** steht senkrecht auf der σ-Bindungsebene.
Die 2p-Orbitale der beiden C-Atome überlappen ober- und unterhalb der

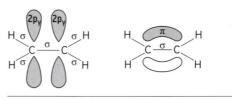

Abb. 2.17: Bildung der π-Bindung

σ-Bindungsebene zur π-Bindung. Da sich die p-Orbitale nur gering durchdringen, benötigt man zum Aufspalten der π-Bindung weniger Energie als zur Aufspaltung der **σ-Bindung**. Damit p-Orbitale überlappen können, müssen sie dieselbe Orientierung im Raum haben.

c) sp-Hybridisierung

Die Bindungswinkel im Ethin (HC≡CH) betragen 180° (→ Seite 142). Kohlenstoff ist im Ethin **sp-hybridisiert.** sp-Hybridorbitale entstehen durch Mischung von einem s- und einem p-Orbital.
sp-Hybridisierung: Ein s- und ein p-Orbital mischen sich. Die beiden sp-Hybridorbitale sind linear angeordnet.

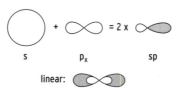

Abb. 2.18: Hybridorbitale/Molekülorbitalmodell von Ethin

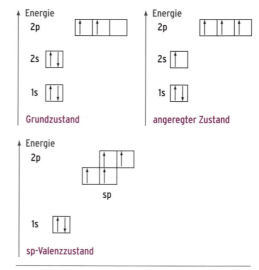

Abb. 2.19: sp-Hybridisierung des Kohlenstoffs

Überlappungen:
2 x C—H-σ-Bindung: sp-s-Überlappung
1 x C—C-σ-Bindung: sp-sp-Überlappung
1 x C—C-π-Bindung: $2p_y$-$2p_y$-Überlappung
1 x C—C-π-Bindung: $2p_z$-$2p_z$-Überlappung
Die beiden π-Bindungen stehen senkrecht aufeinander. Die Bindungswinkel betragen 180°.

Da p-Orbitale nicht so stark überlappen, benötigt man zur Aufspaltung einer π-Bindung weniger Energie als zur Aufspaltung einer σ-Bindung.

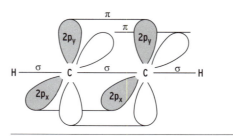

Abb. 2.20: σ- und π-Bindungen in Ethin

Bindung	Bindungslänge [pm = 10^{-12} m]	Bindungsenergie [kJ·mol^{-1}]
C — C	154	348
C = C	135	614
C ≡ C	120	839

Tab. 2.2: Vergleich von Einfach-, Doppel-, Dreifachbindung

> **Tipp**
>
> **Strategie zur Anwendung des Molekülorbital-Modells**
> - Lewis-Formel unter Beachtung der Oktettregel aufstellen. Nach dem Elektronenpaarabstoßungsmodell den ungefähren Bindungswinkel ermitteln.
> - Bindungswinkel ≈ 109°: sp^3-Hybridisierung
>   Bindungswinkel ≈ 120°: sp^2-Hybridisierung
>   Bindungswinkel ≈ 180°: sp-Hybridisierung
> - Elektronenkonfiguration für das Atom im Grundzustand aufstellen. Ist die Zahl einfach besetzter Orbitale geringer als die der Bindungen, so muss vor dem Hybridisieren promoviert werden.

Bindungswinkel	109°	120°	180°
Hybridisierung	sp^3	sp^2	sp
Molekülgeometrie	Tetraeder	trigonal-planar	linear
Anzahl der Elektroneneinheiten	4 z. B. nur Einfachbindungen am Atom	3 z. B. eine Doppelbindung am Atom	2 z. B. eine Dreifachbindung oder zwei Doppelbindungen am Atom
Beispiele	CH$_4$ (alle Alkane), NH$_3$, H$_2$O	Ethen (alle C-Atome der Alkene mit C=C-Doppelbindung), C-Atom und O-Atom der Carbonyl-Gruppe	Ethin, C-Atom im CO$_2$-Molekül

Abb. 2.21: Übersicht über die Hybridisierungen

2.2.4 Mesomerie

Für das Carbonat-Ion (CO$_3^{2-}$) ergibt sich unter Berücksichtigung des Elektronenpaarabstoßungsmodells als Lewis-Formel:
Experimentell wurde aber nachgewiesen, dass alle C—O-Bindungen gleich lang sind. Die Bindungswinkel betragen 120°.
Der Kohlenstoff muss aufgrund des Bindungswinkels sp^2-hybridisiert sein. Da aber alle C—O-Bindungen gleichartig sind, lässt sich die Doppelbindung nicht lokalisieren:

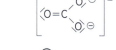

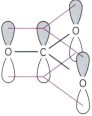

Abb. 2.22: Molekülorbitalmodell des Carbonat-Ions

2 Chemische Bindung

Das 2p-Orbital des C-Atoms überlappt mit den 2p-Orbitalen der O-Atome zu einem π-Bindungssystem, das alle Atome des Carbonat-Ions umfasst. Die π-Elektronen sind **delokalisiert**. Diesen Bindungszustand bezeichnet man als **Mesomerie**. Er kann nicht mit nur einer Lewis-Formel dargestellt werden. Mesomerie beschreibt man im Formelbild, indem man (fiktive) **mesomere Grenzformeln** angibt und sie mit einem **Mesomeriepfeil** ($\leftrightarrow$) verbindet. Formal erhält man die mesomeren Grenzformeln einer Verbindung, indem man für eine der Grenzformeln die Lewis-Formel aufstellt und Elektronenpaare der π-Bindung durch „Umklappen" zwischen den Atomen verschiebt.

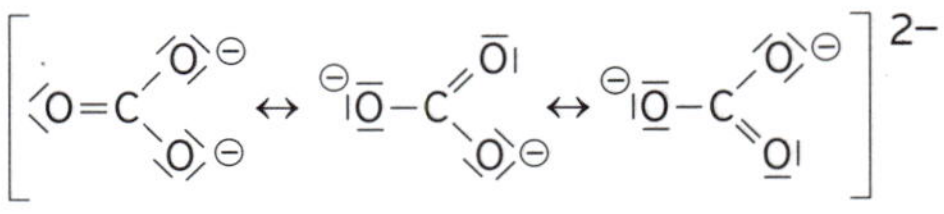

Abb. 2.23: Mesomere Grenzformeln des Carbonat-Ions

Teilchen mit delokalisierten π-Elektronen sind **mesomeriestabilisiert**, da den delokalisierten π-Elektronen mehr Raum zur Verfügung steht. Das mesomere System ist daher energieärmer als jede seiner (fiktiven) Grenzformeln. Je mehr mesomere Grenzformeln sich für ein Teilchen schreiben lassen, desto energieärmer und damit stabiler ist es.

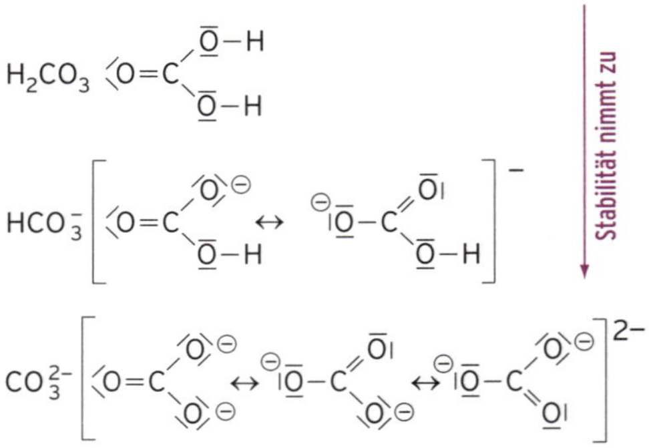

Abb. 2.24: Stabilität von H_2CO_3, HCO_3^- und CO_3^{2-}

Hinweis

Mesomerie gibt es nur, wenn Doppel- und Einfachbindung, die an der Delokalisierung der Elektronen beteiligt sind, in einer Ebene liegen.

2.2.5 Polare Atombindung und Dipolmoleküle

Besteht ein Molekül aus verschiedenen Atomen, so zieht oft eines der Atome die Bindungselektronen stärker an. Es erhält einen Überschuss an negativer Ladung, die jedoch kleiner ist als eine Elementarladung. Man nennt solche Teilladungen **Partialladungen**. Die positive **Partialladung** wird mit δ+ (delta plus), die negative mit δ– (delta minus) bezeichnet. Bei der Bindung handelt es sich dann um eine **polare Atombindung**.

Wissen: Elektronegativität

Die **Elektronegativität** ist ein Maß für die Fähigkeit eines Atoms, Bindungselektronen anzuziehen. Eine Bindung ist umso polarer, je größer die Elektronegativitäts-Differenz ist. Bindungen zwischen zwei **gleichen Atomen** sind stets unpolar.

2.2 Atombindung

Beispiele

$\overset{\delta+}{H}-\overset{\delta-}{\underline{\overline{\underline{Cl}}}}\vert$	Elektronegativität (Cl) = 3,0 Elektronegativität (H) = 2,1 Elektronegativitäts-Differenz = 0,9 ⇒ polare Atombindung	
$\overset{\delta+}{H}\overset{\overset{\delta-}{\underline{S}}}{}\overset{\delta+}{H}$	Elektronegativität (S) = 2,5 Elektronegativität (H) = 2,1 Elektronegativitäts-Differenz = 0,4 ⇒ schwach polare Atombindung	
$H\overset{\overset{\overline{P}}{\vert}}{\underset{H}{}}H$	Elektronegativität (P) = 2,1 Elektronegativität (H) = 2,1 Elektronegativitäts-Differenz = 0 ⇒ unpolare Atombindung	

Die Elektronegativitäts-Werte und damit das Bestreben, Bindungselektronen anzuziehen, nehmen innerhalb einer Gruppe des Periodensystems mit zunehmender Ordnungszahl ab, innerhalb einer Periode mit zunehmender Ordnungszahl zu.

Elemente mit hoher Elektronegativität sind: F, O, N, Cl, Br. Fluor hat den höchsten Elektronegativitäts-Wert, da es sich bei F-Atomen um kleine, hoch geladene Atomrümpfe handelt.

Moleküle mit Zentren positiver und negativer Ladung sind (permanente) **Dipole**.

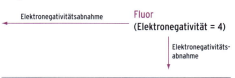

Abb. 2.25: Veränderung der Elektronegativitäts-Werte innerhalb des Periodensystems

Merke: Ein Molekül ist ein Dipol, wenn

① polare Atombindungen vorliegen.
② das Molekül unsymmetrisch gebaut ist und daher die Ladungsschwerpunkte der positiven und negativen Partialladungen nicht zusammenfallen.

Beispiele

HCl, H₂O und NH₃ sind Dipolmoleküle, da die **Atombindungen** polar sind und der Ladungsschwerpunkt der positiven Partialladungen nicht mit dem Ladungsschwerpunkt der negativen Partialladungen zusammenfällt.

CCl₄ und CO₂ sind trotz polarer Atombindungen keine Dipole, da die Ladungsschwerpunkte zusammenfallen: Bei CCl₄ liegen beide Ladungsschwerpunkte im Zentrum des Tetraeders, bei CO₂ in der Mitte des linearen Moleküls.

2.3 Metallische Bindung

In den Metallen sind die Atome als dichteste Kugelpackung angeordnet. Nach dem **Elektronengas-Modell** bewegen sich die Valenzelektronen wie Gasmoleküle frei zwischen den positiv geladenen Atomrümpfen.

2.4 Zwischenmolekulare Kräfte

2.4.1 Dipol-Dipol-Wechselwirkungen

Dipolmoleküle ziehen sich an. Solche Anziehungskräfte zwischen **permanenten Dipolen** bezeichnet man als **Dipol-Dipol-Wechselwirkungen**.
Je größer der Dipolcharakter eines Dipols ist, desto stärker ziehen sich die Moleküle an.

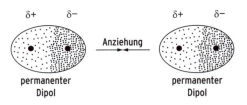

Abb. 2.26: Dipol-Dipol-Wechselwirkungen

2.4.2 Van-der-Waals-Kräfte

In Molekülen, die keine Dipole sind, verteilen sich die Elektronen nicht immer symmetrisch. Durch eine unsymmetrische Elektronenverteilung kann für kurze Zeit spontan ein schwacher Dipol entstehen, der die Elektronen benachbarter Moleküle verschiebt und die Moleküle dadurch polarisiert. Die schwachen Anziehungskräfte zwischen diesen **induzierten** Dipolen nennt man Van-der-Waals-Kräfte, die Moleküle – im Gegensatz zu den permanenten Dipolen – **temporäre** Dipole.

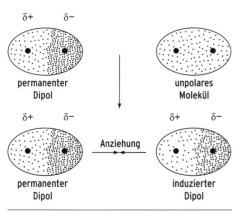

Abb. 2.27: VAN-DER-WAALS-Kräfte

Van-der-Waals-Kräfte sind schwache zwischenmolekulare Kräfte, die bei allen Molekülen auftreten. Bei großer Elektronenzahl der Teilchen – also bei großer Molekülmasse – können sie allerdings sehr groß sein, da große Moleküle leichter polarisierbar sind.

Beispiel
Das Iod-Molekül (I_2) besitzt aufgrund seiner hohen Molekülmasse starke Van-der-Waals-Kräfte und ist daher bei Raumtemperatur fest.

2.5 Struktur-Eigenschafts-Konzept am Beispiel der Schmelz- und Siedetemperaturen

Dipol-Dipol-Wechselwirkungen und VAN-DER-WAALS-Kräfte werden auch unter dem Oberbegriff **VAN-DER-WAALS-Bindung** zusammengefasst.

2.4.3 Wasserstoffbrückenbindungen

Zwischen Molekülen, in denen **H-Atome** an **F-, O- oder N-Atomen** (= Elemente mit hoher Elektronegativität) gebunden sind, kommt es zur Ausbildung von **Wasserstoffbrückenbindungen**. Fluor, Sauerstoff und Stickstoff ziehen die Bindungselektronen so weit an, dass der Wasserstoff sehr stark positiv polarisiert wird. Die hohe positive Partialladung am H-Atom eines Moleküls und die hohe negative Partialladung am F-, O- oder N-Atom eines anderen Moleküls ziehen sich sehr stark an.

Wasserstoffbrückenbindungen treten z. B. auf zwischen H_2O-, NH_3- und HF-Molekülen.

Wasserstoffbrückenbindungen stabilisieren die Sekundär- und Tertiärstruktur der Proteine und sind verantwortlich für die Basenpaarungen in der DNA.

Jedes Wassermolekül kann zu Nachbarmolekülen zwei Wasserstoffbrückenbindungen ausbilden.

Die Wasserstoffbrücke wird zwischen einem H-Atom und einem freien Elektronenpaar des Sauerstoff-Atoms gebildet ($\rightarrow$ Abb. 2.28).

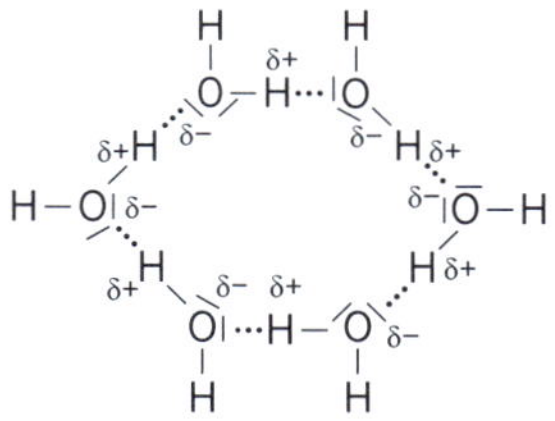

Abb. 2.28: Wasserstoffbrücken zwischen H_2O-Molekülen

2.5 Struktur-Eigenschafts-Konzept am Beispiel der Schmelz- und Siedetemperaturen

Art, Anordnung und Wechselwirkung der Teilchen bestimmen die Eigenschaften eines Stoffes. Dies entspricht dem **Struktur-Eigenschafts-Konzept**.

So müssen beim Schmelzen und Sieden von Verbindungen, die aus Molekülen bestehen, die Anziehungskräfte zwischen den Molekülen überwunden werden. Schmelz- und Siedetemperaturen hängen daher bei diesen Verbindungen von den VAN-DER-WAALS-Kräften, den Dipol-Dipol-Wechselwirkungen und den Wasserstoffbrückenbindungen ab.

> **Vorsicht Falle**
>
> Die zwischenmolekularen Kräfte dürfen nicht mit der Bindungsenergie (= Energie, die benötigt wird, um Atombindungen aufzuspalten) verwechselt werden.

> **Wissen:**
>
> Moleküle, bei denen nur VAN-DER-WAALS-Kräfte als zwischenmolekulare Kräfte auftreten, schmelzen und sieden in der Regel bereits bei tieferen Temperaturen als Dipole mit ähnlicher Masse.
>
> Moleküle, die **Wasserstoffbrückenbindungen** ausbilden, haben hohe Schmelz- und Siedetemperaturen.

VAN-DER-WAALS-Kräfte
- geringe Molekülmasse
- hohe Molekülmasse
Dipol-Dipol-Wechselwirkungen
Wasserstoffbrückenbindungen

Zunahme
von Siede- und Schmelztemperatur

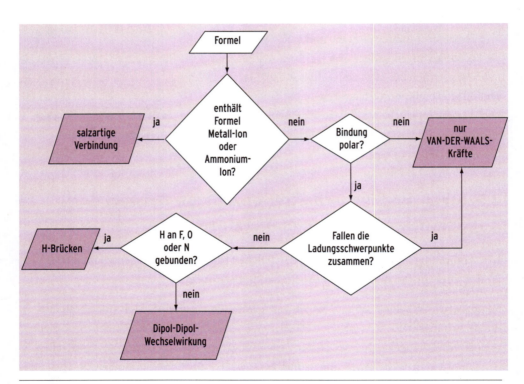

Abb. 2.29: Flussdiagramm zum Abschätzen der Siede- und Schmelztemperatur

2.5 Struktur-Eigenschafts-Konzept am Beispiel der Schmelz- und Siedetemperaturen

Tipp

Strategie zum Ordnen von Verbindungen nach Schmelz- und Siedetemperaturen

- Enthält die chemische Formel der Verbindung **Metall und Nichtmetall**, so handelt es sich um eine salzartige Verbindung, deren Schmelz- und Siedetemperatur von der **Gitterenergie** und damit der Ladung und dem Radius der Ionen abhängt ($\rightarrow$ Ionenbindung, Seite 16 f.). Ionenverbindungen schmelzen und sieden bei **hohen Temperaturen**.

- Enthält die chemische Formel der Verbindung **nur Nichtmetalle**, so hängen Schmelz- und Siedetemperatur von den zwischenmolekularen Kräften ab.

- Sind H-Atome an F-, O- oder N-Atome gebunden, existieren **Wasserstoffbrückenbindungen**.

- Handelt es sich bei dem Molekül um einen permanenten Dipol (polare Atombindungen und unsymmetrischer Bau des Moleküls), so herrschen **Dipol-Dipol-Wechselwirkungen** zwischen den Molekülen.

- Ist das Molekül symmetrisch gebaut oder sind die Atombindungen unpolar, so kommen nur **VAN-DER-WAALS-Kräfte** zwischen den Molekülen vor. Je größer die Molekülmasse ist, desto höher liegen Schmelz- und Siedetemperatur.

Beispiel

Die Verbindungen H_2O, CaO, KI, CH_4, HCl, H_2 und NaCl sollen nach der Siedetemperatur geordnet werden.

Salzartige Verbindungen

CaO, NaCl, KI (geordnet nach Ladung und Ionenradius, $\rightarrow$ Ionenbindung, Seite 16 f.)

Moleküle

H_2O Wasserstoffbrückenbindung

HCl   Dipol-Dipol-Wechselwirkungen

CH_4 $\left.\vphantom{\begin{matrix}a\\b\end{matrix}}\right\}$ VAN-DER-WAALS-Kräfte

H_2 $m(CH_4) = 16\,u$, $m(H_2) = 2\,u$

CaO, NaCl, KI, H_2O, HCl, CH_4, H_2

$\longrightarrow$

Siedetemperatur nimmt ab

2.6 Löslichkeit

Lösen von Salzen in Wasser

Beim Lösen salzartiger Stoffe in Wasser muss die Anziehung der entgegengesetzt geladenen Ionen im Ionengitter (Gitterenergie) überwunden werden. Die Dipole des Wassers lagern sich an den Ionen der Gitteroberfläche an und lösen sie aus dem Kristall heraus. In wässriger Lösung sind alle Ionen von einer Hülle aus Wassermolekülen, der **Hydrathülle**, umgeben: Sie sind **hydratisiert**. Bei der Bildung des **Hydratat-Ions** wird die **Hydratationsenergie** frei. Bei einem exothermen Lösevorgang erwärmt sich die Lösung (Beispiel: NaOH), bei einem endothermen Vorgang kühlt sich die Lösung ab (Beispiel: NH_4Cl).

Polare und unpolare Lösemittel

Verbindungen, die aus Molekülen bestehen, lösen sich dann gut in einem Lösemittel, wenn die Anziehungskräfte zwischen den Lösemittelteilchen von gleicher Größenordnung sind wie die Anziehungskräfte zwischen den Molekülen des zu lösenden Stoffes.

Merke: Gleiches löst sich in Gleichem

Dipole sind gut löslich in **polaren Lösemitteln** (z. B. Wasser).

Stoffe mit **unpolaren Atombindungen** oder **symmetrischem Molekülbau** sind gut löslich in **unpolaren Lösemitteln** (z. B. Hexan).

- Ethanol (C_2H_5OH, → Seite 154) ist gut wasserlöslich: Zwischen den Ethanol- und den Wasserteilchen können Wasserstoffbrückenbindungen ausgebildet werden. Die Anziehungskräfte zwischen den Ethanol- und den Wasserteilchen sind daher von derselben Größenordnung wie die Anziehungskräfte zwischen den einzelnen Wassermolekülen.
- Iod (I_2) ist schlecht wasserlöslich: Iod-Moleküle sind keine Dipole. Daher bestehen nur schwache Anziehungskräfte zwischen den Iod- und den Wassermolekülen, während zwischen den einzelnen Wasserteilchen die starken Wasserstoffbrückenbindungen herrschen. Iod ist hingegen gut löslich in Hexan, da zwischen Hexan-Molekülen nur schwache VAN-DER-WAALS-Kräfte existieren.

2.7 Zusammenfassung: Chemische Bindung

Die Ionenbindung kann als Extremfall einer polaren Atombindung aufgefasst werden. Die meisten Bindungen sind weder reine Ionenbindungen noch reine polare Atombindungen: Je größer die Elektronegativitäts-Differenz ist, desto mehr überwiegt einerseits der ionische Anteil der Bindung. Andererseits ziehen kleine hochgeladene Kationen (z. B. Al^{3+}-Ionen) die Elektronen der benachbarten (großen) Anionen an, sodass eine stark polare Atombindung entsteht.

2.7 Zusammenfassung: Chemische Bindung

Elemente in der Verbindung	Teilchen	Bindung	Siede- und Schmelztemperatur abhängig von:
Metall + Nichtmetall	Kationen und Anionen (in einem Ionengitter angeordnet)	Ionenbindung (elektrostatische Anziehung der Ionen)	Gitterenergie (Ladung und Radius der Ionen)
nur Nichtmetalle	Moleküle	Atombindung (gemeinsame Elektronenpaare, Molekülorbitale)	zwischenmolekulare Kräfte: Wasserstoffbrückenbindungen (wenn ein H-Atom an F-, O- oder N-Atome gebunden ist) Dipol-Dipol-Wechselwirkungen (wenn die Atombindung polar ist und das Molekül unsymmetrisch gebaut ist) Van-der-Waals-Kräfte
nur Metalle	Atomrümpfe und Elektronengas	metallische Bindung	Atomrümpfe (Ladung und Radius)

Tab. 2.3: Übersicht chemische Bindungen

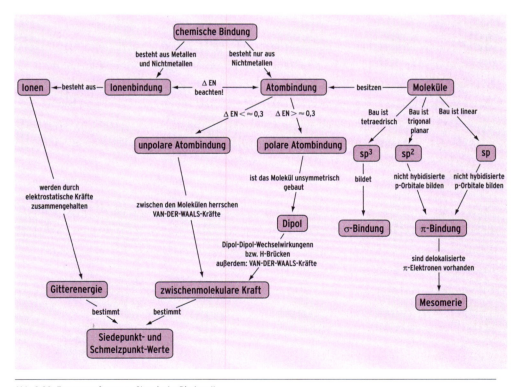

Abb. 2.30: Zusammenfassung „Chemische Bindung"

3 Chemische Reaktionen – energetisch betrachtet

Basiskonzept: Energie

Alle chemischen Reaktionen sind mit Energieänderungen verknüpft. Daher sind Betrachtungen zum Energieumsatz einer chemischen Reaktion sowie die damit verbundenen Gesetzmäßigkeiten und Größen von wesentlicher Bedeutung für das Verständnis einer chemischen Reaktion. Sie werden im **Basiskonzept „Energie"** zusammengefasst.

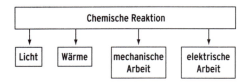

Abb. 3.1: Energieformen bei chemischen Reaktionen

Mithilfe des Energie-Konzepts können alle chemischen Reaktionen unter dem Aspekt der Energieänderung und einer damit verbundenen Veränderung des Ordnungszustandes (Entropie) des chemischen Systems analysiert und klassifiziert werden.
Man kann vorhersagen, ob Hin- oder Rückreaktion einer chemischen Reaktion begünstigt ist, ob die Reaktion vollständig abläuft und mit welchen Energieänderungen zu rechnen ist.
- Die Frage, ob Energie-Abgabe und/oder nur Entropiezunahme die Ursache für eine spontan ablaufende Reaktion ist, kann ebenfalls beantwortet werden.
- Das Energie-Konzept verhilft zu einem tieferen Verständnis der chemischen Bindung.

Das Basiskonzept Energie basiert auf der experimentellen Erkenntnis, dass Energie von einer Energieform in eine andere Energieform umgewandelt, aber weder erzeugt noch vernichtet werden kann. Eine weitere Grundlage ist die Tatsache, dass in einem von der Umwelt isolierten System der Ordnungszustand bei chemischen Prozessen konstant bleibt oder sich in Richtung Unordnung (Entropiezunahme) verändert.

Merke: Alle chemischen Reaktionen sind mit Energieumsatz verbunden, dabei tendieren chemische Systeme zu einem Zustand, der möglichst energiearm und ungeordnet ist.

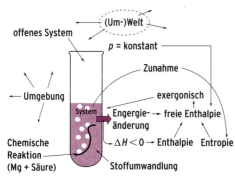

Abb. 3.2: Das Energiekonzept im Überblick

3.1 Enthalpie

3.1.1 Energie und Enthalpie

Bei allen chemischen Reaktionen sind neben Stoffumwandlungen auch **Energieänderungen** zu beobachten. Um Energieänderungen exakt messen zu können, müssen Experimente unter genau festgelegten Bedingungen ablaufen. Dabei wird immer nur ein genau begrenzter Teil der (Um-)Welt betrachtet, der als **System** bezeichnet wird.
Alles, was sich außerhalb des Systems befindet, nennt man **Umgebung**. So können 50 ml Zuckerlösung in einem Reagenzglas als System angesehen werden, wobei die Reagenzglaswände selbst schon der Umgebung zuzurechnen sind.

Man unterscheidet prinzipiell offene, geschlossene und isolierte Systeme (→ Abb. 3.3).
- Ein **offenes System** kann mit seiner Umgebung sowohl Energie als auch Materie austauschen, z. B. ein Becherglas mit kochendem Wasser.
- Ein **geschlossenes System** kann mit seiner Umgebung zwar keine Materie, aber Energie austauschen, beispielsweise eine Lösung in einem mit einem dichten Stopfen verschlossenen Reagenzglas, die man erhitzt und wieder abkühlen lässt.
- Ein **isoliertes oder abgeschlossenes System** kann mit seiner Umgebung weder Energie noch Materie austauschen. So stellt eine gasdicht verschlossene Thermoskanne ein annähernd isoliertes System dar.

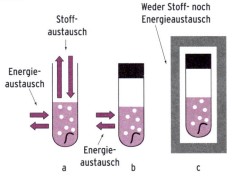

Abb. 3.3: Reaktion von Magnesiumdraht mit Salzsäure (2 HCl (aq) + Mg (s) → H$_2$ (g) + MgCl$_2$ (aq)) im offenen (a), geschlossenen (b) und isolierten System (c)

Bei chemischen Reaktionen können **Reaktionswärmen** entweder bei **konstantem Volumen** oder bei **konstantem Druck** gemessen werden.
- Wird bei konstantem Volumen gemessen, erhält man die **Reaktionsenergie** ΔU.
- Wird der Druck konstant gehalten, so misst man die **Reaktionsenthalpie** ΔH.

Da die meisten chemischen Reaktionen bei konstantem Druck – in der Regel bei Atmosphärendruck – ablaufen, werden vorzugsweise Reaktionsenthalpien gemessen und angegeben.
Aufgrund der Tatsache, dass der absolute Energieinhalt bzw. Enthalpieinhalt eines Systems sich weder messen noch berechnen lässt und somit nicht definiert ist, kann man nur Enthalpie**änderungen** angeben. Das Symbol „Δ" im Größenzeichen ΔH weist auf eben diese Enthalpie-**Differenz** hin.

Die Reaktionsenthalpie ΔH ist somit die Reaktionswärme bei konstantem Druck.
Ihr Wert erhält bei **exothermen** Reaktionen ein negatives Vorzeichen: $\Delta H \leq 0$. Das System verliert Wärme Q an die Umgebung. Bei **endothermen** Reaktionen hat die Reaktionsenthalpie ein positives Vorzeichen: $\Delta H \geq 0$. Das System nimmt also Wärme Q aus der Umgebung auf. Reaktionsenthalpien lassen sich z. B. mithilfe eines Kalorimeters (→ Abb. 3.4) bestimmen.

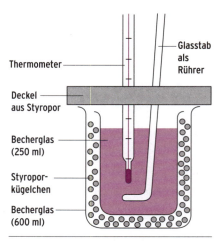

Abb. 3.4: Einfaches Kalorimeter

3.1.2 Berechnung von Reaktionsenthalpien

Enthalpieänderungen von Reaktionen können mit Werten der **molaren Standard-Bildungsenthalpien** $\Delta_f H_m^0$ („f": engl. formation = Bildung; „m": molar) berechnet werden, die aus Tabellenwerken entnommen werden können (→ Tab. 3.1).

Stoff	$\dfrac{\Delta_f H_m^0}{kJ \cdot mol^{-1}}$
H_2O (g)	− 242
H_2O (l)	− 285
O_2 (g)	0
H_2 (g)	0
H (g)	+ 218
$CaCO_3$ (s)	− 1207
CaO (s)	− 635
CO_2 (g)	+ 393
Cu^{2+} (aq)	+ 65
Ag^+ (aq)	+ 106
SO_2 (g)	− 297
SO_3 (g)	− 396

Tab. 3.1: Molare Standardbildungsenthalpien

3.1 Enthalpie · **37**

Wissen: Energie

Energie kann weder geschaffen noch vernichtet werden. Energiearten können ineinander umgewandelt werden.

Die **Energie eines Systems** ist ein Maß für die Fähigkeit dieses Systems, Arbeit zu verrichten oder Wärme abzugeben.

Einheit der Energie ist das Joule:

$1\,J = 1\,N \cdot m$.

Unter **Wärme** versteht man die Energie, die aufgrund einer Temperaturdifferenz zwischen einem System und seiner Umgebung übertragen wird.

Erhaltungssatz: Während einer chemischen Reaktion verändern sich weder Gesamtmasse noch die Gesamtenergie von Ausgangs- und Endstoffen.

Einige Energiearten:

Chemische Energie: Teil der Energie des Systems, der in chemischen Bindungen und zwischenmolekularen Wechselwirkungen gespeichert ist. Im Verlauf einer chemischen Reaktion wird durch Abbau und Neuaufbau von Bindungen ein Teil dieser chemischen Energie in andere Energiearten umgewandelt.

Kinetische Energie: Energie, die ein Objekt aufgrund seiner Bewegung besitzt.

Wärmeenergie: Energie, die ein Objekt aufgrund seiner Temperatur besitzt.

Molare Standard-Bildungsenthalpie

Die molare Standard-Bildungsenthalpie $\Delta_f H_m^0$ einer Verbindung entspricht der bei der Bildung von einem Mol der Verbindung bei Standardbedingungen aus den Elementen freigesetzten oder aufgenommenen Wärme.

Die Standardbedingungen („^{0}") beinhalten einen Druck von $p = 1000\,hPa$ und eine Temperatur von $T = 298\,K$; die Einheit der molaren Standard-Bildungsenthalpie ist $kJ \cdot mol^{-1}$. Die molaren Standard-Bildungsenthalpien der Elemente sind für die stabilste Modifikation per definitionem auf Null gesetzt worden, da absolute Enthalpiewerte nicht messbar sind. Dabei ist auch zu beachten, dass die Werte der molaren Standard-Bildungsenthalpie immer für bestimmte Aggregatzustände der beteiligten Stoffe gelten. Ferner sind gebrochene Koeffizienten bei Reaktionsgleichungen erlaubt.

Zur Berechnung der molaren Standard-Bildungsenthalpie einer Verbindung wird die Summe der molaren Standard-Bildungsenthalpien der Edukte von der molaren Standard-Bildungsenthalpie des Produkts subtrahiert. Die Summe der molaren Standard-Bildungsenthalpien der Edukte ist in der Regel null, da die Standard-Bildungsenthalpien der Elemente null sind.

Beispielaufgabe

Berechnung der molaren Standard-Bildungsenthalpie von flüssigem Wasser

Reaktionsgleichung:

$$H_2(g) \quad + \quad \tfrac{1}{2}O(g) \quad \rightarrow \quad H_2O(l)$$

Standard-Bildungsenthalpien:

$0\,kJ \cdot mol^{-1}$	$0\,kJ \cdot mol^{-1}$	$-285\,kJ \cdot mol^{-1}$
Edukt	Edukt	Produkt

Berechnung:

$$\Delta_f H_m^0(H_2O) = \Delta_f H_m^0(H_2O) - \left[\Delta_f H_m^0(H_2) + \Delta_f H_m^0(O_2) \right]$$

$$\Delta_f H_m^0(H_2O) = -285\,kJ \cdot mol^{-1} - \left[0\,kJ \cdot mol^{-1} + 0\,kJ \cdot mol^{-1} \right]$$

$$\Delta_f H_m^0(H_2O) = -285\,kJ \cdot mol^{-1}$$

Von der molaren Standard-Bildungsenthalpie zur molaren Reaktionsenthalpie

Wenn die molaren Standard-Bildungsenthalpien von allen an der chemischen Reaktion beteiligten Stoffen bekannt ist, lässt sich die **molare Reaktionsenthalpie bei Standardbedingungen** $\Delta_R H_m^0$ („R": Reaktionsenthalpie) berechnen. Dabei wird die Summe der molaren Standard-Bildungsenthalpien der Edukte von der Summe der molaren Standard-Bildungsenthalpien der Produkte subtrahiert:

$$\Delta_R H_m^0 = \sum \Delta_f H_m^0(\text{Produkte}) - \sum \Delta_f H_m^0(\text{Edukte})$$

Beispielaufgabe

Berechnung der molaren Reaktionsenthalpie der Herstellung von Calciumoxid und Kohlenstoffdioxid aus Calciumcarbonat

Reaktionsgleichung:

$$CaCO_3(s) \quad \rightarrow \quad CaO(s) \quad + \quad CO_2(g)$$

Standard-Bildungsenthalpien:

$-1207\,kJ \cdot mol^{-1}$	$-635\,kJ \cdot mol^{-1}$	$-393\,kJ \cdot mol^{-1}$
Edukt	Produkt	Produkt

Berechnung:

$$\Delta_R H_m^0 = \Delta_f H_m^0(CaO) + \Delta_f H_m^0(CO_2) - \Delta_f H_m^0(CaCO_3)$$

$$\Delta_R H_m^0 = -635\,kJ \cdot mol^{-1} - 393\,kJ \cdot mol^{-1} - \left[-1207\,kJ \cdot mol^{-1} \right]$$

$$\Delta_R H_m^0 = +179\,kJ \cdot mol^{-1} \text{ (endotherme Reaktion)}$$

Merke: Die molare Standard-Reaktionsenthalpie bezieht sich immer auf eine bestimmte Reaktionsgleichung:

Beispielaufgabe

Reduktion von in Wasser gelösten Silber-Ionen durch elementares Kupfer

a) bezogen auf 1 mol Cu-Atome

Reaktionsgleichung:

$Cu(s) + 2\,Ag^+(aq) \rightarrow Cu^{2+}(aq) + 2\,Ag(s)$

Berechnung:

$\Delta_R H_m^0 = \Delta_f H_m^0(Cu^{2+}) + 2 \cdot \Delta_f H_m^0(Ag) - [\Delta_f H_m^0(Cu) + 2 \cdot \Delta_f H_m^0(Ag^+)]$

$\Delta_R H_m^0 = +65\,kJ \cdot mol^{-1} + 2 \cdot 0\,kJ \cdot mol^{-1} - [0\,kJ \cdot mol^{-1} + 2 \cdot 106\,kJ \cdot mol^{-1}]$

$\Delta_R H_m^0 = -147\,kJ \cdot mol^{-1}$

b) bezogen auf 1 mol Ag$^+$-Ionen (gebrochene Koeffizienten sind hierbei erlaubt!)

Reaktionsgleichung:

$\tfrac{1}{2}Cu(s) + Ag^+(aq) \rightarrow \tfrac{1}{2}Cu^{2+}(aq) + Ag(s)$

Berechnung:

$\Delta_R H_m^0 = \tfrac{1}{2}\Delta_f H_m^0(Cu^{2+}) + \Delta_f H_m^0(Ag) - [\tfrac{1}{2}\Delta_f H_m^0(Cu) + \Delta_f H_m^0(Ag^+)]$

$\Delta_R H_m^0 = \tfrac{1}{2} \cdot (+65)\,kJ \cdot mol^{-1} + 0\,kJ \cdot mol^{-1} - [\tfrac{1}{2} \cdot 0\,kJ \cdot mol^{-1} + 106\,kJ \cdot mol^{-1}]$

$\Delta_R H_m^0 = -73{,}5\,kJ \cdot mol^{-1}$

3.1.3 Satz von HESS

In vielen Fällen können gleiche chemische Produkte auf verschiedenen Reaktionswegen hergestellt werden. Da auch für chemische Reaktionen der Energieerhaltungssatz gilt, spielt der Reaktionsweg keine Rolle. Schon 1840 wurde der **Satz von HESS** formuliert: **Die Reaktionsenthalpie ist unabhängig vom Reaktionsweg, sie hängt nur vom Ausgangs- und Endzustand des Systems ab.** Wie aus dem Enthalpiediagramm (→ Abb. 3.5) hervorgeht, beträgt die molare Reaktionsenthalpie für die Herstellung von SO$_3$(g) auf 1 mol Schwefel bezogen immer $-396\,kJ \cdot mol^{-1}$, gleichgültig, ob der Reaktionsweg über das Zwischenprodukt SO$_2$(g) verläuft oder Schwefel direkt zu SO$_3$(g) oxidiert wird.

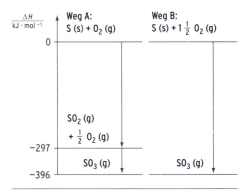

Abb. 3.5: Enthalpiediagramm der Reaktion von Schwefel mit Sauerstoff (Anwendung des Satzes von HESS)

Eine Anwendung des Satzes von Hess ist der **Born-Haber-Kreisprozess** (vgl. S. 17) zur Bestimmung der **Gitterenthalpie** für Ionengitter, da diese Größe experimentell nicht messbar ist. Beim Born-Haber-Kreisprozess werden die entscheidenden Reaktionsschritte für die Energiebilanz einer Reaktion zusammen aufgelistet.

Beispiel

Bildung von Kochsalz aus den Elementen:

$Na(s) + \frac{1}{2} Cl_2(g) \rightarrow NaCl(s)$;

$\Delta_f H_m^0 = -411 \, kJ \cdot mol^{-1}$

Die Standard-Bildungsenthalpie setzt sich aus verschiedenen Enthalpiebeträgen zusammen (→ Abb. 3.6). Man muss Energie aufwenden, um Natrium zu verdampfen und zu ionisieren sowie um Chlor-Moleküle in Atome zu spalten.

Hingegen wird Energie frei, wenn die Chlor-Atome Elektronen aufnehmen und Cl$^-$-Ionen bilden. Der größte und entscheidenden Enthalpiebetrag, die Gitterenthalpie, wird bei der Bildung des Ionengitters aus gasförmigen Na$^+$-Ionen und Cl$^-$-Ionen freigesetzt. Die Gitterenthalpie ist ein Maß für die Festigkeit der Ionenbindung.

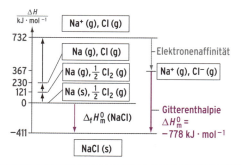

Abb. 3.6: BORN-HABER-Kreisprozess zur Bestimmung der Gitterenthalpie bei der Kochsalz-Bildung

---

3.1.4 Bindungsenthalpien

Bei zweiatomigen Molekülen wie dem H$_2$-Molekül lässt sich die Energie, die benötigt wird, um die Elektronenpaarbindung zu spalten, experimentell bestimmen.
Die molare Standard-Bindungsenthalpie $\Delta_B H_m^0$ (oder einfach „Bindungsenthalpie") ist bei einem zweiatomigen Molekül die Energie, die man unter Standardbedingungen (25 °C; 1000 hPa) benötigt, um ein Mol Moleküle des gasförmigen Stoffes in Atome zu spalten (→ Tab. 3.2).

Beispiel

$H_2(g) \rightarrow 2\,H(g)$; $\Delta_B H_m^0 = +436 \, kJ \cdot mol^{-1}$

3.1 Enthalpie

Einfachbindungen				
	C	H	O	N
C	348	413	358	305
H	413	436	463	391
O	358	463	146	201
N	305	391	201	163

H−F	567	C−F	489	F−F	159
H−CL	431	C−Cl	339	Cl−Cl	242
H−Br	366	C−Br	285	Br−Br	193
H−I	298	C−I	218	I−I	151

Mehrfachbindungen					
C=C	614	N=N	418	O=O	498
C=O	745	N=O	607		
N≡N	945	C≡C	839	C≡N	891

Tab. 3.2: Durchschnittliche molare Bindungsenthalpien
Werte für 25 °C in $kJ \cdot mol^{-1}$

Merke

Um eine Bindung zu lösen, ist immer Energie zuzuführen, bei der Bildung einer Bindung wird immer Energie frei.

Bei mehratomigen Molekülen lässt sich die Bindungsenthalpie nicht experimentell messen. Sie muss aus messbaren Größen berechnet werden. Man erhält einen Durchschnittswert, die **mittlere Bindungsenthalpie**. Will man die mittlere Bindungsenthalpie der C−H-Bindung im Methan-Molekül (CH_4) bestimmen, braucht man neben der Standard-Bildungsenthalpie von Methan die Sublimationsenthalpie $\Delta_S H_m^0$ von Kohlenstoff und die Bindungsenthalpie von Wasserstoff:

$C(s) \rightarrow C(g);$ $\qquad \Delta_S H_m^0 = +717\,kJ \cdot mol^{-1}$

$2\,H_2(g) \rightarrow 4\,H(g);$ $\qquad \Delta_B H_m^0 = +872\,kJ \cdot mol^{-1}$

$CH_4(g) \rightarrow C(s) + 2\,H_2(g);$ $\quad \Delta_f H_m^0 = +75\,kJ \cdot mol^{-1}$

$CH_4(g) \rightarrow C(g)\,4\,H(g);$ $\quad \Delta_R H_m^0 = +1664\,kJ \cdot mol^{-1}$

Die Bindungsenthalpie einer einzigen C−H-Bindung entspricht einem Viertel dieser Energie, also $416\,kJ \cdot mol^{-1}$. Nach dieser Methode kann man die mittlere Bindungsenthalpie der C−H-Bindung auch in anderen Molekülen berechnen. Der Tabellenwert für die C−H-Bindung von $413\,kJ \cdot mol^{-1}$ ($\rightarrow$ Tab. 3.2) ist ein Mittelwert für eine Fülle von Kohlenwasserstoffen.

3.2 Entropie

Es gibt viele endotherme chemische Reaktionen, die freiwillig ablaufen. So löst sich z. B. Kaliumnitrat unter Abkühlung in Wasser:

$KNO_3(s) \xrightarrow{Wasser} K^+(aq) + NO_3^-(aq); \Delta_R H_m^0 = +35\,kJ \cdot mol^{-1}$

Ein weiteres Beispiel für eine spontan ablaufende endotherme Reaktion ist die Umsetzung von festem Natriumhydrogencarbonat mit Salzsäure, bei der Kohlenstoffdioxid, Wasser und gelöstes Kochsalz entstehen:

$NaHCO_3(s) + HCl(aq) \rightarrow Na^+(aq) + Cl^-(aq) + CO_2(g) + H_2O(l)$

Da diese chemischen Reaktionen ablaufen, obwohl sie nicht exotherm sind, kann die Enthalpie nicht der einzige Faktor für die Triebkraft einer chemischen Reaktion sein.

Bei der genauen Untersuchung spontan ablaufender endothermer Reaktionen fällt auf, dass sich die Edukte meist in einem höher geordneten Zustand als die Produkte befinden. Die Edukte liegen häufig als Feststoffe in einem Kristallgitter vor, die Produkte treten meist im gasförmigen oder flüssigen Zustand auf. Das heißt, im Endzustand der betrachteten Reaktionen herrscht eine größere Unordnung als im Ausgangszustand. **Die Zunahme der Unordnung ist** neben der Enthalpie **ein weiterer Faktor für die Triebkraft einer chemischen Reaktion.**

Zur Beschreibung des Ordnungszustandes eines Systems wird der Begriff **Entropie** verwendet. Die Entropie ist eine Größe, deren Wert mit steigender Unordnung zunimmt. Wenn also bei einer Reaktion aus einer Flüssigkeit ein Gas entsteht, nimmt der Unordnungsgrad zu und somit steigt die Entropie (→ Abb. 3.7).

Der Österreicher **Ludwig Boltzmann** hat eine Beziehung formuliert, mit der man die **Entropie S** einer Substanz bei jeder beliebigen Temperatur berechnen kann:

$S = k \cdot \ln W$

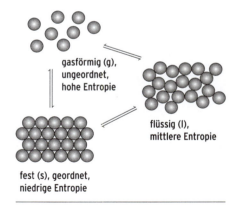

Abb. 3.7: Aggregatzustand und Entropie

Die **Boltzmann-Konstante k** ist der Quotient aus der allgemeinen Gaskonstante und der Avogadro-Konstante:

$k = R \cdot N_A^{-1}$

Ihr Wert beträgt $1{,}38 \cdot 10^{-23}\,J \cdot K^{-1}$

„W" steht für die Unordnung des Systems und gibt an, auf wie viele verschiedene Arten sich Atome oder Moleküle einer Portion – ohne Änderung der Gesamtenergie – anordnen lassen.

Dies kann man sich an einem perfekt geordneten, also idealen Kristall aus einer Portion von zehn HCl-Molekülen am absoluten Nullpunkt folgendermaßen vorstellen:

Am absoluten Nullpunkt ($T = 0$ K) bewegen sich die HCl-Teilchen im Gitter nicht mehr, das Volumen ist das kleinstmögliche. Die Teilchen sind im Gitter absolut gleichmäßig ausgerichtet ($\rightarrow$ Abb. 3.8). Da keine Unordnung in der HCl-Portion herrscht, ist die Entropie null. Aufgrund der Tatsache, dass es nur **eine** mögliche Anordnung der Moleküle zu einem perfekten Kristall gibt, wird W gleich 1 gesetzt. Der natürliche Logarithmus von 1 ist null, somit wird S ebenfalls null:

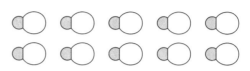

Abb. 3.8: Portion von zehn HCl-Molekülen, die in einem idealen Kristall angeordnet sind: Die Moleküle sind gleichmäßig ausgerichtet. T = 0 K, S = 0, da höchste Ordnung vorliegt.

$S = \quad k \quad \cdot \ln 1$
$S = 1{,}38 \cdot 10^{-23} \, \text{J} \cdot \text{K}^{-1} \cdot 0 \quad = 0$

In einer weiteren Betrachtung soll jedes Teilchen in diesem Kristall zwei Ausrichtungsmöglichkeiten annehmen können ($\rightarrow$ Abb. 3.9). Für die zehn Teilchen gibt es dann zusammen

$W = 2 \cdot 2 \cdot 2 \cdot 2 \cdot \ldots = 2^{10}$

Möglichkeiten, sich zu orientieren.

Abb. 3.9: Portion von zehn HCl-Molekülen in einem Kristall, wobei die Moleküle unterschiedlich ausgerichtet sind. T = 0 K, S > 0, da Unordnung vorhanden ist.

Daher ist die Entropie des nunmehr ungeordneten Kristalls:

$S = k \cdot \ln 2^{10}$
$S = 1{,}38 \cdot 10^{-23} \, \text{J} \cdot \text{K}^{-1} \cdot \ln 2^{10}$
$S = 9{,}565 \cdot 10^{-23} \, \text{J} \cdot \text{K}^{-1}$

Die Entropie ist somit größer als null. Da Teilchenportionen in der Regel in Größenordnungen von 10^{23} vorliegen, ergeben sich normalerweise Werte für die Entropie, die sich im Einer- bis Hunderterbereich bewegen. Darüber hinaus zeigt das Beispiel, dass absolute Entropiewerte existieren.

Entropieänderungen ΔS bei chemischen Reaktionen können mithilfe der Werte der **molaren Standard-Bildungsentropie** ΔS_m^0 (1000 hPa, 298 K) berechnet werden, die aus Tabellenwerken zu entnehmen sind. Die Werte sind in $\text{J} \cdot \text{mol}^{-1} \cdot \text{K}^{-1}$ angegeben. Die molare Standard-Bildungsentropie ist als die Entropieänderung, die mit der Bildung von einem Mol einer Verbindung bei Standardbedingungen aus den Elementen einhergeht, definiert.

Die **molare Standard-Reaktionsentropie** $\Delta_R S_m^0$ lässt sich in folgender Weise aus den molaren Standard-Bildungsentropien berechnen:
$\Delta_R S_m^0 = \sum \Delta S_m^0$ (Produkte) $- \sum \Delta S_m^0$ (Edukte)
Ist $\Delta_R S_m^0$ positiv, so nimmt die Entropie beim Ablauf der Reaktion zu, es entsteht also ein System mit einem geringeren Ordnungsgrad. Ist der Wert für $\Delta_R S_m^0$ negativ, so nimmt die Entropie ab.

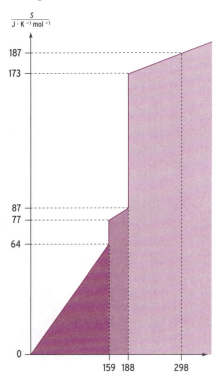
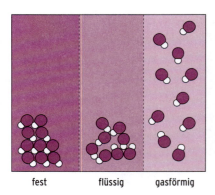

Abb. 3.10: Abhängigkeit der Entropie von der Temperatur bei Chlorwasserstoff

3.3 Freie Enthalpie

Josiah GIBBS verknüpfte 1873 Enthalpie und Entropie zu einer neuen Größe G, der **freien Enthalpie** oder **GIBBS'schen Energie**. Dabei ist die freie Enthalpie die Differenz aus der (Gesamt-)Enthalpie H und dem Produkt aus Temperatur T und Entropie S eines Systems:
$G = H - T \cdot S$

Die freie Enthalpie G wird deswegen als **frei** bezeichnet, weil sie denjenigen Anteil der Gesamtenthalpie H eines Systems darstellt, welcher noch soweit geordnet ist, dass er für eine Arbeit **frei** zur Verfügung steht. Das Entropieglied „$T \cdot S$" hingegen beschreibt den Anteil an der Gesamtenthalpie H, der bereits ungeordnet ist und nicht mehr in Arbeit umgewandelt werden kann. Änderungen von Enthalpie und Entropie führen bei einem Vorgang, der bei konstanter Temperatur und bei konstantem Druck abläuft, zur Änderung der freien Enthalpie:

$\Delta G = \Delta H - T \cdot \Delta S$ (**GIBBS-HELMHOLTZ-Gleichung**)

Entsprechend gilt für chemische Reaktionen:

$\Delta_R G_m = \Delta_R H_m - T \cdot \Delta_R S_m$

Die Änderung der **molaren freien Reaktionsenthalpie** $\Delta_R G_m^0$ ist gleich der maximal möglichen Arbeit, die das stoffliche System im Verlauf einer Reaktion verrichten kann. Das Entropieglied „$T \cdot \Delta S$" ist der Anteil der (Gesamt-)Enthalpieänderung des Systems, der als thermische und chemische Energie in den Teilchen gespeichert wird und somit dem System nicht verloren geht.

Auch die molare freie Standard-Reaktionsenthalpie $\Delta_R G_m^0$ kann mithilfe von tabellierten Werten der **molaren freien Standard-Bildungsenthalpien** $\Delta_f G_m^0$ berechnet werden:

$\Delta_R G_m^0 = \sum \Delta_f G_m^0$ (**Produkte**) $- \Delta_f G_m^0$ (**Edukte**)

Wenn die Änderung der freien Enthalpie $\Delta_R G_m^0$ negativ ist $(\Delta_R G_m^0 \leq 0)$, läuft eine Reaktion **freiwillig** ab und es kann dabei physikalisch Arbeit geleistet werden. Derartige Reaktionen bezeichnet man als **exergonisch**. Ist $\Delta_R G_m^0 \geq 0$, so kann die Reaktion **nicht spontan** ablaufen, sie kann aber durch Arbeit erzwungen werden. Solche Reaktionen werden als **endergonisch** bezeichnet.

Merke

Die Begriffe **endergonisch** und **exergonisch** dürfen nur in Zusammenhang mit dem Begriff „**freie Enthalpie**" verwendet werden, wohingegen **exotherm** und **endotherm** nur in Verknüpfung mit dem Begriff „**Enthalpie**" gebraucht werden dürfen.

3.4 Entropie und Enthalpie im Zusammenspiel

Reaktionen laufen immer spontan, das heißt, freiwillig ab, wenn die Enthalpie abnimmt ($\Delta H \leq 0$) und die Entropie zunimmt. Typisches Beispiel hierfür ist die Verbrennungsreaktion von Pentan mit Sauerstoff. Die Reaktion ist stark exotherm, durch die Anzahl der dabei entstehenden gasförmigen Teilchen steigt die Entropie an.

$C_5H_{12}(l) + 8\,O_2(g) \rightarrow 5\,CO_2(g) + 6\,H_2O(g)$; $\Delta_R G_m^0 = -3336\,\text{kJ}\cdot\text{mol}^{-1}$

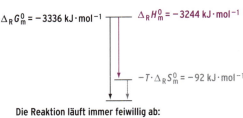

Für den spontanen erfolgreichen Ablauf einer Reaktion ist es also günstig, wenn nach dem Prinzip des Energieminimums $\Delta H \leq 0$ und wenn nach dem Prinzip des Entropiemaximums $\Delta S \geq 0$ ist.

Reaktionen laufen nie freiwillig ab, wenn die Enthalpie zunimmt ($\Delta H \geq 0$) und die Entropie abnimmt ($\Delta S \leq 0$). So reagiert Sauerstoff nie freiwillig zu Ozon, da die Reaktion endotherm ist und die Teilchenzahl kleiner wird, das heißt die Ordnung zunimmt.

$3\,O_2(g) \rightarrow 2\,O_3(g)$; $\Delta_R G_m = +327\,\text{kJ}\cdot\text{mol}^{-1}$

Endotherme Reaktionen können nur ablaufen, wenn eine bestimmte Temperatur überschritten wird, sodass das Produkt „$T\cdot\Delta S$" größer als ΔH und auf diese Weise ΔG negativ wird. Mit steigender Temperatur wächst der Einfluss von ΔS auf den Reaktionsverlauf. Als Beispiel hierfür kann man die Reaktion von Wasser mit Kohlenstoff nennen, die bei Zimmertemperatur nicht abläuft, aber bei 1000 K aufgrund des hohen Entropiewertes möglich wird, obwohl die Reaktion endotherm ist.

$H_2O(g) + C(s) \rightarrow CO(g) + H_2(g)$;
$\Delta_R G_m^0(298\,\text{K}) = +92\,\text{kJ}\cdot\text{mol}^{-1}$;
$\Delta_R G_m^0(1000\,\text{K}) = -3\,\text{kJ}\cdot\text{mol}^{-1}$

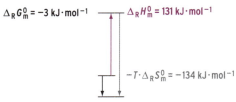

Exotherme Reaktionen mit abnehmender Entropie können nur unterhalb einer bestimmten Temperatur freiwillig ablaufen, solange $|T \cdot \Delta S| \leq |\Delta H|$ ist, z. B. reagiert Stickstoffdioxid bei Zimmertemperatur exotherm zu Distickstofftetraoxid. Bei 400 K läuft diese Reaktion jedoch nicht mehr ab, da sie nun endergonisch geworden ist.

$2\,NO_2(g) \rightarrow N_2O_4(g)$
$\Delta_R G_m^0 (298\,K) = -5\,kJ \cdot mol^{-1}$
$\Delta_R G_m^0 (400\,K) = +13\,kJ \cdot mol^{-1}$

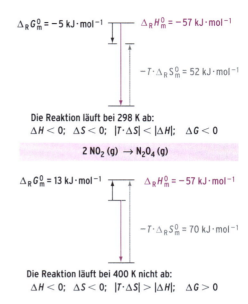

3.5 Zusammenfassung und Rückblick

Bei tiefen Temperaturen entscheidet hauptsächlich ΔH über den Ablauf einer chemischen Reaktion, bei hohen Temperaturen gewinnt ΔS zunehmend an Bedeutung. Das Entropieglied $T \cdot \Delta S$ ist also unter Umständen in der Lage, den Verlauf einer chemischen Reaktion umzukehren.

Die Triebkraft chemischer Reaktionen besteht in der Abnahme der Enthalpie und der Zunahme der Entropie. Beide Faktoren sind in der freien Enthalpie zusammengefasst. **Somit liegt die Triebkraft chemischer Reaktionen in der Abnahme der freien Enthalpie.**

Enthalpieänderung ΔH	Entropieänderung ΔS	T	Freie Enthalpieänderung $\Delta G = \Delta H - T \cdot \Delta S$	Erläuterung
≤ 0; exotherm	≥ 0; Zunahme	klein groß	≤ 0; exergonisch ≤ 0; exergonisch	in beiden Fällen spontane Reaktionen
≤ 0; exotherm	≤ 0; Abnahme	klein groß	≤ 0; exergonisch ≥ 0; endergonisch	spontane Reaktion nur bei niedrigen Temperaturen
≥ 0; endotherm	≤ 0; Abnahme	klein groß	≥ 0; endergonisch ≥ 0; endergonisch	in keinem Fall spontane Reaktionen
≥ 0; endotherm	≥ 0; Zunahme	klein groß	≥ 0; endergonisch ≤ 0; exergonisch	nur bei hohen Temperaturen spontaner Reaktionsablauf

Tab. 3.3: Auswirkung von Enthalpie- und Entropieänderung auf den freiwilligen Ablauf von chemischen Reaktionen

3 Chemische Reaktionen – energetisch betrachtet

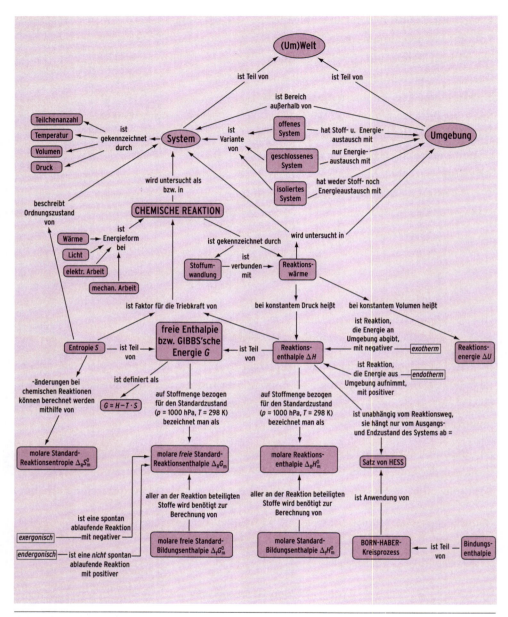

Abb. 3.11: Das Basiskonzept „Energie" als Begriffsnetzdarstellung
(Der Übersicht halber sind nicht alle möglichen Verknüpfungen eingezeichnet worden.)

4 Reaktionsgeschwindigkeit

Basiskonzept: Reaktionsgeschwindigkeiten

Mithilfe des Energie-Konzepts (→ Seite 34) kann man berechnen, ob eine chemische Reaktion freiwillig abläuft oder nicht. Wie schnell sie allerdings abläuft, lässt sich mit Energiebetrachtungen nicht vorhersagen, da der Faktor „Zeit", der Bestandteil der Größe „Geschwindigkeit" ist, hier keine Berücksichtigung findet. Da manche chemische Reaktionen wie die Knallgasreaktion in Sekundenbruchteilen ablaufen, andere Reaktionen wie das Rosten des Eisens Wochen bis Monate dauern, sind Kenntnisse über die Geschwindigkeiten chemischer Reaktionen auch von großer praktischer Bedeutung und im „Konzept der Reaktionsgeschwindigkeiten" zusammengefasst. Ausschlaggebend für die Höhe der Reaktionsgeschwindigkeit sind neben der Natur der beteiligten Stoffe Faktoren wie **Zerteilungsgrad**, **Stoffkonzentration**, **Temperatur** und **Katalysatoren**.

Auf der **Teilchenebene** sind diese Faktoren genauso bedeutsam. So müssen die reagierenden Teilchen eine genügend große Geschwindigkeit besitzen, die temperaturabhängig ist, damit sich beim Zusammenstoß eine neue Verbindung ergibt. Außerdem müssen die Teilchen für einen reaktionswirksamen Zusammenstoß richtig räumlich zueinander orientiert sein, was durch bestimmte Katalysatorentypen begünstigt wird.
Genaue Analysen in Zusammenhang mit der Reaktionsgeschwindigkeit tragen bei vielen chemischen Reaktionen zur Klärung des Reaktionsmechanismus bei.
Durch Anwendung des Reaktionsgeschwindigkeits-Konzepts bei chemischen Produktionsprozessen kann die Herstellung von Produkten optimiert werden und so Energie eingespart werden kann.

Merke: Die Reaktionsgeschwindigkeit verschiedener chemischer Reaktionen ist unterschiedlich groß und wird von den Faktoren Zerteilungsgrad, Konzentration, Temperatur und Katalysator beeinflusst.

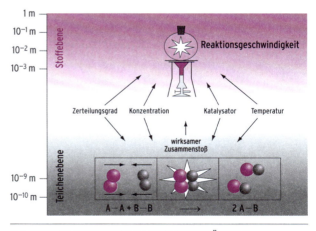

Abb. 4.1: Basiskonzept Reaktionsgeschwindigkeit im Überblick

4.1 Definition

Die Geschwindigkeit einer Reaktion entspricht der zeitlichen Änderung der Konzentration eines an der Reaktion beteiligten Stoffes.

Die **Reaktionsgeschwindigkeit** v definiert man als Konzentrationsänderung Δc der Ausgangsstoffe oder der Produkte pro Zeitintervall Δt:

$$v = \frac{\Delta c(\text{Produkt})}{\Delta t} = -\frac{\Delta c(\text{Ausgangsstoff})}{\Delta t}$$

(Vor dem letzten Term steht ein Minuszeichen, da c(Ausgangsstoff) abnimmt.)

4.2 Abhängigkeit vom Zerteilungsgrad (von der Oberfläche)

Damit reaktionsfähige Teilchenarten miteinander reagieren können, müssen sie zusammenstoßen. Je größer die Zahl (erfolgreicher) Zusammenstöße pro Zeiteinheit ist, desto größer ist die Reaktionsgeschwindigkeit.

Bei Stoffen, die in verschiedenen Phasen vorliegen, können Teilchen nur dann reagieren, wenn sie an der Phasengrenzfläche miteinander zusammenstoßen.

Mit dem Zerteilungsgrad eines Stoffes wird die Oberfläche und damit die Phasengrenzfläche größer. Die Reaktionsgeschwindigkeit nimmt daher mit dem Zerteilungsgrad zu.

4.3 Konzentrationsabhängigkeit und Geschwindigkeitsgleichung

Trägt man die Reaktionsgeschwindigkeit in Abhängigkeit von der Konzentration des reagierenden Stoffes auf, so erhält man ein Geschwindigkeits/Konzentrations-Diagramm. Die Reaktionsgeschwindigkeit ist dabei proportional zur Konzentration: $v \sim c$.

Es gilt daher die Geschwindigkeitsgleichung $v = k \cdot c$. Da bei Gasen die Konzentration proportional dem Druck ist, gilt für Gase entsprechend $v = k \cdot p$.

Die **Proportionalitätskonstante k** ist dabei die **Geschwindigkeitskonstante**. Sie ist charakteristisch für eine Reaktion bei konstanter Temperatur.

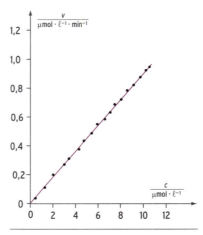

Abb. 4.2: Reaktionsgeschwindigkeit in Abhängigkeit von der Konzentration

Reagieren zwei Teilchenarten A und B miteinander, so nimmt die Zahl erfolgreicher Zusammenstöße zwischen Teilchenart A und Teilchenart B mit der Konzentration an A und B zu. Die Reaktionsgeschwindigkeit ist proportional zum Produkt der Konzentrationen an A und an B (Stoßtheorie). Es gilt daher die **Geschwindigkeitsgleichung**
$v = k \cdot c(A) \cdot c(B)$.

4.4 Temperaturabhängigkeit

Trägt man die Reaktionsgeschwindigkeit in Abhängigkeit von der Temperatur auf, so gilt für viele Reaktionen die **R**eaktions**g**eschwindigkeits/**T**emperatur-Regel (**RGT-Regel**): Die Reaktionsgeschwindigkeit steigt auf das Doppelte bis Vierfache, wenn man die Temperatur um 10 °C erhöht.

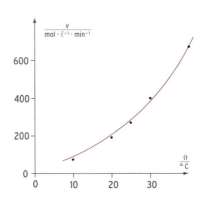

Abb. 4.3: Reaktionsgeschwindigkeit in Abhängigkeit von der Temperatur

Nach BOLTZMANN haben gleichartige Teilchen auch bei gleichbleibender Temperatur unterschiedliche Energie. Für einen erfolgreichen Zusammenstoß müssen die Teilchen aber eine bestimmte Mindestenergie E_{min} besitzen. Erhöht man die Temperatur, so nimmt der Bruchteil der Teilchen mit dieser Mindestenergie zu, die Reaktionsgeschwindigkeit steigt daher bei Erwärmung exponentiell an.

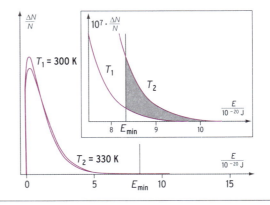

Abb. 4.4: Energieverteilung nach BOLTZMANN für verschiedene Temperaturen

4.5 Katalysatoren

Definition
Katalysatoren sind Stoffe, die eine Reaktion beschleunigen, am Ende aber wieder in der ursprünglichen Form vorliegen.

Im Reaktionsverlauf sind **Katalysatoren** an der Bildung von Zwischenstufen beteiligt. Dadurch ergibt sich ein Reaktionsweg mit geringerer **Aktivierungsenergie** und daher mit einer größeren Reaktionsgeschwindigkeit. Die Aktivierungsenergie entspricht gerade der Mindestenergie E_{min} der zusammenstoßenden Teilchen. Bei einer **heterogenen Katalyse** liegen Katalysator und Edukte in verschiedenen Aggregatzuständen vor.

Beispiele:

a) $2\ H_2 + O_2 \xrightarrow{Platin} 2\ H_2O$

In Gegenwart von Platin entzündet sich Wasserstoff an der Luft schon bei Raumtemperatur: Die Wasserstoff-Moleküle dissoziieren an der Platinoberfläche. Der so gebildete atomare Wasserstoff reagiert dann mit an der Metalloberfläche gebundenen Sauerstoff-Molekülen.

b) $2\ H_2O_2 \xrightarrow{MnO_2} 2\ H_2O + O_2$

Bei einer **homogenen Katalyse** liegen Katalysator und Edukt in gleicher Phase vor.

Beispiel:

$2\ H_2O_2 \xrightarrow{Iodid-Ionen} 2\ H_2O + O_2$

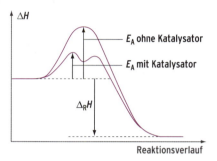

Abb. 4.5: Energiediagramm einer Reaktion mit und ohne Katalysator

Der Zerfall von Wasserstoffperoxid in wässriger Lösung wird von vielen Katalysatoren beschleunigt. Dabei wird z. B. bei Iodid-Ionen als Katalysator die Zwischenverbindung IO⁻ gebildet.

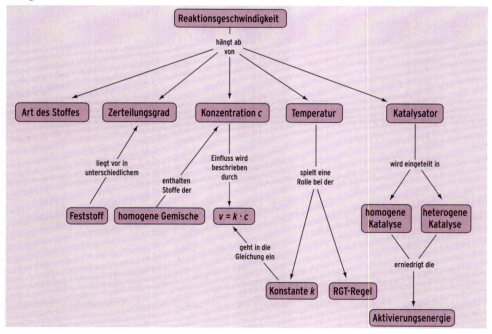

Abb. 4.6: Zusammenfassung zum Thema „Reaktionsgeschwindigkeit"

5 Chemisches Gleichgewicht

Basiskonzept: Chemisches Gleichgewicht

In geschlossenen Systemen laufen viele chemische Reaktion nicht vollständig ab. Es stellt sich ein stabiles Konzentrationsverhältnis zwischen Ausgangs- und Endstoffen ein, das sich mathematisch beschreiben lässt. Vorhersagen über den quantitativen Verlauf einer chemische Reaktion in einem geschlossenen System sind somit möglich.

Obwohl sich nach Einstellung dieses statisch erscheinenden Gleichgewichts auf der **Stoffebene** der Eindruck vermittelt, die chemische Umsetzung sei abgeschlossen, laufen auf der **Teilchenebene** immer noch Hin- und Rückreaktion ab, wobei die Reaktionsgeschwindigkeiten der Hin- und Rückreaktion gleich groß sind. Aufgrund dieser Dynamik auf Teilchenebene wird das chemische Gleichgewicht auch als **dynamisches Gleichgewicht** bezeichnet. Durch Änderung der Faktoren wie Temperatur, Druck und Konzentration kann das chemische Gleichgewicht gestört werden, was zu einer Verschiebung der Gleichgewichtslage in die Richtung führt, in der die Folgen der Störung verringert werden.

Merke: Bei vielen reversiblen chemischen Reaktionen stellt sich im geschlossenen System ein dynamischer Gleichgewichtszustand zwischen Ausgangs- und Endstoffen ein.

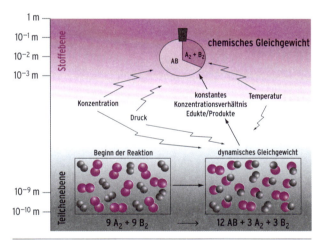

Abb. 5.1: Basiskonzept des chemischen Gleichgewichts

5.1 Umkehrbare Reaktionen und chemisches Gleichgewicht

Reaktionen sind prinzipiell umkehrbar. Dabei wird bei der **Rückreaktion** derselbe Energiebetrag umgesetzt wie bei der **Hinreaktion**, allerdings mit umgekehrtem Vorzeichen.

Beispiele
$I_2(g) + H_2(g) \rightarrow 2\,HI(g)$; $D_R H_m^0 = -10\,kJ \cdot mol^{-1}$ (exotherme Reaktion)
$2\,HI(g) \rightarrow H_2(g) + I_2(g)$; $D_R H_m^0 = +10\,kJ \cdot mol^{-1}$ (endotherme Reaktion)

Chemisches Gleichgewicht

In einem **geschlossenen System** stellt sich für eine **umkehrbare Reaktion** bei konstanter Temperatur und bei konstantem Druck ein gleichbleibendes Stoffmengenverhältnis zwischen den Edukten (Ausgangsstoffen) und den Produkten (Endstoffen) ein.

Das **chemische Gleichgewicht** ist ein **dynamisches Gleichgewicht**: Pro Zeiteinheit entstehen durch die Hinreaktion genauso viele Teilchen des Endstoffes, wie Teilchen durch die Rückreaktion wieder zum Ausgangsstoff reagieren. Die Geschwindigkeiten von Hin- und Rückreaktion sind gleich groß: $v_{hin} = v_{rück}$.

Schreibweise für eine Reaktion im chemischen Gleichgewicht: $A + B \rightleftharpoons AB$

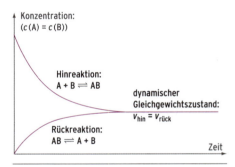

Abb. 5.2: Zeitlicher Verlauf der Gleichgewichtseinstellung

5.2 Das Massenwirkungsgesetz

Ist $A + B \rightleftharpoons C + D$ eine Reaktion im chemischen Gleichgewicht, so gilt für die Geschwindigkeit der Hinreaktion: $v_{hin} = k_{hin} \cdot c(A) \cdot c(B)$.
Für die Geschwindigkeit der Rückreaktion gilt: $v_{rück} = k_{rück} \cdot c(C) \cdot c(D)$,
wobei v_{hin}, $v_{rück}$ die Reaktionsgeschwindigkeiten und k_{hin}, $k_{rück}$ die Reaktionsgeschwindigkeitskonstanten bedeuten.

Im dynamischen Gleichgewicht gilt: $v_{hin} = v_{rück}$.

$\Rightarrow k_{hin} \cdot c(A) \cdot c(B) = k_{rück} \cdot c(C) \cdot c(D)$

$\Rightarrow \dfrac{k_{hin}}{k_{rück}} = \dfrac{c(C) \cdot c(D)}{c(A) \cdot c(B)}$ oder $K_c = \dfrac{c(C) \cdot c(D)}{c(A) \cdot c(B)}$

Für eine Reaktion $a\,A + b\,B \rightleftharpoons c\,C + d\,D$ im chemischen Gleichgewicht gilt:

$$K_c = \frac{c^c(C) \cdot c^d(D)}{c^a(A) \cdot c^b(B)}$$

> **Wissen: Massenwirkungsgesetz (MWG)**
>
> Bei einem homogenen System im chemischen Gleichgewicht ist das Produkt der Konzentrationen der rechts stehenden Teilchen dividiert durch das Produkt der Konzentrationen der links stehenden Teilchen bei einer bestimmten Temperatur konstant.

Beispiel:

$$H_2(g) + I_2(g) \rightleftharpoons 2\,HI\,(g); \; K_c = \frac{c^2(HI)}{c(H_2) \cdot c(I_2)}$$

Die **Gleichgewichtskonstante** K_c ist temperaturabhängig. Tabellierte Werte gelten für 298 K (25 °C). Die Einheit von K_c muss für jede Reaktion berechnet werden.

Für Reaktionen im Gaszustand wird oft statt des K_c-Wertes der K_p-Wert angegeben. Zur Berechnung von K_p werden statt der Konzentrationen die Partialdrücke der Gase in das Massenwirkungsgesetz eingesetzt.

Beispiel:

$$N_2O_4(g) \rightleftharpoons 2\,NO_2(g)$$

$$K_p = \frac{p^2(NO_2)}{p(N_2O_4)}$$

$p\,(NO_2)$, $p\,(N_2O_4)$: Partialdruck von NO_2, N_2O_4

Bedingungen für das Massenwirkungsgesetz

- geschlossenes System
- umkehrbare Reaktion
- chemisches Gleichgewicht
- **homogenes System:** Die beteiligten Stoffe müssen in Lösung oder als Gase vorkommen. Bei heterogenen Systemen werden feste Stoffe nicht berücksichtigt.

Beispiel:

$$Ag^+(aq) + Fe^{2+}(aq) \leftrightarrow Ag(s) + Fe^{3+}(aq)$$

$$K_c = \frac{c(Fe^{3+})}{c(Ag^+) \cdot c(Fe^{2+})}$$

5.3 Verschieben der Gleichgewichtslage und das Prinzip von LE CHATELIER

Die **Lage des Gleichgewichts** ist abhängig von Temperatur, Druck und den Konzentrationen der Reaktionspartner.

A + B $\rightleftharpoons$ AB: Gleichgewichtslage ist nach rechts (zugunsten der Endstoffe) verschoben.

A + B $\rightleftharpoons$ AB: Gleichgewichtslage ist nach links (zugunsten der Ausgangsstoffe) verschoben.

Temperaturabhängigkeit

Eine Temperaturerhöhung begünstigt die endotherme (energieverbrauchende), eine Temperaturerniedrigung die exotherme Reaktionsrichtung.

Beispiel:

$$N_2O_4 \, (g) \rightleftharpoons 2\,NO_2 \, (g); \; D_R H_m^0 = +57\,kJ \cdot mol^{-1}$$

farblos   braun

Erhöht man die Temperatur, so wird die endotherme Bildung des braunen NO_2 begünstigt: Beim Erwärmen vertieft sich daher die Färbung des Gasgemisches N_2O_4/NO_2.

Erniedrigt man die Temperatur, so verschiebt sich die Lage des Gleichgewichts zugunsten des farblosen N_2O_4. Beim Abkühlen kommt es daher zur Aufhellung des Gasgemisches.

Druckabhängigkeit

Eine Druckerhöhung begünstigt die Reaktionsrichtung, bei der Stoffe mit kleinerem Volumen gebildet werden. Bei Gasen sind dies die Stoffe mit kleinerer Teilchenzahl.

Beispiel:

$$N_2O_4 \, (g) \; \underset{\text{Druckerhöhung}}{\overset{\text{Druckerniedrigung}}{\rightleftharpoons}} \; 2\,NO_2 \, (g)$$

Beim Zerfall von N_2O_4 in NO_2 verdoppelt sich die Teilchenzahl und damit das Volumen, da gleiche Volumina verschiedener Gase bei gleichem Druck und gleicher Temperatur gleich viele Teilchen enthalten (AVOGADRO).

Konzentrationsabhängigkeit

Eine Konzentrationserhöhung eines Reaktionspartners begünstigt die Reaktionsrichtung, in der dieser Stoff verbraucht wird.

Beispiel:

$$Fe^{3+} \, (aq) + 3\,SCN^- \, (aq) \rightleftharpoons Fe(SCN)_3 \, (aq)$$

Erhöht man die Konzentration von Fe^{3+}- oder SCN^--Ionen, kommt es zur Farbvertiefung, da die Bildung von rotem $Fe(SCN)_3$ bevorzugt abläuft.

Damit Ausgangsstoffe vollständig umgesetzt werden, das Gleichgewicht also vollständig zugunsten eines Produkts verschoben wird, muss dieses Produkt oder ein Produktpartner ständig aus dem Reaktionsgemisch entfernt werden, um eine Rückreaktion zu verhindern. Dies ist z. B. dann der Fall, wenn eines der Reaktionsprodukte als Gas entweicht.

Wissen: Prinzip von LE CHATELIER

(Prinzip vom kleinsten Zwang)

Jede Störung eines Gleichgewichts durch die Änderung der äußeren Bedingungen (Temperatur-, Druck- oder Konzentrationsänderung) führt zu einer Verschiebung des Gleichgewichts, die der Störung entgegenwirkt.

5.4 Löslichkeitsprodukt

In einer **gesättigten** wässrigen Lösung einer **salzartigen Verbindung** sind die Konzentrationen an Ionen für eine bestimmte Temperatur konstant.

Das **Löslichkeitsgleichgewicht** ist ein dynamisches Gleichgewicht: Pro Zeiteinheit gehen in einer gesättigten Lösung genauso viele Ionen in Lösung wie sich aus der Lösung im Bodenkörper ablagern.

Die Lage des Löslichkeitsgleichgewichts wird durch das **Löslichkeitsprodukt K_L** beschrieben.

Salz vom Formeltyp AB

$AB\,(s) \rightleftharpoons A^+(aq) + B^-(aq)$; $K_L(AB) = c\,(A^+) \cdot c\,(B^-)$

Beispiel:

$AgCl\,(s) \rightleftharpoons Ag^+(aq) + Cl^-(aq)$

$K_L(AgCl) = c\,(Ag^+) \cdot c\,(Cl^-)$

Salz vom Formeltyp AB_2

$AB_2(s) \rightleftharpoons A^{2+}\,(aq) + 2\,B^-\,(aq)$

$K_L(AB_2) = c\,(A^{2+}) \cdot c^2(B^-)$

Beispiel:

$Ca(OH)_2(s) \rightleftharpoons Ca^{2+}(aq) + 2\,OH^-(aq)$

$K_L(Ca(OH)_2) = c\,(Ca^{2+}) \cdot c^2(OH^-)$

pK_L = negativer dekadischer Logarithmus des Zahlenwertes von K_L.

Beispiel:

$K_L(AgCl) = 2 \cdot 10^{-10}\ mol^2 \cdot l^{-2}$; $pK_L = 9{,}7$

Ein kleiner K_L-Wert (ein großer pK_L-Wert) bedeutet niedrige Ionenkonzentration in der Lösung, also eine schlechte Löslichkeit des Salzes.

5 Chemisches Gleichgewicht

Strategie beim Lösen von Aufgaben zum Löslichkeitsprodukt

① Löslichkeitsgleichgewicht formulieren

② Löslichkeitsprodukt K_L aufstellen

③ Die Gleichung für das Löslichkeitsprodukt enthält drei Größen. Sind zwei der Größen angegeben, so lässt sich die dritte Größe berechnen. Kennt man nur eine der drei Größen, so muss man eine der beiden unbekannten Größen durch die andere unbekannte ersetzen.

Aufgabenbeispiele

Beispiel 1

Berechnen Sie die Konzentrationen von Ca^{2+}- und F^--Ionen in einer gesättigten CaF_2-Lösung, wenn $pK_L(CaF_2) = 10{,}4$ ist.

Lösung:

K_L ist bekannt, $c(Ca^{2+})$ und $c(F^-)$ sind unbekannt.

$K_L = 10^{-10{,}4}\ mol^3 \cdot \ell^{-3} = 4 \cdot 10^{-11}\ mol^3 \cdot \ell^{-3}$

$CaF_2(s) \rightleftharpoons \underset{1\ mol}{Ca^{2+}(aq)} + \underset{2\ mol}{2\ F^-(aq)}$

$\dfrac{c(Ca^{2+})}{c(F^-)} = \dfrac{1}{2}; \quad c(Ca^{2+}) = \dfrac{1}{2}c(F^-)$

$c(F^-) = 2 \cdot c(Ca^{2+}); \quad K_L = c(Ca^{2+}) \cdot c^2(F^-)$

$c(F^-)$ wird durch $c(Ca^{2+})$ ersetzt:

$c(Ca^{2+}) \cdot (2 \cdot c(Ca^{2+}))^2 = 4 \cdot 10^{-11}\ mol^3 \cdot \ell^{-3}$

$c(Ca^{2+}) = \sqrt[3]{\dfrac{1}{4} \cdot 4 \cdot 10^{-11}\ mol^3 \cdot \ell^{-3}}$

$c(Ca^{2+}) = 2{,}15 \cdot 10^{-4}\ mol \cdot \ell^{-1}$

$c(F^-) = 4{,}3 \cdot 10^{-4}\ mol \cdot \ell^{-1}$

Beispiel 2

Wie hoch muss die Konzentration an Ag^+-Ionen sein, damit aus einer NaCl-Lösung mit der Stoffmengenkonzentration $c(NaCl) = 0{,}1\ mol \cdot \ell^{-1}$ das schwerlösliche AgCl ausfällt? $pK_L(AgCl) = 9{,}7$.

Lösung:

K_L und $c(Cl^-)$ sind bekannt, $c(Ag^+)$ ist unbekannt.

$K_L = 10^{-9{,}7}\ mol^2 \cdot \ell^{-2} = 2 \cdot 10^{-10}\ mol^2 \cdot \ell^{-2}$

$c(Cl^-) = 0{,}1\ mol \cdot \ell^{-1}$

$AgCl\ (s) \rightleftharpoons Ag^+(aq) + Cl^-(aq)$

$K_L = c(Ag^+) \cdot c(Cl^-)$

$c(Ag^+) = \dfrac{K_L}{c(Cl^-)} = \dfrac{2 \cdot 10^{-10}\ mol^2 \cdot \ell^{-2}}{0{,}1\ mol \cdot \ell^{-1}} = 2 \cdot 10^{-9}\ mol \cdot \ell^{-1}$

5.4 Löslichkeitsprodukt

> **Vorsicht Falle**
>
> Nur bei Salzen **vom gleichen Formeltyp** kann man anhand der pK_L-Werte die Löslichkeiten direkt miteinander vergleichen.

Will man die Löslichkeit eines Salzes vom Typ AB mit der Löslichkeit eines Salzes vom Typ AB_2 vergleichen, so muss man für beide Salze die Konzentrationen $c(A)$ berechnen. Das Salz mit der höheren Konzentration $c(A)$ ist das besser lösliche Salz.

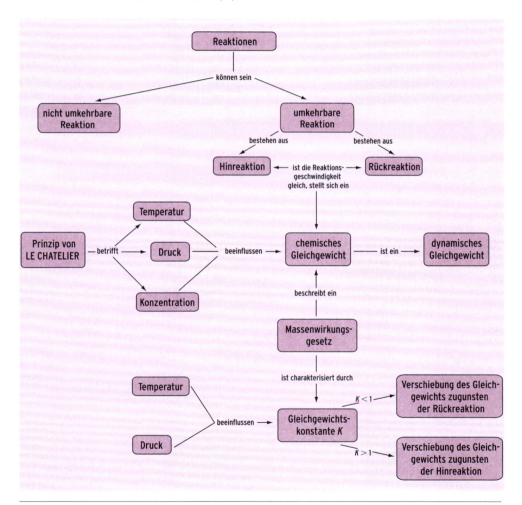

Abb. 5.3: Thema „Massenwirkungsgesetz" im Überblick

6 Säure/Base-Reaktionen: Protonenübergänge

Basiskonzept: Donator-Akzeptor-Konzept

Säure/Base-Reaktionen findet man in großer Vielfalt in Natur und Technik. Blickt man auf die Teilchenebene, stellt man fest, dass alle Säure/Base-Reaktionen nach demselben Muster ablaufen: Teilchen tauschen bei Zusammenstößen Protonen aus. Das Proton-abgebende Teilchen wird als **Donator** (oder genauer als Protonendonator), das Proton-aufnehmende Teilchen als **Akzeptor** (bzw. als Protonenakzeptor) bezeichnet. „Donator", vom lateinischen Wort *donare* abgeleitet, bedeutet „Geber" bzw. „Spender"; „Akzeptor", von lateinisch *accipere* (= annehmen, aufnehmen) heißt „Empfänger", „Aufnehmer".

Der Protonenübergang nach dem Donator-Akzeptor-Prinzip lässt sich durch die **Staffelstabübergabe** bei einem Staffellauf versinnbildlichen (→ Abb. 6.1): Die Läufer müssen in direkten körperlichen Kontakt treten, um den Staffelstab übergeben zu können. Auch der Protonenübergang ist nur bei einem direkten Zusammentreffen, einem Zusammenstoß der beteiligten Teilchen möglich (→ Abb. 6.2), da freie Protonen z. B. in Flüssigkeiten nicht existent sind.

Merke: Säure/Base-Reaktionen lassen sich auf Teilchenebene als Protonenübergänge nach dem Donator-Akzeptor-Prinzip beschreiben.

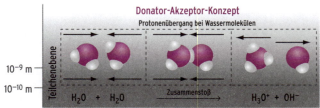

Abb. 6.1: Staffelübergabe als Analogie zum Donator-Akzeptor-Prinzip. Der Staffelstab symbolisiert das auszutauschende Teilchen: das Proton bei einer Säure/Base-Reaktion.

Abb. 6.2: Protonenübergang beim Zusammenstoß von Wassermolekülen. Die Wassermoleküle sind im Kalottenmodell dargestellt.

6.1 Wichtige Definitionen nach der BRÖNSTED-Säure/Base-Theorie

Nach **BRÖNSTED** bezeichnet man ein Teilchen, das ein H^+-Ion (Proton) abgibt, als **Säure**.
Eine **BRÖNSTED-Base** nimmt ein H^+-Ion (Proton) auf.

Säure: Protonendonator

Base: Protonenakzeptor

Nach dem **Donator-Akzeptor-Konzept** lassen sich Säure/Base-Reaktionen als Protonen-übergänge beschreiben ($\rightarrow$ Redoxreaktionen, Seite 73 ff.).

Ein Teilchen, das sowohl als Säure als auch als Base reagieren kann, heißt **Ampholyt** (amphoteres Teilchen). Das Reaktionsverhalten hängt dabei vom Partner ab. (H_2O, HCO_3^-, HSO_4^-)

Beispiele:

$$H_2O + HCl \rightleftharpoons H_3O^+ + Cl^-$$

$$H_2O + NH_3 \rightleftharpoons OH^- + NH_4^+$$

Zwei Teilchen, die sich nur durch ein H^+-Ion unterscheiden, werden **korrespondierendes Säure/Base-Paar** genannt.

(Beispiele: HCl/Cl^-, H_2O/OH^-, H_3O^+/H_2O.)

Wissen

Den Protonenübergang zwischen einer BRÖNSTED-Säure HA und einer BRÖNSTED-Base B bezeichnet man als **Protolyse**.

Protolysen sind **Gleichgewichtsreaktionen**:

$$HA + B \rightleftharpoons A^- + HB^+$$

Vorsicht Falle

Bei einer Protolyse wird jeweils nur ein H^+-Ion übertragen.

6.2 pH-Wert

Definition

Der pH-Wert ist der negative dekadische Logarithmus des Zahlenwertes der Hydronium-Ionen-Konzentration ($c(H_3O^+)$):

$$\mathbf{pH = -lg\frac{\textit{c}(H_3O^+)}{mol\cdot\ell^{-1}}} \text{ und } \mathbf{\textit{c}(H_3O^+) = 10^{-pH}\,mol\cdot\ell^{-1}}$$

Herleitung des pH-Wertes

Autoprotolyse des Wassers:

$$H_2O(l) + H_2O(l) \rightleftharpoons H_3O^+(aq) + OH^-(aq)$$

$$K_c = \frac{c(H_3O)\cdot c(OH^-)}{c^2(H_2O)}, \text{ da } c(H_2O) = \text{const., gilt:}$$

Ionenprodukt des Wassers bei 25°C:

$$K_w = c(H_3O^+)\cdot c(OH^-) = 10^{-14}\cdot mol^2\cdot\ell^{-2}$$

Das Produkt von $c(H_3O^+)$ und $c(OH^-)$ ist also immer konstant. Da in reinem Wasser H_3O^+-Ionen nur durch die Autoprotolyse des Wassers entstehen, beträgt $c(H_3O^+)$ in reinem Wasser $10^{-7}\,mol\cdot\ell^{-1}$, pH = 7.

Die pH-Skala reicht von 0 bis 14:

sauer	neutral	alkalisch = basisch
pH < 7	pH = 7	pH > 7

Tab. 6.1: Die pH-Skala

Analog zum pH-Wert wird der **pOH-Wert** definiert:

$$pOH = -lg\frac{c(OH^-)}{mol\cdot\ell^{-1}} \text{ und } c(OH^-) = 10^{-pOH}\,mol\cdot\ell^{-1}$$

Es gilt: $pH + pOH = pK_W = 14$

wobei $pK_W = -lg\frac{K_w}{mol^2\cdot\ell^{-2}}$

Vorsicht Falle

pH-Werte gelten nur für verdünnte wässrige Lösungen ($c \leq 1\,mol\cdot\ell^{-1}$), da bei höher konzentrierten Lösungen $c(H_2O)$ nicht mehr konstant ist und daher das Ionenprodukt des Wassers nicht mehr gilt.

6.3 Die Stärke von Säuren und Basen

Der pH-Wert ist als Maß für die Säure- bzw. Basestärke nicht geeignet, da er konzentrationsabhängig ist. Ein Maß für die Stärke einer Säure (Base) ist die **Säurekonstante K_S** (**Basenkonstante K_B**).

Starke Säuren und Basen sind in Wasser (fast) vollständig protolysiert. Schwache Säuren und Basen protolysieren in Wasser unvollständig; es stellt sich ein Protolysengleichgewicht ein.

Herleitung des K_S-Wertes

$HA(aq) + H_2O(l) \rightleftharpoons H_3O^+(aq) + A^-(aq)$

HA: Säure

$K_S = K_c \cdot c(H_2O) = \dfrac{c(H_3O^+) \cdot c(A^-)}{c(HA)}$

und $pK_S = -\lg \dfrac{K_S}{mol \cdot \ell^{-1}}$

Je größer also K_S und je kleiner pK_S ist, desto mehr ist die Lage des Protolysengleichgewichts nach rechts verschoben und desto stärker ist die Säure.

Herleitung des K_B-Wertes

$B(aq) + H_2O(l) \rightleftharpoons HB^+(aq) + OH^-(aq)$

B: Base

$K_B = K_c \cdot c(H_2O) = \dfrac{c(HB^+) \cdot c(OH^-)}{c(B)}$

und $pK_B = -\lg \dfrac{K_B}{mol \cdot \ell^{-1}}$

Je größer also K_B und je kleiner pK_B ist, desto mehr ist die Lage des Protolysegleichgewichts nach rechts verschoben und desto stärker ist die Base.

pK_S bzw. pK_B	Stärke der Säure bzw. Base
≤ 0	sehr stark
0 bis 4	mittelstark
4 bis 10	schwach
≥ 10	sehr schwach

Tab. 6.2: Einteilung der Säuren und Basen nach der Stärke

Für ein korrespondierendes Säure/Base-Paar gilt: **$pK_S(HA) + pK_B(A^-) = 14$**

6.4 Voraussage von Protolysegleichgewichten

Die Lage des Gleichgewichts $HA + B \rightleftharpoons A^- + HB^+$ lässt sich ermitteln, indem man $pK_S(HA)$ mit $pK_S(HB^+)$ vergleicht: Ist HA die stärkere Säure und besitzt daher einen kleineren pK_S-Wert als HB^+, so ist die Lage des Gleichgewichts nach rechts verschoben. Ist $pK_S(HB^+) < pK_S(HA)$, so ist die Lage des Gleichgewichts nach links verschoben. Je größer die Differenz zwischen $pK_S(HA)$ und $pK_S(HB^+)$ ist, desto mehr ist die Gleichgewichtslage zugunsten einer Richtung verschoben.

Beispiele	
$CH_3COOH + NH_3 \rightleftharpoons CH_3COO^- + NH_4^+$	
$pK_S = 4{,}65$	$pK_S = 9{,}37$
$HPO_4^{2-} + HCOO^- \rightleftharpoons PO_4^{3-} + HCOOH$	
$pK_S = 11{,}7$	$pK_S = 3{,}65$
$H_2PO_4^- + ClO^- \rightleftharpoons HPO_4^{2-} + HClO$	
$pK_S = 6{,}9$	$pK_S = 7{,}25$

Hinweis: Für die Lage des Gleichgewichts ist auch entscheidend, ob bei der Reaktion Stoffe als Gase oder durch eine Fällung aus dem Gleichgewicht entfernt werden ($\rightarrow$ Prinzip von LE CHATELIER, Seite 56 f.).

6.5 pH-Berechnungen

pH-Werte lassen sich nur für starke Säuren/Basen (pK_S, $pK_B \leq 0$) und für schwache Säuren/Basen ($4 \leq pK_S$, $pK_B \leq 10$) berechnen, da sonst keine Vereinfachungen bei der pH-Berechnung gelten.

6.5.1 pH-Berechnung einer starken Säure/Base in wässriger Lösung (pK_S, $pK_B \leq 0$)

a) Starke Säure

$HA(aq) + H_2O(l) \rightarrow H_3O^+(aq) + A^-(aq)$

Vereinfachungen:

① HA ist (fast) vollständig protolysiert:

$c(H_3O^+) \approx c_0(HA)$, wobei $c_0(HA)$ die Anfangskonzentration von HA ist.

② Die H_3O^+-Ionen aus der Autoprotolyse des Wassers werden vernachlässigt.

$$\mathbf{pH} = -\lg \frac{c_0(HA)}{mol \cdot \ell^{-1}}$$

Wichtige starke Säuren: $HClO_4$, HI, HCl, HNO_3.

Rechenbeispiel:

$pK_S(HCl) = -6$.

Berechnen Sie den pH-Wert einer Salzsäure mit $c_0(HCl) = 0,5\ mol \cdot \ell^{-1}$.

$pH = -\lg 0,5 = 0,3$.

b) Starke Base

$B(aq) + H_2O(l) \rightarrow HB^+(aq) + OH^-(aq)$

Vereinfachungen:

① B ist (fast) vollständig protolysiert:

$c(OH^-) \approx c_0(B)$, wobei $c_0(B)$ die Anfangskonzentration von B ist.

② Die OH^--Ionen aus der Autoprotolyse des Wassers werden vernachlässigt.

$$\mathbf{pOH = -\lg \frac{c_0(B)}{mol \cdot \ell^{-1}}},$$

oder aufgrund von $pH + pOH = 14$:

$$\mathbf{pH = 14 + \lg \frac{c_0(B)}{mol \cdot \ell^{-1}}}.$$

Stärkste (stabile) Base in wässriger Lösung: OH^- z. B. NaOH(aq), KOH(aq)

Rechenbeispiel:

Berechnen Sie die Stoffmengenkonzentration einer Natronlauge mit pH = 12,5.

$pOH = 1,5$

$c_0 = 10^{-1,5}\ mol \cdot \ell^{-1} = 0,032\ mol \cdot \ell^{-1}$

6.5.2 pH-Berechnung einer schwachen Säure/Base in wässriger Lösung ($4 \leq pK_S, pK_B \leq 10$)

a) Schwache Säure

$HA(aq) + H_2O(l) \rightleftharpoons H_3O^+(aq) + A^-(aq)$

Vereinfachungen:

① HA ist kaum protolysiert: $c(HA) = c_0(HA)$, wobei $c_0(HA)$ die Anfangskonzentration von HA ist.

② Die H_3O^+-Ionen aus der Autoprotolyse des Wassers werden vernachlässigt.

Es gilt daher: $c(H_3O^+) = c(A^-)$

$K_S = \frac{c^2(H_3O^+)}{c_0(HA)}$ und

$$\mathbf{pH = \frac{1}{2} \cdot (pK_S - \lg c_0(HA))}.$$

Wichtige schwache Säuren: CH_3COOH (Essigsäure), H_2S, NH_4^+, die meisten organischen Säuren.

Rechenbeispiel:

Berechnen Sie den pH-Wert einer Essigsäure-Lösung mit $c_0(CH_3COOH) = 0,1\ mol \cdot \ell^{-1}$, wenn der pK_S dieser Säure 4,65 beträgt.

$pH = \frac{1}{2} \cdot (4,65 - \lg 0,1) = 2,8$

b) Schwache Base

$B(aq) + H_2O(l) \rightleftharpoons HB^+(aq) + OH^-(aq)$

Vereinfachungen:

① B ist kaum protolysiert: $c(B) = c_0(B)$, wobei $c_0(B)$ die Anfangskonzentration von B ist.

② Die OH^--Ionen aus der Autoprotolyse des Wassers werden vernachlässigt.

Es gilt daher: $c(OH^-) = c(HB^+)$.

$$K_B = \frac{c^2(OH^-)}{c_0(B)} \text{ und}$$

$$\mathbf{pOH} = \tfrac{1}{2} \cdot (\mathbf{p}K_B - \mathbf{lg}\, c_0(B))$$

$$\text{oder } \mathbf{pH} = 14 - \tfrac{1}{2} \cdot (\mathbf{p}K_B - \mathbf{lg}\, c_0(B))$$

Wichtige schwache Basen: NH_3, CH_3COO^- (Acetat), HS^-.

Rechenbeispiel:

Berechnen Sie die Stoffmengenkonzentration
einer Ammoniaklösung mit $pH = 11$; $pK_B(NH_3) = 4{,}63$.

$\lg c_0 = 2 \cdot pH - 28 + pK_B = -1{,}37$

$c_0 = 10^{-1{,}37} \text{ mol} \cdot \ell^{-1} = 0{,}043 \text{ mol} \cdot \ell^{-1}$

6.6 Experimentelle Bestimmung des pH-Wertes: Indikatoren

Bei **Indikatoren** handelt es sich um farbige organische (schwache) Säuren oder Basen, deren korrespondierende Basen bzw. Säuren eine andere Farbe besitzen. In wässriger Lösung stellt sich ein Protolysengleichgewicht ein:

$HIn(aq) + H_2O(l) \rightleftharpoons H_3O^+(aq) + In^-(aq)$.

HIn: Farbe 1; In^-: Farbe 2

Die Mischfarbe zwischen Farbe 1 und Farbe 2 entsteht, wenn $c(HIn) = c(In^-)$.

Am **Umschlagspunkt** gilt also: $pH = pK_S$.

Das Auge erkennt einen Farbwechsel aber erst, wenn eine der beiden Farben mit ca. zehnfachem Überschuss vorliegt.

Für den Umschlagsbereich eines Indikators gilt daher: $pH = pK_S \pm 1$

Indikator	pK_S	Farbe von HIn	Farbe von In^-
Methylorange	4,0	rot	orange
Methylrot	5,8	rot	gelb
Lackmus	6,8	rot	blau
Bromthymolblau	7,1	gelb	blau
Phenolphthalein	8,4	farblos	rot

Tab. 6.3: Übersicht über wichtige Indikatoren

Vorsicht Falle
Der Umschlagpunkt von Indikatoren liegt also nicht unbedingt beim Neutralpunkt.

Universalindikatoren oder pH-Teststäbchen erlauben eine ungefähre Bestimmung des pH-Wertes. Exakt lässt sich der pH-Wert aber nur mit einem pH-Meter bestimmen.

6.7 Protolysen von Ionen mit Wasser

Die Ionen, aus denen Salze bestehen, sind selbst **Brönsted**-Säuren oder **Brönsted**-Basen, die mit Wasser reagieren können und dabei H_3O^+- oder OH^--Ionen bilden. Salzlösungen sind daher nicht unbedingt neutral.

Beispiele

Salze, die sauer reagieren

a) $NH_4Cl(aq)$; $pK_S(NH_4^+) = 9,4$

$NH_4^+(aq) + H_2O(l) \rightleftharpoons NH_3(aq) + H_3O^+(aq)$

Cl^- ist als korrespondierende Base einer sehr starken Säure extrem schwach und daher ohne Einfluss auf den pH-Wert der Salzlösung. Da H_3O^+-Ionen gebildet werden: pH < 7.

b) $FeCl_3(aq)$

Alle Ionen in wässriger Lösungen sind von einer Hydrathülle umgeben. Bei dreifach geladenen Kationen (Fe^{3+}, Al^{3+}) werden die Wasser-Moleküle der Hydrathülle durch die hohe Ladung des Kations stark polarisiert.

H^+ kann leicht abgespalten werden, das hydratisierte Kation wirkt als Säure.

$[Fe(H_2O)_6]^{3+}(aq) + H_2O(l) \rightleftharpoons [Fe(H_2O)_5OH]^{2+}(aq) + H_3O^+(aq)$

Da H_3O^+-Ionen gebildet werden und Cl^- eine extrem schwache Base ist: pH < 7.

Salz, das basisch reagiert

$CH_3COO^-Na^+(aq)$; $pK_B(CH_3COO^-) = 9,35$

$CH_3COO^-(aq) + H_2O(l) \rightleftharpoons CH_3COOH(aq) + OH^-(aq)$

Na^+-Ionen sind in hydratisierter Form eine extrem schwache Säure und daher ohne Einfluss auf den pH-Wert der Salzlösung. Da OH^--Ionen gebildet werden: pH > 7.

Salze, die neutral reagieren

a) $NaCl(aq)$

Na^+-Ionen sind in hydratisierter Form eine extrem schwache Säure, Cl^- ist als korrespondierende Base einer sehr starken Säure extrem schwach. Der pH-Wert der Salzlösung wird also nur von der Autoprotolyse des Wassers bestimmt: pH = 7.

b) $CH_3COO^-NH_4^+(aq)$;

$pK_S(NH_4^+) \approx pK_B(CH_3COO^-)$

CH_3COO^- wirkt als Base, NH_4^+ als Säure.

Da die Base genauso stark ist wie die Säure, wird der pH-Wert nur von der Autoprotolyse des Wassers bestimmt: $pH = 7$.

6.8 Puffer

Wissen: Definition Pufferlösung

Unter einer Pufferlösung versteht man eine wässrige Lösung, deren pH-Wert sich bei Zusatz nicht allzu großer Mengen an Säuren oder Basen oder bei Verdünnung nur unwesentlich ändert.

Puffer enthalten Teilchen, die H_3O^+- und OH^--Ionen binden können. Die Puffersysteme bestehen meist aus einer schwachen Säure ($4 \leq pK_S \leq 10$) und ihrer korrespondierenden schwachen Base ($4 \leq pK_B \leq 10$).

Beispiele für Pufferlösungen:

- Essigsäure/Acetat-Puffer ($CH_3COOH/CH_3COO^-Na^+$)
- Ammoniumchlorid/Ammoniak-Puffer (NH_4Cl/NH_3)

Für eine schwache Säure gilt folgendes Protolysengleichgewicht:

$HA(aq) + H_2O(l) \rightleftharpoons H_3O^+(aq) + A^-(aq)$

$K_S = \frac{c(H_3O) \cdot c(A^-)}{c(HA)} \Leftrightarrow c(H_3O^+) = K_S \frac{c(HA)}{c(A^-)}$

Da für eine schwache Säure und eine schwache Base gilt: $c(HA) \approx c_0(HA)$, $c(A^-) \approx c_0(A^-)$

$\Rightarrow$ **Puffergleichung: $pH = pK_S + \lg \frac{c_0(A^-)}{c_0(HA)}$.**

Enthält eine Pufferlösung gleiche Stoffmengen an Säure und korrespondierender Base, so gilt: $c_0(HA) = c_0(A^-)$.

Daraus folgt: $pH = pK_S$

Für eine Pufferlösung, die gleiche Stoffmengen an Essigsäure und Acetat enthält, gilt also: $pH = pK_S(CH_3COOH) = 4{,}65$

Beispiel: Pufferwirkung am Beispiel des Essigsäure/Acetat-Puffers

- „Abfangen" von H_3O^+-Ionen durch den Puffer bei Zugabe von Säure:

    $CH_3COO^- + H_3O^+ \rightleftharpoons CH_3COOH + H_2O$

- „Abfangen" von OH^--Ionen durch den Puffer bei Zugabe von Base:

    $CH_3COOH + OH^- \rightleftharpoons CH_3COO^- + H_2O$

Die Menge an Säure oder Base, die ohne wesentliche Änderung des pH-Wertes zugesetzt werden kann, hängt von der Menge der gelösten Puffersubstanzen ab (**Pufferkapazität**).

6.9 Säure/Base-Titrationen

6.9.1 Maßanalyse

Die **Titration** stellt ein maßanalytisches Verfahren zur quantitativen Bestimmung der in einer Probelösung enthaltenen Stoffmenge dar. Die Säure/Base-Titration beruht auf einer Neutralisationsreaktion. Ist die Probelösung vollständig umgesetzt, so ist der **Äquivalenzpunkt** erreicht.

Verfahren

① In der Bürette (Messpipette mit regulierbarem Ablauf) befindet sich die **Maßlösung** (Säure oder Lauge einer bekannten Konzentration).

② Ein bestimmtes Volumen der **Probelösung** wird mit einer Vollpipette in den Titrierkolben gegeben.

③ Der Probelösung werden einige Tropfen Indikator zugesetzt.

④ Die Maßlösung wird der Probelösung bis zum Farbumschlag des Indikators zugetropft (**Äquivalenzpunkt**).

⑤ Das Volumen der zugetropften Maßlösung wird an der Bürette abgelesen.

Beispiele

Auswertung am Beispiel der Titration einer Salzsäure (50 ml) mit einer Natronlauge ($c = 1$ mol/ℓ). Bis zum Farbumschlag müssen 5 ml Natronlauge zugetropft werden:

① Reaktionsgleichung aufstellen

$$HCl(aq) + NaOH(aq) \rightarrow H_2O(l) + NaCl(aq)$$
1 mol   1 mol

② Stoffmengenverhältnis aufstellen und Stoffmengenkonzentration berechnen

$n(HCl) : n(NaOH) = 1 : 1$

da $n = c \cdot V$:

$\Rightarrow c(HCl) \cdot V(HCl) = c(NaOH) \cdot V(NaOH)$

$\Rightarrow c(HCl) = \dfrac{c(NAOH) \cdot V(NaOH)}{V(HCl)} = \dfrac{1 \, \text{mol} \cdot \ell^{-1} \cdot 5 \cdot 10^{-3} \ell}{50 \cdot 10^{-3} \ell}$

$\qquad = 0{,}1 \, \text{mol} \cdot \ell^{-1}$

Bei der **praktischen Durchführung** ist Folgendes zu beachten:

- Die **Maßlösung** muss eine **starke** Säure (HCl) oder Lauge (NaOH, KOH) sein, damit der Stoffumsatz vollständig ist.
- Es sollten nur wenige Tropfen Indikator zugegeben werden, da der Indikator selbst als Säure bzw. Base reagiert.
- Die Maßlösung sollte höher konzentriert sein als die Probelösung.

6.9.2 Titrationskurven

Titrationskurven erhält man, indem man die mit einem pH-Meter gemessenen pH-Werte in Abhängigkeit von der zugegebenen Maßlösung grafisch aufträgt. Die Titrationskurven weisen je nach der titrierten Probelösung einen charakteristischen Kurvenverlauf auf.

Maßlösung: starke Base (NaOH)
Probelösung
a) Salzsäure (starke Säure)
 $HCl + NaOH \rightarrow NaCl + H_2O$
b) Essigsäure (schwache Säure)
 $CH_3COOH + NaOH \rightarrow CH_3COONa + H_2O$

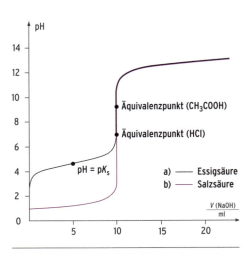

Abb. 6.3: Titrationskurven für die Titration einer a) schwachen, b) starken Säure

Im Falle von Salzsäure als Probelösung liegt am Äquivalenzpunkt NaCl vor. Da NaCl-Lösung neutral reagiert (→ Protolysen von Ionen mit Wasser, Seite 67 f.), stimmt der Äquivalenzpunkt mit dem Neutralpunkt überein.

Im Falle von Essigsäure als Probelösung liegt am Äquivalenzpunkt CH₃COONa vor. Da Na-Acetat alkalisch reagiert (→ Protolysen von Ionen mit Wasser, Seite 67 f.), ist der Äquivalenzpunkt ins Basische verschoben.

Im Bereich des Äquivalenzpunktes ändert sich der pH-Wert sehr stark (**pH-Sprung**). Der Äquivalenzpunkt liegt dabei in der Mitte des **pH-Sprungs**. Ein Indikator ist dann für die Endpunktanzeige der Titration geeignet, wenn sein Umschlagsintervall innerhalb des pH-Sprungs liegt.

Der pH-Sprung ist umso größer, je stärker die Probelösung und je kleiner damit ihr pK-Wert ist. Handelt es sich bei der Probelösung um eine starke Säure bzw. eine starke Base, so liegt der Äquivalenzpunkt bei pH = 7. Handelt es sich bei der Probelösung um eine schwache Säure, so liegt der Äquivalenzpunkt im basischen, bei einer schwache Base liegt er im sauren Bereich.

Die Titrationskurven schwacher Säuren bzw. Basen weisen neben dem Äquivalenzpunkt einen zweiten Wendepunkt (**Halb-Äquivalenzpunkt**) auf. Er wird erreicht, wenn gerade die Hälfte der bis zum Erreichen des Äquivalenzpunktes benötigten Maßlösung zugegeben wurde. Im Falle der Titration von Essigsäure (schwache Säure) gilt am Halb-Äquivalenzpunkt:
 $c(CH_3COOH) = c(CH_3COO^-)$.

Da $K_S = \dfrac{c(H_3O^+) \cdot c(CH_3COO^-)}{c(CH_3COOH)}$

folgt: $K_S = c(H_3O^+)$ oder $pK_S = pH$.

Im Falle der Titration von Ammoniak (schwache Base) gilt am Halb-Äquivalenzpunkt:

$c(NH_3) = c(NH_4^+)$.

Da $K_B = \dfrac{c(OH^-) \cdot c(NH_4^+)}{c(NH_3)}$

folgt $K_B = c(OH^-)$ oder $pK_B = pOH$

Durch **Halbtitration** einer schwachen Säure bzw. Base lässt sich also der pK-Wert bestimmen.

Aufgrund des entstehenden Gemischs aus schwacher Säure und korrespondierender schwacher Base ($\rightarrow$ Puffer, Seite 68) ändert sich bei Zugabe von Maßlösung der pH-Wert im Bereich des Halb-Äquivalenzpunktes nur sehr wenig.

	Probelösung		
	starke Säure bzw. Base	schwache Säure	schwache Base
Beispiel	HCl, NaOH, KOH	CH$_3$COOH	NH$_3$
Kurvenverlauf	ein Wendepunkt (Äquivalenzpunkt)	zwei Wendepunkte (Äquivalenzpunkt, Halb-Äquivalenzpunkt)	zwei Wendepunkte (Äquivalenzpunkt, Halb-Äquivalenzpunkt)
Äquivalenzpunkt	pH = 7	ins Basische verschoben	ins Saure verschoben
Halb-Äquivalenzpunkt	–	pH = pK$_S$	pOH = pK$_B$; pH = 14 – pK$_B$
geeigneter Indikator	Lackmus, Phenolphthalein, Methylorange, Bromthymolblau, Methylrot	Phenolphthalein	Methylorange, Methylrot

Tab. 6.4: Vergleich der Titrationskurven

6 Säure/Base-Reaktionen: Protonenübergänge

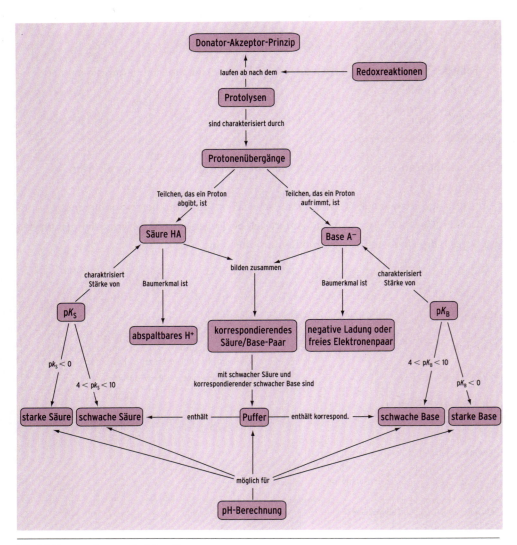

Abb. 6.4: Zusammenfassung „Protolysen"

7 Redoxreaktionen: Elektronenübergänge

Basiskonzept: Donator-Akzeptor-Prinzip

In der belebten wie unbelebten Natur sowie bei technischen Prozessen spielen Redox-Reaktionen eine große Rolle. Trotz der großen Vielfalt auf der stofflichen Ebene laufen auf der Teilchenebene Redox-Reaktionen immer nach dem gleichen Muster ab: Teilchen tauschen bei Zusammenstößen Elektronen aus. Die Elektronen-abgebenden Teilchen werden als Elektronendonator, die Elektronen-aufnehmenden Teilchen als Elektronenakzeptor bezeichnet. Der Elektronenübergang nach diesem Geber/Nehmer-Prinzip kann man mit der Staffelstabübergabe bei einem Staffellauf vergleichen: Die Läufer müssen sich treffen, um den Staffelstab zu übergeben. Dies gilt auch für den Elektronenübergang. Da es keine freien Elektronen z. B. in Flüssigkeiten gibt, kann ein Elektronenübergang nur bei einem Zusammenstoß von Teilchen stattfinden.

Merke: Redoxreaktionen lassen sich auf Teilchenebene als Elektronenübergänge nach dem Donator-Akzeptor-Prinzip beschreiben.

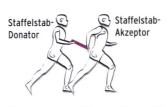

Abb. 7.1: Staffelübergabe als Analogie zum Donator-Akzeptor-Prinzip. Der Staffelstab symbolisiert das zu übergebende Teilchen: das Elektron bei einer Redoxreaktion.

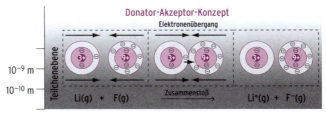

Abb. 7.2: Elektronenübergang beim Zusammenstoß eines gasförmigen Lithium-Atoms mit einem Fluor-Atom (Atome schematisch mit Elektronenanordnung nach einem einfachen Schalenmodell)

7.1 Oxidation und Reduktion im Bedeutungswandel

Ähnlich wie der Säure/Base-Begriff hat auch der Redox-Begriff im Laufe der Zeit einen Bedeutungswandel erfahren.

Historische Bedeutung

Als **Oxidation** wurde ursprünglich eine Reaktion bezeichnet, bei der sich ein Stoff mit Sauerstoff verbindet, wie bei der Reaktion

$$2\,Mg(s) + O_2(g) \rightarrow 2\,MgO(s).$$

Eine Reaktion, bei der ein Stoff Sauerstoff abgibt, wurde als **Reduktion** bezeichnet, wie beispielsweise:

$$2\,CuO(s) \rightarrow 2\,Cu(s) + O_2(g).$$

Der Begriff „**Redoxreaktion**" wurde einer Reaktion zugeordnet, bei der Sauerstoff zwischen den Reaktionspartnern ausgetauscht wird, z. B.

$$CuO(s) + Mg(s) \rightarrow Cu(s) + MgO(s).$$

Moderne, erweiterte Bedeutung

Die Redoxreaktion

$$CuO(s) + Mg(s) \rightarrow Cu(s) + MgO(s)$$

lautet in Ionenschreibweise:

$$Cu^{2+}O^{2-} + Mg \rightarrow Cu + Mg^{2+}O^{2-}$$

Bei genauerem Hinsehen fällt auf, dass sich das O^{2-}-Ion während der Reaktion nicht verändert und nur zwischen den Metallen ausgetauscht wird, wohingegen das Cu^{2+}-Ion zwei Elektronen aufnimmt und Magnesium zwei Elektronen abgibt. Wesentlich ist nicht mehr die Sauerstoffaufnahme oder -abgabe, sondern **im Mittelpunkt der Betrachtung stehen Elektronenabgabe und -aufnahme.**

Von dieser Sichtweise her lässt sich, bezogen auf das Beispiel, eine **neue Bedeutung des Redox-Begriffs** herleiten, **die nicht mehr an Sauerstoff gebunden ist**: Magnesium gibt zwei Elektronen ab und wird somit oxidiert, das Cu^{2+}-Ion nimmt zwei Elektronen auf und wird reduziert. Es findet ein **Elektronenübergang** bei der Reaktion statt.

Der Vorteil des erweiterten Redox-Begriffs liegt darin, dass er auf Reaktionen ohne Sauerstoff als Reaktionspartner anwendbar ist.

Dies soll am Beispiel der Reaktion von Magnesium mit Chlor – die Stoffe setzen sich zu Magnesiumchlorid um – gezeigt werden:

Stoffgleichung

$$Mg(s) + Cl_2(g) \rightarrow MgCl_2(s)$$

Stoffgleichung in Ionenschreibweise

$$Mg + Cl_2 \rightarrow Mg^{2+} + 2\,Cl^-$$

Wissen

Oxidation: **Elektronenabgabe**

$Mg(s) \Rightarrow Mg^{2+} + 2\,e^-$

Reduktion: **Elektronenaufnahme**

$Cl_2(g) + 2\,e^- \Rightarrow 2\,Cl^-$

Redoxreaktion: **Elektronenübergangsreaktion**

$Mg(s) + Cl_2(g) \rightarrow MgCl_2(s)$

Oxidationszahlen als Hilfsmittel

Ein Hilfsmittel, um komplizierte Redoxreaktionen einfach formulieren zu können, sind **Oxidationszahlen**, die fiktive Ladungszahlen darstellen. Sie werden in römischen Ziffern über dem Elementsymbol geschrieben. Zur Ermittlung der richtigen Oxidationszahlen sind bestimmte Regeln zu beachten.

Redoxreaktion als Reaktion mit		
Sauerstoffübergang (historisch)	**Elektronenübergang (modern)**	**Änderung der Oxidationszahl (modern)**
gleichzeitige Bindung von Sauerstoff (Oxidation) und Abgabe von Sauerstoff (Reduktion)	gleichzeitige Abgabe von Elektronen (Oxidation) und Aufnahme von Elektronen (Reduktion)	gleichzeitige Erhöhung der Oxidationszahl eines Atoms (Oxidation) und Erniedrigung der Oxidationszahl (Reduktion) eines anderen Atoms
$2\,Fe_2O_3 + 3\,C \rightarrow 4\,Fe + 3\,CO_2$	$2\,Fe_2O_3 + 3\,C \rightarrow 4\,Fe + 3\,CO_2$	$2\,Fe_2O_3 + 3\,C \rightarrow 4\,Fe + 3\,CO_2$

Tab. 7.1: Übersicht über Redoxreaktionen

Regeln zur Ermittlung von Oxidationszahlen

Hinweis: Die Regeln sind streng in der Reihenfolge 1 bis 5 anzuwenden. Dabei dominiert die vorhergehende Regel immer über die nachfolgende.

① Metalle haben in Verbindungen immer positive Oxidationszahlen, auch Bor und Silicium.

② Fluor hat in Verbindungen immer die Oxidationszahl −I.

③ Wasserstoff hat in Verbindungen die Oxidationszahl +I.

④ Sauerstoff hat in Verbindungen die Oxidationszahl −II.

⑤ Chlor, Brom, Iod haben in Verbindungen immer die Oxidationszahl −I.

Beachte
- Die Oxidationszahl von Atomen elementarer Stoffe ist null.
- Bei Verbindungen ist die Summe der Oxidationszahlen aller Atome null.
- Bei Ionen ist die Summe der Oxidationszahlen aller Atome gleich der Ionenladung.
- Bindungselektronen einer polaren Elektronenpaarbindung werden dem elektronegativeren Atom zugeordnet.
- Bindungselektronen einer unpolaren Elektronenpaarbindung werden den beiden Atomen je zur Hälfte zugeordnet.

Beispiele (→ Abb. 7.3):

$\overset{+IV\ -I}{SiH_4}$ 1. Regel dominiert über 3. Regel

$\overset{+II\ -I}{OF_2}$ 2. Regel dominiert über 4. Regel

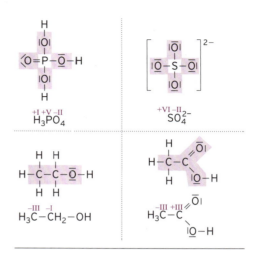

Abb. 7.3: Ermittlung von Oxidationszahlen

Definition des Redoxbegriffs mithilfe von Oxidationszahlen

Mithilfe von Oxidationszahlen lässt sich der Redox-Begriff nun noch umfassender definieren:

- **Oxidation:** Teilreaktion, bei der die Oxidationszahl eines Atoms erhöht wird.
- **Reduktion:** Teilreaktion, bei die Oxidationszahl eines Atoms erniedrigt wird.
- **Oxidationsmittel:** Reaktionsteilnehmer, dessen Oxidationszahl durch Elektronenaufnahme erniedrigt wird. Das Oxidationsmittel ist **Elektronenakzeptor** und wird aufgrund dessen bei der Redoxreaktion reduziert.
- **Reduktionsmittel:** Reaktionsteilnehmer, dessen Oxidationszahl durch Elektronenabgabe erhöht wird. Das Reduktionsmittel ist **Elektronendonator** und wird deswegen bei der Redoxreaktion oxidiert.
- **Korrespondierendes Redoxpaar:** Reduktionsmittel und Oxidationsmittel gehen bei Redoxreaktionen ineinander über:

Reduktionsmittel $\underset{\text{Reduktion}}{\overset{\text{Oxidation}}{\rightleftarrows}}$ Oxidationsmittel + $z\ e^-$

z: Anzahl der pro Formelumsatz ausgetauschten Elektronen

Beispiel: Zn $\underset{\text{Reduktion}}{\overset{\text{Oxidation}}{\rightleftarrows}}$ $Zn^{2+} + 2\ e^-$

7.2 Einrichten von Reaktionsgleichungen für Redoxreaktionen

Kompliziertere Redoxgleichungen kann man nach dem Beispiel in der Tabelle aufstellen.

Beispiel: In eine mit Schwefelsäure versetzte Kaliumpermanganat-Lösung (violette Farbe) wird Natriumsulfit gegeben. Die Lösung entfärbt sich; sie enthält Sulfat-Ionen und Mn^{2+}-Ionen.	
① Die Angabe der Reaktion erstellen	$H^+(aq)$, $MnO_4^- + SO_3^{2-} \Rightarrow Mn^{2+} + SO_4^{2-}$
② Für alle beteiligten Atome die Oxidationszahl berechnen	$\overset{+VII\ -II}{MnO_4^-} + \overset{+IV\ -II}{SO_3^{2-}} \Rightarrow \overset{+II}{Mn^{2+}} + \overset{+VI\ -II}{SO_4^{2-}}$
③ Durch Vergleich der Oxidationszahlen feststellen, welche Teilchen oxidiert und welche reduziert werden	$\overset{+IV}{SO_3^{2-}} \Rightarrow \overset{+VI}{SO_4^{2-}}$ Erhöhung der Oxidationszahl: Oxidation $\overset{+VII}{MnO_4^-} \Rightarrow \overset{+II}{Mn^{2+}}$ Erniedrigung der Oxidationszahl: Reduktion
④ Teilgleichungen für Oxidation und Reduktion erstellen	
a) Änderung der Oxidationszahl durch Elektronen ausgleichen	Oxidation: $\overset{+IV}{SO_3^{2-}} \Rightarrow \overset{+VI}{SO_4^{2-}} + 2\,e^-$ $^{2\,e^-\ Unterschied}$ Reduktion: $MnO_4^- + 5\,e^- \overset{+VII}{\Rightarrow} \overset{+II}{Mn^{2+}}$ $^{5\,e^-\ Unterschied}$
b) Ladungsdifferenz je nach Milieu mit $H^+(aq)$ im Sauren, OH^- im Basischen oder O^{2-} in Schmelzen ausgleichen	Saures Milieu: Oxidation: 2 negative Ladungen $\Rightarrow$ 4 negative Ladungen $\qquad SO_3^{2-} \Rightarrow SO_4^{2-} + 2\,e^- + \mathbf{2\,H^+(aq)}$ Reduktion: 6 negative Ladungen $\quad \Rightarrow$ 2 positive Ladungen $MnO_4^- + 5\,e^- + \mathbf{8\,H^+(aq)} \Rightarrow Mn^{2+}$
c) Teilgleichung mit H_2O ausgleichen	Oxidation: $SO_3^{2-} + \mathbf{H_2O} \rightarrow SO_4^{2-} + 2\,e^- + 2\,H^+(aq)$ Reduktion: $MnO_4^- + 5\,e^- + 8\,H^+(aq) \rightarrow Mn^{2+} + \mathbf{4\,H_2O}$
⑤ Teilgleichungen auf Übereinstimmung beider Seiten kontrollieren bezüglich – Gesamtladung und – Anzahl der einzelnen Atome	Gesamtladung: Oxidation: 2 – $\Rightarrow$ 2 – $\qquad\qquad\qquad$ Reduktion: 2 + $\Rightarrow$ 2 + Anzahl der einzelnen Atome: Oxidation: 1 x S, 4 x O, 2 x H $\Rightarrow$ 1 x S, 4 x O, 2 x H Reduktion: 1 x Mn, 4 x O, 8 x H $\Rightarrow$ 1 x Mn, 4 x O, 8 x H
⑥ Teilgleichungen durch Multiplikation so erweitern, dass sie in der Elektronenzahl (e^-) übereinstimmen	Oxidation: $SO_3^{2-} + H_2O \rightarrow SO_4^{2-} + 2\,e^- + 2\,H^+(aq)$ $\mid \cdot 5$ Reduktion: $MnO_4^- + 5\,e^- + 8\,H^+(aq) \rightarrow Mn^{2+} + 4\,H_2O$ $\mid \cdot 2$
⑦ Addition der Teilgleichungen ergibt die Gesamtgleichung	Redoxreaktion: $5\,SO_3^{2-} + 5\,H_2O + 2\,MnO_4^- + 10\,e^- + 16\,H^+(aq)$ $\rightarrow 5\,SO_4^{2-} + 10\,e^- + 10\,H^+(aq) + 2\,Mn^{2+} + 8\,H_2O$
⑧ Streichung von Teilchen, die auf beiden Seiten der Gesamtgleichung vorkommen	$5\,SO_3^{2-} + 2\,MnO_4^- + 6\,H^+(aq) \rightarrow 5\,SO_4^{2-} + 2\,Mn^{2+} + 3\,H_2O$
⑨ Gesamtgleichung auf Übereinstimmung beider Seiten kontrollieren bezüglich – Gesamtladung und – Anzahl der einzelnen Atome	Gesamtladung: 6 – $\Rightarrow$ 6 – Anzahl der einzelnen Atome: 5 x S, 23 x O, 6 x H $\Rightarrow$ 5 x S, 23 x O, 6 x H

	Beispiel: In eine mit Schwefelsäure versetzte Kaliumpermanganat-Lösung (violette Farbe) wird Natriumsulfit gegeben. Die Lösung entfärbt sich; sie enthält Sulfat-Ionen und Mn^{2+}-Ionen.
⑩ Ergänzung der an der Redoxreaktion beteiligten Ionen durch Gegen-Ionen	$5\,SO_3^{2-} + 2\,MnO_4^- + 6\,H^+(aq) \longrightarrow 5\,SO_4^{2-} + 2\,Mn^{2+} + 3\,H_2O$ $10\,Na^+ \quad 2\,K^+ \qquad 3\,SO_4^{2-} \qquad\qquad 10\,Na^+ \quad 2\,SO_4^{2-} \quad 2\,K^+SO_4^{2-}$
⑪ Eventuell Gleichung erweitern, sodass die Stoffgleichung mit ungebrochenen Koeffizienten geschrieben werden kann	ist bei dieser Reaktionsgleichung nicht notwendig
⑫ Stoffgleichung	$5\,Na_2SO_3 + 2\,KMnO_4 + 3\,H_2SO_4$ $\longrightarrow 5\,Na_2SO_4 + 2\,MnSO_4 + 3\,H_2O + K_2SO_4$

7.3 Disproportionierung – Synproportionierung

Disproportionierung und Synproportionierung sind Begriffe, die im Zusammenhang mit Redoxreaktionen häufig gebraucht werden:

Disproportionierung nennt man einen Vorgang, bei dem ein und derselbe Stoff zugleich oxidiert und reduziert wird.

Beispiel:

$$4\,\overset{+V}{K}ClO_3 \longrightarrow \overset{-I}{K}Cl + 3\,\overset{+VII}{K}ClO_4$$

Im Edukt hat Chlor die Oxidationsstufe +V, in den Produkten –I und +VII.

Synproportionierung (auch Komproportionierung) nennt man einen Vorgang, bei dem Verbindungen höherer und niedrigerer Oxidationsstufen desselben Elements miteinander unter Bildung von Verbindungen mittlerer Oxidationsstufe reagieren.

Beispiel:

$$H_2\overset{+VI}{S}O_4 + 3\,H_2\overset{-II}{S} \longrightarrow 4\,\overset{0}{S} + 4\,H_2O$$

In den Edukten hat Schwefel die Oxidationszahlen +VI und –II, im Produkt 0.

7.4 Redoxreihen

7.4.1 Metalle

Metalle unterscheiden sich in ihrer Wirkungsfähigkeit als Oxidations- oder Reduktionmittel. Durch systematische Versuchsreihen ist man in der Lage, sie entsprechend ihrem Redoxreaktionsvermögen in eine Reihe einzuordnen. Die nachfolgend beschriebenen Versuche zeigen beispielhaft die Vorgehensweise zum Erhalt einer Redoxreihe der Metalle.

7.4 Redoxreihen

Versuch a): Taucht man einen blanken Eisennagel in eine Kupfer(II)-sulfat-Lösung ein, so scheidet sich am Nagel elementares Kupfer ab und es lassen sich Fe^{2+}-Ionen nachweisen.

Oxidation: $Fe(s) \Rightarrow Fe^{2+}(aq) + 2\,e^-$
Reduktion: $Cu^{2+}(aq) + 2\,e^- \Rightarrow Cu(s)$

Abb. 7.4: Eisennagel in Kupfer(II)-sulfat-Lösung

Redoxreaktion: $Fe(s) + Cu^{2+}(aq) \rightarrow Fe^{2+}(aq) + Cu(s)$
Reduktionsmittel: $Fe(s)$
Oxidationsmittel: $Cu^{2+}(aq)$

Versuch b): Gibt man jedoch Kupfer in eine Eisen(II)-sulfat-Lösung, so ist keine Reaktion zu beobachten. Kupfer ist nicht in der Lage, Fe^{2+}-Ionen zu reduzieren.

Schlussfolgerungen aus den beiden Versuchen:
- Metallisches Eisen ist ein stärkeres Reduktionsmittel als metallisches Kupfer.
- Cu^{2+}-Ionen sind ein stärkeres Oxidationsmittel als Fe^{2+}-Ionen.
- ⇒ Kupfer ist ein edleres Metall als Eisen.

Bei systematischer Durchführung derartiger Versuche mit weiteren Metallen und ihren Salzlösungen kann man die Metalle nach der Stärke ihrer Reduktionswirkung und die hydratisierten Metall-Ionen nach der Stärke ihrer Oxidationswirkung ordnen. Man erhält auf diese Weise die **Redoxreihe der Metalle:**

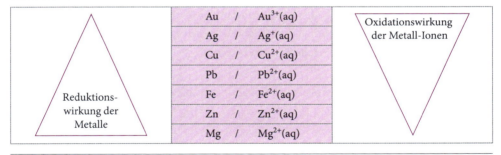

Tab. 7.3: Redoxreihe der Metalle

Aus der Redoxreihe lässt sich entnehmen, dass ein Metall alle hydratisierten Metall-Ionen reduzieren kann, die oberhalb von ihm in der Redoxreihe angeordnet sind und umgekehrt, dass ein hydratisiertes Metall-Ion alle Metalle, die unterhalb von ihm in der Redoxreihe angeordnet sind, oxidieren kann.

Ein Metall „Me" und das zugehörige hydratisierte Metall-Ion „Me^{z+}" wird als **Redoxpaar** bezeichnet. Die Kurzschreibweise lautet: Me^{z+}/Me.

7.4.2 Nichtmetalle

Mit analogen Versuchen kann eine Redoxreihe des Typs „Nichtmetall/Nichtmetall-Ion"
aufgestellt werden.

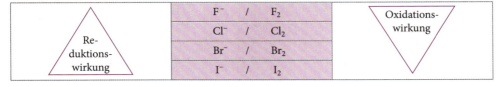

Tab. 7.4: Redoxreihe der Nichtmetalle

7.5 Galvanische Zellen

Taucht man einen Zinkstab in eine Kupfersulfat-Lösung, so scheidet sich Kupfer ab:

$$Zn(s) + Cu^{2+}(aq) \rightarrow Zn^{2+}(aq) + Cu(s)$$

Bei genauerer Betrachtung der Reaktion ergeben sich folgende Teilgleichungen:

Oxidation: $Zn(s) \Rightarrow Zn^{2+}(aq) +$ 2 e$^-$
Reduktion: $Cu^{2+}(aq) +$ 2 e$^- \Rightarrow Cu(s)$

Die Elektronen werden so übertragen, dass sie vom elementaren Zink zu den hydratisierten Cu^{2+}-Ionen fließen: **Im atomaren Bereich ist ein elektrischer Strom vorhanden.**
Um diesen elektrischen Strom zu nutzen, werden Zinkstab und Kupfersulfat-Lösung räumlich voneinander getrennt; gleichzeitig wird die Elektronenübertragung, über einen Metalldraht als leitende Verbindung, ermöglicht. Dieses System, das nun elektrische Energie liefern kann, wird als **galvanische Zelle** bezeichnet.

7.5.1 Aufbau einer galvanischen Zelle am Beispiel des DANIELL-Elements

Erläuterungen (→ Abb. 7.5)

- Der Zinkstab (Zink-Elektrode) taucht in eine Zinksulfat-Lösung, sodass die bei der Redoxreaktion entstehenden Zn^{2+}(aq)-Ionen ungehindert abgegeben werden können.
- Die leitende Verbindung (Metalldraht), die von der Zink-Elektrode ausgeht, endet in einem Kupferstab (Kupfer-Elektrode), der in die Kupfersulfat-Lösung taucht. So können die Cu^{2+}-Ionen ohne Nebenreaktionen und -effekte ungestört am Kupferstab entladen werden und sich als Cu(s) abscheiden.
- Das Diaphragma trennt die Elektrolytlösungen räumlich voneinander und ermöglicht die für den Ladungsausgleich notwendigen Ionenwanderungen der Zn^{2+}(aq)- und SO_4^{2-}(aq)-Teilchen.

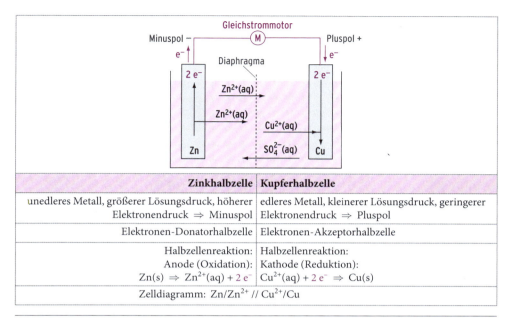

	Zinkhalbzelle	Kupferhalbzelle
	unedleres Metall, größerer Lösungsdruck, höherer Elektronendruck ⇒ Minuspol	edleres Metall, kleinerer Lösungsdruck, geringerer Elektronendruck ⇒ Pluspol
	Elektronen-Donatorhalbzelle	Elektronen-Akzeptorhalbzelle
	Halbzellenreaktion: Anode (Oxidation): $Zn(s) \Rightarrow Zn^{2+}(aq) + 2\,e^-$	Halbzellenreaktion: Kathode (Reduktion): $Cu^{2+}(aq) + 2\,e^- \Rightarrow Cu(s)$
Zelldiagramm: $Zn/Zn^{2+} // Cu^{2+}/Cu$		

Abb. 7.5: DANIELL-Element

7.5.2 Entstehung der Spannung in einer galvanischen Zelle

An den Elektroden der verschiedenen Halbzellen entsteht jeweils eine elektrochemische Doppelschicht aus negativen und positiven Ladungsträgern. NERNST beschrieb diese Vorgänge anschaulich als elektrochemisches Gleichgewicht zwischen dem **Lösungsdruck** des Metalls und dem **Abscheidungsdruck** der hydratisierten Metall-Kationen: Der Lösungsdruck ist eine bei jedem Metall unterschiedlich ausgeprägte Eigenschaft, in die wässrige Lösung Metall-Atome als Kationen abzugeben, wobei die bei der Bildung der Kationen entstandenen Elektronen im Metall bleiben. Kationen werden solange in die Lösung abgegeben bis die dadurch entstandene elektrische Potentialdifferenz zwischen dem negativ geladenen Metall und den positiven Metall-Ionen in der Lösung eine weitere Bildung von Metall-Kationen aufgrund der elektrostatischen Anziehung verhindert (Elektrochemische Doppelschicht, → Abb. 7.6). Die hydratisierten Metall-Kationen diffundieren aufgrund der Anziehung auch wieder zurück zum Metall und entladen sich (Abscheidungsdruck).
Es stellt sich so ein elektrochemisches Gleichgewicht ein, bei dem pro Zeiteinheit gleich viele Kationen in beiden Richtungen durch die Phasengrenze „Lösung/Metall" treten. Diese Vorgänge führen zu unterschiedlichen negativen Aufladungen der Elektroden in den verschiedenen Halbzellen und damit zur Ausbildung von messbaren Elektrodenpotentialen.

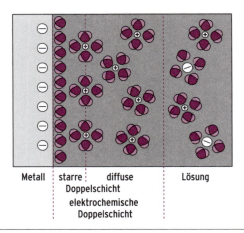

Abb. 7.6: Elektrochemische Doppelschicht an einer Metall-Elektrode, die in eine Lösung taucht

Beispiel DANIELL-Element

An der Kupfer-Elektrode werden weniger Kationen als an der Zink-Elektrode aufgrund des unterschiedlichen Lösungsdrucks der beiden Metalle gebildet. Somit werden in der Kupfer-Elektrode (edleres Metall) auch weniger Elektronen von den entstandenen hydratisierten Kationen als in der Zink-Elektrode (unedleres Metall) zurückgelassen (→ Abb. 7.7). Daher herrscht im Zinkstab ein höherer **„Elektronendruck"** als im Kupferstab. Verbindet man die beiden Elektroden mit einem Draht, fließen die Elektronen vom Elektronendonator Zink (höherer „Elektronendruck") zum Elektronenakzeptor Kupfer (geringerer „Elektronendruck"). Der Elektronendruckunterschied äußert sich in einer messbaren elektrischen Potentialdifferenz, das heißt in einer Spannung.

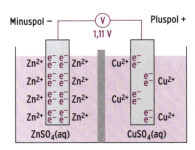

Abb. 7.7: Elektrochemische Doppelschicht an den Elektroden des Daniell-Elements

Da aufgrund des höheren Elektronendrucks der Zink-Stab stärker negativ geladen ist als der Kupferstab, wird er zum Minuspol und der Kupferstab zum Pluspol. Verwendet man beim Daniell-Element Salzlösungen der Stoffmengenkonzentration $c = 1 \text{ mol} \cdot \ell^{-1}$, so zeigt eine Zink/Kupfer-Zelle eine Zellspannung von 1,1 V.

Kombination verschiedener Halbzellen

Bei Kombination der Halbzellen Ag/Ag^+, Zn/Zn^{2+}, Cu/Cu^{2+} und Pb/Pb^{2+}, bei denen die entsprechenden Salzlösungen in einer Stoffmengenkonzentration von $c = 1 \text{ mol} \cdot \ell^{-1}$ vorliegen, kann man folgende Potentialdifferenzen in Volt messen:

Galvanische Zelle	Spannung U (V)	⊕-Pol *	⊖-Pol **
Cu/Cu^{2+}//Ag/Ag$^+$	0,46	Ag	Cu
Pb/Pb^{2+}//Ag/Ag$^+$	0,93	Ag	Pb
Pb/Pb^{2+}//Cu/Cu^{2+}	0,47	Cu	Pb
Zn/Zn^{2+}//Ag/Ag$^+$	1,56	Ag	Zn
Zn/Zn^{2+}//Cu/Cu^{2+}	1,1	Cu	Zn
Zn/Zn^{2+}//Pb/Pb^{2+}	0,63	Pb	Zn

Tab. 7.5: * Akzeptorhalbzelle, kleinerer Elektronendruck, edleres Metall; **Donatorhalbzelle, größerer Elektronendruck, unedleres Metall

Wissen

Die „unedlere" Halbzelle einer galvanischen Zelle hat einen größeren Lösungsdruck, der einen höheren Elektronendruck bewirkt. Dadurch wird sie zum Minuspol. Aufgrund des größeren Lösungsdrucks findet in der unedleren Halbzelle die Oxidationsreaktion statt, die das Kennzeichen für die Anode ist.

7.6 Standard-Elektrodenpotentiale

Da es nicht möglich ist, die Potentiale von Redoxpaaren absolut zu messen, wurde willkürlich eine Bezugshalbzelle – die **Standard-Wasserstoff-Halbzelle** – festgelegt. Alle Halbzellenpotentiale werden auf die Standard-Wasserstoff-Halbzelle bezogen. Das Potential der Standard-Wasserstoff-Halbzelle ist definitionsgemäß 0 V. Ihr Aufbau entspricht einer typischen Halbzelle von nichtmetallischen Redoxpaaren, an denen eine gasförmige Phase beteiligt ist. Entsprechend ist auch

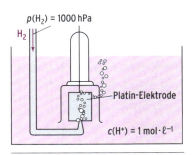

Abb. 7.8: Standard-Wasserstoff-Halbzelle

beispielsweise eine Chlor-Halbzelle aufgebaut (→ Abb. 7.15). Insgesamt sind bei der Standard-Wasserstoff-Halbzelle drei Phasen zu unterscheiden:

- **gasförmige Phase:** H$_2$(g); bei Standardbedingungen $p = 1000$ hPa, $T = 298$ K
- **flüssige Phase:** H$^+$(aq); c(H$^+$(aq)) = 1 mol·ℓ^{-1}.
  Die bei einer Reaktion entstehenden H$^+$(aq)-Ionen müssen von einer Säure mit definierter Konzentration aufgefangen werden, bzw. es muss eine bestimmte Konzentration an H$^+$(aq)-Ionen zur eventuellen H$_2$-Bildung zur Verfügung stehen.
- **feste Phase:** platiniertes Platinblech; inerte Elektrode (Ableitelektrode), Adsorption von H$_2$, Katalysatorwirkung, Zu- bzw. Ableitung der Elektronen.

Funktionsweise

Das platinierte (Oberflächenvergrößerung!) Platinblech wird von Wasserstoff bei einem Druck von 1000 hPa umspült; ein Teil des Gases wird am Platin adsorbiert und reagiert folgendermaßen,
a) falls die andere Halbzelle edler ist: $H_2(g) \Rightarrow 2\,H^+(aq) + 2\,e^-$
b) falls die andere Halbzelle unedler ist: $2\,H^+(aq) + 2\,e^- \Rightarrow H_2(g)$
Der Ablauf dieser Reaktionen wird durch das inerte Platin katalysiert.

> **Wissen**
>
> Die Kurzbezeichnung der Standard-Wasserstoffelektrode lautet:
> $H^+/\frac{1}{2}H_2(Pt)$ bzw. $\frac{1}{2}H_2(Pt)/H^+$

Wird eine andere Halbzelle unter Standardbedingungen ($c = 1\,\text{mol} \cdot \ell^{-1}$, $T = 298\,K$) mit der Standard-Wasserstoff-Halbzelle zu einer galvanischen Zelle verbunden, so bezeichnet man die gemessene Potentialdifferenz als **Standardelektrodenpotential**, kurz **Redoxpotential**, U_H^0. Der Index „H" weist auf die Wasserstoff-Halbzelle als Bezugshalbzelle hin.
Beispiel: Messung des Standard-Elektrodenpotentials von Cu/Cu^{2+} ($\rightarrow$ Abb. 7.9): Es wird ein Redoxpotential von $U_H^0 = 0{,}34\,V$ gemessen.

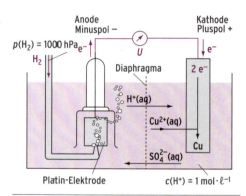

Abb. 7.9: Bestimmung des Standardpotentials von Cu^{2+}/Cu.
Anode (Oxidation): $H_2(g) \Rightarrow 2\,H^+(aq) + 2\,e^-$;
Kathode (Reduktion): $Cu^{2+}(aq) + 2\,e^- \Rightarrow Cu(s)$;
$U_H^0 = 0{,}34\,V$

Die Zellspannung U zwischen verschieden Halbzellen einer galvanischen Zelle kann aus den Standardpotentialen U_H^0 berechnet werden:

$U = U_H^0$ (Akzeptorhalbzelle) $- U_H^0$ (Donatorhalbzelle)

bzw. $U = U_H^0$ (Kathode) $- U_H^0$ (Anode)
Beispiel: Berechnung der Zellspannung der galvanischen Zelle „$\frac{1}{2}H_2(Pt)/H^+$// Cu^{2+}/Cu":
$U = U_H^0 (Cu^{2+}/Cu) - U_H^0 (H^+/\frac{1}{2}H_2(Pt))$
$U = 0{,}34\,V - 0\,V = +0{,}34\,V$

Das Kathodenpotential ist dabei immer größer als das Anodenpotential:
U_H^0 (Kathode) $> U_H^0$ (Anode)

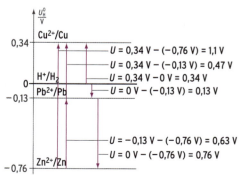

Abb. 7.10: Spannungen verschiedener galvanischer Zellen

Spontan und freiwillig laufen nur solche Redoxreaktionen ab, für die U einen positiven Wert hat.

Ordnet man alle Redoxpaare nach ihren Standard-Elektrodenpotentialen erhält man die sogenannte **Spannungsreihe**.

oxidierte Form $\rightleftharpoons$ reduzierte Form		U_H^0/V
$Li^+(aq) + e^-$	$\rightleftharpoons Li(s)$	−3,04
$K^+(aq) + e^-$	$\rightleftharpoons K(s)$	−2,92
$2 H_2O(l) + 2 e^-$	$\rightleftharpoons H_2(g) + 2 OH^-(aq)$	−0,83
$Zn^{2+}(aq) + 2 e^-$	$\rightleftharpoons Zn(s)$	−0,76
$Pb^{2+}(aq) + 2 e^-$	$\rightleftharpoons Pb(s)$	−0,13
$2 H^+(aq) + 2 e^-$	$\rightleftharpoons H_2(g)$	0,00
$Cu^{2+}(aq) + 2 e^-$	$\rightleftharpoons Cu(s)$	0,34
$O_2(g) + 2 H_2O(l) + 4 e^-$	$\rightleftharpoons 4 OH^-(aq)$	0,40
$I_2(aq) + 2 e^-$	$\rightleftharpoons 2 I^-(aq)$	0,54
$Ag^+(aq) + e^-$	$\rightleftharpoons Ag(s)$	0,80
$Br_2(l) + 2 e^-$	$\rightleftharpoons 2 Br^-(aq)$	1,09
$Cl_2(g) + 2e^-$	$\rightleftharpoons 2 Cl^-(aq)$	1,36
$H_2O_2(aq) + 2 H^+(aq) + 2 e^-$	$\rightleftharpoons 2 H_2O(l)$	1,77
$S_2O_8^{2-}(aq) + 2 e^-$	$\rightleftharpoons 2 SO_4^{2-}(aq)$	2,01
$F^2(g) + 2 e^-$	$\rightleftharpoons 2 F^-(aq)$	2,87

Tab. 7.6: Spannungsreihe einiger Standard-Elektrodenpotentiale

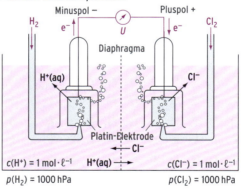

Abb. 7.11: Bestimmung des Standardpotentials von Cl_2/Cl^-; Minuspol, Anode (Oxidation): $H_2(g) \Rightarrow 2H^+(aq) + 2 e^-$, Pluspol, Kathode (Reduktion): $Cl_2(g) + 2 e^- \Rightarrow 2 Cl^-(aq)$; $U_H^0 = 1,36$ V

> **Wissen:**
>
> Je kleiner das Standard-Elektrodenpotential ist, desto stärker reduzierend wirkt das Redoxsystem; je größer das Standard-Elektrodenpotential ist, desto stärker oxidierend wirkt das Redoxsystem.

Beispiel: Stärkstes Reduktionsmittel ist das Alkalimetall Lithium $\left(U_H^0 \text{ (Li}^+/\text{Li)} = -3{,}04 \text{ V} \right)$, stärkstes Oxidationsmittel ist das Halogen Fluor $\left(U_H^0 \text{ (F}_2/\text{F}^-) = 2{,}87 \text{ V} \right)$.

Halbzelltypen im Überblick

- **Metall-Halbzelle**, z. B.: Cu^{2+}/Cu, Zn^{2+}/Zn ($\rightarrow$ Abb. 7.14).
  Die Metalle sind an der Reaktion beteiligt und dienen gleichzeitig als Zu- bzw. Ableitelektrode für Elektronen.
- **Nichtmetall-Halbzelle**, z. B.: $H^+/\frac{1}{2}H_2$(Pt),
  $\frac{1}{2}Cl_2/Cl^-$ (Pt) ($\rightarrow$ Abb. 7.8 und Abb. 7.15).
  Das inerte Platin dient als Zu- bzw. Ableitelektrode für Elektronen und hat katalytische Funktion.
- **Halbzelle mit homogenen Redoxsystemen**, z. B.: Fe^{3+}(Pt)/Fe^{2+}, $Cr_2O_7^{2-}/Cr^{3+}$(Pt)
  ($\rightarrow$ Abb. 7.16).
  Das inerte Platin dient als Zu- bzw. Ableitelektrode für Elektronen und hat katalytische Funktion.

7.7 Konzentrationsabhängigkeit der Elektrodenpotentiale

Kombiniert man zwei gleiche Halbzellen desselben Redoxsystems, so zeigt sich kein Spannungsunterschied. Sind jedoch die **Elektrolyten** der Halbzellen desselben Redoxsystems **unterschiedlich konzentriert**, so ist ein Potentialunterschied festzustellen. Im Falle eines Metall-Halbzellen-Systems Me^{n+}/Me ist die Halbzelle mit der höheren Elektrolytkonzentration der Pluspol, da aufgrund des höheren Abscheidungsdrucks der in der Lösung vorliegenden Metall-Kationen nicht so viele Kationen von der Metall-Elektrode aus in Lösung gehen können und sich somit ein niedrigerer Elektronendruck in der Elektrode einstellt. Eine derartige galvanische Zelle wird als **Konzentrationszelle** bezeichnet. Mit der Zeit nimmt der Konzentrationsunterschied aufgrund der Elektrodenreaktionen ab und infolgedessen sinkt die Spannung. Wenn beide Halbzellen gleich konzentriert sind, kommt der Stromfluss zum Erliegen ($\rightarrow$ Abb. 7.12).

7.7 Konzentrationsabhängigkeit der Elektrodenpotentiale

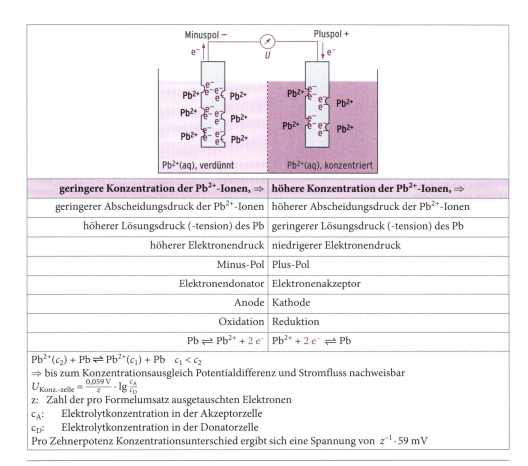

geringere Konzentration der Pb²⁺-Ionen, ⇒	höhere Konzentration der Pb²⁺-Ionen, ⇒
geringerer Abscheidungsdruck der Pb²⁺-Ionen	höherer Abscheidungsdruck der Pb²⁺-Ionen
höherer Lösungsdruck (-tension) des Pb	geringerer Lösungsdruck (-tension) des Pb
höherer Elektronendruck	niedriger Elektronendruck
Minus-Pol	Plus-Pol
Elektronendonator	Elektronenakzeptor
Anode	Kathode
Oxidation	Reduktion
Pb ⇌ Pb²⁺ + 2 e⁻	Pb²⁺ + 2 e⁻ ⇌ Pb

Pb²⁺(c_2) + Pb ⇌ Pb²⁺(c_1) + Pb $c_1 < c_2$
⇒ bis zum Konzentrationsausgleich Potentialdifferenz und Stromfluss nachweisbar
$U_{\text{Konz.-zelle}} = \frac{0{,}059\,\text{V}}{z} \cdot \lg \frac{c_A}{c_D}$
z: Zahl der pro Formelumsatz ausgetauschten Elektronen
c_A: Elektrolytkonzentration in der Akzeptorzelle
c_D: Elektrolytkonzentration in der Donatorzelle
Pro Zehnerpotenz Konzentrationsunterschied ergibt sich eine Spannung von $z^{-1} \cdot 59$ mV

Abb. 7.12: Potentialdifferenz in einer Blei-Konzentrationszelle (Halbzellen mit unterschiedlicher Elektrolytkonzentration)

Den quantitativen Zusammenhang zwischen der Elektrolytkonzentration c und dem Elektrodenpotential stellt die **NERNST-Gleichung** her. Mit dieser Gleichung lässt sich die Konzentrationsabhängigkeit des Redoxpotentials eines Redoxpaares beschreiben, das heißt, man kann das Potential einer Halbzelle mit beliebiger Elektrolytkonzentration berechnen. Die allgemeine Form der NERNST-Gleichung für die **allgemeine Elektrodenreaktion**

Red ⇌ Ox + z e⁻ lautet:

$U_H(\text{Ox/Red}) = U_H^0(\text{Ox/Red}) + \frac{R \cdot T}{z \cdot F} \cdot \ln \frac{c(\text{Ox})}{c(\text{Red})}$.

R: universelle Gaskonstante (8,314 J·K⁻¹·mol⁻¹)
T: Temperatur in K
z: Anzahl der pro Formelumsatz ausgetauschten Elektronen
F: FARADAY-Konstante (96 500 C·mol⁻¹)
ln: natürlicher Logarithmus
(Ox), (Red): nach den Regeln des **Massenwirkungsgesetzes** gebildete Terme für oxidierte bzw. reduzierte Form des Redoxpaars

Aus der Gleichung geht hervor, dass das Elektrodenpotential vom Druck, von der Stoffmengenkonzentration und auch von der Temperatur abhängt.

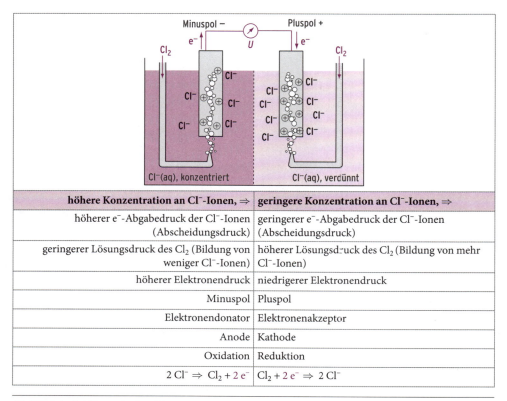

höhere Konzentration an Cl⁻-Ionen, ⇒	geringere Konzentration an Cl⁻-Ionen, ⇒
höherer e⁻-Abgabedruck der Cl⁻-Ionen (Abscheidungsdruck)	geringerer e⁻-Abgabedruck der Cl⁻-Ionen (Abscheidungsdruck)
geringerer Lösungsdruck des Cl₂ (Bildung von weniger Cl⁻-Ionen)	höherer Lösungsdruck des Cl₂ (Bildung von mehr Cl⁻-Ionen)
höherer Elektronendruck	niedrigerer Elektronendruck
Minuspol	Pluspol
Elektronendonator	Elektronenakzeptor
Anode	Kathode
Oxidation	Reduktion
2 Cl⁻ ⇒ Cl₂ + 2 e⁻	Cl₂ + 2 e⁻ ⇒ 2 Cl⁻

Abb. 7.13: Potentialdifferenz in einer Chlor-Konzentrationszelle

Für spezielle Anwendungen bei 25° C vereinfacht sich die NERNST-Gleichung (siehe nachfolgende Übersichten a) bis c):

a) Metall-Halbzelle und Wasserstoff-Halbzelle

$U_H (Me^{z+}/Me) = U_H^0 (Me^{z+}/Me) + \frac{0{,}059\ V}{z} \cdot \lg \frac{c\,Me^{z+}}{mol \cdot \ell^{-1}}$

Beispiel Metall-Halbzelle:

$U_H (Zn^{2+}/Zn) = U_H^0 (Zn^{2+}/Zn) + \frac{0{,}059\ V}{2} \cdot \lg \frac{c(Zn^{2+})}{mol \cdot \ell^{-1}}$

$\qquad = -0{,}76\ V + \frac{0{,}059\ V}{2} \cdot (-3)$

$\qquad = -0{,}848\ V$

Beispiel Wasserstoff-Halbzelle:

$U_H (H^+/H_2) = U_H^0 (H^+/H_2) + \frac{0{,}059\ V}{1} \cdot \lg \frac{c(H^+)}{mol \cdot \ell^{-1}}$

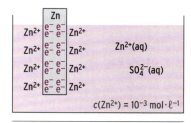

Abb. 7.14: $Zn^{2+}(aq) + 2\ e^- \rightleftharpoons Zn(s)$

b) Nichtmetall-Halbzelle

$U_H (X_2/X^{z-}) = U_H^0 (X_2/X^{z-}) + \frac{0,059 \text{ V}}{z} \cdot \lg c X^{z-}$

Beispiel:

$U_H (Cl_2/Cl^-)$
$= U_H^0 (Cl_2/Cl^-) + \frac{0,059 \text{ V}}{1} \cdot \lg c(Cl^-)$
$= + 1,36 - 0,059 \text{ V} \cdot (-4) = 1,596 \text{ V}$

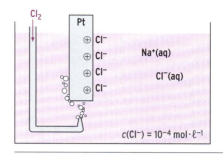

Abb. 7.15: $Cl_2(g) + 2 e^- \rightleftharpoons 2 Cl^-(aq)$

c) Halbzelle mit homogenem Redoxsystem

$U_H (Ox/Red) = U_H^0 (Ox/Red) + \frac{0,059 \text{ V}}{z} \cdot \lg \frac{c(Ox)}{c(Red)}$

Beispiel:

$U_H (Cr_2O_7^{2-}/Cr^{3+})$
$= U_H^0 (Cr_2O_7^{2-}/Cr^{3+}) + \frac{0,059 \text{ V}}{6} \cdot \lg \frac{c(CrO_7^{2-}) \cdot c^{14}(H^+)}{c^2(Cr^{3+})}$
$= 1,33 \text{ V} + \frac{0,059 \text{ V}}{6} \cdot \lg \frac{10^{-1} (10^{-2})^{14}}{(10^{-4})^2} = 1,12 \text{ V}$

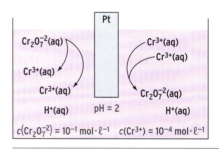

Abb. 7.16:
$Cr_2O_7^{2-}(aq) + 6 e^- + 14 H^+(aq) \rightleftharpoons 2 Cr^{3+}(aq) + 7 H_2O(l)$

Hinweis: Eine Erhöhung der Konzentration an H$^+$-Ionen an diesem Beispiel hat eine Verschiebung des Gleichgewichts zur Seite der Produkte zur Folge und somit eine Erniedrigung des Elektronendrucks. Da ein kleiner Elektronendruck einem positiveren Elektrodenpotential gleichkommt, steigt das Potential.

> **Wissen**
>
> Potentiale von Redoxreaktionen, an denen H$^+$-Ionen bzw. OH$^-$-Ionen beteiligt sind, hängen vom pH-Wert des Elektrolyten ab.

7.8 Redoxreaktionen in der Analytik

Redoxreaktionen sind bei vielen analytischen Untersuchungen von Bedeutung. Enthalten Lösungen oxidierbare oder reduzierbare Substanzen, kann der Anteil dieser Stoffe mithilfe einer Redoxtitration bestimmt werden. Bei diesem Titrationstyp wird der Elektronenübergang zwischen den Teilchen der Maßlösung und der Probelösung verfolgt. Den Endpunkt der Redoxreaktion (den Äquivalenzpunkt) kann man bei farbigen Titrationsmitteln, wie beispielsweise bei Permanganat-Ionen oder Iod, optisch gut erkennen.

7 Redoxreaktionen: Elektronenübergänge

7.8.1 Manganometrie – quantitative Analyse von reduzierenden Stoffen

Die violette Permanganat-Maßlösung wird bei der Titration einer Probe, die einen oxidierbaren Stoff enthält, nach folgender Reaktionsgleichung entfärbt:

$$MnO_4^-(aq) + 8\ H^+(aq) + 5\ e^- \Rightarrow Mn^{2+}(aq) + 4\ H_2O(l);\ U_H^O = 1{,}51\ V$$

Endpunktsanzeige der Titration: Der erste überschüssige Tropfen Permanganat-Maßlösung färbt die Lösung schwach rosa. $MnO_4^-(aq)$ ist hierbei Oxidationsmittel. Aus dem Volumen der verbrauchten Kaliumpermanganat-Lösung lässt sich die Konzentration des Reduktionsmittels berechnen.

Anwendung: Bestimmung des Gehalts

- von Ca^{2+}, Fe^{2+}, Fe^{3+}, Mn^{2+}, H_2O_2, Nitrit, Oxalat und Phosphat, und andere Stoffen, die als Reduktionsmittel gegenüber Permanganat fungieren.
- an leicht oxidierbaren organischen Stoffen in Trink-, Fluss- und Seewasser.

7.8.2 Iodometrie – quantitative Analyse von reduzierenden und oxidierenden Stoffen

Da das Redoxpaar I_2/I^- ein mittleres Redoxpotential von $U_H^0 = 0{,}54\ V$ in der Spannungsreihe hat, kann man sowohl reduzierende als auch oxidierende Stoffe mithilfe der Iodometrie bestimmen.

a) Analyse von reduzierenden Stoffen.

Die braune Iod-Maßlösung wird bei der Titration einer Probe entfärbt, die einen oxidierbaren Stoff enthält:

$$I_2(aq) + 2\ e^- \Rightarrow 2\ I^-(aq)$$

Endpunktsanzeige der Titration: Der erste überschüssige Tropfen Iod-Maßlösung bildet mit zugesetzter Stärke-Lösung den tiefblauen Iod-Stärke-Komplex. Das elementare Iod ist in diesem Fall Oxidationsmittel.

Anwendung: Beispielsweise Bestimmung des Gehalts von Sulfit-Ionen.

b) Analyse von oxidierenden Stoffen.

Die Probe wird mit Kaliumiodid-Lösung im Überschuss versetzt; dabei bildet sich eine der Probe äquivalente Menge Iod:

$$2\ I^-(aq) \Rightarrow I_2(aq) + 2\ e^-$$

Das Iod-Ion ist hierbei Reduktionsmittel. Die entstandene Iodmenge wird durch Titration mit Natriumthiosulfat-Maßlösung bestimmt:

$$I_2(aq) + 2\ S_2O_3^{2-}(aq) \Rightarrow 2\ I^-(aq) + S_4O_6^{2-}(aq)$$

Endpunktsanzeige: Durch Entfärbung des tiefblauen Iod-Stärke-Komplexes.

Anwendung der Iodometrie: Bestimmung des Gehalts von freiem Chlor oder Brom in wässriger Lösung, von Wasserstoffperoxid oder auch Peroxiden wie Perborat.

7.9 Donator-Akzeptor-Konzept: Redoxreaktionen und Säure/Base-Reaktionen im Vergleich

Redoxsystem	U_H^0
$2\,CO_2 + 2\,H^+ + 2\,e^- \rightleftharpoons H_2C_2O_4$	$-\,0{,}49$ V
$S_4O_6^{2-} + 2\,e^- \rightleftharpoons 2\,S_2O_3^{2-}$	$+\,0{,}08$ V
$SO_4^{2-} + 2\,H^+ + 2\,e^- \rightleftharpoons SO_3^{2-} + H_2O$	$+\,0{,}17$ V
$I_2(s) + 2\,e^- \rightleftharpoons 2\,I^-$	$+\,0{,}54$ V
$O_2(g) + 2\,H^+ + 2\,e^- \rightleftharpoons H_2O_2$	$+\,0{,}68$ V
$Fe^{3+} + e^- \rightleftharpoons Fe^{2+}$	$+\,0{,}77$ V
$NO_3^- + 2\,H^+ + 2\,e^- \rightleftharpoons NO_2^- + H_2O$	$+\,0{,}94$ V
$IO_3^- + 6\,H^+ + 6\,e^- \rightleftharpoons I^- + 3\,H_2O$	$+\,1{,}09$ V
$BrO_3^- + 6\,H^+ + 6\,e^- \rightleftharpoons Br^- + 3\,H_2O$	$+\,1{,}44$ V
$MnO_4^- + 8\,H^+ + 5\,e^- \rightleftharpoons Mn^{2+} + 4\,H_2O$	$+\,1{,}51$ V

Tab. 7.7: Manganometrisch und iodometrisch bestimmbare Stoffe

7.9 Donator-Akzeptor-Konzept: Redoxreaktionen und Säure/Base-Reaktionen im Vergleich

Kriterium	Säure/Base-System	Redoxsystem
grundlegender Mechanismus	Donator-Akzeptor-Prinzip	
	Protonenübergang	Elektronenübergang
Donatorfunktion	Säure „HA" = Protonendonator	Reduktionsmittel „Red" = Elektronendonator
Akzeptorfunktion	Base „A⁻" = Protonenakzeptor	Oxidationsmittel „Ox" = Elektronenakzeptor
korrespondierendes Paar	$HB \rightleftharpoons B^- + H^+$	$Red \rightleftharpoons Ox + n \cdot e^-$
Funktionsschema (zwei korrespondierende Paare)	Säure 1 + Base 2 $\rightleftharpoons$ Base 1 + Säure 2 HA + B⁻ $\rightleftharpoons$ A⁻ + HB	Red 1 + Ox 2 $\rightleftharpoons$ Ox 1 + Red 2
Donator- als auch Akzeptorfunktion	Ampholyt (amphoteres Teilchen) z. B. H_2O	Atom mit mittlerer Oxidationsstufe z. B. H_2O_2
Disproportionierung	Autoprotolyse: $2\,HA \rightleftharpoons H_2A^+ + A^-$	$Red\,Ox \rightleftharpoons Red + Ox$
Größe für das Potential bzw. die Stärke der Donator-Akzeptorfunktion	Säure-/Baseexponent pK_S/pK_B, gegebenenfalls pH-Wert	Standardpotential U_H^0
Einordnung der Größe des Potentials (Stärke)	pK_S/pK_B-Reihe	elektrochemische Spannungsreihe
Konzentrationsabhängigkeit des Potentials	$pH = pK_S + \lg \frac{c(A^-)}{c(HA)}$ Henderson-Hasselbalch-Gleichung	$U_H = U_H^0(Ox/Red) + \frac{0{,}059V}{z} \cdot \lg c(Ox)/c(Red)$ Nernst-Gleichung

Tab. 7.8: Redoxreaktionen und Säure/Base-Reaktionen im Vergleich

7.10 Redoxreaktion und galvanische Zelle im Überblick

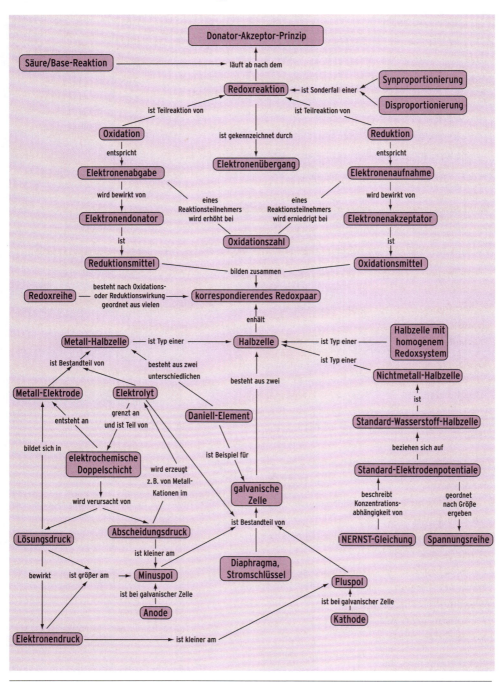

Abb. 7.17: Überblick „Redoxreaktion und galvanische Zelle"

8 Redoxreaktionen in Alltag und Technik

Basiskonzept: Donator-Akzeptor-Prinzip

In Alltag und Technik begegnet man vielen elektrochemischen Vorgängen, die auf Elektronenübergängen nach dem Donator-Akzeptor-Konzept beruhen.

- **Elektrochemische Produktionsverfahren:** Elektrochemische Produktionsverfahren basieren in der Regel auf einer Elektrolyse. Dabei werden salzartige Stoffe durch Zufuhr elektrischer Energie zerlegt. Aus einer aluminiumoxidhaltigen Schmelze lässt sich nach dieser Methode reines Aluminium gewinnen. Die Metalle Kupfer, Silber und Gold lassen sich durch Elektrolyse reinigen. Aus Kochsalzlösung erhält man bei der Chlor-Alkali-Elektrolyse die Grundchemikalien Chlor, Natronlauge und Wasserstoff.
- **Korrosion:** Die Korrosion von Metallen beruht auf dem Prinzip einer kurzgeschlossenen galvanischen Zelle, die auch als Lokalelement bezeichnet wird. Zum Schutz vor Korrosion kann man auch durch Elektrolyse Überzüge auf unedle Metalle aufbringen.
- **Mobile Energiequellen:** Batterien und die wiederaufladbaren Akkumulatoren liefern elektrische Energie unabhängig von einer Steckdose.

Im Fall der Brennstoffzellen werden Reduktions- und Oxidationsmittel zur Gewinnung elektrischer Energie kontinuierlich von außen zugeführt.

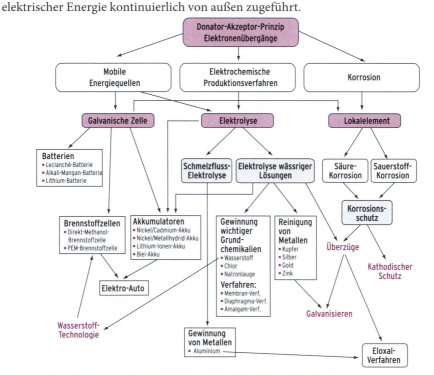

Abb. 8.1: Redoxreaktionen in Alltag und Technik – ein Überblick

8.1 Elektrolyse – erzwungene Redoxreaktionen

8.1.1 Elektrolyse wässriger Lösungen

In einer galvanischen Zelle laufen Redoxreaktionen freiwillig ab, dabei wird chemische Energie in elektrische Energie umgewandelt.

Die Umkehrung einer spontan ablaufenden Redoxreaktion ist nur unter Einsatz elektrischer Energie möglich, die von außen zugeführt werden muss. Die zugeführte elektrische Arbeit wird als chemische Energie in den entstehenden Produkten gespeichert. Ein solcher erzwungener Vorgang wird als **Elektrolyse** bezeichnet.

Taucht man zwei Graphit-Elektroden in eine wässrige Zinkbromid-Lösung und legt eine entsprechend hohe äußere Gleichspannung an, scheiden sich an der Kathode Zink und an der Anode elementares Brom ab. An der Kathode werden folglich Zink-Ionen zu Zink reduziert, an der Anode Bromid-Ionen zu Brom oxidiert ($\rightarrow$ Abb. 8.2).

Aufgrund der äußeren angelegten Gleichspannung **fließen die Elektronen** im Vergleich zur galvanischen Zelle **in umgekehrter Richtung**, sodass am Minuspol nun die Reduktion und am Pluspol die Oxidation stattfindet. Der Minuspol wird im Vergleich zur galvanische Zelle somit zur Kathode (kathodische Reduktion) und der Pluspol zur Anode (anodische Oxidation).

Elektrodenreaktionen

Pluspol, Anode (Oxidation):

$$2\,Br^-(aq) \Rightarrow Br_2(g) + 2\,e^-$$

Minuspol, Kathode (Reduktion):

$$Zn^{2+}(aq) + 2\,e^- \Rightarrow Zn(s)$$

Unterbricht man die Elektrolyse und trennt die Elektroden von der äußeren Spannungsquelle, lässt sich zwischen den Elektroden eine Spannung von ungefähr 1,8 V messen. Durch die vorangegangene Elektrolyse ist eine galvanische Zelle entstanden: die Graphit-Kathode wurde zur Zink-Elektrode und die Graphit-Anode zur Brom-Elektrode. Diese Veränderung der Elektrodeneigenschaften aufgrund einer Elektrolyse wird als **Polarisation** der Elektroden bezeichnet ($\rightarrow$ Abb. 8.2). Schaltet man zwischen die Elektroden einen kleinen Elektromotor ($\rightarrow$ Abb. 8.2, rechts), so reicht die elektrische Energie der entstandenen galvanischen Zelle aus, um ihn für kurze Zeit zu betreiben. Dabei lösen sich sowohl die Zink-Anode als auch die Brom-Kathode wieder auf: Zink wird zu Zn^{2+} oxidiert und Brom wird zu Br^- reduziert.

8.1 Elektrolyse – erzwungene Redoxreaktionen

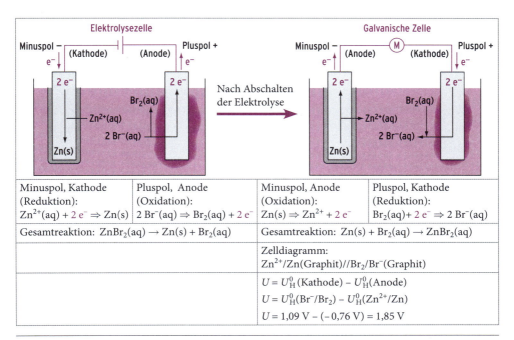

Elektrolysezelle		Galvanische Zelle	
Minuspol, Kathode (Reduktion): $Zn^{2+}(aq) + 2\,e^- \Rightarrow Zn(s)$	Pluspol, Anode (Oxidation): $2\,Br^-(aq) \Rightarrow Br_2(aq) + 2\,e^-$	Minuspol, Anode (Oxidation): $Zn(s) \Rightarrow Zn^{2+} + 2\,e^-$	Pluspol, Kathode (Reduktion): $Br_2(aq) + 2\,e^- \Rightarrow 2\,Br^-(aq)$
Gesamtreaktion: $ZnBr_2(aq) \rightarrow Zn(s) + Br_2(aq)$		Gesamtreaktion: $Zn(s) + Br_2(aq) \rightarrow ZnBr_2(aq)$	
		Zelldiagramm: $Zn^{2+}/Zn(Graphit)//Br_2/Br^-(Graphit)$	
		$U = U_H^0(\text{Kathode}) - U_H^0(\text{Anode})$	
		$U = U_H^0(Br^-/Br_2) - U_H^0(Zn^{2+}/Zn)$	
		$U = 1{,}09\,V - (-0{,}76\,V) = 1{,}85\,V$	

Abb. 8.2: Vorgänge in einer Elektrolysezelle und in der durch Elektrolyse entstandenen galvanischen Zelle

> **Wissen**
>
> Bei einer Elektrolyse in wässriger Lösung laufen unter Aufwendung elektrischer Energie die umgekehrten chemischen Vorgänge ab wie in einer galvanischen Zelle. Dabei bleibt im Vergleich zur galvanischen Zelle die Zuordnung von Minus- und Pluspol bestehen, jedoch wird der Minuspol zur Kathode (Reduktionsreaktion) und der Pluspol zur Anode (Oxidationsreaktion).

8.1.2 Stromstärke-Spannungskurven

Bei der Elektrolyse einer Zinkbromid-Lösung muss man zur elektrolytischen Abscheidung eine höhere Gleichspannung anlegen, als bei der galvanischen Zelle (1,85 V) erzeugt wird. Die Ursachen hierfür sollen an der Elektrolyse einer Kupfersulfat-Lösung $(c(CuSO_4) = 1\,mol \cdot \ell^{-1})$ mit jeweils a) Kupfer-, b) Graphit- und c) Platin-Elektroden näher untersucht werden. In der Praxis erhöht man dazu von null Volt ausgehend in kleinen Schritten die Spannung U und misst jeweils die Stromstärke I in der Elektrolysezelle. Stellt man die Stromstärke in Abhängigkeit von der angelegten Spannung grafisch dar, erhält man eine **Stromstärkespannungskurve** ($\rightarrow$ Abb 8.3).

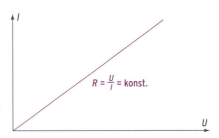

Abb. 8.3: Stromstärkespannungskurve der Elektrolyse einer Kupfersulfat-Lösung mit Kupfer-Elektroden

a) Elektrolyse einer Kupfersulfat-Lösung mit Kupfer-Elektroden

Die Kupfermenge, die an der Anode in Lösung geht, entspricht derjenigen, die sich an der Kathode abscheidet. Die Anode löst sich auf, die Kathode wächst. Je größer die Spannung, umso größer die Stromstärke, desto größer die abgeschiedene Stoffmenge pro Zeit: Die Stromstärkespannungskurve ist eine Gerade mit positiver Steigung und hat ihren Ursprung im Nullpunkt. Der Ohm'sche Widerstand R der Zelle ist konstant, da die Konzentration an Cu^{2+}-Ionen über die Zeit hin unverändert bleibt ($\rightarrow$ Abb. 8.3).

Elektrodenreaktionen

Pluspol, Anode (Oxidation): $\quad Cu(s) \Rightarrow Cu^{2+}(aq) + 2\,e^-$

Minuspol, Kathode (Reduktion): $\quad Cu^{2+}(aq) + 2\,e^- \Rightarrow Cu(s)$

b) Elektrolyse einer Kupfersulfat-Lösung an einer Kupfer- und einer Graphit-Elektrode

Ersetzt man die Kupfer-Elektrode am Pluspol durch eine Graphit-Elektrode, verläuft die Stromstärkespannungskurve zunächst sehr flach und steigt bei einer bestimmten Spannung U_Z, die als **Zersetzungsspannung** bezeichnet wird, steil an ($\rightarrow$ Abb. 8.4). Dabei ist an der Anode die Abscheidung von Sauerstoff zu beobachten, der aus der Elektrolyse des Wassers der Kupfersulfatlösung herrührt. An der Kathode scheidet sich Kupfer ab.

Elektrodenreaktionen

Pluspol, Anode (Oxidation):

$2\,H_2O(l) \Rightarrow O_2(g) + 4\,H^+(aq) + 4\,e^-$

Minuspol, Kathode (Reduktion):

$Cu^{2+}(aq) + 2\,e^- \Rightarrow Cu(s)$

Die eigentliche Elektrolyse beginnt also bei U_Z. Die flache Steigung der Kurve *vor* der Zersetzungsspannung U_Z ist damit zu erklären, dass aufgrund der geringen Spannung nur ein kleiner Elektrolysestrom entsteht, der zum Abscheiden von nur wenig Sauerstoff an der Graphit-Elektrode und wenig Kupfer an der Kupfer-Elektrode führt. Die gebildeten Teilchen werden an den Elektroden adsorbiert, sodass eine galvanische Zelle $Cu/Cu^{2+}//O_2/H_2O(Graphit)$ mit einer Zellspannung von

$U = U_H^0(\text{Kathode}) - U_H^0(\text{Anode})$

$U = U_H^0(O_2/H_2O(Graphit)) - U_H^0(Cu/Cu^{2+})$

$U = \quad\quad 1{,}23\,V \quad\quad - \quad 0{,}34\,V$

$\quad = 0{,}89\,V$ entsteht.

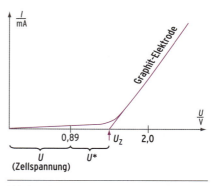

Abb. 8.4: Stromstärkespannungskurve: Zellspannung, Überspannung U^* und Zersetzungsspannung U_Z bei der Elektrolyse von $CuSO_4$-Lösung mit Graphit-Elektrode als Anode

Die Spannung dieser durch die Elektrolyse entstandenen galvanischen Zelle, die auch als **Zellspannung** oder **Polarisationsspannung** bezeichnet wird, wirkt der Elektrolysespannung entgegen, so dass anfangs theoretisch kein Strom fließen sollte. Der dennoch gemessene schwache Strom entsteht dadurch, dass in geringem Maße Sauerstoff von der Elektrode in die Lösung diffundiert und durch Elektrolyse nachgebildet wird.

Die Elektrolysespannung muss jedoch noch deutlich über die Zellspannung hinaus erhöht werden, damit nennenswerte Elektrolyseprodukte erhalten werden. Mit ein Hauptgrund hierfür ist der Vorgang der Sauerstoffabscheidung an der Graphit-Elektrode. Diese Differenz zwischen der Zellspannung und der an den Elektroden gemessenen Zersetzungsspannung wird als **Überspannung U^*** bezeichnet:

$U^* = U_Z - U_{Zellspannung}$

Bei weiterer Erhöhung der Spannung über die Zersetzungsspannung U_Z hinaus, steigt dann die Stromstärke analog der Elektrolyse an den beiden Kupfer-Elektroden (vergleiche: a)).

c) Elektrolyse einer Kupfersulfat-Lösung an einer Kupfer- und einer Platin-Elektrode

Wird die Graphit-Elektrode am Pluspol durch eine Platin-Elektrode ersetzt, beginnt die Elektrolyse bei einer höheren Zersetzungsspannung als im Fall b), da eine Platin-Elektrode eine höhere Überspannung als eine Graphit-Elektrode verursacht (→ Abb. 8.5). Ansonsten laufen die gleichen Reaktionen wie bei b) ab. Die einzelnen Spannungswerte, die bei einer Elektrolyse auftreten, lassen sich anschaulich in **Spannungsdiagrammen** darstellen (→ Abb. 8.6).

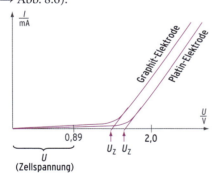

Abb. 8.5: Stromstärkespannungskurven: Elektrolyse einer CuSO$_4$-Lösung mit Graphit- und Platin-Elektrode als Anode im Vergleich

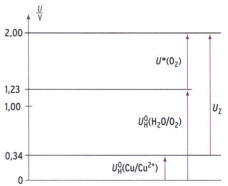

Abb. 8.6: Spannungsdiagramm der Elektrolyse einer Kupfersulfat-Lösung mit Platin-Elektrode

Überspannung

Der Überspannungsanteil einer Elektrodenreaktion hängt von der Temperatur, vom abzuscheidenden Stoff, der Elektrolytkonzentration, vom Elektrodenmaterial und dessen Oberflächenbeschaffenheit ab. Auch die Stromdichte an den Elektroden stellt einen wichtigen Faktor dar. Die Stromdichte ist der Quotient aus Stromstärke und Elektrodenoberfläche. Mit zunehmender Stromdichte steigt die Überspannung an.

Ursache für Überspannung können kinetische Hemmungen einzelner Reaktionsschritte an den Elektroden, z. B. bei der Abscheidung von Stoffen, sein. Damit die Reaktion abläuft, sind erhöhte Aktivierungsenergien notwendig. Diese können je nach katalytischer Wirkung der Elektroden unterschiedlich groß sein. Bei der Abscheidung von Gasen wie bei Wasserstoff, Sauerstoff und Chlor treten in der Regel erheblich Überspannungen auf ($\rightarrow$ Tab. 8.1). Bei Reaktionen, die zur Abscheidung von Metallen führen, sind Überspannungen in der Regel vernachlässigbar.

Gas	Elektrodenmaterial	Stromdichte in $A \cdot cm^{-2}$			
		10^{-3}	10^{-2}	10^{-1}	10^{-0}
Wasserstoff	Pt (platiniert)	$-0,02$	$-0,04$	$-0,05$	$-0,07$
	Pt (blank)	$-0,12$	$-0,23$	$-0,35$	$-0,47$
	Graphit	$-0,60$	$-0,78$	$-0,97$	$-1,03$
	Quecksilber	$-0,94$	$-1,04$	$-1,15$	$-1,25$
Sauerstoff	Pt (platiniert)	$0,40$	$0,52$	$0,64$	$0,77$
	Pt (blank)	$0,72$	$0,85$	$1,28$	$1,49$
	Graphit	$0,53$	$0,90$	$1,09$	$1,24$
Chlor	Pt (platiniert)	$0,006$	$0,016$	$0,026$	$0,08$
	Pt (blank)	$0,008$	$0,03$	$0,054$	$0,24$
	Graphit	$0,1$	$0,12$	$0,25$	$0,50$

Tab. 8.1: Überspannungsanteile U^* in Volt für die Abscheidung einiger Gase

8.1.3 Vorhersage der Elektrodenreaktionen bei Elektrolysen mithilfe von Abscheidungspotentialen

Die bei Elektrolysen an den Elektroden ablaufenden Reaktionen sind vorhersagbar. Anhand der Elektrolyse einer Natriumsulfat-Lösung ($c = 1\ mol \cdot \ell^{-1}$; pH = 7) an Platin-Elektroden soll gezeigt werden, inwieweit dies möglich ist.

1. Mögliche Redoxreaktionen: In einem *ersten Schritt* listet man alle in der zu elektrolysierenden Lösung vorkommenden Teilchen auf, bildet mögliche korrespondierende Redoxpaare und notiert die dazugehörigen Standardpotentiale.
Vorkommende Teilchen in einer Natriumsulfat-Lösung: $Na^+(aq)$, $SO_4^{2-}(aq)$, $H_2O(l)$

Mögliche korrespondierende **Redoxpaare:**

- $Na^+(aq)/Na(s)$ $U_H^0 = -2{,}71\ V$
- $S_2O_8^{2-}(aq)/SO_4^{2-}(aq)$ $U_H^0 = 2{,}01\ V$
- $H_2O(l)/H_2(g)\ pH = 7$ $U_H = -0{,}41\ V$
- $O_2(g)/H_2O(l)\ pH = 7$ $U_H = 0{,}82\ V$

2. Zuordnung der Redoxreaktionen: In einem *zweiten Schritt* werden der Anode denkbare Oxidationsreaktionen und der Kathode mögliche Reduktionsreaktionen zugeordnet:

Anode

- Der Sauerstoff im Wasser-Molekül kann nur zu $O_2(g)$ oxidiert werden, die Reaktion kann daher nur an der Anode ablaufen.
- $SO_4^{2-}(aq)$ kann zu $S_2O_8^{2-}(aq)$ oxidiert werden, die Reaktion kann daher nur an der Anode ablaufen.

Kathode

- Der Wasserstoff im Wasser-Molekül kann zu $H_2(g)$ reduziert werden, die Reaktion kann daher nur an der Kathode ablaufen.
- $Na^+(aq)$ kann zu $Na\,(s)$ reduziert werden, die Reaktion kann daher nur an der Kathode ablaufen.

3. Überspannungen: Bei Gasreaktionen müssen in einem *dritten Schritt* noch die Überspannungen an den beiden Platin-Elektroden berücksichtigt werden:

- $U^*(O_2)$ (Pt, blank): $0{,}72\ V$; bei einer Stromdichte von $10^{-3}\,A \cdot cm^{-2}$
- $U^*(H_2)$ (Pt, blank): $-0{,}12\ V$; bei einer Stromdichte von $10^{-3}\,A \cdot cm^{-2}$

4. Abscheidungspotentiale: Somit ergeben sich folgende Abscheidungspotentiale für die an den Elektroden ablaufenden Reaktionen:

Pluspol, Anode (Oxidation):

- $2\,SO_4^{2-}(aq) \Rightarrow S_2O_8^{2-}(aq) + 2\,e^-$; $U_H^0 = \ 2{,}01\ V$
- $2\,H_2O(l) \Rightarrow O_2\,(g) + 4\,H^+(aq) + 4\,e^-$;
  $U_H = 0{,}82\ V + U^*(O_2) = 0{,}82\ V + 0{,}72\ V = 1{,}54\ V$

Folgerung: Das Elektrodenpotential für die Bildung von Sauerstoff aus Wasser (1,54 V) ist niedriger als das Elektrodenpotential für die Bildung von Peroxodisulfat aus Sulfat (2,01 V). Wasser gibt also bei der Oxidation leichter seine Elektronen ab als Sulfat. Theoretisch würde $SO_4^{2-}(aq)$ seine Elektronen erst dann abgeben, wenn das gesamte Wasser oxidiert wäre. Somit wird an der Anode Wasser zu gasförmigen Sauerstoff oxidiert.

Minuspol, Kathode (Reduktion):

- $Na^+(aq) + e^- \Rightarrow Na\,(s)$; $U_H^0 = -2{,}71\ V$
- $2\,H_2O(l) + 2\,e^- \Rightarrow H_2(g) + 2\,OH^-(aq)$;
  $U_H = -0{,}41\ V + U^*\,(H_2) = -0{,}41\ V + (-0{,}12\ V) = -0{,}53\ V$

Folgerung: Das Elektrodenpotential für die Bildung von Wasserstoff aus Wasser (– 0,53 V) ist höher als das Elektrodenpotential für die Bildung von Natrium aus Natrium-Kationen (– 2,71 V). Daher nimmt der Wasserstoff im Wasser bei der Reduktionsreaktion zuerst die Elektronen auf und wird zu Wasserstoff reduziert. Theoretisch könnten die Natrium-Kationen erst dann Elektronen aufnehmen, wenn das gesamte Wasser zu Wasserstoff reduziert wäre.

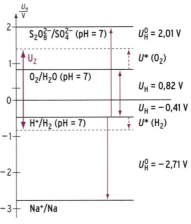

Abb. 8.7: Spannungsdiagramm zur Elektrolyse von Natriumsulfat-Lösung

Fazit
Bei der Durchführung des entsprechenden Experiments wird am Pluspol (Anode) eine Sauerstoffentwicklung an der Platin-Elektrode zu beobachten sein. Am Minuspol, (Kathode) wird sich an der Platin-Elektrode Wasserstoffgas entwickeln (→ Abb. 8.7).

Berechnung der Zersetzungsspannung bei einer Stromdichte von 10^{-3} A·cm^{-2} (→ Tab. 8.1):

$U_Z = [U_H(\text{Anode}) + U^*(\text{Anode})] - [U_H(\text{Kathode}) + U^*(\text{Kathode})]$

$U_Z = [U_H(O_2\,(g)/H_2O(l);\, pH = 7) + U^*(O_2;\, Pt,\, blank)]$
$\quad\;\; - [U_H(H_2O(l)/H_2\,(g);\, pH = 7) + U^*(H_2;\, Pt,\, blank)]$

$U_Z = [0{,}82\text{ V} + 0{,}72\text{ V}] - [-0{,}41\text{ V} + (-0{,}12\text{ V})]$

$U_Z = 1{,}54\text{ V} + 0{,}53\text{ V} = 2{,}07\text{ V}$

Wissen

Bei **Elektrolysen** laufen immer diejenigen Reaktionen ab, welche die kleinste Zersetzungsspannung erfordern. An der Anode wird der Stoff mit dem kleinsten Abscheidungspotential oxidiert. An der Kathode wird der Stoff mit dem größten Abscheidungspotential reduziert.

Die **Zersetzungsspannung** wird folgendermaßen berechnet:

$U_Z = [U_H(\text{Anode}) + U^*(\text{Anode})] - [U_H(\text{Kathode}) + U^*(\text{Kathode})]$

Abscheidungspotentiale von Wasserstoff und Sauerstoff

Aus → Abb. 8.8 wird ersichtlich, dass die Abscheidungspotentiale von Wasserstoff und Sauerstoff (ohne Berücksichtigung der Überspannung), das heißt die Zell- oder Polarisationsspannung von Wasser, unabhängig vom pH-Wert des Elektrolyten immer 1,23 V betragen.

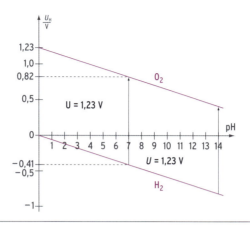

Abb. 8.8: pH-Abhängigkeit der Abscheidungspotentiale von Wasserstoff und Sauerstoff

8.1.4 Faraday-Gesetze

Um herauszufinden, welche Stoffmengen sich unter bestimmten Elektrolysebedingungen abscheiden, führte Michael Faraday Anfang des 19. Jahrhunderts als erster eine Vielzahl von Elektrolyse-Versuchen durch, bei denen er Stromstärke und Elektrolysedauer variierte und die abgeschiedenen Stoffmassen bestimmte. Diese und weitere Untersuchungen fanden ihren Niederschlag in den Faraday-Gesetzen:

> **Wissen: 1. Faraday-Gesetz**
>
> Die elektrolytisch abgeschiedenen Stoffmengen n sind der durch den Elektrolyten geflossenen Ladungsmenge Q proportional: $n \sim Q$

Folglich erhält man bei der Elektrolyse einer Kupfersulfat-Lösung die doppelte Stoffmenge Kupfer, wenn man die Elektrolysezeit t oder die Stromstärke I verdoppelt, da dann die doppelte Ladungsmenge Q durch die Elektrolysezelle fließt: $Q = I \cdot t$.

> **Wissen 2. Faraday-Gesetz**
>
> Zur elektrolytischen Abscheidung von 1 mol Teilchen eines Stoffes ist die Ladungsmenge
>
> $Q = 1 \text{ mol} \cdot z \cdot F$ erforderlich.
> (z: Zahl der Elektronen, die bei der Abscheidung eines Teilchens an der Elektrode ausgetauscht werden; F: Faraday-Konstante = 96 485 C·mol^{-1} = 96 485 A·s·mol^{-1}).

Beispiel

Schaltet man eine Kupfersulfat-Elektrolysezelle hinter eine Silbernitrat-Elektrolysezelle, so dass in einer bestimmt Zeit die gleiche Ladungsmenge durch die beiden Elektrolysezellen fließt, so erhält man nur die Hälfte der Stoffmenge n an Kupfer wie an Silber, da bei der Abscheidung von Kupfer die zweifache Menge an Elektronen ausgetauscht werden muss.

$Ag^+ + e^- \Rightarrow Ag$; $Cu^{2+} + 2\,e^- \Rightarrow Cu$

$n(Ag) : n(Cu) = 1 : \frac{1}{2}$

Somit gilt für die abgeschiedene Stoffmenge n: $n = \frac{I \cdot t}{Z \cdot F}$

> **Wissen**
>
> Mithilfe der FARADAY-Gesetze lassen sich bei Elektrolysen umgesetzte Ladungs- und Stoffmengen quantitativ bestimmen.

8.1.5 Herstellung von Zink

Zink kommt in der Natur nicht elementar vor. Das wichtigste Zink-Erz ist die Zinkblende, die im Wesentlichen aus Zinksulfid besteht. Zur Gewinnung des Metalls wird das Zinksulfid zunächst durch Rösten in Zinkoxid überführt.

$2\,ZnS(s) + 3\,O_2(g) \rightarrow 2\,ZnO(s) + 2\,SO_2(g)$

Das entstehende Schwefeldioxid wird zu Schwefelsäure weiterverarbeitet.

Zinkoxid kann mithilfe von gemahlenen Koks bei etwa 1200 °C zu metallischem Zink reduziert werden, überwiegend wird es aber elektrolytisch reduziert. Hierbei wird Zinkoxid zuerst mit Schwefelsäure umgesetzt. Dabei lösen sich auch die Oxide der anderen in der Zinkblende enthaltenen Metalle wie Blei, Nickel, Cadmium, Cobalt und Silber. Da diese Metalle edler als Zink sind, können ihre Ionen durch Zugabe von Zinkpulver gefällt und aus der Lösung entfernt werden.

Die Zinksulfat-Lösung wird in einem Bad mit mehreren parallel zueinander angeordneten Blei-Anoden und Aluminium-Kathoden bei etwa 3,5 V elektrolysiert. Trotz des negativen Elektrodenpotentials von Zink ist es möglich, das Metall aus saurer Lösung abzuscheiden. Das liegt an der hohen Überspannung von Wasserstoff an Aluminium und Zink. Wenn sich jedoch andere Metalle an der Kathode abscheiden, an denen Wasserstoff eine geringere Überspannung hat, kommt es zur Gasentwicklung. Bereits Spuren von Fremdmetallen stören den Ablauf der Elektrolyse deutlich. Auch aus diesem Grund muss die Zinksulfat-Lösung sorgfältig gereinigt werden. Bei der Elektrolyse scheidet sich Zink auf dem Aluminium in Schichten bis 3 mm Dicke ab. Es wird regelmäßig abgezogen und umgeschmolzen. Man erhält so 99,99%iges Feinzink. Der Energieaufwand beträgt etwa 3,2 kWh pro Kilogramm Zink.

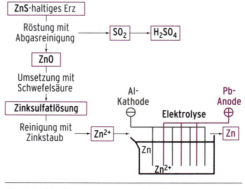

Abb. 8.9: Ablauf der elektrolytischen Zink-Gewinnung

8.1.6 Kupfer-Raffination

Die elektrische Leitfähigkeit von Kupfer hängt in hohem Maße von der Reinheit des Metalls ab. Ein Anteil von nur 0,07 % Arsen vermindert die Leitfähigkeit bereits um etwa ein Drittel. 99%iges Rohkupfer, wie es bei der Kupferverhüttung anfällt ist nicht rein genug. Es enthält noch edlere Metalle wie Silber, Gold und Platin und unedle Metalle wie Eisen, Blei, Zink, Zinn oder Arsen. Diese Verunreinigungen werden durch eine Kupfer-Raffination weitestgehend entfernt. Bei diesem elektrolytischen Verfahren sind in saurer Lösung an den Elektroden folgende Reaktionen denkbar:

Pluspol, Anode (Oxidation):

$Cu(roh) \Rightarrow Cu^{2+}(aq) + 2\,e^-$; $U_H^0 = 0{,}34$ V

$2\,H_2O(l) \Rightarrow O_2(g) + 4\,H^+(aq) + 4\,e^-$; $U_H^0 = 1{,}23$ V

$Au(s) \Rightarrow Au^{3+}(aq) + 3\,e^-$; $U_H^0 = 1{,}68$ V

$SO_4^{2-}(aq) \Rightarrow S_2O_8^{2-}(aq) + 2\,e^-$; $U_H^0 = 2{,}01$ V

Minuspol, Kathode (Reduktion):

$Cu^{2+}(aq) + 2\,e^- \Rightarrow Cu(rein)$; $U_H^0 = 0{,}34$ V

$As^{3+}(aq) + 3\,e^- \Rightarrow As(s)$; $U_H^0 = 0{,}30$ V

$2\,H^+(aq) + 2\,e^- \Rightarrow H_2(g)$; $U_H^0 = 0{,}00$ V

Da an der Anode der Stoff mit dem kleinsten Abscheidungspotential oxidiert und an der Kathode der Stoff mit dem größten Abscheidungspotential reduziert wird, ergibt sich die geringste Zersetzungsspannung, wenn Kupfer-Ionen an der Kathode reduziert werden und das Kupfer der Anode oxidiert wird: Die Anode aus Rohkupfer löst sich dabei auf und an der Kathode, die häufig aus Edelstahl besteht, scheidet sich hochreines Kupfer ab.

Der Elektrolyt besteht aus Kupfersulfat in verdünnter Schwefelsäure-Lösung.

Die Spannung beträgt etwa 0,3 V, sodass nur Kupfer und alle unedleren Bestandteile der Rohkupfer-Anode wie Zink, Nickel, Kobalt, Arsen und Eisen oxidiert und gelöst werden. Die edleren Metalle fallen als unlöslicher Anodenschlamm zu Boden. Aus diesem werden Metalle wie Silber und Gold gewonnen, die ebenfalls elektrolytisch gereinigt werden.

Nach der Elektrolyse wird das gewonnene Reinkupfer eingeschmolzen und als 99,99%iges Elektrolyt-Kupfer in Form von Zylindern, Platten oder Barren in den Handel gebracht.

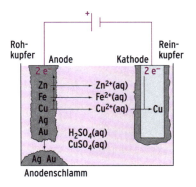

8.10: Elektrolytische Raffination von Kupfer

8.1.7 Chloralkali-Elektrolyse

Bei der Chloralkali-Elektrolyse wird in großtechnischem Maßstab wässrige Kochsalz-Lösung elektrolysiert, die aus Steinsalz hergestellt wird. Die Elektrolyseprodukte Natronlauge, Chlor und Wasserstoff dienen in der chemischen Industrie als Grundstoffe.

Von den in einer Natriumchlorid-Lösung vorliegenden Teilchen können Natrium-Kationen und die Wasserstoff-Atome im Wasser-Molekül bei einer Elektrolyse nur reduziert werden, Chlorid und das Sauerstoffatom im Wasser nur oxidiert werden. Somit sind an den Elektroden folgende Reaktionen denkbar:

Pluspol, Anode (Oxidation):

2 Cl⁻(aq) ⇒ Cl$_2$(g) + 2 e⁻; $\quad U_H^0 = 1{,}36$ V

2 H$_2$O(l) ⇒ O$_2$(g) + 4 H⁺(aq) + 4 e⁻; $\quad U_H = 0{,}82$ V (pH = 7)

Minuspol, Kathode (Reduktion):

Na⁺(aq) + e⁻ ⇒ Na (s); $\quad U_H^0 = -2{,}71$ V

2 H$_2$O(l) + 2 e⁻ ⇒ 2 OH⁻(aq) + H$_2$(g); $U_H = -0{,}41$ V (pH = 7)

Da H$_2$O/O$_2$ ein geringeres Potential (0,82 V) als Cl$_2$/Cl⁻(aq) (1,36 V) hat und somit unedler ist, gibt es seine Elektronen bei der Oxidation leichter als Chlorid ab. Somit würde an der Anode Wasser zu gasförmigem Sauerstoff oxidiert werden. Da der Wasserstoff im Wassermolekül ein höheres Potential (−0,41 V) als Na⁺(aq) (−2,71 V) hat und somit edler ist, nimmt er bei der Reduktionsreaktion zuerst die Elektronen auf und wird an der Kathode zu gasförmigen Wasserstoff reduziert. Somit würde an der Kathode Wasserstoff entstehen. Ohne besondere technische Kniffe würden bei der Chlor-Alkali-Elektrolyse als Produkte nur Sauerstoff und Wasserstoff entstehen.

Von der Industrie gewünschte Produkte wie Natronlauge und Chlorgas lassen sich daher bei dieser Versuchsanordnung nur durch Ausnutzung von Überspannungseffekten an den Elektroden sowie der pH-Abhängigkeit und der Konzentrationsabhängigkeit der Potentiale erhalten. Dies wird bei den wichtigsten Herstellungsverfahren, wie den über 100 Jahre alten Amalgam- und Diaphragma-Verfahren sowie dem neuen umweltfreundlichen Membran-Verfahren, über unterschiedliche Strategien erreicht.

a) Amalgam-Verfahren

Die Amalgam-Elektrolysezelle besteht aus einem leicht geneigten Stahltrog. Über seinen Boden fließt ein etwa 3 mm dicker Quecksilberfilm. Das elektrisch leitfähige, flüssige Quecksilber bildet die Kathode. In den Deckel der Zelle sind bis zu 180 Titan-Anoden eingelassen. Man verwendet heute mechanisch beständige Anoden aus

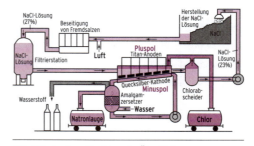

Abb. 8.11: Amalgam-Verfahren im Überblick

8.1 Elektrolyse – erzwungene Redoxreaktionen

Titan, die mit Rutheniumoxid beschichtet sind. Das Edelmetalloxid fördert katalytisch die Chlor-Bildung und wird von dem entstehenden Chlor auch nicht angegriffen. Der Abstand zwischen Anode und Kathode beträgt nur 2 mm. Er muss gleich bleiben, damit die Elektrolyse bei konstanter Spannung von etwa 4 V durchgeführt werden kann.

Anode: Da an den Titan-Anoden die Überspannung von Sauerstoff sehr viel größer als die Überspannung von Chlor ist, scheidet sich das gewünschte Chlorgas ab.

Kathode: Sehr reine Natronlauge erhält man, wenn metallisches Natrium mit Wasser reagiert. Daher ist man bestrebt, an der Kathode metallisches Natrium zu erzeugen. Dies wird erreicht, indem man einerseits das Abscheidungspotential von Wasserstoff ($U_H = -0,41$ V bei pH = 7) negativer, andererseits das von Natrium ($U_H^0 = 2,71$ V) positiver werden lässt.

Das Abscheidungspotential von Wasserstoff wird negativer durch

- die Überspannung von Wasserstoff an Quecksilber: $U^*(H_2(Hg)) = -1,2$ V bei einer Stromdichte von $0,5$ A $\cdot$ cm^{-2}
- einen alkalischen pH-Wert an der Kathode, der durch die entstehenden OH$^-$-Ionen bei der anfänglichen Wasserstoff-Abscheidung entsteht: $U(H^+/H^2) = -0,71$ V bei pH = 12

So erhält man ein Wasserstoff-Abscheidungspotential von $-1,91$ V:

$$U(H^+/H_2) + U^*(H_2(Hg)) = -1,91 \text{ V.}$$

Das Abscheidungspotential von Natrium wird positiver durch die Bildung von flüssigem Natriumamalgam, einer Natrium-Quecksilber-Legierung, da die Amalgambildung ein Energie freisetzender Prozess ist (entspricht 0,87 V). Somit muss für die Elektrolyse weniger elektrische Energie aufgewendet werden:

$$U(Na^+/Na) = -2,71 \text{ V} + 0,87 \text{ V} = -1,84 \text{V.}$$

An der Kathode entsteht daher metallisches Natrium, das sich im Quecksilber löst. Das Quecksilber fließt beständig durch die Elektrolysezelle. Im Amalgamzersetzer reagiert das Natriumamalgam mit Wasser zu reiner Natronlauge und Wasserstoff. Graphitstäbe beschleunigen dabei die Reaktion, indem sie die Überspannung für die Abscheidung von Wasserstoff herabsetzen. Das natriumfreie Quecksilber wird in die Elektrolysezelle zurückgeleitet, womit sich der Kreislauf schließt.

Überblick über die Reaktionen beim Amalgamverfahren

Anode: $\qquad$ $2 \text{ Cl}^-(aq) \Rightarrow Cl_2(g) + 2 \text{ e}^-$

Kathode: $2 \text{ Na}^+(aq) + 2 \text{ e}^- \Rightarrow 2 \text{ Na}(s)$

$\qquad\qquad$ $2 \text{ Na}(s) + x \text{ Hg}(l) \rightarrow 2 \text{ NaHg}_x$

Amalgamzersetzer

$2 \text{ NaHg}_X(l) + 2 \text{ H}_2O(l) \rightarrow 2 \text{ Na}^+(aq) + 2 \text{ OH}^-(aq) + x \text{ Hg}(l) + H_2(g)$

$2 \text{ Na}^+(aq) + 2 \text{ Cl}^-(aq) + 2 \text{ H}_2O \rightarrow 2Na^+(aq) + 2 \text{ OH}^-(aq) + Cl_2(g) + H_2(g)$

$\Delta_R H_m^0 = +454 \text{ kJ} \cdot \text{mol}^{-1}$

b) Diaphragma-Verfahren

Beim Diaphragma-Verfahren wird anstelle von Quecksilber eine Kathode aus feinem Eisennetz verwendet, das auf einem Eisenrost liegt. Da die Überspannung von Wasserstoff an Eisen viel geringer ist als an Quecksilber, wird Wasserstoff und nicht Natrium abgeschieden. An den mit Rutheniumoxid beschichteten Anoden aus Titan bildet sich wie beim Amalgam-Verfahren Chlor.

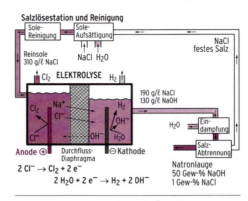

Abb. 8.12: Diaphragma-Verfahren im Überblick

Elektrodenreaktionen

Pluspol, Anode (Oxidation): $2\ Cl^-(aq) \Rightarrow Cl_2(g) + 2\ e^-$

Minuspol, Kathode (Reduktion): $2\ H_2O(l) + 2\ e^- \Rightarrow H_2(g) + 2\ OH^-(aq)$

Um zu verhindern, dass die an der Kathode gebildeten Hydroxid-Ionen zur Anode gelangen und sich dort mit dem entstandenen Chlor in einer **Disproportionierungs**reaktion zu Chlorid und Hypochlorit (OCl⁻) umsetzen, unterteilt man die Elektrolysezelle mit einem Diaphragma (poröse Scheidewand) in den Kathodenraum und Anodenraum. Das Diaphragma besteht aus mit Kunststofffasern verdichtetem Asbest oder aus Kunststoff. Es behindert die Ionenwanderung im elektrischen Feld nur wenig, sodass der elektrische Widerstand der Zelle kaum erhöht ist. Für Gasbläschen ist das Diaphragma dagegen praktisch undurchlässig, sodass sich Wasserstoff und Chlor nicht zu Chlorknallgas vermischen können. Damit eine Diffusion der Hydroxid-Ionen in den Anodenraum darüber hinaus erschwert wird, stellt man über die Fließgeschwindigkeit der Sole im Anodenraum einen höheren Flüssigkeitspegel ein, sodass sich über den hydrostatischen Druck eine Flüssigkeitsbewegung vom Anodenraum in den Kathodenraum einstellt.

c) Membran-Verfahren

Das Membran-Verfahren arbeitet wie das Amalgam- und Diaphragma-Verfahren ebenfalls mit Rutheniumoxid beschichteten Titan-Anoden. Als Kathodenmaterial findet Edelstahl oder Nickel Verwendung. Beide sind mit einer für die Wasserstoffbildung katalytisch wirksamen Nickel-Aluminium-Legierung überzogen. An den Elektroden laufen die gleichen chemischen Reaktionen ab wie beim Diaphragma-Verfahren.

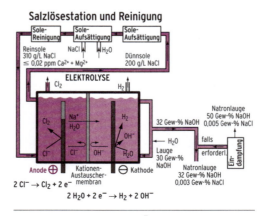

Abb. 8.13: Membran-Verfahren im Überblick

8.1 Elektrolyse – erzwungene Redoxreaktionen

Anoden- und Kathodenraum sind durch eine nur 0,1 mm dünne chlor- und laugenbeständige **Kationenaustauscher-Membran** getrennt. Sie besteht aus Polytetrafluorethen mit negativ geladenen SO_3-Resten. Durch diese Membran gelangen Natrium-Kationen im Austausch mit $H^+(aq)$ zum Ladungsausgleich in den Kathodenraum. Für Hydroxid-Ionen und Chlorid-Ionen sowie für Chlor ist die Membran praktisch undurchlässig. Damit wird die Disproportionierung von Chlor im Kathodenraum vermieden. Die so erzeugte, etwa 35%ige Natronlauge ist daher fast frei von Chlorid-Ionen. Die Sole im Anodenraum wird im Kreislauf geführt und von außen mit Kochsalz angereichert. Auch der Elektrolyt im Kathodenraum fließt im Kreislauf; hierbei wird ein Teil der erzeugten Natronlauge ausgeleitet und Wasser wird zugegeben.

Anodenmaterial	Amalgam-Verfahren	Diaphragma-Verfahren	Membran-Verfahren
	Mit Rutheniumoxid überzogenes Titan		
Kathodenmaterial	Quecksilber	Eisen oder Stahl	Mit Ni-Al-Legierung beschichteter Edelstahl oder Nickel
Diaphragma	–	mit Kunststofffasern verdichteter Asbest	ionenselektive Kationenaustauschmembran
Umweltbelastung	Quecksilber	Asbest	–
Chlor	sehr rein	verunreinigt (O_2)	verunreinigt (O_2)
Natronlauge	sehr rein	verunreinigt (NaCl)	sehr rein
Wasserstoff	sehr rein	verunreinigt (O_2)	rein
Energieverbrauch	relativ hoch	günstig	günstig
Verbreitung EU (2005)	ca. 50 %	ca. 17 %	ca. 30 %

Tab. 8.2: Verfahren der Chloralkali-Elektrolyse im Vergleich

8.1.8 Galvanisieren

Beim Galvanisieren wird ein Gegenstand mit einer Schicht eines Metalls elektrolytisch überzogen. Das Verfahren wird beispielsweise beim **Korrosion**sschutz angewandt, um auf ein zu schützendes Metall eine Schicht eines widerstandfähigeren Metalls abzuscheiden. Eine wesentliche Voraussetzung für gut haftende galvanische Überzüge ist die sorgfältige Vorbehandlung der Grundmetalle. Zunächst wird die Oberfläche durch Säuren wie Salzsäure oder Schwefelsäure von Oxidschichten befreit. Anschließend wird das Werkstück glatt geschliffen, poliert und entfettet.

Wenn das Werkstück vollständig gereinigt ist, wird es in eine Salzlösung des Überzugsmaterials getaucht und als Kathode geschaltet. Als Anode dient ein Stück des Überzugmetalls, das sich bei dem Vorgang langsam auflöst. Auf diese Weise bleibt die Konzentration der Ionen im Elektrolyten konstant. Denn es gehen genauso viele Ionen in Lösung, wie an der Kathode abgeschieden werden.

Um gleichmäßige Metallüberzüge zu erhalten, darf pro Zeiteinheit nur eine kleine, möglichst gleich bleibende Menge an Metall abgeschieden werden. Um zu verhindern, dass zu viele Metall-Ionen in Lösung gehen und sich unkontrolliert abscheiden, setzt man bei Galvanischen Bädern häufig Komplexbildner, wie zum Beispiel Cyanid-Ionen oder Ammoniak, zu, die einen Teil der abzuscheidenden Metall-Ionen binden. Zwischen den komplex gebundenen und den freien hydratisierten Metall-Ionen stellt sich ein Gleichgewicht ein.

$$[Ag(NH_3)_2]^+(aq) \rightleftharpoons Ag^+(aq) + 2\,NH_3(aq)$$

Die Konzentration der hydratisierten Kationen ist dabei sehr klein. Sie wird während des Galvanisierens konstant gehalten, da die verbrauchten Metall-Ionen kontinuierlich durch den Zerfall des Komplexes nachgebildet werden.

8.1.9 Herstellung von Aluminium mithilfe der Schmelzfluss-Elektrolyse

Ausgangsstoff für die Herstellung von Aluminium ist Bauxit. Die Hauptbestandteile von Bauxit lassen sich näherungsweise durch die Formeln Al(OH)$_3$ und AlO(OH) beschreiben. In der Regel enthält Bauxit auch Silicium- und Titan-Verbindungen sowie wasserhaltiges Eisen(III)-oxid, das die Rotfärbung des Bauxits verursacht. Bauxit muss in einem speziellen Verfahren (→ Abb. 8.14) zu sehr reinem Aluminiumoxid aufgearbeitet werden.

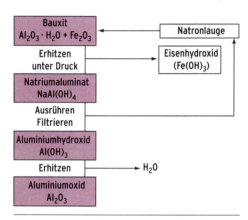

Abb. 8.14: Gewinnung von Aluminiumoxid aus Bauxit

Schmelzfluss-Elektrolyse

Aus Aluminiumoxid wird mithilfe der Schmelzfluss-Elektrolyse Aluminium hergestellt. Die Schmelzfluss-Elektrolyse findet in einer mit Graphit ausgekleideten Eisenwanne statt. Die Graphitauskleidung bildet die Kathode der Elektrolysezelle. Als Anode dienen Graphitblöcke. Sie sind oberhalb der Wanne beweglich angebracht.
Da Aluminiumoxid eine sehr hohe Schmelztemperatur von 2045 °C hat, wird es in geschmolzenem Kryolith (Natriumhexafluoroaluminat Na$_3$AlF$_6$) gelöst. Dadurch erfolgt eine Schmelztemperaturerniedrigung auf 940 °C sowie eine Leitfähigkeitserhöhung und damit eine Verbesserung der Stromausbeute. Die Temperatur der Schmelze beträgt während der Elektrolyse etwa 960 °C, die Elektrolysespannung liegt bei 4,5 bis 5 V. Die Schmelztemperatur von Aluminium beträgt 659 °C. Vereinfacht dargestellt laufen an den Elektroden folgende Reaktionen ab.

Pluspol, Anode (Oxidation):

$$3\,C + 6\,O^{2-} \Rightarrow 3\,CO_2 + 12\,e^-$$

Minuspol, Kathode (Reduktion):

4 Al^{3+} + 12 e$^-$ ⇒ 4 Al(l)

Gesamtreaktion:

2 Al$_2$O$_3$(l) + 3 C (s) → 4 Al(l) + 3 CO$_2$ (g); $\Delta_R H_m^0$ = + 2160 kJ · mol^{-1}

Zu erwarten wäre, dass an der Anode Sauerstoff durch Oxidation der O^{2-}-Ionen entsteht. Tatsächlich bildet sich aber Kohlenstoffdioxid, in geringeren Mengen auch Kohlenstoffmonoxid durch elektrochemische Oxidation der Graphit-Anode im Kontakt mit der Schmelze. Dadurch löst sich die Graphitanode während der Elektrolyse auf und muss laufend nachgeführt werden.

Das gebildete flüssige Aluminium sammelt sich auf dem Boden der Wanne und wird zur Kathode. Dadurch ist es auch vor Oxidation geschützt. Das Aluminium wird täglich abgesaugt und nach einer Entgasungsphase in Barren gegossen. Es hat eine Reinheit von 99,5 % bis 99,9 %.

Die Herstellung von Aluminium ist sehr umweltbelastend. Einerseits entstehen als Abgase CO$_2$, CO und HF aus dem Kryolith, andererseits beträgt der Energieverbrauch etwa 14 kWh je kg Aluminium.

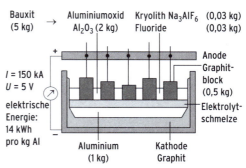

Abb. 8.15: Herstellung von Aluminium (Verbrauchswerte für 1 kg)

8.1.10 Eloxal-Verfahren

Das unedle Aluminium ist an Luft beständig, da es mit dem Luftsauerstoff eine etwa 5 bis 10 nm dicke, harte und durchsichtige Oxidschicht bildet, die es vor weiterer Oxidation schützt. Aufgrund dieser Oxidschicht reagiert Aluminium trotz seines unedlen Charakters auch nicht mit Wasser. Man sagt, Aluminium ist **passiviert**. Saure und alkalische Lösungen zerstören allerdings den dünnen Schutzfilm schnell und oxidieren dann das Aluminium vollständig. Um die Beständigkeit von Aluminium zu verbessern verstärkt man die natürliche Oxidschicht durch das **Eloxal-Verfahren** (**el**ektrolytische **Ox**idation des **Al**uminiums).

Elektrolyse

Beim Eloxal-Verfahren wird der zu eloxierende Gegenstand in einer Elektrolyse-Apparatur als Anode geschaltet (→ Abb. 8.16). Verdünnte Schwefelsäure bildet den Elektrolyten, die Kathode besteht aus Blei oder Aluminium. Um eine gleichmäßige Dicke der Oxidschicht am Aluminiumwerkstück zu erhalten, muss die

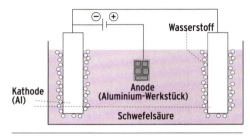

Abb. 8.16: Eloxal-Verfahren (schematisch)

Stromdichte bei der Elektrolyse überall relativ gleich sein. Hierzu kann man das anodisch geschaltete Werkstück zwischen zwei Kathoden positionieren. Bei der Elektrolyse bildet sich an den Kathoden Wasserstoff. Die Vorgänge an der **Aluminium-Anode** sind kompliziert. Direkt an der Metalloberfläche entstehen durch Abgabe von Elektronen Al^{3+}-Ionen, die durch feine Poren in der Oxidschicht die Lösung erreichen. Vereinfacht läuft dort die folgende Reaktion ab:

$$2\ Al^{3+}(aq) + 3\ H_2O(l) \rightarrow Al_2O_3(s) + 6\ H^+(aq)$$

Die Oxidschicht wächst somit in das Metall hinein. Es bilden sich dicht nebeneinander liegende Poren, so dass sich eine wabenähnliche Struktur ergibt. Der behandelte Gegenstand wird dabei etwas dicker, denn die Oxidbildung ist mit einer Volumenzunahme verbunden. Bei den üblichen Verfahren wird die erzeugte Schicht gegenüber der natürlichen Oxidschicht um den Faktor Fünftausend auf etwa 0,025 mm verstärkt. In die Poren der Oxidschicht lassen sich Farbstoffe einlagern. Man kann eine breite Skala von Farben bis hin zu Messing-, Bronze- und Goldtönen erzielen.

8.1.11 Galvanische Zelle und Elektrolysezelle im Vergleich

	galvanische Zelle	Elektrolysezelle
Ablauf der Redoxreaktion in der Zelle	freiwillig	erzwungen
Spannung	Zellspannung = Elektrodenpotential (Kathode) − Elektrodenpotential (Anode)	Theoretische Zersetzungsspannung als Differenz zwischen anodischem und kathodischem Abscheidungspotential
Auswirkung der Überspannung	Zellspannung bei Stromfluss durch Überspannung herabgesetzt	Zersetzungs- und damit Elektrolysespannung durch Überspannung erhöht
Art der Energieumwandlung	Umwandlung chemischer Energie in elektrische Energie	Umwandlung von elektrischer Energie in chemische Energie, die in den Elektrolyseprodukten enthalten ist

Tab. 8.3: Vergleich von galvanischer Zelle und Elektrolysezelle

8.1.12 Elektrolyse und technische Elektrolyseverfahren im Überblick

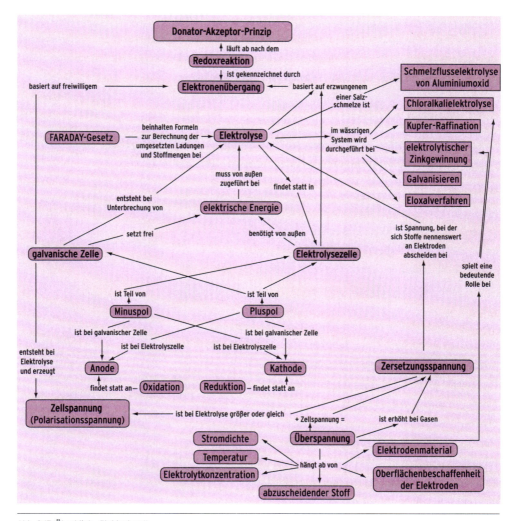

Abb. 8.17: Überblick „Elektrolyse"

8.2 Korrosion

Unter Korrosion versteht man die Zerstörung von Metallen von der Oberfläche her durch elektrochemische Reaktionen mit ihrer Umgebung (*corrodere*, lat. = zernagen, zerfressen). Bei diesem Prozess geben die Metalle Elektronen ab und bilden Kationen. Man unterscheidet hauptsächlich zwischen Säure- und Sauerstoff-Korrosion.

8.2.1 Säure-Korrosion

Unter Säure-Korrosion versteht man die Zerstörung von Metallen durch die Hydronium-Ionen einer Elektrolytlösung unter Wasserstoffentwicklung.

Beispiel

Gibt man eine Zink-Granalie und einen Kupfer-Draht in verdünnte Säure, bleibt das edlere Kupfer unverändert. Nur am unedlen Zink bilden sich langsam Wasserstoff-Bläschen: Das Zink wird oxidiert und geht dabei unter Abgabe von Elektronen in Lösung (→ Abb. 8.18).
Berühren sich Zinkgranalie und Kupferdraht, zeigt sich eine sehr viel stärkere Gasentwicklung am Kupferdraht: Sobald die beiden Metalle in direkten Kontakt sind, fließen die Elektronen unmittelbar vom Zink zum Kupfer und stehen dort für die Entladung der Hydronium-Ionen zu gasförmigen Wasserstoff zur Verfügung. Dadurch läuft die Redoxreaktion schneller. Durch den direkten Kontakt von unedlem Zink und edlerem Kupfer im sauren Elektrolyten entsteht ein sogenanntes **Lokalelement**, eine kurzgeschlossene galvanische Zelle (→ Abb. 8.19).

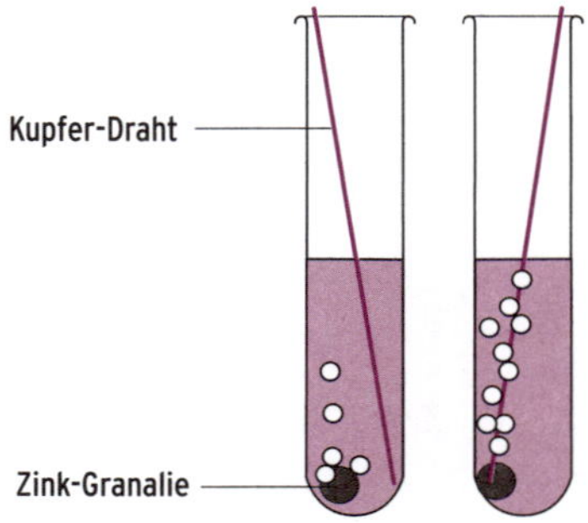

Oxidation (Lokalanode):
$$Zn(s) \Rightarrow Zn^{2+}(aq) + 2\,e^-$$
Reduktion (Lokalkathode):
$$2\,H^+(aq) + 2\,e^- \Rightarrow H_2(g)$$

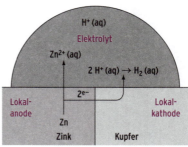

Abb. 8.18: Säure-Korrosion und Lokalelement-Bildung auf der Stoffebene

Abb. 8.19: Deutung der Säure-Korrosion und Lokalelement-Bildung auf der Teilchenebene

Die Bildung von Lokalelementen ist typisch für elektrochemische Korrosion. Lokalelemente entstehen auch, wenn ein Metall mit geringen Mengen eines anderen Metalls verunreinigt ist.

> **Wissen**
>
> Voraussetzungen für die Säure-Korrosion
> - Elektrolyt-Lösung: sauer (H^+(aq)), gelöste Salze
> - Metall: unedles Metall, das im Kontakt mit einem edleren Metall ist (Lokalelement)

8.2.2 Sauerstoff-Korrosion

Unter Sauerstoff-Korrosion versteht man die Zerstörung von Metallen, bei der in der Elektrolytlösung gelöster Sauerstoff kathodisch zu Hydroxid-Ionen reduziert wird.

Beispiel: Rosten des Eisens

Der insgesamt komplizierte Vorgang der Sauerstoff-Korrosion von Eisen, „das Rosten des Eisens", kann durch folgende Reaktionen vereinfacht wiedergegeben werden:

Oxidation (Lokalanode):

$2\ Fe\ (s) \Rightarrow 2\ Fe^{2+}(aq) + 4\ e^-$; $U_H^0 = -0{,}44$ V

Reduktion (Lokalkathode):

$O_2(aq) + 2\ H_2O(l) + 4\ e^- \Rightarrow 4\ OH^-(aq)$; $U_H^0 = 0{,}40$ V

Redoxreaktion:

$2\ Fe\ (s) + O_2(aq) + 2\ H_2O(l)$
$\rightarrow 2\ Fe^{2+}(aq) + 4\ OH^-(aq)$

Fe(II)-Ionen entstehen hauptsächlich in sauerstoffarmen Zonen, wohingegen Hydroxid-Ionen bevorzugt in sauerstoffreichen Bereichen entstehen (→ Abb. 8.20). Treffen Hydroxid- und Fe^{2+}-Teilchen aufgrund von Diffusion aufeinander, bildet sie einen schwerlöslichen Niederschlag von Eisen(II)-hydroxid:

$2\ Fe^{2+}(aq) + 4\ OH^-(aq) \rightarrow 2\ Fe(OH)_2\ (s)$

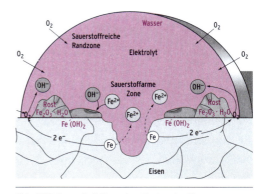

Abb. 8.20: Sauerstoff-Korrosion: Rosten des Eisens

In einer Folgereaktion wird $Fe(OH)_2$ (s) von Luftsauerstoff zu rotbraunem Eisen(III)-oxid-hydroxid (Rost) oxidiert:

$4\ Fe(OH)_2(s) + O_2(g) \rightarrow 4\ FeO(OH) + 2\ H_2O(l)$

Für FeO(OH) verwendet man häufig die vereinfachte Formel $Fe_2O_3 \cdot H_2O$ (2 FeO(OH $\triangleq Fe_2O_3 \cdot H_2O$).

Gealterter, wasserarmer Rost besteht oft aus einem heterogenen Gemisch von rotbraunem FeO(OH) und dem als Magnetit bezeichneten schwarzen Eisen(II)-Eisen(III)-oxid „$FeO \cdot Fe_2O_3$" oder vereinfacht „Fe_3O_4".

Förderlich für die Sauerstoff-Korrosion sind

- höhere Konzentrationen an gelösten Salzen im Elektrolyten, da hierdurch die elektrische Leitfähigkeit erhöht und der Ladungstransport in der Lösung erleichtert wird.
- edlere Fremdmetalle im Eisen oder auch Eisenoxid aufgrund der Bildung von Lokalelementen.
- in Wasser gelöste Gase wie Schwefeldioxid, Kohlenstoffdioxid oder Stickstoffdioxid. Es entstehen saure Elektrolyte, die die Säure-Korrosion fördern.

Wissen

Voraussetzungen für Sauerstoff-Korrosion

- Elektrolytlösung: neutral oder alkalisch (OH^-), mit gelösten Salzen
- Sauerstoff: gelöst in der Elektrolytlösung
- Metall: Das Potential Me^{Z+}/Me liegt unterhalb des Potentials des Redoxpaares O_2/OH^- ($U_H^0 = 0{,}40$ V) bzw. des Redoxpaars O_2/H_2O, das bei pH 7 $U = 0{,}82$ V beträgt;

  ($O_2(g) + 4\,H^+(aq) + 4\,e^- \Rightarrow 2\,H_2O(l)$).

  Diese Voraussetzung erfüllt z. B. Eisen (Fe/Fe^{2+} bzw. Fe^{2+}/Fe^{3+}).

8.2.3 Korrosionsschutz

Metall-Korrosion kann erhebliche wirtschaftliche und auch ökologische Schäden verursachen. Daher wurden verschiedene Verfahren zum Korrosionsschutz entwickelt. Die einfachste Methode besteht darin, die Oberfläche des Metalls vor Luft und Wasser zu schützen. Man unterscheidet zwischen Schutzschichten aus Metallen und aus Nichtmetallen.

Überzüge aus Nichtmetallen

Zu den Nichtmetallschutzschichten zählen Kunstharzlack-Anstriche, Anstriche von Zinkphosphat ($Zn_3(PO_4)_2$) oder Zinkchromat ($ZnCrO_3$). Mit guthaftenden glasigen Emaille-Schichten schützt man Badewannen und Haushaltsgeräte aus Stahl und Gusseisen. Waffen und Maschinenteile werden häufig zum Schutz vor Korrosion mit (Paraffin-)Ölen behandelt.

Metallschutzschichten

Zink, Aluminium (→ Seite 109 f., Eloxal-Verfahren), Chrom und Nickel bilden auf der Oberfläche dünne, festhaftende und sehr undurchlässige Metalloxid-Schichten und verhindern dadurch die Korrosion des darunter liegenden Metalls. Man bezeichnet dieses Phänomen als **Passivierung**. Diese Eigenschaft nutzt man, um das korrosionsanfällige Eisen mit einer Schutzschicht dieser Metalle zu überziehen.

Beim Aufbringen von Metallschutzschichten unterscheidet man grundsätzlich zwei Verfahren: das Schmelztauchen und das Galvanisieren (→ Seite 107 f, Galvanisieren).

Beim **Schmelztauchen** werden die zu schützenden Metalle, vor allem Eisen- und Stahlbleche, in eine Schmelze von flüssigem Metall getaucht, beispielsweise in flüssiges Zink beim Feuerverzinken von Autokarosserien oder in flüssiges Zinn bei der Feuerverzinnung. Beim **Galvanisieren** werden Metalle durch elektrolytische Abscheidung (→ Elektrolyse) auf das zu schützende Metall aufgebracht, das als Kathode geschaltet wird. Wichtige Verfahren sind unter anderem das Vergolden, Vernickeln, Verchromen und Verzinnen. Bei der Verzinnung wird zur Herstellung von Weißblech für Konservendosen Zinn elektrolytisch abgeschieden. Wenn Metallschutzschichten beschädigt werden, setzt bei entsprechenden Umweltbedingungen Korrosion ein. In Abb. 8.21 ist die Säure-Korrosion bei verzinktem und bei verzinntem Eisen (Weißblech) dargestellt. Beim verzinkten Eisen geht aufgrund des negativeren Potentials Zink, beim Weißblech aufgrund des negativeren Potentials Eisen in Lösung. In beiden Fällen scheidet sich Wasserstoff ab.

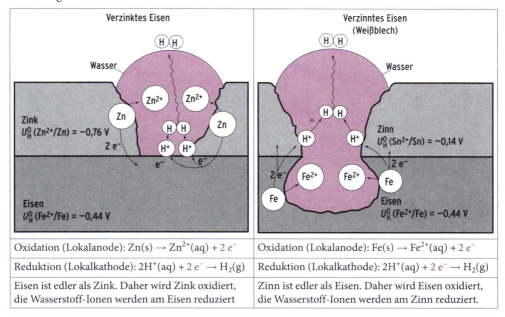

Oxidation (Lokalanode): Zn(s) → Zn^{2+}(aq) + 2 e^-	Oxidation (Lokalanode): Fe(s) → Fe^{2+}(aq) + 2 e^-
Reduktion (Lokalkathode): 2 H^+(aq) + 2 e^- → H_2(g)	Reduktion (Lokalkathode): 2 H^+(aq) + 2 e^- → H_2(g)
Eisen ist edler als Zink. Daher wird Zink oxidiert, die Wasserstoff-Ionen werden am Eisen reduziert.	Zinn ist edler als Eisen. Daher wird Eisen oxidiert, die Wasserstoff-Ionen werden am Zinn reduziert.

Abb. 8.21: Säure-Korrosion bei verzinktem und bei verzinntem Eisen

Wissen

Durch Metall- oder Nichtmetallüberzüge kann die Oberfläche unedler Metalle vor Luft und Feuchtigkeit geschützt werden, wodurch Korrosion verhindert wird.

Kathodischer Korrosionsschutz

Konstruktionen, die nicht durch Galvanisierung geschützt werden können, wie beispielsweise unterirdische Rohrleitungen, Öltanker, Öl-Bohrplattformen und Brücken, werden elektrisch leitend mit einem unedleren Metall verbunden, das sich in direkter Nähe ebenfalls im Wasser oder in feuchter Erde befindet. Hierfür verwendet man Zink- oder Magnesiumplatten, die in der kurzgeschlossenen galvanischen Zelle als Anode oxidiert werden, und der Kathode – z. B. Stahl – Elektronen für Reduktionsprozesse liefern. Dabei löst sich die Anode auf – man spricht von einer Opferanode. Dadurch ist die Kathode vor Korrosion geschützt und bleibt unbeschädigt (→ Abb. 8.22).

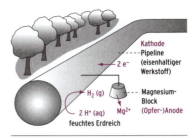

Abb. 8.22: Kathodischer Korrosionsschutz einer Rohrleitung

8.2.4 Korrosion im Überblick

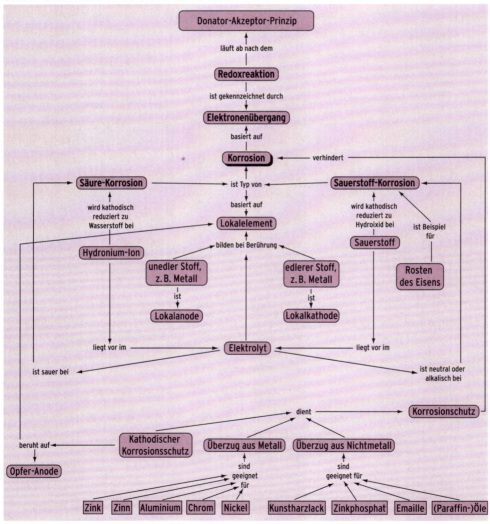

Abb. 8.23: Überblick „Korrosion"

8.3 Mobile Energiequellen

Mobile elektrochemische Energieerzeuger sind galvanische Zellen, die zum Betreiben ortsunabhängiger Elektrogeräte dienen. Nach dem Funktionsprinzip unterscheidet man Primär-, Sekundärzellen und Brennstoffzellen.

- **Primärzellen** (Primärelemente) sind galvanische Zellen, deren Zellreaktion nicht umkehrbar ist, das heißt sie lassen sich nur entladen, aber nicht mehr aufladen.
- **Sekundärzellen** (Sekundärelemente) stellen galvanische Zellen dar, deren Zellreaktion umkehrbar ist. Sie lassen sich mehrfach entladen und mit einer fremden Stromquelle wieder aufladen. Sie werden auch als Akkumulatoren oder „Akkus" bezeichnet
- **Brennstoffzellen** sind Primärzellen, bei denen die Reaktanden von außen kontinuierlich zugeführt und an Elektroden mit Katalysatorwirkung elektrochemisch umgesetzt werden.

Konstruktionsprinzipien bei Primär- und Sekundärzellen

Um hohe Spannungen zu erreichen, muss man ein möglichst unedles Metall wie Lithium oder Zink am Minuspol mit einem möglichst starken Oxidationsmittel am Pluspol kombinieren. Neben der Spannung sind auch die erreichbare Stromstärke und die Kapazität von Bedeutung. Sie werden durch die Größe der Elektroden und die Art der Elektrolytlösung beeinflusst.

8.3.1 Primärzellen

a) Leclanché-Element (Zink/Kohle-Batterie)

Das Leclanché-Element (Zink/Kohle-Batterie, Trockenelement, Monozelle) wurde 1867 zum ersten Mal der Öffentlichkeit vorgestellt und ist auch heutzutage neben der Alkali/Mangan-Batterie die Standard-Batterie für den Haushalt (→ Abb. 8.24). Minuspol ist der stahlummantelte Zinkbecher. Den Pluspol bildet ein Graphitstab, der in ein Gemisch aus Graphitpulver und Braunstein taucht. Eine 20%ige, durch Stärke eingedickte Ammoniumchlorid-Lösung dient als Elektrolyt. Die Batterie liefert eine Spannung von 1,5 V.

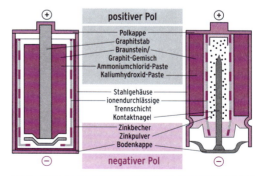

Abb. 8.24: Schnitt durch ein Leclanché-Element(links) und eine Alkali/Mangan-Batterie (rechts)

Elektrodenreaktionen:

Minuspol, Anode (Oxidation):

$Zn(s) \Rightarrow Zn^{2+}(aq) + 2\,e^- \quad U_H^0 = -0{,}76\,V$

Zink wird oxidiert. Die Zink-Ionen gehen in den Elektrolyten über.
Die Reaktionen am Pluspol sind komplizierter. Letztlich wird Braunstein (MnO$_2$) zu Mangan (III)-Oxidhydroxid reduziert, wobei Hydroxid-Ionen entstehen.

Pluspol, Kathode (Reduktion):

$2\,\overset{IV}{Mn}O_2(s) + 2\,H_2O(l) + 2\,e^-$
$\Rightarrow 2\,\overset{III}{Mn}OOH(s) + 2\,OH^-; \quad U_H^0 = 1{,}01\,V$

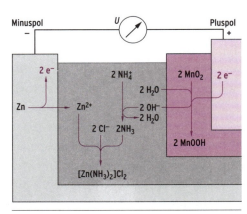

Abb. 8.25 Reaktionen in der Leclanché-Batterie

Sekundärreaktionen

Durch die Reduktion von Braunstein am Pluspol steigt der pH-Wert und es bilden sich im Elektrolyten aus Hydroxid- und Ammonium-Ionen Ammoniak und Wasser:

$NH_4^+(aq) + OH^-(aq) \rightarrow NH_3(aq) + H_2O(l)$

Ammoniak setzt sich dann mit den am Minuspol entstandenen Zink-Ionen zu Diamminzink-Ionen – [Zn(NH$_3$)$_2$]$^{2+}$(aq) – um. Diese bilden mit den Chlorid-Ionen des Elektrolyten schwer lösliches Diamminzinkchlorid, das sich auf den Elektroden ablagert:

$[Zn(NH_3)_2]^{2+}(aq) + 2\,Cl^-(aq) \rightarrow [Zn(NH_3)_2]Cl_2(s)$

Dadurch erhöht sich mit der Zeit der elektrische Widerstand der Batterie und ihre Leistung sinkt.

Berechnung der Elektrodenpotentiale

Minuspol:

$U_H(Zn^{2+}/Zn) = U_H^0(Zn^{2+}/Zn) + 0{,}0295\,V \cdot \lg c\left(Zn^{2+}(aq)\right)$
$\qquad\qquad\qquad = -0{,}76\,V + 0{,}0295\,V \cdot \lg c(Zn^{2+})$
$U_H(Zn^{2+}/Zn) = -0{,}76\,V \left(\text{bei } c(Zn^{2+}) = 1\,mol\cdot\ell^{-1}\right)$

Pluspol:

$U_H(MnO_2/MnOOH) = U_H^0(MnO_2/MnOOH) + 0{,}059\,V \cdot \lg c(H^+(aq))$
$\qquad\qquad\qquad\qquad = 1{,}014\,V - 0{,}059\,V \cdot pH$
$U_H(MnO_2/MnOOH) = 1{,}014\,V - 0{,}059\,V \cdot 5 = 0{,}719 \text{ (bei } pH = 5)$

Batteriespannung des Leclanché-Elements (pH = 5, $c(Zn^{2+}) = 1\,mol\cdot\ell^{-1}$):

$U = U_H(\text{Akzeptorhalbzelle}) - U_H(\text{Donatorhalbzelle})$
$U = 0{,}719\,V - (-0{,}76)\,V = 1{,}479\,V$

b) Alkali/Mangan-Batterie

Die Alkali/Mangan-Batterie ist eine Weiterentwicklung des Leclanché-Elements (→ Abb. 8.25). Der Batteriebecher besteht aus Stahl und nimmt an elektrochemischen Reaktionen nicht teil (Auslaufsicherheit).
Als Minuspol dient eine Zink-Pulverpaste (Oberflächenvergrößerung und damit höhere Entladungsströme). Als Elektrolyt wird Kaliumhydroxid-Lösung verwendet.
Die Hydroxid-Ionen reagieren mit Zink-Ionen zu leichtlöslichem Hydroxozinkat $[Zn(OH)_4]^{2-}$, das sich nicht auf den Elektrodenflächen ablagert.
Die Alkali/Mangan-Batterie liefert wie das Leclanché-Element eine Spannung von 1,5 V.

c) Lithium-Batterie

Da Lithium das unedelste Metall $\left(U_H^0(Li/Li^+) = -3{,}04\ V\right)$ ist und eine geringen Dichte hat, eignet es sich hervorragend als Elektrodenmaterial für den Minuspol in Batterien. Aufgrund der Tatsache, dass Lithium lebhaft mit Wasser reagiert, dürfen in der Batterie jedoch nur nichtwässerige Elektrolyte eingesetzt werden. Für den Pluspol werden in Lithium-Batterien unterschiedliche Oxidationsmittel wie Braunstein (MnO_2) und Thionylchlorid ($SOCl_2$) verwendet. Dabei ergeben sich je nach Oxidationsmittel unterschiedliche Batteriespannungen, die zwischen 2,8 V bis 3,6 V liegen können.

Am weitesten verbreitet ist das kostengünstige Li/MnO$_2$-System (→ Abb. 8.26). Bei der Zellreaktion wird Lithium zu Lithium-Ionen oxidiert und Mangandioxid wird reduziert. Praktisch werden bei diesem Vorgang Lithium-Kationen in das Mangandioxid-Ionengitter eingelagert:

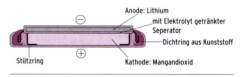

Abb. 8.26: Schnitt durch eine Li-MnO$_2$-Knopfzelle

Minuspol, Anode (Oxidation):
$$Li(s) \Rightarrow Li^+ + e^-$$
Pluspol, Kathode (Reduktion):
$$Li^+ + e^- + \overset{IV}{Mn}O_2(s) \Rightarrow Li\overset{III}{Mn}O_2(s)$$

Als Elektrolyt wird in dieser Lithium-Batterie eine Lösung von Lithiumperchlorat($LiClO_4$) in einem polaren organischen Lösungsmittel, Propylencarbonat oder Dimethoxyethan, eingesetzt.

8.3.2 Sekundärzellen

a) Blei-Akkumulator

Eines der am weitesten verbreiteten Sekundärelemente ist der Blei-Akkumulator. Die Elektroden des geladenen Blei-Akkumulators bestehen aus Blei (Pb(s)) und Bleidioxid (PbO$_2$(s)), die in den Elektrolyten, eine 20%ige Schwefelsäure-Lösung, eintauchen. Bei Stromentnahme (galvanische Zelle) laufen an den Elektroden folgende Reaktionen ab:

Minuspol, Anode (Oxidation):
$$Pb(s) + H_2SO_4(aq) \Rightarrow PbSO_4(s) + 2\,H^+(aq) + 2\,e^-$$

Pluspol, Kathode (Reduktion):
$$PbO_2(s) + 2\,H_2SO_4(aq) + 2\,e^- \Rightarrow PbSO_4(s) + 2\,H_2O(l) + SO_4^{2-}(aq)$$

Die an beiden Polen entstehenden Blei(II)-Ionen bilden mit den Sulfat-Ionen des Elektrolyten (Schwefelsäure) das schwerlösliche Bleisulfat (PbSO$_4$). Die Reaktion lässt sich umkehren, der entladene Blei-Akku kann wieder aufgeladen werden (Elektrolyse):

Pluspol, Anode (Oxidation):
$$PbSO_4(s) + 2\,H_2O(l) + SO_4^{2-}(aq) \Rightarrow PbO_2(s) + 2\,e^- + 2\,H_2SO_4(aq)$$

Minuspol, Kathode (Reduktion):
$$PbSO_4(s) + 2\,H^+(aq) + 2\,e^- \Rightarrow Pb(s) + H_2SO_4(aq)$$

Wegen der hohen Überspannung von Sauerstoff an Bleidioxid und von Wasserstoff an Blei ist die Gasabscheidung bei der Elektrolyse behindert. So können die Blei(II)-Ionen mit den Elektroden reagieren und das Laden des Blei-Akkus ist überhaupt erst möglich. Sauerstoff- und Wasserstoffgasbildung (Elektrolyse des Wassers) setzen erst bei höheren Spannungen gegen Ende des Aufladevorgangs ein, wenn die Konzentration der Pb^{2+}-Ionen schlagartig abnimmt.

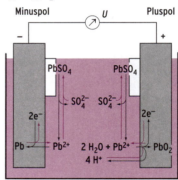

Abb. 8.27: Laden und Entladen eines Blei-Akkumulators

Gesamtreaktion:
$$Pb(s) + PbO_2(s) + 2H_2SO_4(aq) \xrightleftharpoons[\text{laden}]{\text{entladen}} 2\,PbSO_4(s) + 2H_2O(l)$$

Die Zellspannung beträgt aufgrund der in der Praxis vorliegenden Säurekonzentration und wegen des geringen Löslichkeitsproduktes von PbSO$_4$ etwa 2,1 V.

b) Nickel/Cadmium-Akkumulator

Die Elektroden des Nickel/Cadmium-Akkumulators bestehen im geladenen Zustand aus Platten, die am Minuspol mit fein verteiltem Cadmium und am Pluspol mit Nickel(III)-oxidhydroxid beladen sind. 20%ige Kaliumhydroxid-Lösung wird als Elektrolyt verwendet. Folgende Reaktionen laufen beim Entladen ab:

Minuspol, Anode (Oxidation):
$$Cd(s) + 2\ OH^-(aq) \Rightarrow Cd(OH)_2(s) + 2\ e^-$$
Pluspol, Kathode (Reduktion):
$$2\ NiO(OH)(s) + 2\ H_2O(l) + 2\ e^-$$
$$\Rightarrow 2\ Ni(OH)_2(s) + 2\ OH^-(aq)$$

Der Nickel/Cadmium-Akkumulator liefert eine Spannung von etwa 1,3 V. Durch Anlegen einer genügend großen äußeren Spannung werden die Elektrodenreaktionen umgekehrt.

$$Cd + 2\ NiO(OH)(s) + 2\ H_2O(l) \underset{laden}{\overset{entladen}{\rightleftharpoons}} Cd(OH)_2(s) + 2\ Ni(OH)_2(s)$$

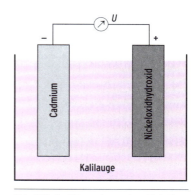

Abb. 8.28: Funktionsschema eines Nickel/Cadmium-Akkus

Da Cadmium ein starkes Umweltgift ist, ist es Ziel der Umweltpolitik, die Nutzung von Cadmium und auch des Nickel/Cadmium-Akkus zu minimieren.

c) Nickel/Metallhydrid-Akkumulator

Als Alternative für den Nickel/Cadmium-Akku bietet sich der umweltfreundlichere Nickel/Metallhydrid-Akku an.

Am Pluspol laufen die gleichen Reaktionen ab wie beim Nickel/Cadmium-Akkumulator. Als negative Elektrode verwendet man eine Metalllegierung wie $La_{0,8}Nd_{0,2}Ni_{2,5}Co_{2,4}Si_{0,1}$, die beim Laden des Akkus atomaren Wasserstoff bei Zimmertemperatur in den Lücken ihres Metallgitters als Metallhydrid speichern kann. Beim Entladen der Zelle wird der Wasserstoff aus dem Gitter abgegeben und oxidiert.

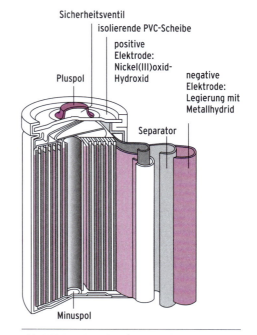

Abb. 8.29: Bau einer Nickel/Metallhydrid-Rundzelle

Elektrodenreaktion beim Entladen

Minuspol, Anode (Oxidation):
$$\overset{0}{Metall\text{-}H}(s) + OH^-(aq) \Rightarrow Metall + \overset{+I}{H_2}O(l) + e^-$$
Pluspol, Kathode (Reduktion):
$$\overset{+III}{Ni}O(OH)(s) + H_2O(l) + e^- \Rightarrow \overset{+II}{Ni}(OH)_2(s) + OH^-(aq)$$

Der Nickel/Metallhydrid-Akku liefert eine Spannung von ungefähr 1,2 V.

Beim **Aufladen** des Akkus werden durch Anlegen einer genügend großen äußeren Spannung die Elektrodenreaktionen umgekehrt.

$$Metall\text{-}H(s) + NiO(OH)(s) \underset{laden}{\overset{entladen}{\rightleftharpoons}} Metall + Ni(OH)_2(s)$$

d) Lithium-Ionen-Akkumulator

Lithium-Ionen-Akkus finden aufgrund ihrer im Vergleich zu anderen Akkus sehr hohen Energiedichte und Spannung (3,7 V) immer mehr Verbreitung. Als negative Elektrode (Minuspol) verwendet man Graphit, bei dem in den Lücken des Schichtgitters, das aus Kohlenstoff-Atomen besteht, Lithium-Kationen eingelagert werden können. Man spricht von einer Lithium/Graphit-Einlagerungsverbindung, bei der ein Lithium-Kation auf sechs Kohlenstoff-Atome kommt (LiC_6). Als Material für die positive Elektrode (Pluspol) werden Lithium-Einlagerungsverbindungen von Übergangsmetalloxiden wie $LiCoO_2$ verwendet. Beide Elektroden sind durch einen Separator voneinander getrennt und haben ein sehr unterschiedliches Redoxpotential: $U(CoO_2/LiCoO_2) > U(C_6/LiC_6)$

Als Elektrolyt dient eine wasserfreie organische Lithium-Ionenhaltige Flüssigkeit.

Aufladevorgang

Beim Laden des Akkus wird durch die angelegte äußere Spannung am Pluspol Cobalt(III) zu Cobalt(IV) oxidiert, wobei die dabei freigesetzten Elektronen über den äußeren Leiter zum Minuspol in das Graphit-Atomgitter „gepumpt" werden, das durch die Elektronenaufnahme quasi reduziert wird. Gleichzeitig verlassen Lithium-Kationen zum Ladungsausgleich das Cobaltoxid-Ionengitter am Pluspol und lagern sich in die Lücken des negativ aufgeladenen Graphit-Schichtgitters am Minuspol ein. Dadurch werden die negativen Ladungen im Graphit ausgeglichen und stabilisiert.

Pluspol, Anode (Oxidation):

$$\overset{+I\ +III\ -II}{LiCoO_2} \Rightarrow \overset{+I}{Li^+} + \overset{+IV\ -II}{CoO_2} + e^-$$

Minuspol, Kathode (Reduktion):

$$\overset{0}{C_6} + \overset{+I}{Li^+} + e^- \Rightarrow \overset{+I}{LiC_6}$$

Entladevorgang

Beim Entladen fließen die Elektronen über den äußeren Leiter vom Graphit zum Cobaltoxid-Ionengitter am Pluspol, wodurch Cobalt(IV) zu Cobalt(III) reduziert wird. Zum Ladungsausgleich verlassen die Lithium-Kationen gleichzeitig das Graphit-Schichtgitter und bauen sich in das Cobaltoxid-Schichtgitter ein.

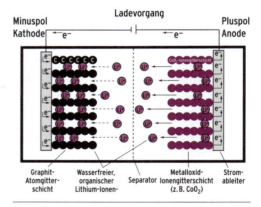

Abb. 8.30: Ladevorgang beim Lithium-Ionen-Akku

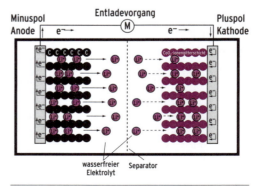

Abb. 8.31: Entladevorgang beim Lithium-Ionen-Akku

Minuspol, Anode (Oxidation):

$$\overset{+I}{\text{Li}}\overset{-0,16}{\text{C}_6} \Rightarrow \overset{0}{\text{C}_6} + \overset{+I}{\text{Li}^+} + e^-$$

Pluspol, Kathode (Reduktion):

$$\overset{+I}{\text{Li}^+} + \overset{+IV}{\text{Co}}\overset{-II}{\text{O}_2} + e^- \Rightarrow \overset{+I}{\text{Li}}\overset{+III}{\text{Co}}\overset{-II}{\text{O}_2}$$

Beachtenswert bei diesen Vorgängen ist die Tatsache, dass die Lithium-Ionen lediglich als positive Ladungsträger dienen, die in das Elektrodenmaterial am Plus- und Minuspols zum Ladungsausgleich ein- oder ausgelagert werden, während das Elektrodenmaterial selbst oxidiert oder reduziert wird. Der Elektrolyt ermöglicht den Transport der Lithium-Kationen zwischen den Elektroden.

Neben $LiCoO_2$ wird auch $LiNiO_2$ oder auch $LiMn_2O_4$ als Material für die positive Elektrode verwendet.

Lithium-Ionen-Polymer-Akkumulator

Eine Weiterentwicklung des Lithium-Ionen-Akkus stellt der Lithium-Ionen-Polymer-Akkumulator dar. Wie beim Lithium-Ionen-Akku besteht die positive Elektrode aus einem Lithium-Metalloxid, die negative Elektrode aus Graphit. Der Elektrolyt hingegen ist nicht flüssig, sondern besteht aus einer gelartigen Polymermembran, in die ein Lithiumsalz gelöst ist. Die Polymermembran liegt zwischen der positiven und negativen Elektrode.

Da Elektroden wie Elektrolyt sich als Schichtfolien verbauen lassen, muss man die Zelle nicht mehr auslaufsicher in einen Edelstahlbehälter einschweißen. Da eine Verbundfolie in der Regel als Verpackung der Zelle ausreicht, kann man einen Lithium-Polymer-Akku in beliebiger Bauform herstellen. Der Lithium-Polymer-Akku erreicht aufgrund seiner Bauweise noch eine höhere Energiedichte als der Lithium-Ionen-Akku. Er wird vorwiegend in Mobiltelefonen und in tragbaren Computern eingesetzt.

8.3.3 Brennstoffzellen

Da energiereiche Verbrennungsreaktionen auch Redoxreaktionen sind, lassen sie sich ebenfalls in speziellen galvanischen Zellen, den Brennstoffzellen, zur Stromerzeugung nutzen. In Brennstoffzellen wird die bei Verbrennungsreaktionen normalerweise frei werdende (Wärme-)Energie unmittelbar in elektrische Energie umgewandelt. So lässt sich ein elektrischer Wirkungsgrad bis zu 80 % erreichen, wohingegen in Wärmekraftwerken ein Wirkungsgrad von nur etwa 40 % realisierbar ist.

Die Brennstoffe müssen in Brennstoffzellen allerdings von außen kontinuierlich zugeführt werden, um elektrische Energie zu erzeugen. Damit unterscheiden sie sich von Batterien, in denen die umzusetzenden Stoffe schon enthalten sind. Brennstoffzellen sind also keine Energiespeicher, sondern können nur die in den Stoffen enthaltene chemische Energie in elektrische Energie umwandeln, solange sie von außen zugeführt werden.

a) Knallgaszelle

In einer Wasserstoff/Sauerstoff-Brennstoffzelle wird die stark exotherm verlaufende Oxidation von Wasserstoff (Knallgasreaktion) zur Stromerzeugung genutzt. Dabei bleiben die Reaktionspartner durch den Separator räumlich getrennt, sodass der größte Teil der chemischen Energie in elektrische Energie umgewandelt wird. Als Elektroden können inerte palladinierte Nickel-Netze verwendet werden. Der Elektrolyt besteht aus Kalilauge (KOH(aq)).

Elektrodenreaktionen

Minuspol, Anode (Oxidation):

$2\,H_2(g) + 4\,OH^-(aq) \Rightarrow 4\,H_2O(l) + 4\,e^-$; $U_H = -0{,}83\,V$

Pluspol, Kathode (Reduktion):

$O_2(g) + 2\,H_2O(l) + 4\,e^- \Rightarrow 4\,OH^-(aq)$; $U_H = 0{,}4\,V$

Gesamtreaktion:

$2\,H_2(g) + O_2(g) \rightarrow 2\,H_2O(l)$;

Zellspannung: $U = 1{,}23\,V$

Brennstoff, Reduktionsmittel: H_2 (wird oxidiert)

Oxidationsmittel: O_2 (wird reduziert)

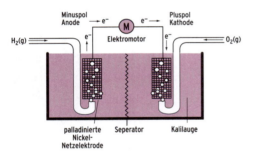

Abb. 8.32: Schema einer Knallgaszelle (Wasserstoff/Sauerstoff-Brennstoffzelle)

Vorteile der Knallgaszelle

- kontinuierlicher Betrieb, kein Aufladen nötig
- umweltfreundlich, nur H_2O als Abgas
- Rohstoffe praktisch unbegrenzt vorhanden

Als Brennstoffe können unter anderem auch Hydrazin $N_2H_4(l)$, Methanol $CH_3OH(l)$, Methan $CH_4(g)$ und Ammoniak $NH_3(g)$ verwendet werden.

Beispiel

Reaktion von flüssigem Hydrazin als Brennstoff mit Sauerstoff als Oxidationsmittel in einer Brennstoffzelle:

Minuspol, Anode (Oxidation):

$N_2H_4(l) \Rightarrow N_2(g) + 4\,H^+(aq) + 4\,e^-$; $U_H = -0{,}23\,V$ (pH = 0)

Pluspol, Kathode (Reduktion):
$$O_2(g) + 4\,H^+(aq) + 4\,e^- \Rightarrow 2\,H_2O(l); \quad U_H = 1{,}23\,V\;(pH = 0)$$
Gesamtreaktion:
$$N_2H_4(l) + O_2(g) \rightleftharpoons N_2(g) + 2\,H_2O(l)$$
Zellspannung: $U = 1{,}46\,V$

b) PEM-Brennstoffzelle

Von den verschiedenen Brennstoffzellentypen wird die PEM-Brennstoffzelle hauptsächlich als mobiles Akkuladegerät sowie als Stromlieferant für den Antrieb von Kraftfahrtzeugen eingesetzt.

Bau

PEM (Abkürzung für englisch „Proton Exchange Membrane") steht für „Protonenaustauschmembran" die das Kernstück der mit Wasserstoff und Luftsauerstoff betriebene Brennstoffzelle ist. Die etwa 0,1 mm dicke Kunststoffmembran hat die Funktion eines Elektrolyten: durch sie können Protonen als Hydronium-Ionen (H_3O^+) von der Anode aus einseitig in Richtung Kathode diffundieren. Weiterhin hat sie die Funktion eines Separators und verhindert, dass sich Wasserstoff und Sauerstoff mischen. Die Membranoberflächen sind auf beiden Seiten jeweils mit dem Katalysator, meist Platin, sowie mit gasdurchlässigem, porösem Elektrodenmaterial (z. B. Graphitpapier oder Metall-Nanostrukturen) beschichtet. Anode und Kathode sind über einen äußeren elektrischen Leiter miteinander verbunden, an den beispielsweise ein Elektromotor angeschlossen sein kann. Direkt an die Elektroden schließen sich dann auf beiden Seiten Platten mit feinen Kanälen an, durch die Wasserstoff und Luftsauerstoff an die Elektroden herangeführt werden (→ Abb. 8.33).

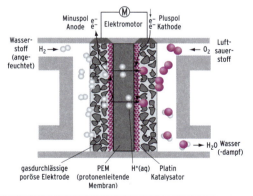

Minuspol, Anode (Oxidation):	Pluspol, Kathode (Reduktion):
$2\,H_2(g) \Rightarrow 4\,H^+(aq) + 4\,e^-$	$O_2 + 4\,H^+(aq) + 4\,e^- \Rightarrow 2\,H_2O$

Abb. 8.33: Aufbau und Funktion einer PEM-Brennstoffzelle (schematisch, nicht maßstabsgerecht)

Funktion

In der Anode zerlegen sich Wasserstoffmoleküle an der Katalysatorschicht in Protonen und Elektronen (Oxidation). Die Elektronen fließen über das Anodenmaterial und den äußeren elektrischen Leiter zur Kathode. Die Protonen hingegen werden von Wassermolekülen in der Membran aufgenommen und als Hydronium-Ionen durch die Membran zur Kathode geleitet. Auf der Kathodenseite treffen sie auf Sauerstoffatome, die sich an Katalysatorschicht aus Sauerstoffmolekülen gebildet haben. Protonen, Elektronen und Sauerstoffatome reagieren zusammen zu Wassermolekülen (Reduktion), die über einen Kanal als Wasserdampf nach außen abgeführt werden. Die Betriebstemperatur der PEM-Brennstoffzelle liegt zwischen 20 und 80 °C.

c) Direkt-Methanol-Brennstoffzelle

Eine Variante der PEM-Brennstoffzelle ist die Direkt-Methanol-Brennstoffzelle, die als mobile Energiequelle im Automobil- und Freizeitbereich (Wohnmobil, Boot, Ferienhaus) vielfach Anwendung findet. Die Direkt-Methanol-Brennstoffzelle hat den gleichen Bau wie die PEM-Brennstoffzelle.

Brennstoff ist flüssiges Methanol (CH_3OH), dessen chemische Energie direkt in elektrische Energie umgewandelt wird. Das Methanol-Wassergemisch wird in der Anode an die Katalysatorschicht (meist Platin-Ruthenium) geführt, wo sich die Methanol- und Wassermoleküle in Elektronen und Protonen zerlegen und dabei Kohlenstoffdioxid-Moleküle bilden. Die Elektronen wandern über das Anodenmaterial und den äußeren elektrischen Leiter, die Protonen als Hydronium-Ionen durch die Protonenaustauschmembran auf die Kathodenseite. Dort bilden sie zusammen mit Sauerstoffatomen an der Katalysatorschicht Wassermoleküle. Die Betriebstemperatur der Zelle liegt unter 130 °C.

Minuspol, Anode (Oxidation):

$$2\ CH_3OH(l) + 2\ H_2O(l) \Rightarrow 2\ CO_2(g) + 12\ H^+(g) + 12\ e^-;\ U_H^0 = +\,0{,}04\ V$$

Pluspol, Kathode (Reduktion):

$$3\ O_2 + 12\ H^+(g) + 12\ e^- \Rightarrow 6\ H_2O;\ U_H^0 = +\,1{,}23\ V$$

Gesamtreaktion:

$$2\ CH_3OH + 3\ O_2 \rightarrow 2\ CO_2 + 4\ H_2O$$

Zellspannung: $U = 1{,}19\ V$

Wissen

Brennstoffzellen sind spezielle galvanische Zellen, in denen die bei der Oxidation einer Verbindung freiwerdende Energie unmittelbar in elektrische Energie umgewandelt wird. Zum Betrieb einer Brennstoffzelle muss das Reduktionsmittel (Brennstoff) und das Oxidationsmittel (Sauerstoff) kontinuierlich von außen zugeführt werden.

8.3.4 Wichtige elektrochemische mobile Energiequellen im Überblick

Typ	Funktionsprinzip	Minuspol	Pluspol	Elektrolyt	Zellreaktion	Zellspannung
Leclanché-Element (Zink/Kohle)	primär	Zn-Becher	MnO_2	NH_4Cl-Lösung	$2\,MnO_2(s) + 2\,H_2O(l) + Zn \rightarrow 2MnOOH(s) + Zn^{2+}(aq) + 2\,OH^-(aq)$	1,5 V
Alkali/Mangan-Batterie (Zink/Braunstein)	primär	Zn-Paste	MnO_2	KOH-Lösung	$2\,MnO_2(s) + 2\,H_2O(l) + Zn \rightarrow 2MnOOH(s) + Zn^{2+}(aq) + 2\,OH^-(aq)$	1,5 V
Lithium-Batterie	primär	Li	MnO_2	$LiClO_4$ in polaren organischen Lösungsmittel	$Li(s) + MnO_2(s) \rightarrow LiMnO_2(s)$	2,9 V
Blei-Akku (Blei/Bleioxid)	sekundär	Pb	PbO_2	H_2SO_4	$Pb(s) + PbO_2(s) + 2\,H_2SO_4\,(aq) \rightleftharpoons 2PbSO_4(s) + 2H_2O(l)$	2 V
Nickel/Cadmium-Akku	sekundär	Cd	NiO(OH)	KOH-Lösung	$Cd + 2\,NiO(OH)(s) + 2\,H_2O(l) \rightleftharpoons Cd(OH)_2(s) + 2\,Ni(OH)_2(s)$	1,3 V
Nickel/Metallhydrid-Akku	sekundär	Metall-H(s)	NiO(OH)	KOH-Lösung	$Metall\text{-}H(s) + NiO(OH)(s) \rightleftharpoons Metall + Ni(OH)_2(s)$	1,2 V
Lithium-Ionen-Akku	sekundär	LiC_6	Nebengruppenmetalloxid, z. B. CoO_2 oder MnO_2	$LiClO_4$ in polarem organischem Lösungsmittel	$LiC_6(s) + CoO_2(s) \rightleftharpoons C_6(s) + LiCoO_2(s)$ oder $Li_2C_{12}(s) + MnO_2(s) \rightleftharpoons C_{12}(s) + Li_2MnO_2(s)$	3,7 V
Lithium-Ionen-Polymer-Akku	sekundär	LiC_6	Nebengruppenmetalloxid, z. B. CoO_2 oder MnO_2	gelartige Polymermembran mit Lithiumsalzlösung	$LiC_6(s) + CoO_2(s) \rightleftharpoons C_6 + LiCoO_2(s)$ oder $Li_2C_{12}(s) + MnO_2(s) \rightleftharpoons C_{12}(s) + Li_2MnO_2(s)$	3,7 V
Knallgaszelle Wasserstoff/Sauerstoff	Brennstoffzelle	H_2	O_2	KOH-Lösung	$2\,H_2(g) + O_2(g) \rightleftharpoons 2\,H_2O(g)$	1,23 V
PEM-Brennstoffzelle	Brennstoffzelle	H_2	O_2	Protonenaustauschmembran	$2\,H_2(g) + O_2(g) \rightleftharpoons 2\,H_2O(g)$	1,23 V
Direkt-Methanol-Brennstoffzelle	Brennstoffzelle	CH_3OH	O_2	Protonenaustauschmembran	$2\,CH_3OH(l) + 3\,O_2(g) \rightarrow 2\,CO_2(g) + 4\,H_2O(g)$	1,19 V

Tab. 8.4: elektrochemische mobile Energiequellen

9 Strukturaufklärung organischer Verbindungen

Basiskonzept: Struktur-Eigenschafts-Beziehungen

Konzept der Struktur-Eigenschafts-Beziehungen als Leitlinie in der organischen Chemie

Die organische Chemie als Chemie der Kohlenstoffverbindungen ist das umfangreichste Teilgebiet der Chemie. Auch die Fachinhalte der organischen Chemie lassen sich mithilfe aller sechs Basiskonzepte bequem strukturieren und systematisieren. Dabei kommt dem **Struktur-Eigenschafts-Konzept** eine Leitfunktion zu: Um die ungefähr 20 Millionen bekannten organischen Stoffe und die noch täglich neu dazukommenden Verbindungen ordnen zu können, klassifiziert man sie nach den **Strukturmerkmalen** ihrer Moleküle. Wichtige Ordnungskriterien sind dabei der Bau des Kohlenstoffgerüsts und die funktionellen Gruppen. Aus den Strukturmerkmalen auf der Teilchenebene ergeben sich die **Eigenschaften** auf der Stoffebene sowie das **Reaktionsverhalten**. Daher ist die **Strukturaufklärung** einer organischen Verbindung mit der Aufstellung der **Strukturformel** für die Klassifizierung der Verbindung unabdingbar. Durch Kenntnis der Strukturformel kann man weitere Eigenschaften und das Reaktionsverhalten der Verbindung vorhersagen.

Merke: Mithilfe des Struktur-Eigenschafts-konzepts werden organische Verbindungen klassifiziert. Eigenschaften einer Verbindung auf der Stoffebene und ihr Reaktionsverhalten lassen sich auf Strukturmerkmale auf der Teilchenebene zurückführen.

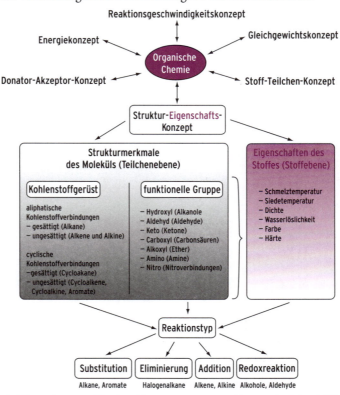

Abb. 9.1: Bedeutung des Struktur-Eigenschafts-Konzepts in der organischen Chemie

9.1 Chemische Methoden **129**

Zur Strukturaufklärung organischer Verbindungen dienten früher überwiegend chemische Methoden, während heute Spektroskopie und chromatografische Verfahren (Gas-Chromatografie, Papier-Chromatografie, Dünnschicht-Chromatografie, Säulen-Chromatografie, Ionenaustausch-Chromatografie) im Vordergrund stehen.

Diese **instrumentelle Analytik** ermöglicht es aufgrund der fortgeschrittenen Computer- und Sensortechnik Analysen einfacher und schneller durchzuführen.

9.1 Chemische Methoden

Um die Eigenschaften einer organischen Verbindung erklären zu können, muss die Struktur ihrer Moleküle bekannt sein.

Der klassische Weg der Strukturermittlung führt über verschiedene Einzelschritte:

- **Reindarstellung der Substanz:** Aus einem Stoffgemisch muss die Reinsubstanz zunächst isoliert werden. Dies geschieht z. B. durch Extrahieren, Destillieren oder Umkristallisieren.
- **Qualitative Elementaranalyse:** Die Elemente, die in der Verbindung enthalten sind, werden ermittelt.
- **Quantitative Elementaranalyse:** Das Atomanzahlverhältnis der Elemente in der Verbindung wird bestimmt. Als Ergebnis erhält man die Verhältnisformel.
- **Ermittlung der molaren Masse:** Die Molekülformel (Summenformel) kann aufgestellt werden.
- **Charakteristische chemische Reaktionen der Substanz:** Sie dienen dem Nachweis der funktionellen Gruppen und geben Hinweise zur Gesamtstruktur des Moleküls.
- **Synthese der Verbindung:** Durch sie wird die hypothetische Molekülstruktur bestätigt.

Beispiel

Strukturermittlung von Ethanol mithilfe chemischer Methoden der Strukturaufklärung

- Die **qualitative Elementaranalyse** zeigt, dass in Ethanol C und H enthalten sind, denn bei der Verbrennung entstehen Kohlenstoffdioxid und Wasser. Bei der Reaktion von Ethanol mit Magnesium in der Gasphase entsteht Magnesiumoxid (Sauerstoffnachweis).
- Die **quantitative Elementaranalyse** führt zur Verhältnisformel $(C_2H_6O_1)_n$. Dazu wird eine genau gewogene Probe der Substanz vollständig zu Kohlenstoffdioxid und Wasser verbrannt. Aus den Versuchsergebnissen lassen sich die Massen und das Stoffmengenverhältnis der in der Probe enthaltenen Elemente berechnen.
- Die **Ermittlung der molaren Masse** führt zur Summenformel $C_2H_6O_1$. Dazu wird eine genau gewogene Probe der Substanz verdampft. Man bestimmt das Gasvolumen und berechnet mithilfe der allgemeinen Gasgleichung die molare Masse.

- **Reaktion mit Natrium:** Bei einer Verbindung mit der Summenformel $C_2H_6O_1$ kann es sich um einen Alkohol oder um einen Ether handeln. Durch die Reaktion mit Natrium lässt sich die Hydroxyl-Gruppe nachweisen: Das polar gebundene H-Atom der Hydroxyl-Gruppe wird reduziert, Natrium wird oxidiert; es entsteht Wasserstoff.

Die Formel der Verbindung lautet daher CH_3CH_2OH.

Diese Formel ist zunächst nur hypothetisch. Sie muss anschließend durch die Synthese des Alkohols bestätigt werden.

9.2 Spektroskopie

Die Methoden der Spektroskopie beruhen auf der Absorption elektromagnetischer Strahlung durch die Moleküle. Man trägt die Absorption in Abhängigkeit von der Wellenlänge auf und erhält ein **Absorptionsspektrum** des Stoffes, das Aussagen über den Molekülbau ermöglicht.

9.2.1 Spektroskopie im sichtbaren und im UV-Bereich

Die Moleküle absorbieren sichtbares Licht, wobei Elektronen angeregt werden. Farbige organische Verbindungen besitzen delokalisierte π-Elektronen (Carotin, Chlorophyll), die leicht angeregt werden können ($\rightarrow$ Kap. 14). Bei diesen Verbindungen reicht daher die Energie des sichtbaren Lichts.

Bei farblosen organischen Verbindungen reicht die Energie des sichtbaren Lichts nicht aus, um Elektronen anzuregen. Dies ist nur mit der energiereicheren UV-Strahlung möglich. Da σ-Elektronen besonders viel Energie zur Anregung benötigen, absorbieren gesättigte Kohlenwasserstoff nur unterhalb einer Wellenlänge von 140 nm.

9.2.2 IR-Spektroskopie

Infrarotstrahlen können Moleküle oder Molekülteile zu Schwingungen und Rotationen anregen, die es ermöglichen, bestimmte funktionelle Gruppen im Molekül zu erkennen.

9.2.3 NMR-Spektroskopie

NMR = *nuclear magnetic resonance* (magnetische Kernresonanz): Bei der Absorption elektromagnetischer Strahlung in einem Magnetfeld ändert sich der Spin der Wasserstoff-Atomkerne. Das Absorptionsverhalten ist dabei vom Bindungspartner des H-Atoms abhängig (chemische Verschiebung).

9.2 Spektroskopie

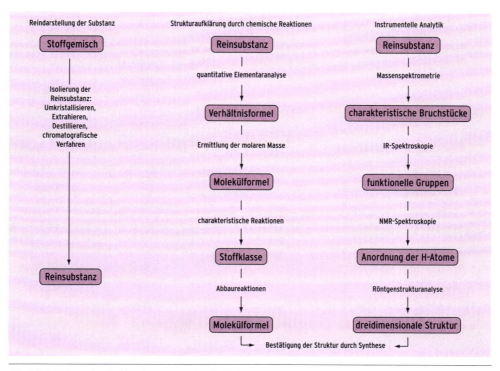

Abb. 9.2: Aufklärung der Struktur einer organischen Verbindung

10 Kohlenwasserstoffe

Basiskonzept: Struktur-Eigenschafts-Beziehungen

Bei Kohlenwasserstoffen steht von den sechs Basiskonzepten das **Struktur-Eigenschafts-Konzept** im Vordergrund.

Kohlenwasserstoffe sind Verbindungen, die aus Kohlenstoff und Wasserstoff bestehen, wobei Kohlenstoffatome untereinander durch unpolare und Kohlenstoff- und Wasserstoffatome durch fast polare Atombindungen (Elektronenpaarbindung) miteinander verknüpft sind. Daher existieren zwischen Kohlenwasserstoff-Molekülen VAN-DER-WAALS-Wechselwirkungen, die mit zunehmender Größe der Moleküle stärker werden. Aufgrund dieser **molekularen Strukturmerkmal**e kann man folgende Eigenschaften auf der **Stoffebene** beobachten:

- relativ niedrige Schmelz- und Siedetemperaturen in Abhängigkeit von der Molekülgröße,
- Wasserunlöslichkeit.

Kohlenwasserstoffe werden in **Stoffklassen** wie Alkane, Cylcoalkane, Alkene, Cycloalkene, Alkine und Aromate eingeteilt.

- Bei **Alkan-** und **Cycloalkan-Molekülen** sind die Kohlenstoffatome mit Wasserstoffatomen abgesättigt. Daher sind sie reaktionsträge. Hauptsächlicher Reaktionstyp bei Alkanen ist die **radikalische Substitution** (Substitution: Austausch eines Bindungspartners).

- **Alkene und Cycloalkene** zeichnen sich durch mindestens eine C=C-Doppelbindung aus, die aus jeweils einer σ- und π-Bindung besteht. An der Doppelbindung existiert eine hohe Elektronendichte, so dass elektrophile Reaktionspartner an der Doppelbindung angreifen und über **elektrophile Addition** (Addition: Anlagerung eines Bindungspartners) an das Molekül binden können.

- **Alkine** verfügen über mindestens eine Dreifachbindung zwischen den Kohlenstoffatomen, die sich aus einer σ- und zwei π-Bindungen zusammensetzt. Bevorzugter Reaktionstyp ist daher ebenfalls die **elektrophile Addition.**

- **Aromatische Kohlenwasserstoffe** besitzen ein π-Elektronensystem, bei dem die Elektronen delokalisiert sind und das stabiler als die Mehrfachbindungen der Alkene und Alkine ist. Aromate reagieren daher vornehmlich mit elektrophilen Reagenzien in Form einer **elektrophilen Substitution.**

Merke: Stoffeigenschaften von Kohlenwasserstoffen sowie die von ihnen bevorzugten chemischen Reaktionen beruhen auf Bau und Struktur ihrer Moleküle.

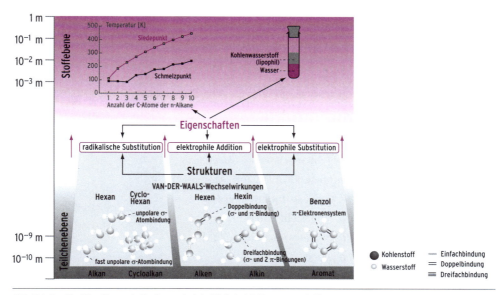

Abb. 10.1: Das Struktur-Eigenschafts-Konzept als Leitlinie bei Kohlenwasserstoffen

10.1 Gesättigte Kohlenwasserstoffe

10.1.1 Alkane

Alkane sind Kohlenwasserstoffe mit maximal möglicher Zahl an Wasserstoff-Atomen. Allgemeine Formel: C_nH_{2n+2}

IUPAC-Name	Summenformel	IUPAC-Name	Summenformel
Methan	CH_4	Hexan	C_6H_{14}
Ethan	C_2H_6	Heptan	C_7H_{16}
Propan	C_3H_8	Octan	C_8H_{18}
Butan	C_4H_{10}	Nonan	C_9H_{20}
Pentan	C_5H_{12}	Decan	$C_{10}H_{22}$

Tab. 10.1: Übersicht über die ersten Glieder der homologen Reihe der Alkane

Bei Alkanen ab drei C-Atomen gibt es neben gradkettigen auch verzweigte Isoalkane.

> **Wissen: Isomerie**
>
> Unterschiedliche Verbindungen mit gleicher Molekülformel.

Konstitutions-Isomere (Struktur-Isomere) unterscheiden sich in der unterschiedlichen Verknüpfung der Reihenfolge ihrer Atome. Handelt es sich dabei um unterschiedliche

Verknüpfung der Kohlenstoffatome, spricht man von Gerüst-Isomerie. Sind Alkane halogeniert, kommt die Stellungs-Isomerie zum Tragen: 1-Chlorpropan und 2-Chlorpropan.

Wissen: Stellungs-Isomerie
Unterschiedliche Verknüpfungsstellen bei gleichen funktionellen Gruppen.

Nomenklaturregeln nach IUPAC

IUPAC: *International Union of Pure and Applied Chemistry*

① Die längste Kette aus verbundenen Kohlenstoff-Atomen ergibt den Stammnamen, z. B. 4-Ethyl-2,2-dimethylheptan

② Die Seitenketten werden vorangestellt und erhalten die Endung -yl. Gleiche Seitenketten werden durch Zahlwörter (di-, tri- tetra-) zusammengefasst.

③ Die Verzweigungsstelle wird durch Zahlen angegeben. Dabei werden die Kohlenstoff-Atome der Hauptkette so durchnummeriert, dass möglichst kleine Zahlen entstehen, z. B.: 2,2,4-Trimethylhexan:

④ Enthält das verzweigte Alkan unterschiedliche Seitenketten, so werden diese alphabetisch aufgeführt, wobei die Zahlwörter als Vorsilbe nicht berücksichtigt werden. Nur der erste Buchstaben des gesamten Namens wird großgeschrieben, z. B. 3-Ethyl-5-methylheptan:

Vorsicht Falle
Alkylsubstituenten müssen immer mindestens ein C-Atom weniger besitzen als C-Atome nach links bzw. rechts in der Kette folgen, das heißt, es kann *nicht* benannt werden: 2-Ethyl-, 3-Propyl usw. In diesem Fall muss die tatsächlich längste Kette untereinander verbundener C-Atome geprüft werden.

Hybridisierung, Bau und Bindungslänge

Das Kohlenstoff-Atom ist in den Alkanen **sp³-hybridisiert** (→ Seite 21).

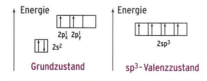

Abb. 10.2: Valenzelektronen des C-Atoms

Die Bindungen des Kohlenstoff-Atoms werden durch vier energiegleiche Atomorbitale beschrieben. Die geometrische Anordnung entspricht der eines Tetraeders, das heißt, der Winkel zwischen zwei Bindungen beträgt 109,5°, die Bindungslänge zwischen C und H beträgt 0,109 nm, die zwischen C und C 0,154 nm.

Abb. 10.3: sp^3-Hybridorbitale des C-Atoms

Physikalische Eigenschaften der Alkane

Aggregatzustand: Alle Alkane sind völlig unpolar, zwischen ihnen herrschen nur VAN-DER-WAALS-Kräfte. Diese nehmen mit zunehmender Masse zu, daher steigen auch die Schmelz- und Siedetemperaturen mit steigender Kettenlänge:

- $C_1 - C_4$ gasförmig
- $C_5 - C_{16}$ flüssig
- ab C_{17} fest

Bei Alkanen mit sehr großer Molekülmasse sind die **VAN-DER-WAALS-Kräfte** so stark, dass sich die Moleküle durch Aufspaltung der Atombindungen zersetzen, noch ehe sie die Schmelz- bzw. Siedetemperaturen erreichen. Verzweigte Kohlenwasserstoffe haben tiefere Siede- und Schmelztemperaturen als ihre unverzweigteren Gerüst-Isomeren gleicher Molekülmasse. **Grund:** Je verzweigter ein Molekül, desto näher ist es der Kugelgestalt, desto geringer ist die Oberfläche und umso geringer sind die VAN-DER-WAALS-Kräfte.

Löslichkeit: Aufgrund ihres unpolaren Charakters sind Alkane hydrophob, das heißt sie sind in Wasser kaum löslich. Gleichzeitig sind sie aber lipophil und damit in unpolaren Lösemitteln löslich.

Chemische Reaktionen der Alkane: Radikalische Substitution

Alle Alkane sind sehr reaktionsträge (Paraffine, *parum affinis*: wenig teilnehmend, das heißt, geringe Neigung zu Reaktionen mit anderen Stoffen), da ihre C—H- und C—C-Bindungen sehr stabil sind. Auch besitzen sie im Gegensatz zu den andern organischen Verbindungen keine funktionellen Gruppen. Alkane lassen sich lediglich durch radikalische Substitution halogenieren (→ Tab. 10.2).

Teilschritt	Erklärung	Reaktionsgleichungen
Startreaktion **Homolyse**	Der erste Schritt zur Halogenisierung von Alkanen besteht in einer Homolyse der Halogene durch Licht und Wärme. Dabei wird die Bindung zwischen den Halogenatomen so aufgespalten, dass jeder der Partner eines der beiden Bindungselektronen erhält. Es entstehen Halogenatome, die so reaktionsfreudig sind, dass man sie als **Radikale** bezeichnet.	$Br{-}Br \xrightarrow{Licht} 2\ Br\bullet$
Kettenreaktion	Durch Reaktion eines Bromradikals mit Methan entsteht Bromwasserstoff und ein neues Methylradikal. Dieses stabilisiert sich durch Reaktion mit einem weiteren Brommolekül. Dabei entsteht Brommethan und ein neues Bromradikal. Die Reaktion setzt sich auf diese Weise bis zum Kettenabbruch fort.	$CH_4 + \bullet Br \rightarrow \bullet CH_3 + HBr$ $\bullet CH_3 + Br_2 \rightarrow CH_3Br + \bullet Br$
Kettenabbruch	Durch Zusammenstoß zweier Radikale werden die Radikale aus dem Reaktionsgeschehen entfernt.	$H_3C\bullet + \bullet CH_3 \rightarrow CH_3{-}CH_3$ $H_3C\bullet + \bullet Br \rightarrow H_3CBr$
Nachteile	Keine Methode zur Herstellung definierter Halogenprodukte; die Reaktion ist nicht steuerbar	
Tipp	Zur Darstellung von Monohalogenalkanen • Anlagerung von Halogenwasserstoff an Alken • Nucleophile Substitution von Alkanolen mit Halogenwasserstoff	

Tab. 10.2: Reaktionsmechanismus der radikalischen Substitution

Wissen: Substitution

Unter **Substitution** versteht man den Austausch einzelner Atome oder Atomgruppen im Molekül einer organischen Verbindung gegen andere Atome oder Atomgruppen.

Im Prinzip lassen sich alle unpolaren organischen Verbindungen radikalisch substituieren, aber die Alkane lassen sich ausschließlich durch radikalische **Substitution** halogenieren. Durch radikalische Substitution können Alkane nur bromiert oder chloriert werden. Die Iodierung verläuft endotherm, die Fluorierung so stark exotherm, dass auch die C—C-Bindung angegriffen wird und es nicht zu den gewünschten Reaktionsprodukten kommt.

mittlere molare Bindungsenthalpien in kJ·mol^{-1} für				molare Reaktionsenthalpien kJ·mol^{-1}
	C—H	X—X	C—X	H—X	
F	413	159	489	567	−484
Cl	413	242	339	431	−115
Br	413	193	285	366	−45
I	413	151	218	298	48

Tab. 10.3: Bindungs- und Reaktionsenthalpien

10.1.2 Cycloalkane

Cycloalkane sind ringförmig gebaute Kohlenwasserstoffe mit der allgemeinen Summen-
formel C_nH_{2n}. Cycloalkane sind erst ab fünf C-Atomen im Ring stabil, Ringe mit weniger
C-Atomen stehen unter zu großer Spannung. Der bekannteste Vertreter ist Cyclohexan.
Das Cyclohexan-Molekül ist durch die tetraedrische Anordnung der von den Kohlenstoff-
Atomen ausgehenden Bindungen nicht eben gebaut. Durch die freie Drehbarkeit um die
C—C-Bindungen kann Cyclohexan verschiedene **Konformationen** einnehmen.

Wissen: Konformations-Isomerie

Unter **Konformations-Isomerie** versteht man unterschiedliche Atompositionen durch Drehung
um Einfachbindungen.

Dabei unterscheiden sich die Isomeren durch die
unterschiedliche räumliche Anordnung benachbarter
H-Atome zueinander. Man unterscheidet zwischen
Sessel- und Wannenform:

Cyclohexan ist als Sessel-Konformeres stabiler als in
der Wannen-Konformation.

Cycloalkane entsprechen in ihrem physikalischen und
chemischen Verhalten dem der Alkane.

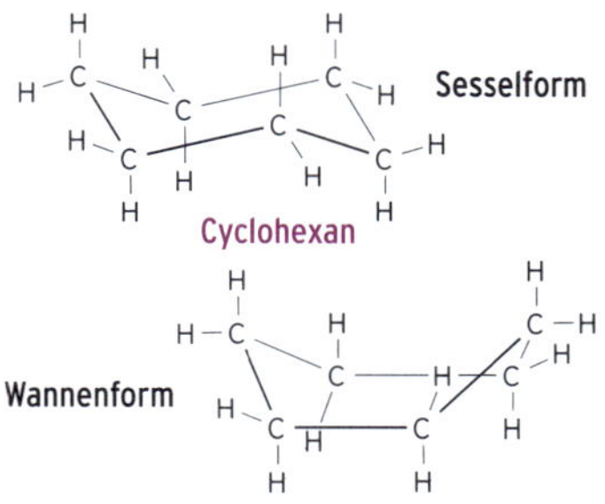

Abb. 10.4: Cyclohexan in Sessel- und
Wannenform

Zusammenfassung: Alkane

- Alkane bestehen nur aus Kohlenstoff und Wasserstoff mit der allgemeinen Formel C_nH_{2n+2}
- Die zwischenmolekularen VAN-DER-WAALS-Kräfte beeinflussen Schmelz- und Siedetemperatu-
  ren und nehmen mit steigender Masse zu.
- Alkane sind hydrophob und mischen sich daher kaum mit Wasser.
- Die C-Atome sind sp^3-hybridisiert, die geometrische Gestalt der Alkane entspricht einem
  Tetraeder.
- Aufgrund der unpolaren C—H-Bindungen sind Alkane äußerst reaktionsträge. Sie lassen sich
  jedoch mit Sauerstoff oxidieren und radikalisch substituieren.
- Cycloalkane sind ringförmige Kohlenwasserstoffe mit der allgemeinen Formel C_nH_{2n}.

10.2 Ungesättigte Kohlenwasserstoffe: Alkene, Alkine

10.2.1 Alkene

Alkene sind Kohlenwasserstoffe mit Doppelbindung. Die allgemeine Formel lautet C_nH_{2n}.

Nomenklatur nach IUPAC

Der Name der Alkene ergibt sich aus dem Namen des entsprechenden Alkyl-Restes und der Endung -en, die Lage der Doppelbindung wird durch möglichst kleine Zahlen gekennzeichnet.
Beispiel: Pent-2-en.

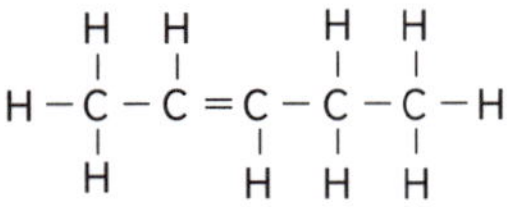

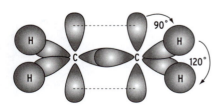

Hybridisierung, Bau und Bindungslänge

Das Kohlenstoff-Atom ist in den Alkenen **sp²-hybridisiert** (→ Seite 23).

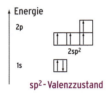

Abb. 10.5: sp²-Hybridisierung des C-Atoms

Die **räumliche Anordnung** wird als trigonal-planar bezeichnet, der Winkel beträgt 120°. Die beiden nicht an der Hybridisierung beteiligten p-Orbitale überlappen ober- und unterhalb der Ebene zur **π-Bindung**, die Bindungslänge beträgt 134 pm.

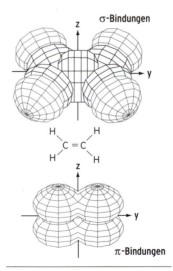

Abb. 10.6: schematischer Überblick über die Bindungen im Ethen-Molekül

Abb. 10.7: Die Bindungen im Ethen-Molekül

> **Vorsicht Falle**
>
> Befinden sich zwei Doppelbindungen am selben C-Atom, so ist dieses sp-hybridisiert, z. B.
> Buta-1,2-dien

Cis-trans-Isomerie (geometrische Isomerie)

Durch die π-Bindung ist die freie Drehbarkeit um die C—C-Bindungsachse aufgehoben. Es existieren cis-trans-Isomere, welche sich durch unterschiedliche Lage der Substituenten an der Doppelbindung unterscheiden.

Beispiele:

$$\begin{array}{ccc} Cl & \diagdown & H \\ & C=C & \\ H & \diagup & Cl \end{array} \qquad \begin{array}{ccc} Cl & \diagdown & Cl \\ & C=C & \\ H & \diagup & H \end{array}$$

Abb. 10.8: cis-1,2-Dichlorethen (rechts); trans-1,2-Dichlorethen (links)

> **Wissen: cis-trans-Isomerie**
>
> Unter **cis-trans-Isomerie** (geometrischer Isomerie) versteht man die unterschiedliche Stellung von Substituenten an Doppelbindungen.

Mehrfach ungesättigte Alkene

Enthält der ungesättigte Kohlenwasserstoff mehrere Doppelbindungen, so wird deren Anzahl durch die Vorsilben di-, tri-, tetra- usw. angegeben: Alkadiene, Alkatriene. Bei Alkenen mit mehreren Doppelbindungen unterscheidet man je nach Lage:

- **Kumulierte Doppelbindung:** Die Doppelbindungen befinden sich unmittelbar nebeneinander.

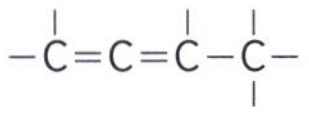

$$-\overset{|}{C}=C=\overset{|}{C}-\overset{|}{\underset{|}{C}}-$$

- **Isolierte Doppelbindung:** mindestens zwei Einfachbindungen zwischen zwei Doppelbindungen

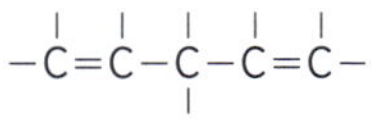

$$-\overset{|}{C}=\overset{|}{C}-\overset{|}{\underset{|}{C}}-\overset{|}{C}=\overset{|}{C}-$$

- **Konjugierte Doppelbindung:** alternierende Anordnung von Einfach- und Doppelbindungen

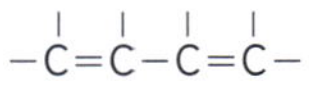

$$-\overset{|}{C}=\overset{|}{C}-\overset{|}{C}=\overset{|}{C}-$$

Physikalische Eigenschaften

Alkene entsprechen in ihren physikalischen Eigenschaften denen der Alkane. Die cis- und trans-Isomere unterscheiden sich in ihren Schmelz- und Siedetemperaturen.

- **Schmelztemperatur:** Die trans-Form hat eine höhere Molekülsymmetrie. Ihre Moleküle lassen sich leichter in ein Molekülgitter einbauen, die Schmelztemperatur liegt daher über der der cis-Form.
- **Siedetemperatur:** Bei der cis-Form fallen die Ladungsschwerpunkte nicht aufeinander, es ist ein **Dipol**. Die Siedetemperatur der cis-Form liegt daher über der der trans-Form.

Chemische Reaktionen der Alkene: Elektrophile Addition

Aufgrund der hohen Elektronendichte der Doppelbindung werden Alkene leicht durch **elektrophile** Teilchen (Teilchen mit Elektronenunterschuss) angegriffen ($\rightarrow$ Tab. 10.4).

Reaktionsgleichung: $C_6H_{12} + Cl_2 \rightarrow C_6H_{12}Cl_2$

Die π-Elektronen der Doppelbindung sind leicht polarisierbar und deshalb das reaktive Zentrum für einen elektrophilen Angriff.	
Durch die hohe Elektronendichte der π-Bindung wird am Brom-Molekül durch Polarisierung der Bindung ein Dipol induziert, es kommt zur heterolytischen Spaltung des Brom-Moleküls.	
Das elektrophile Brom-Kation wird nun an eines der beiden C-Atome der Doppelbindung addiert: Es entsteht ein Carbeniumion, an welches sich das nucleophile Bromid-Ion von der Rückseite her anlagert.	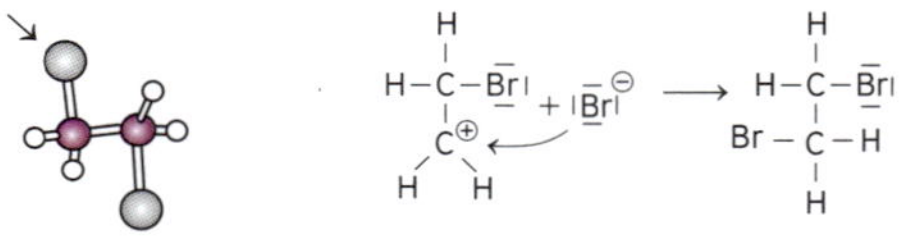
Reaktionsbedingungen	Die elektrophile Addition bevorzugt polare Lösemittel, da dies zu einer Stabilisierung der ionischen Zwischenstufe führt. Wasser ist allerdings nicht geeignet, da sonst Hydroxid-Ionen in Konkurrenz zum Halogenid-Ion treten.

Tab. 10.4: Reaktionsmechanismus der elektrophilen Addition am Beispiel der Addition von Brom an Ethen

Nachweis des Mechanismus

Die Existenz der bei der elektrophilen Addition gebildeten Zwischenstufe lässt sich indirekt belegen: Führt man beispielsweise die Reaktion in Gegenwart von konkurrierenden Nucleophilen wie z. B. Bromid-Ionen durch, so entsteht neben der Dichlor-Additionsverbindung auch das entsprechende gemischte Additionsprodukt.

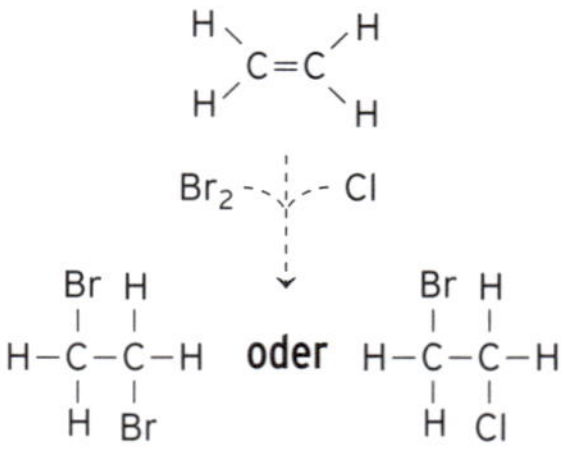

Abb. 10.9: Nachweis einer kationischen Zwischenstufe

Die Markownikow-Regel

Wird HX (X = Halogen) an ein unsymmetrisches Alken addiert, so ergibt sich nur ein einziges Produkt, da der elektrophile Wasserstoff stets am wasserstoffreicheren C-Atom der Doppelbindung angreift.
Begründung: Das Carbenium-Ion II ist stabiler als das Carbenium-Ion I, da bei ihm die positive Ladung durch den +I-Effekt der beiden Methyl-Gruppen stärker ausge-

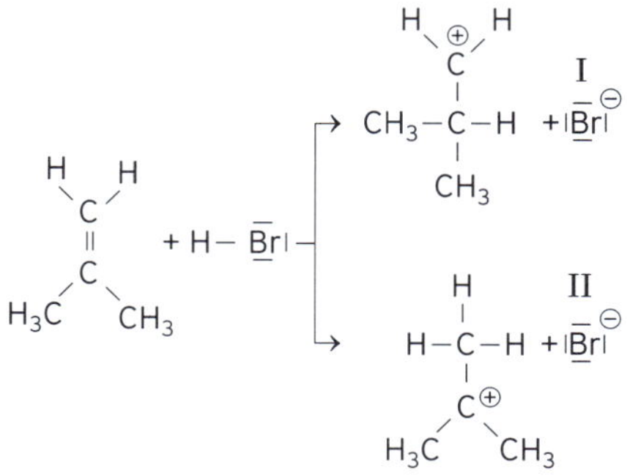

Abb. 10.10: Addition von HBr an ein unsymmetrisches Alken

glichen wird. Als reaktive Zwischenstufe entsteht deshalb bevorzugt das Carbenium-Ion II, als Endprodukt wird daher 2-Brom-2-methylpropan gebildet.

Reaktivität verschiedener Alkene

Die Elektronendichte der Doppelbindung hat einen entscheidenden Einfluss auf die Induzierung des Dipols am Halogen und damit auf die Reaktionsgeschwindigkeit. Benachbarte Atome und Atomgruppen beeinflussen die Reaktivität einer funktionellen Gruppe in einem Molekül. Diesen Nachbargruppeneffekt bezeichnet man als **induktiven Effekt**.

Wissen

Alkylsubstituenten an der Doppelbindung erhöhen ihre Elektronendichte, man bezeichnet diesen Einfluss als +I-Effekt. Sie beschleunigen die Reaktion.

Substituenten mit höherer Elektronegativität als das C-Atom, wie etwa Halogene, bewirken eine Elektronenverschiebung vom C-Atom weg, man bezeichnet ihren Einfluss als –I-Effekt. Sie vermindern die Elektronendichte und damit die Reaktivität.

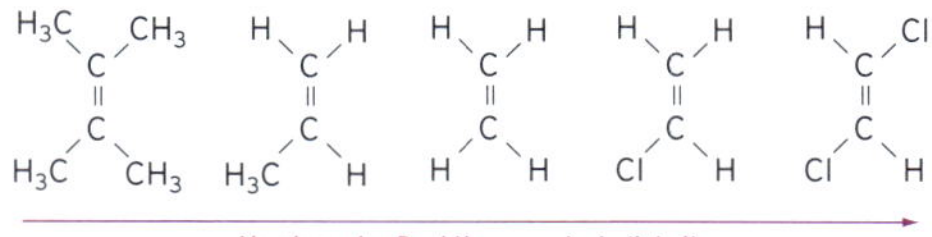

Abnahme der Reaktionsgeschwindigkeit

10.2.2 Alkine

Alkine sind Kohlenwasserstoffe mit Dreifachbindung. Die allgemeine Formel lautet C_nH_{2n-2}.

Nomenklatur nach IUPAC

Der Name der Alkine ergibt sich aus dem Namen des entsprechenden Alkyl-Restes und der Endung -in. Die Lage der Dreifachbindung wird durch möglichst kleine Zahlen gekennzeichnet. Beispiel: Pent-2-in $H_3C-C\equiv C-CH_2-CH_3$

Hybridisierung, Bau und Bindungslänge

Das C-Atom ist in den Alkinen **sp-hybridisiert**.

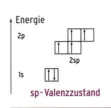

Abb. 10.11: sp-Hybridisierung des C-Atoms

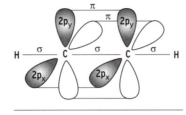

Abb. 10.12: Bindungen im Ethin- Molekül

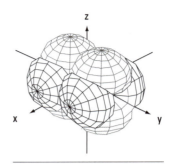

Abb. 10.13: Die π-Bindungen im Ethin-Molekül

Der **räumliche**r **Bau** ist linear (180°), dabei liegen alle C-Atome auf einer Geraden. Die beiden nicht hybridisierten p-Orbitale überlappen zu zwei π-Bindungen, welche die C—C-Bindung als zylinderförmige Ladungswolke umgeben. Die Länge der Dreifachbindung beträgt 120 pm und ist damit kürzer als die C—C-Bindung im Ethen-Molekül. Dies beruht auf dem höheren Anteil an s-Orbitalen an der Hybridisierung. Dadurch verkürzt sich der mittlere Abstand der Elektronen vom Atomkern und somit auch die Bindungslänge zum H-Atom.

Chemische Reaktionen der Alkine: Elektrophile Addition

Hinweis: Die elektrophile Addition verläuft im Vergleich zu Ethen langsamer, da durch die kleine Bindungslänge die π-Elektronen fester an die Atomrümpfe gebunden sind; dadurch wird die Induzierung des Dipols beim Halogen-Molekül erschwert.

	C—C	C=C	C≡C
Bindungslänge [pm]	154	134	120
Bindungsenthalpie [kJ · mol^{-1}]	348	614	837
Hybridisierung	sp^3	sp^2	sp
Anteil der s-Orbitale an der Hybridisierung	25 %	33 %	50 %

Tab. 10.5: Bindungsdaten von Einfach-, Doppel- und Dreifachbindung im Vergleich

Die π-Bindung ist weniger stabil, reaktionsfreudiger und energiereicher als die σ-Bindung. Grund: Der Überlappungsgrad zwischen den p-Orbitalen ist geringer als bei der σ-Bindung. Die Bindungslänge der Mehrfachbindung ist kürzer als die der Einfachbindung, da die Atomrümpfe wegen der hohen Elektronendichte stärker angezogen werden. Außerdem ist bei höherem s-Orbitalanteil der mittlere Abstand der Elektronen vom Atomkern kleiner.

> **Zusammenfassung: Alkene, Alkine**
>
> - Nicht alle Bindungen in Alkenen und Alkinen sind mit Wasserstoff abgesättigt, sie besitzen mindestens eine Doppel- bzw. Dreifachbindung.
> - Die an der Doppelbindung beteiligten C-Atome in Alkenen sind sp^2-hybridisiert, bei zwei Doppelbindungen am selben C-Atom ist dieses sp-hybridisiert.
> - Die an der Dreifachbindung beteiligten C-Atome sind sp-hybridisiert.
> - Die geometrische Anordnung der Alkene ist trigonal-planar, die der Alkine linear.
> - Aufgrund der hohen Elektronendichte werden Alkene und Alkine bevorzugt elektrophil angegriffen und reagieren unter Addition, dabei sind Alkene reaktionsfreudiger als Alkine.
> - Cycloalkene reagieren wie Alkene.

10.3 Aromatische Kohlenwasserstoffe: Benzol

Nach der HÜCKEL-Regel sind Aromaten cyclische Moleküle mit großer Mesomerieenergie, bei denen sämtliche Ringatome zu einem **konjugierten System** gehören, das heißt sie besitzen alternierend angeordnete C=C-Doppelbindungen. Die allgemeine Formel des Benzols lautet C$_6$H$_6$, der entsprechende Rest (—C$_6$H$_5$) wird **Phenyl** genannt.

Hybridisierung und Mesomerie

Die sechs C-Atome des Benzols sind **sp^2-hybridisiert** und somit trigonal-planar angeordnet. Die nicht hybridisierten p-Orbitale stehen senkrecht auf der Ebene der σ-Bindungen. Sie überlappen ober- und unterhalb der Ebene zu einem ringförmigen π-Elektronensystem. Somit sind die Elektronen über den ganzen Ring **delokalisiert** und das Benzol-Molekül ist **mesomeriestabilisiert**

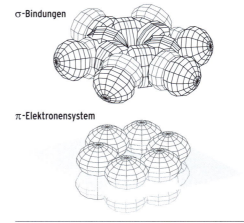

Abb. 10.14: Die Bindungen im Benzol-Molekül

> **Wissen**
>
> Die besondere Stabilität des Benzol-Moleküls ist in der Delokalisation der π-Elektronen über den gesamten Ring begründet.

Delokalisierte Elektronen werden mithilfe hypothetischer Grenzformeln angegeben, welche durch Mesomeriepfeile verbunden sind, die tatsächliche Elektronenverteilung liegt dazwischen:

Zur Ermittlung der **Mesomerieenergie** des Benzols vergleicht man die experimentell ermittelte und mit drei multiplizierte Hydrierungsenthalpie von Cyclohexen mit der Hydrierungsenthalpie von Benzol; die Differenz entspricht der Mesomerieenergie.

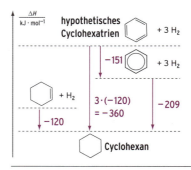

Abb. 10.15: Berechnung der Mesomerieenergie

> **Wissen**
>
> Die **Mesomerieenergie** ist die Energiedifferenz zwischen den Verbindungen mit delokalisierten Elektronen und der hypothetischen Form mit lokalisierten Doppelbindungen.

Physikalische Eigenschaften

Benzol ist eine stark lichtbrechende, farblose Flüssigkeit, die bei 80 °C siedet und bei 5,5 °C zu Kristallen erstarrt. Aufgrund seines unpolaren Charakters ist Benzol in polaren Lösemitteln nicht löslich. Benzol ist sehr giftig und kanzerogen.

Chemische Reaktionen: Elektrophile Substitution

Durch die hohe Elektronendichte reagieren Aromaten wie Alkene mit Elektrophilen. Zur Erhaltung des energetisch begünstigten π-Elektronensystems verläuft die Reaktion jedoch nicht als Addition, sondern in Form einer Substitution. Eine Bromierung von Benzol erfolgt nach Zusatz eines geeigneten Katalysators wie z. B. FeBr$_3$ (→ Tab. 10.6).

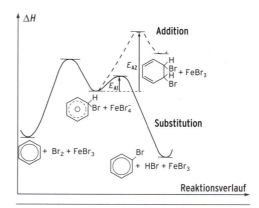

Abb. 10.16: Energiediagramm der Bromierung von Benzol

10.3 Aromatische Kohlenwasserstoffe: Benzol

Wissen

Typisch für Aromaten ist die elektrophile Substitution, da nur so das stabile aromatische System erhalten bleibt. Dabei wird ein Wasserstoff-Atom eines Aromaten durch ein angreifendes Elektrophil ersetzt.

Schritt	Erläuterung	Reaktionsmechanismus
Reaktion	Benzol reagiert mit Brom zu Monobrombenzol und Bromwasserstoff	
Induzierung des Dipols	Durch Wechselwirkung der π-Elektronen des Benzols mit dem Brom-Molekül bildet sich zunächst ein π-Komplex. Durch die Delokalisation der π-Elektronen reicht die Elektronendichte des Benzolmoleküls allerdings nicht zur Induzierung eines Dipols beim angreifenden Brom.	
Heterolyse	Die Heterolyse des Brommoleküls ist der geschwindigkeitsbestimmende Schritt dieser Reaktion und erfordert eine hohe Aktivierungsenergie. Sie erfolgt erst mithilfe des zugesetzten Katalysators, der stark polarisierend auf die Br-Br-Bindung wirkt. Als Katalysator kann Aluminiumbromid wirken.	Bildung des π-Komplexes
Anlagerung des Elektrophils	Das elektrophile Br⁺ wird durch Ausbildung einer σ-Bindung an Benzol gebunden (σ-Komplex, Carbenium-Ion). Die Stabilisierung des Carbenium-Ions ist durch die Delokalisierung der positiven Ladung über fünf C-Atome innerhalb des Rings gegeben (siehe Grenzformeln)	Grenzformel für den σ-Komplex / σ-Komplex / Bildung des σ-Komplexes
Stabilisierung durch Rearomatisierung	Zur Wiederherstellung des aromatischen Systems (Rearomatisierung) spaltet sich ein Proton ab, welches mit FeBr₄⁻ unter Regeneration des Katalysators zu HBr reagiert (Nachweis durch Indikator wie z. B. Lackmus)	Rückbildung des aromatischen Systems
Reaktionsbedingungen	polare Lösemittel zur Stabilisierung der ionischen Zwischenformen, Katalysator	

Tab. 10.6: Reaktionsmechanismus am Beispiel der Bromierung von Benzol

Außer mit Halogenen reagieren Aromaten auch mit weiteren elektrophilen Stoffen (→ Tab. 10.7).

Reaktion	Durchführung, Reaktionsgleichung	Reaktionsmechanismus
Nitrierung	Aus einem Gemisch von konzentrierter Schwefelsäure und rauchender Salpetersäure (Nitriersäure) entsteht ein Nitroniumion (NO_2^+), welches mit Benzol zu Nitrobenzol reagiert: Reaktionsgleichung der Nitrierung: $HNO_3 + H_2SO_4 \rightarrow HSO_4^- + NO_2^+ + H_2O$ $\bigcirc + HNO_3 \xrightarrow{H_2SO_4} \bigcirc\!-NO_2 + H_2O$ **Nitrobenzol**	π-Komplex $\quad$ σ-Komplex $\quad$ **Nitrobenzol**
Sulfonierung	Mit rauchender Schwefelsäure entsteht Benzolsulfonsäure. Im Gegensatz zur Bromierung und Nitrierung ist diese Reaktion reversibel. $\bigcirc + H_2SO_4 \rightleftharpoons \bigcirc\!-SO_3H + H_2O$ **Benzolsulfonsäure**	π-Komplex $\quad$ σ-Komplex $\quad$ **Benzolsulfonsäure**
Alkylierung (FRIEDEL-CRAFTS-Reaktion)	Mit Aluminiumchlorid als Katalysator können auch Halogenalkane mit Benzol reagieren. Das durch den Katalysator stärker positivierte C-Atom reagiert mit Benzol unter Bildung eines π-Komplexes; die Stabilisierung erfolgt durch Abspaltung eines Protons. Bei Verwendung von Chlormethan entsteht Toluol (Methylbenzol). $\bigcirc + CH_3Cl \xrightarrow{AlCl_3} \bigcirc\!-CH_3 + HCl$ **Toluol**	π-Komplex σ-Komplex $\bigcirc\!-CH_3 + HCl + AlCl_3$
Weitere Reaktionen	Mit Aluminiumchlorid als Katalysator reagieren Aromaten auch mit Alkenen, Alkanalen, Alkanonen und Carbonsäurederivaten	$\bigcirc + H_2C=CH_2 \xrightarrow{H_2SO_4} \bigcirc\!-CH_2-CH_3$ **Ethylbenzol** $\bigcirc + CH_3COCl \xrightarrow{AlCl_3} \bigcirc\!-COCH_3 + HCl$ **Acetophenon**

Tab. 10.7: Weitere elektrophile Substitutionsreaktionen am Benzol

Halogenierung von Alkylbenzolen am Beispiel des Toluols

Je nach Reaktionsbedingungen reagieren bei der Halogenierung der aromatische Kern oder die Seitenkette mit dem angreifenden Halogen.

π-Komplex

KKK-Regel (Kälte, Katalysator, Kern)

Bei niedriger Temperatur (Kälte) und in Anwesenheit eines Katalysators reagiert der Kern durch elektrophile **Substitution**.

SSS-Regel: Sonnenlicht, Siedehitze, Seitenkette

Bei erhöhter Temperatur (Siedehitze) und gleichzeitiger Bestrahlung mit Licht (Sonnenlicht) reagiert die Seitenkette durch radikalische Substitution.

Ersetzt man im Benzol ein oder mehrere H-Atome durch Atome oder Atomgruppen, so gelangt man zu den Derivaten des Benzols (→ Abb. 10.14).

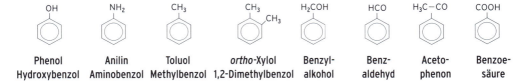

Abb. 10.14: Derivate des Benzols

Die Benennung erfolgt nach der Stellung der beiden Substituenten zueinander als ortho- (unmittelbar benachbart), meta- (durch ein C-Atom getrennt) und para- (gegenüberstehend).

Auch Benzol-Derivate können mit Elektrophilen reagieren, wobei der Erstsubstituent die Reaktionsgeschwindigkeit (Reaktivität) und den Ort der Zweitsubstitution beeinflusst.

a) Reaktionsgeschwindigkeit

Substituenten, die die Elektronendichte im Kern erhöhen, erleichtern den **elektrophilen** Angriff und damit die Reaktionsgeschwindigkeit. Umgekehrt erschweren Substituenten, die die Elektronendichte vermindern, den elektrophilen Angriff. Diese Beeinflussung geschieht durch induktive und mesomere Effekte.

> **Wissen**
>
> **Definition mesomerer Effekt (M-Effekt):**
>
> Das freie Elektronenpaar eines im oder am Ring befindlichen Fremdatoms oder eine Atomgruppe mit Doppelbindung nimmt an der Elektronenverteilung im Kern teil.

10 Kohlenwasserstoffe

Erstsubstituent	Induktionseffekt, Mesomerie-Effekt	Reaktivität im Vergleich zu Benzol	Dirigiert nach
$-OH$ $-OR$ $-NH_2$	$-I < +M$	viel größer	ortho und para
$-R$	$+I$	größer	ortho und para
$-Cl$ $-Br$	$-I > +M$	geringer	ortho und para
$-NO_2$ $-CHO$ $-SO_3H$ $-COOH$ $-COOR$	$-I$ und $-M$	viel geringer	meta

Tab. 10.8: Übersicht über mesomere und induktive Effekte

Positiver mesomerer Effekt (+M-Effekt)

Substituenten, deren freies Elektronenpaar an der Delokalisation des π-Elektronensystems des Rings beteiligt sind, erhöhen die Elektronendichte im Ring und beschleunigen dadurch den elektrophilen Angriff des Zweitsubstituenten, z. B.:

$-O^-, -NH_2, -OH, -OCH_3, -C_6H_5$

Negativer mesomerer Effekt (—M-Effekt):

Substituenten mit negativem Mesomerieeffekt (–M-Effekt) erschweren den Angriff des Zweitsubstituenten durch Herabsetzung der Elektronendichte des Rings.

Beispiele: $-CHO, -NO_2, -SO_3H$

Die Beeinflussung der Reaktivität ist immer dann besonders groß, wenn mesomere und induktive Effekte die gleiche Richtung haben.

b) Dirigierende Wirkung des Erstsubstituenten

① In **ortho- und para-Stellung** am Beispiel der Bromierung von Phenol:

Substituenten mit +M-Effekt dirigieren den Zweitsubstituenten in ortho- oder para-Stellung. Hier lassen sich mehr vergleichbare mesomere Grenzformeln aufstellen als bei Substitution in meta-Stellung, das heißt, die entsprechenden σ-Komplexe sind wegen umfangreicherer Delokalisation der π-Elektronen stabiler, die Anlagerung des Elektrophils ist energetisch begünstigt.

Angriff in *ortho*-Stellung

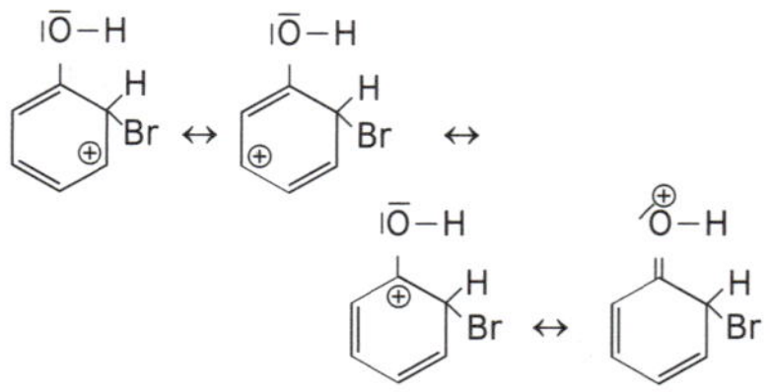

Angriff in *meta*-Stellung

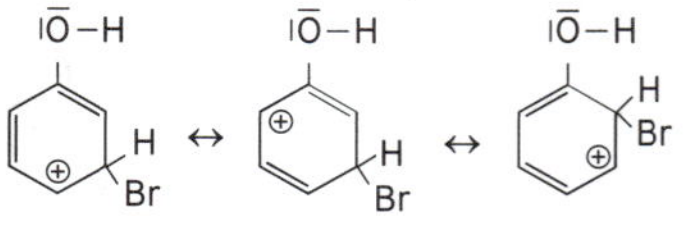

Angriff in *para*-Stellung

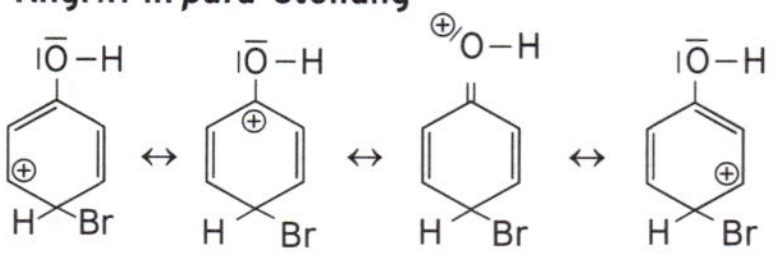

② In **meta-Stellung** am Beispiel der Nitrierung von Nitrobenzol:
Erstsubstituenten mit –M-Effekt dirigieren den Zweitsubstituenten in meta-Stellung. Wie aus den mesomeren Grenzformeln ersichtlich, findet man für die Substitution in ortho- oder para-Stellung je eine Grenzformel, bei der sowohl das N-Atom der Nitrogruppe als auch das unmittelbar benachbarte C-Atom der Grenzstrukturen im aromatischen Ring je eine positive Formalladung tragen. Eine solche räumliche Nähe gleichartiger Ladungen ist jedoch energetisch ungünstig, die Substitution in meta-Stellung ist also energetisch weniger ungünstig.

10.4 Aromaten mit Heteroatomen und mehrkernige aromatische Verbindungen

Neben Benzol gehören auch Verbindungen zu den Aromaten, die der HÜCKEL-Regel folgend delokalisierte π-Elektronen mit der Formel $4n + 2$ (n = 0, 1, 2, …) gehorchen und deren ringförmige Moleküle einen planaren Bau aufweisen. Die Ringsysteme von heterocyclischen Aromaten enthalten neben Kohlenstoff-Atomen Stickstoff-, Sauerstoff- und Schwefel-Atome:

Furan Pyrrol Thiophen Pyridin

In den Molekülen von Furan, Pyrrol und Thiophen ist ein freies Elektronenpaar des Heteroatoms am delokalisierten π-Elektronensystem beteiligt; auch diese Verbindungen haben somit ein π-Elektronensextett.
Die Heteroatome im Benzol haben eine größere Elektronegativität als das Kohlenstoffatom, sodass die Elektronenverteilung unregelmäßiger als bei Benzol ist.
Die Struktur des Pyridins gleicht der des Benzols. Im Gegensatz zum symmetrischen und unpolaren Benzol sind Pyridin-Moleküle allerdings durch das Stickstoffatom polar.

10 Kohlenwasserstoffe

Mehrkernige aromatische Verbindungen

Kondensierte Aromaten bestehen aus mehreren Benzolringen, bei denen die einzelnen Ringe zwei gemeinsame Kohlenstoff-Atome besitzen und die ein gemeinsames delokalisiertes π-Elektronensystem aufweisen. Der einfachste kondensierte Aromat heißt Naphthalin.

Haben die Ringe keine gemeinsamen Kohlenstoff-Atome, so liegt ein nicht kondensierter mehrkerniger Aromat vor.

oder

Anthracen   Biphenyl

Phenanthren   3,4-Benzpyren

Zusammenfassung: Aromaten

- Aromaten sind ringförmige Kohlenwasserstoffverbindungen, die der HÜCKEL-Regel folgend ein delokalisiertes π-Elektronensystem mit $4n+2$ Elektronen besitzen.
- Ein bedeutsamer Aromat ist Benzol mit der Formel C_6H_6.
- Alle Kohlenstoff-Atome des Benzols sind sp^2-hybridisiert, die π- Elektronen bilden ein delokalisiertes Ringsystem ober- und unterhalb der planaren C—C-Ebene.
- Aufgrund der hohen Elektronendichte werden Aromaten elektrophil angegriffen. Da Additionsreaktionen zu einer teilweisen Aufhebung des mesomeren Systems führen würden, werden Substitutionen bevorzugt.
- Bei einer Zweitsubstitution beeinflusst der Erstsubstituent den Ort und die Geschwindigkeit der Zweitsubstitution.
- Neben substituierten Benzolderivaten exisitieren auch Heteroaromaten mit Fremdatomen im Ring und mehrkernige Aromaten.

10.4 Aromaten mit Heteroatomen und mehrkernige aromatische Verbindungen

	Alkane	Alkene	Alkine	Benzol
Hybridisierung	sp^3	sp^2	sp	sp^2
Anordnung der π-Elektronen	keine	ober- und unterhalb der σ-Bindung	rotationssymmetrisch um die σ-Bindung	ober- und unterhalb der Ringebene als π-Elektronenwolke
räumliche Anordnung	Tetraeder	trigonal-planar	linear	Ringatome in einer Ebene
funktionelle Gruppe	keine	Doppelbindung	Dreifachbindung	keine
typische Reaktionen	radikalische Substitution	elektrophile Addition	elektrophile Addition	elektrophile Substitution
Reaktionsgleichung	$C_2H_6 + Br_2$ $\rightarrow C_2H_5Br + HBr$	$C_2H_4 + Br_2$ $\rightarrow C_2H_4Br_2$	$C_2H_2 + Br_2$ $\rightarrow C_2H_2Br_2$	$C_6H_6 + Br_2$ $\rightarrow C_6H_5Br + HBr$
Reaktionsbedingungen	Wärme, Licht, unpolares Lösemittel	Kälte, polares Lösemittel	Kälte, polares Lösemittel	Kälte, Katalysator, polares Lösemittel

Tab. 10.9: Überblick über Bau und Reaktionsverhalten der Kohlenwasserstoffverbindungen

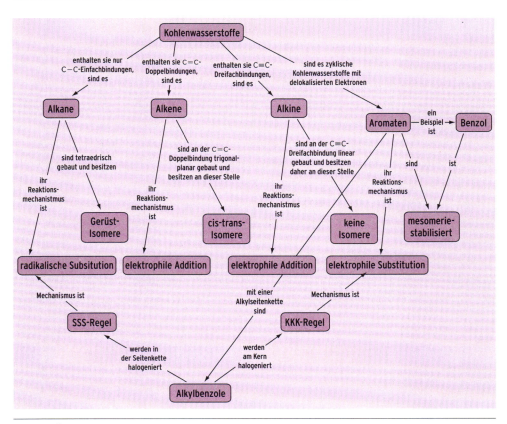

Abb. 10.18: Überblick „Kohlenwasserstoffe"

11 Sauerstoffhaltige organische Verbindungen

Basiskonzepte: Struktur-Eigenschafts- und Donator-Akzeptor-Konzept

Sauerstoffhaltige organische Verbindungen besitzen funktionelle Gruppen, die Sauerstoffatome enthalten wie

- die Hydroxyl-Gruppe bei Alkanolen und Phenolen,
- die Carbonyl-Gruppe bei Alkanalen und Alkanonen,
- die Carboxyl-Gruppe bei Carbonsäuren.

Da die Kohlenstoff-Sauerstoff- sowie die Sauerstoff-Wasserstoff-Atombindung polar sind, können als zwischenmolekulare Wechselwirkungen Dipol-Dipol-Wechselwirkungen, aber auch Wasserstoffbrückenbindungen wie beispielsweise bei Ethanol auftreten. Daher besitzen zumindest kleine Moleküle wie Ethanol, Ethanal und Propanon als Stoffeigenschaft eine gute Wasserlöslichkeit. Weiterhin unterscheiden sich sauerstoffhaltige organische Verbindungen von Kohlenwasserstoffen auf der Stoffebene durch höhere Siede- und Schmelztemperaturen.

Wegen ihrer polaren sauerstoffhaltigen funktionellen Gruppen – Strukturmerkmale auf Teilchenebene – sind diese Verbindungen in der Regel auch reaktionsfreudiger als Kohlenwasserstoffe. Die Hydroxyl-Gruppe und die Carbonyl-Gruppe der Alkanale lassen sich durch milde Oxidationsmittel oxidieren, sodass aufgrund der **Elektronenübergänge** das **Donator-Akzeptor-Konzept** neben dem **Struktur-Eigenschafts-Konzept** eine große Rolle spielt. Da die Hydroxyl-Gruppe wie beim Phenol und die Carboxyl-Gruppe wie bei der Essigsäure Protonen reversibel abspalten kann, also als Säure oder als Base fungieren kann, hat das Donator-Akzeptor-Prinzip aufgrund von **Protonenübergängen** hier wiederum Bedeutung.

Darüber hinaus können bei Alkoholen **nucleophile Substitutions-** wie auch **Eliminierungsreaktionen** und an Carbonyl-Gruppen **nucleophile Additionsreaktionen** stattfinden. Carbonsäuren können sich mit Alkoholen durch **Veresterung** miteinander verbinden.

Merke: Aufgrund ihrer sauerstoffhaltigen funktionellen Gruppen haben sauerstoffhaltige organische Verbindungen stärkere zwischenmolekulare Wechselwirkungen auf der Teilchenebene, und somit als Stoffeigenschaften beispielsweise höhere Schmelz- und Siedetemperaturen und eine größere Reaktionsfreudigkeit als Kohlenwasserstoffe.

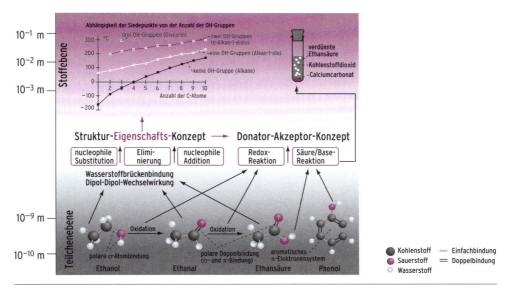

Abb. 11.1: Das Struktur-Eigenschafts-Konzept und das Donator-Akzeptor-Konzept bei sauerstoffhaltigen organischen Verbindungen

11.1 Alkohole, Alkanole

Alkohol-Moleküle besitzen als funktionelle Gruppe die **Hydroxyl-Gruppe** (OH-Gruppe). Stellt der Molekülrest eine Alkyl-Gruppe dar, spricht man von einem Alkanol.

11.1.1 Nomenklatur und Einteilung

Die **Nomenklatur** erfolgt durch Anhängung der Endung -ol an den entsprechenden Alkannamen. Die Stellung der OH-Gruppe wird durch die Nummer des betreffenden C-Atoms vor der Silbe -ol angegeben. Mehrere OH-Gruppen im Molekül werden durch die Silben di-, tri-, tetra- usw. gekennzeichnet.

Die **Einteilung** der Alkohole erfolgt nach zwei Kriterien: nach der Stellung und der Anzahl der OH-Gruppe/n.

primärer Alkohol	sekundärer Alkohol	tertiärer Alkohol
R–CH$_2$–OH	R\\R'/CH–OH	R'–C(R)(R'')–OH

Tab. 11.1 Einteilung nach der Stellung der OH-Gruppe

11 Sauerstoffhaltige organische Verbindungen

Definition
Beim primären Alkohol sitzt die funktionelle Gruppe an einem primären Kohlenstoff-Atom, dieses geht nur eine Bindung zu einem benachbarten Kohlenstoffatom ein.
Bei einem sekundären Alkohol bildet das die OH-Gruppe tragende Kohlenstoffatom zwei Bindungen zu zwei weiteren Kohlenstoff-Atomen aus.
Das die OH-Gruppe tragende C-Atom eines tertiären Alkohols ist mit drei weiteren Kohlenstoff-Atomen verbunden.

einwertiger Alkohol	zweiwertiger Alkohol	dreiwertiger Alkohol
CH_3 | OH	CH_2-CH_2 | | OH OH	$CH_2-CH-CH_2$ | | | OH OH OH
Methanol	Ethan-1,2-diol	Propan-1,2,3-triol

Tab. 11.2: Einteilung nach der Anzahl der OH-Gruppen

Alkohole mit mehreren OH-Gruppen werden als **Polyole** bezeichnet. Beachte: Pro Kohlenstoffatom enthalten Polyole in der Regel nur eine OH-Gruppe

Name nach IUPAC	Trivialname	Formel	Verwendung bzw. Eigenschaften
Methanol	Methylalkohol, Holzgeist	CH_3OH	Entsteht beim trockenen Erhitzen von Holz, giftig, bereits geringe Mengen führen zu Sehstörungen und Erblindung, etwa 30 g sind tödlich. Verwendung als Lösemittel und zur Herstellung von Formaldehyd, als Treibstoff für Verbrennungsmotoren
Ethanol	Weingeist	C_2H_5OH	Herstellung als Genussmittel durch alkoholische Gärung, großtechnisch durch Hydratisierung von Ethen. Verwendung als Brennspiritus, in Reinigungsmitteln
Propan-2-ol	Isopropyl-alkohol	C_3H_7OH	Lösemittel in der kosmetischen Industrie, Frostschutzmittel in Scheibenwaschanlagen, Ausgangsstoff zur Herstellung von Aceton, Desinfektionsmittel
Ethan-1,2-diol	Glykol	$C_2H_4(OH)_2$	Frostschutzmittel in Motorkühlern, zur Herstellung von Kunststoffen
Propan-1,2,3-triol	Glycerin	$C_3H_5(OH)_3$	Als Zusatz in Salben, Cremes, Zahnpasta; Frostschutzmittel; Verwendung in der Kunststoff- und Sprengstoffindustrie

Tab. 11.3: Überblick über einige wichtige Alkohole

11.1.2 Molekülbau

Formal kann man die Alkohole als Derivate des Wassers ansehen, wobei ein H-Atom durch die Hydroxyl-Gruppe ersetzt ist. Auch hier liegt durch die sp^3-Hybridisierung des C-Atoms und die dadurch bedingte tetraedrische Anordnung eine gewinkelte Struktur vor. Wegen der beiden freien Elektronenpaare des Sauerstoffs wird der Tetraederwinkel auf 107° zusammengedrückt.

Zwischen C-, H- und O-Atomen bestehen Elektronegativitätsunterschiede, dadurch besitzen Alkoholmoleküle polare Atombindungen und sind somit permanente Dipole.

11.1.3 Physikalische Eigenschaften

Siedetemperaturen: Alkohole haben viel höhere Siedetemperaturen als Alkane vergleichbarer Masse.

		Molekülmasse in u	Siedetemperatur in °C
Alkan	Ethan	30	−88
	Propan	44	−42
	Butan	58	−1
Alkohol	Methanol	32	63
	Ethanol	46	78
	Propan-1-ol	60	97

Tab. 11.4: Physikalische Eigenschaften

Zwischen den Alkohol-Molekülen herrschen im Gegensatz zu den unpolaren Alkanen **Dipol-Wechselwirkungen** und darüber hinaus noch **Wasserstoffbrückenbindungen**. Dabei kommt es ähnlich wie beim Wasser zum Zusammenschluss von großen Molekülverbänden. Mit zunehmender Anzahl an C-Atomen steigt die Siedetemperatur der Alkohole, da mit zunehmender Masse auch die Van-der-Waals-Kräfte steigen.

Für die Siedetemperaturen der Alkohole spielen vor allem die Wasserstoffbrückenbindungen eine Rolle. Alkohole mit mehreren OH-Gruppen können mehrere Wasserstoffbrücken ausbilden.

Löslichkeit: Kurzkettige Alkohole sind mit Wasser aufgrund des polaren Charakters der OH-Gruppe in jedem Verhältnis mischbar, mit steigender Anzahl an C-Atomen überwiegt jedoch der hydrophobe Charakter des unpolaren Kohlenwasserstoffrestes, sodass die Löslichkeit in Wasser abnimmt; Butanol ist nur noch begrenzt mit Wasser mischbar. Langkettige Alkohole ähneln den entsprechenden Alkanen, sie sind in Wasser unlöslich.

11 Sauerstoffhaltige organische Verbindungen

11.1.4 Chemische Reaktionen der Alkohole

Aufgrund der Hydroxyl-Gruppe gehen Alkohole und Wasser einige ähnliche chemische Reaktionen ein.

① **Alkohole als BRÖNSTED-Säuren und BRÖNSTED-Basen**

Alkohole können im Sinne BRÖNSTEDS – je nach Reaktionspartner – als Säuren oder Basen reagieren (→ Seite 61). Durch den +I-Effekt des Alkyl-Restes wird die Polarität der Hydroxyl-Gruppe jedoch stark vermindert, sodass Alkohole viel schwächere Säuren als Wasser sind.

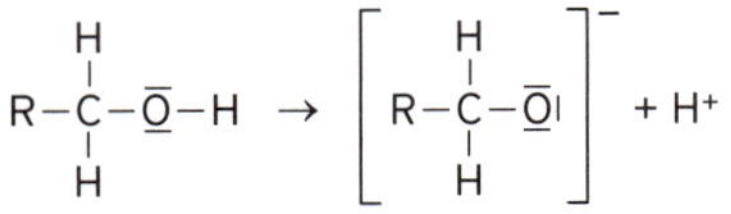

Abb. 11.2: Alkohol als Brönsted-Säure

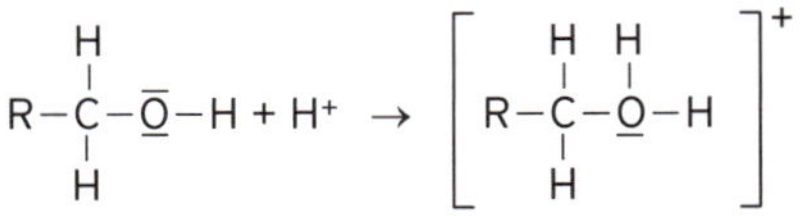

Abb. 11.3: Alkohol als Brönsted-Base

② **Reaktionen mit Alkalimetallen**

Mit Alkalimetallen reagieren Alkohole wie Wasser unter Freisetzung von Wasserstoff, die Reaktion verläuft jedoch beim Alkohol bedeutend weniger heftig. Die entstehenden Alkanolate sind salzartig aufgebaut. Das Alkanolat-Ion RO^- ist eine sehr starke Base, die mit Wasser zu Alkohol und OH^- reagiert.

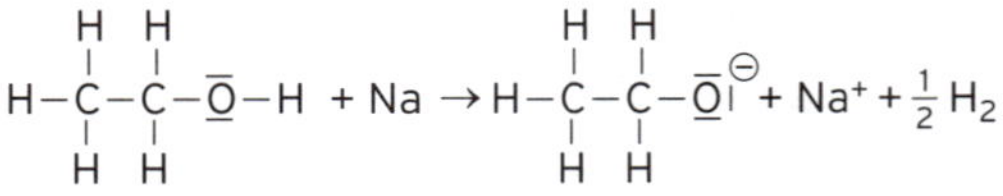

③ **Nucleophile Substitution**

Alkohole reagieren mit Säuren unter Bildung eines Esters und Wasser (**Veresterung**). Ist der Reaktionspartner eine Halogenwasserstoff-Säure, entsteht als Ester ein Halogenalkan:

$$R{-}OH + HBr \rightarrow R{-}Br + H_2O$$

Tipp: Dies ist im Gegensatz zur radikalischen Substitution eine Möglichkeit zur Darstellung definierter Halogenalkane.

Die Veresterung ist eine typische **Gleichgewichtsreaktion**:

Alkohol + Säure $\underset{\substack{\text{Esterspaltung} \\ \text{(Verseifung)}}}{\overset{\text{Veresterung}}{\rightleftharpoons}}$ Ester + Wasser

Allgemein:

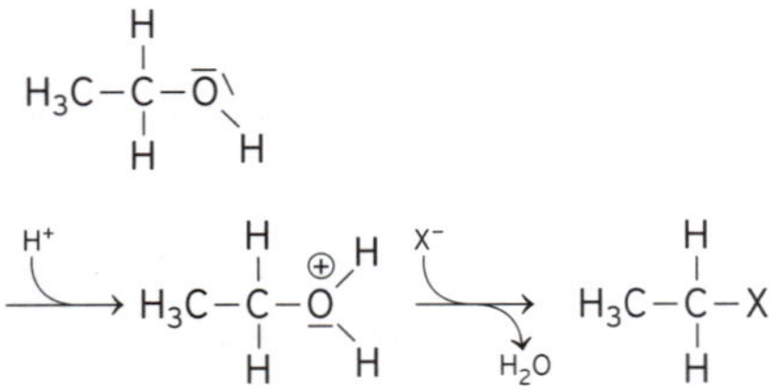

Da das angreifende Teilchen zur Ausbildung der neuen Bindung ein freies Elektronenpaar zur Verfügung stellt, bezeichnet man diesen Reaktionstyp als **nucleophile Substitution** ($\rightarrow$ Tab. 11.5).

Die Bindung zwischen Sauerstoff und Kohlenstoff ist aufgrund der Elektrone-gativitätsdifferenz polar, das Kohlenstoff-Atom ist positiviert.	
Bei der Substitution wird die Hydroxyl-Gruppe durch ein Nucleophil ersetzt. Dabei hat das angreifende Nucleophil eine polarisierende Wirkung auf die C—O-Bindung. Die Abspaltung der Hydroxyl-Gruppe wird durch eine Proto-nierung erleichtert.	Protonierung:
Das angreifende Nucleophil bildet eine Bindung zum positivierten C-Atom, gleichzeitig löst sich die C—OH bzw. C—H$_2$O$^+$-Bindung.	Schwefelsäuremethylester
Reaktionsbedingungen	Säureüberschuss, unter 100 °C

Tab. 11.5: Reaktionsmechanismus der nucleophilen Substitution am Beispiel der Veresterung mit Schwefelsäure

---

Wissen: Nucleophile

Negativ geladene Ionen oder polare bzw. polarisierte Teilchen, die mit einem freien Elektronenpaar positivierte C-Atome angreifen.

Die nucleophile Substitution ist umkehrbar; so reagieren z. B. Halogenalkane mit Hydro-xiden zu Alkoholen und Halogeniden:

$$CH_3CH_2Br + OH^- \rightarrow CH_3CH_2OH + Br^-$$

Reaktionsgeschwindigkeit der nucleophilen Substitution

Die Art des angreifenden Nucleophils und des Abgangsteilchens sowie die Struktur des angegriffenen Moleküls haben einen entscheidenden Einfluss auf die Geschwindigkeit der Reaktion.

- **Einfluss des angreifenden Nucleophils:** Ein Nucleophil ist umso stärker, je leichter es sein freies Elektronenpaar für die Bildung der neuen Bindung zur Verfügung stellt. Die Nucleophilie hängt zum einen von der Elektronendichte am betreffenden Atom, zum anderen von der Polarisierbarkeit ab. Ein Elektronenpaar lässt sich um so leichter zur Bindung zur Verfügung stellen, je weiter es vom Kern entfernt ist, da es dann weniger stark angezogen wird. Die Nucleophilie wird aber auch durch das Lösemittel beeinflusst. Anionen werden von polaren Lösemitteln mit Wasserstoffbrücken solvatisiert, die das nucleophile Zentrum blockieren können. Mit zunehmendem Ionenradius sinkt die

11 Sauerstoffhaltige organische Verbindungen

Anziehungskraft zwischen Lösemittel und Anion, sodass die nucleophile Kraft stärker wirksam ist. Die Nucleophilie zeigt folgende Reihenfolge:

$HS^- > I^- > OH^- > NH_3 > Br^- > Cl^- > F^- > H_2O$

- **Einfluss des austretenden Teilchens:** Eine Abgangsgruppe löst sich um so leichter, je geringer die Bindungsstärke zum C-Atom und umso größer die Polarisierbarkeit ist. Für die Abspaltung ergibt sich folgende Reihenfolge: $I^- > Br^- > Cl^- > F^- > OH^-$
- **Einfluss der Struktur des angegriffenen Teilchens:** Je mehr Alkyl-Gruppen vorhanden sind bzw. je größer diese sind, desto stärker ist die sterische Behinderung für das angreifende Nucleophil.

Konkurrenzreaktionen der nucleophilen Substitution

Je nach Reaktionsbedingungen erhält man bei der Reaktion von Alkoholen mit anorganischen Säuren Ester, Alkene oder Ether.

① **Darstellung von Alkenen: Eliminierung**

Reaktionsbedingungen: hohe Temperaturen, niedrige Alkoholkonzentration. Oberhalb von 150 °C kommt es in Gegenwart einer starken Säure nach Protonierung der Hydroxyl-Gruppe (Bildung eines Alkyloxonium-Ions) zur Eliminierung von Wasser und Abspaltung eines Protons vom benachbarten Kohlenstoff-Atom. Es bildet sich eine Doppelbindung aus. Die Säure wirkt hier als Katalysator. Die Eliminierung gelingt besonders gut bei tertiären Alkoholen.

② **Darstellung von Ethern: Nucleophile Substitution**

Reaktionsbedingungen: tiefe Reaktionstemperaturen und hohe Alkoholkonzentrationen. Ein Sauerstoff-Atom des einen Alkohol-Moleküls greift mit seinem freien Elektronenpaar nucleophil am positivierten Kohlenstoff eines zuvor gebildeten Alkyloxonium-Ions an. Der Ether stabilisiert sich durch Abspaltung von Wasser und von einem Proton.

Definition: Ether

Ether sind Verbindungen, in denen zwei organische Reste über eine Sauerstoffbrücke verbunden sind.

Sind beide Reste gleich, handelt es sich um einen einfachen Ether, sind die Reste ungleich, um einen gemischten Ether.

Die funktionelle Gruppe der Ether ist die **Alkoxy-Gruppe**.
Die **Benennung** erfolgt durch Angabe der beiden Alkyl-Gruppen
unter Hinzufügung des Wortes -ether, z. B. Diethylether, oder
durch die Angabe Alk-oxy-alkan, z. B. Ethoxyethan.

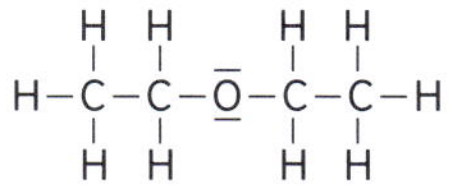

Die Ether haben niedrigere Siedetemperaturen als die Alkohole, da sie zwar Dipole sind,
aber keine Wasserstoffbrückenbindung eingehen können. Sie sind brennbar und bilden mit
Luft explosive Gemische.
Alkanole und Ether sind **Funktions-Isomere**.

Wissen: Funktions-Isomerie

Funktions-Isomere besitzen unterschiedliche funktionelle Gruppen bei gleicher Summenformel.

Abb. 11.4: Beispiel für Funktions-Isomerie

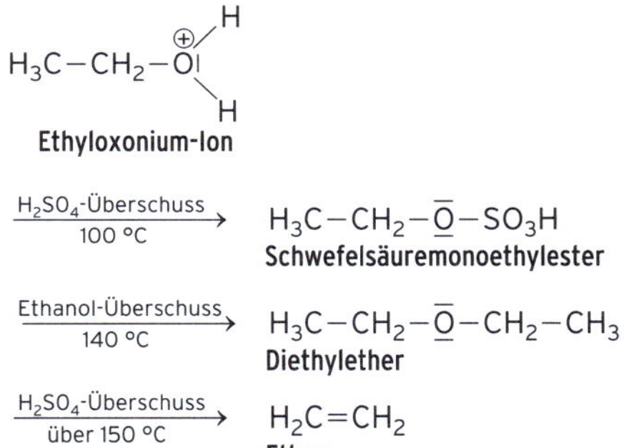

Abb. 11.5: Reaktionen von Alkohol in Abhängigkeit von den Reaktionsbedingungen

11.1.6 Oxidation von Alkoholen

Primäre und sekundäre Alkohole lassen sich mit milden Oxidationsmitteln zu Aldehyden
bzw. Ketonen (→ Seite 163) oxidieren. **Tertiäre Alkohole** reagieren unter diesen Bedingungen nicht. Aldehyde wiederum lassen sich zu Alkansäuren oxidieren, Ketone jedoch
nicht. Diese Tatsachen wendet man zur Unterscheidung der **Alkoholklassen** an. Als Oxidationsmittel können z. B. Kaliumdichromat, Kupferoxid oder Kaliumpermanganat dienen.

Bestimmung der Oxidationszahlen in organischen Verbindungen

Die Elektronen einer polaren Atombindung werden formal dem elektronegativeren Element zugeordnet (→ Seite 76). Bei einer unpolaren Atombindung wie die zwischen zwei
C-Atomen werden die Bindungselektronen den beiden Atomen je zur Hälfte zugeordnet.

$\overset{-II}{C}H_2=\overset{-II}{C}H_2$	$H_2\overset{O}{\overset{\|}{C}}=\overset{-II}{O}$
$\overset{-III}{C}H_3-\overset{-I}{C}H_2-\overset{-II}{O}H$	$\overset{-III}{C}H_3-\overset{+III}{C}\overset{\overset{-II}{O}}{\underset{\underset{-II}{OH}}{}}$
$\overset{-II}{H}O-\overset{-I}{C}H_2-\overset{-I}{C}H_2-\overset{-II}{O}H$	

Tab. 11.6: Oxidationszahlbestimmung

Oxidation eines primären Alkohols am Beispiel des Ethanols

$$CH_3-\overset{-I}{C}H_2OH + \overset{II}{Cu}O \longrightarrow CH_3-\overset{I}{C}\overset{H}{\underset{\underset{O|}{}}{\diagdown}}\overset{O}{} + \overset{0}{Cu} + H_2O$$

Oxidation eines sekundären Alkohols am Beispiel von Propan-2-ol

$$CH_3-\overset{0}{C}HOHCH_3 + \overset{II}{Cu}O \longrightarrow CH_3-\overset{II}{\underset{\underset{O}{\|}}{C}}-CH_3 + \overset{0}{Cu} + H_2O$$

11.1.5 Phenol

Verbindungen, bei denen eine oder mehrere OH-Gruppen unmittelbar an einen Benzolring gebunden sind, nennt man **Phenole**. Die einfachste Verbindung dieser Stoffklasse ist Monohydroxybenzol, das Phenol selbst. Phenol bildet farblose Nadeln, ist giftig und wirkt stark ätzend.

Es wurde früher unter dem Trivialnamen **Carbolsäure** zur Desinfektion benutzt. Das Phenol besitzt zwar wie die einwertigen Alkohole eine Hydroxyl-Gruppe, es löst sich im Vergleich zu Cyclohexanol aber besser in Wasser, ist leicht oxidierbar und reagiert in wässriger Lösung schwach sauer. Die OH-Gruppe des Phenols lässt sich nicht nucleophil substituieren.

Acidität von Phenol

Phenol reagiert im Vergleich zu den kettenförmigen Alkoholen deutlich saurer, sein pK_S-Wert beträgt 10. Dies hat zwei Gründe:

① Im Phenol-Molekül tritt ein freies Elektronenpaar der OH-Gruppe in Wechselwirkung mit den delokalisierten π-Elektronen des aromatischen Kerns. Dadurch wird die Elektronendichte im Kern erhöht, die OH-Gruppe besitzt einen +M-Effekt. Durch diesen +M-Effekt wird die Polarität der O—H-Bindung verstärkt und die Abgabe des positivierten Wasserstoff-Atoms der Hydroxyl-Gruppe als Proton erleichtert.

Vergleich der pK_S-Werte: Phenol pK_S = 10; Methanol pK_S = 16; Ethanol pK_S = 17

② Das nach Protolyse entstandene Phenolat-Anion ist stark **mesomeriestabilisiert**, da die negative Ladung über das gesamte Ion verteilt ist.

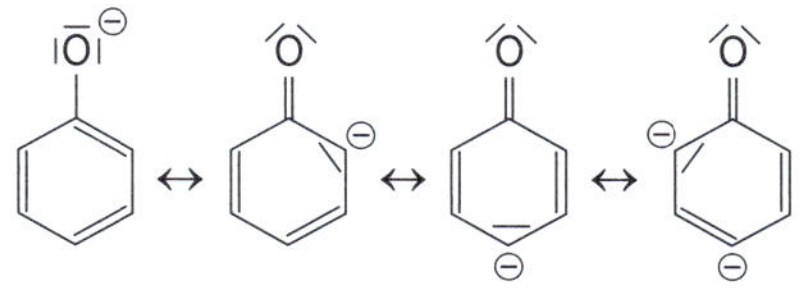

> **Wissen**
>
> Der Grund für die größere Säurestärke des Phenols im Vergleich zu Alkoholen liegt in der Verstärkung der Polarität der Bindung zwischen O und H und in der großen Mesomeriestabilisierung des entstandenen Phenolat-Ions.

Einfluss von Zweitsubstituenten auf die Säurestärke von Phenol

Substituenten mit −M-Effekt vermindern die Elektronendichte des Kerns, erhöhen so die Polarität der O−H-Bindung und damit die Säurestärke. So ist z. B. 2,4,6-Trinitrophenol (→ Abb. 11.6, rechts) viel stärker sauer als Phenol.

Chemische Reaktionen: Elektrophile Substitution

Phenol reagiert wie Benzol mit elektrophiler Substitution, die Reaktion verläuft aber schneller als bei Benzol und sogar ohne Katalysator, da durch die Mesomeriebeteiligung des freien Elektronenpaars des O-Atoms die Elektronendichte im Kern stark erhöht wird. (→ Benzol, Zweitsubstitution, Seite 147)

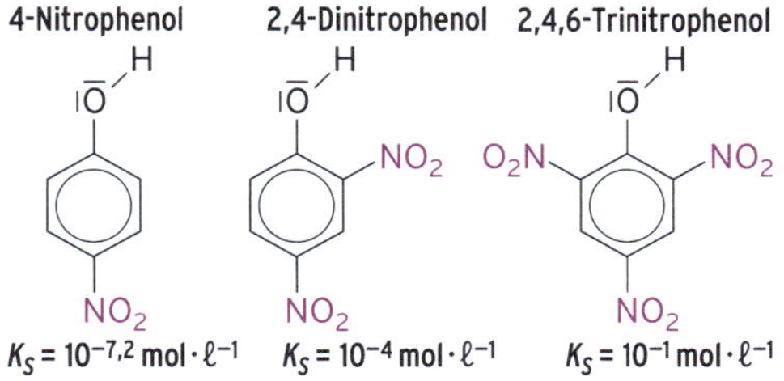

Abb. 11.6: Acidität nitrierter Phenole

11 Sauerstoffhaltige organische Verbindungen

> **Zusammenfassung:**
> - Die funktionelle Gruppe der Alkanole ist die Hydroxyl-Gruppe —OH.
> - Da Alkanole Wasserstoffbrücken ausbilden können, liegen ihre Siedetemperaturen höher als die der Alkane vergleichbarer Molekülmasse.
> - Kurzkettige Alkanole sind aufgrund der hydrophilen OH-Gruppe gut wasserlöslich, bei langkettigen überwiegt der hydrophobe Kohlenwasserstoffrest.
> - Alkanole reagieren mit Alkalimetallen unter Freisetzung von Wasserstoff.
> - Alkanole reagieren je nach Wahl der Reaktionsbedingungen mit anorganischen Säuren zu Estern, Ethern oder Alkenen.
> - Primäre Alkanole lassen sich mit milden Oxidationsmitteln zu Alkanalen oxidieren, sekundäre Alkanole zu Alkanonen, tertiäre reagieren unter diesen Bedingungen nicht.
> - Phenole sind Verbindungen mit OH-Gruppe am Benzolring.
> - Die elektrophile Substitution am Phenol ist gegenüber Benzol aufgrund der höheren Elektronendichte begünstigt.
> - Phenol reagiert stärker sauer als Alkohole, da die O—H-Bindung stärker polarisiert und das Phenolation mesomeriestabilisiert ist.

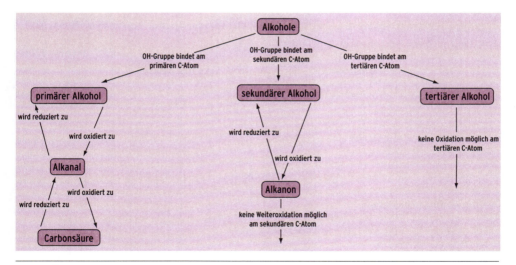

Abb. 11.7: Überblick „Alkohole"

11.2 Verbindungen mit der Carbonyl-Gruppe: Alkanale, Alkanone

Durch Oxidation primärer oder sekundärer Alkohole erhält man Verbindungen mit einer C=O-Doppelbindung. Diese funktionelle Gruppe wird **Carbonyl-Gruppe** genannt. Verbindungen mit endständiger Carbonyl-Gruppe werden **Alkanale (Aldehyde)** genannt, befindet sich der doppelt gebundene Sauerstoff an einem sekundären Kohlenstoff-Atom, handelt es sich um **Alkanone (Ketone)**.

11.2.1 Nomenklatur

Die Namen der aliphatischen Aldehyde werden gebildet, indem man die Endung -al an den Alkannamen hängt. Bei der Nummerierung der Kohlenstoffkette erhält das C-Atom der Carbonyl-Gruppe stets die Nummer 1. Die Namen von Ketonen werden gebildet, indem man die Endung -on dem Stammnamen des Alkans anfügt. Die Stellung der Ketogruppe wird durch vorangestellte Ziffern angegeben, dabei ist darauf zu achten, dass das den doppelt gebundenen Sauerstoff tragende C-Atom eine möglichst niedrige Zahl erhält.

Name nach IUPAC	Trivialname	Formel	Eigenschaften/Verwendung
Methanal	Formaldehyd	CH_2O	stechend riechendes Gas, die wässrige Lösung wird Formalin genannt; Verwendung: in der Kunststoffindustrie, als Konservierungsmittel in Kosmetika; Desinfektionsmittel
Ethanal	Acetaldehyd	CH_3CHO	farblose Flüssigkeit mit niedriger Siedetemperatur und scharfem Geruch; Verwendung: Oxidation zu Essigsäure, Grundstoff in Medikamenten und Farbstoffen
Benzaldehyd	–	C_6H_5-CHO	farblose, ölige Flüssigkeit, die nach bitteren Mandeln riecht, ungiftig; Verwendung: Duftträger für Backwaren „Marzipan"
Propanon	Aceton	CH_3COCH_3	klare, farblose Flüssigkeit, aromatisch riechend, feuergefährlich; Verwendung: wichtiges technisches Lösemittel

Tab. 11.7: Wichtige Alkanale und Alkanone

11.2.2 Bindungsverhältnisse in der Carbonyl-Gruppe

Die Bindungslänge der C=O-Doppelbindung ist mit 122 pm um 21 pm kleiner als die der C—O-Einfachbindung. Sowohl das Kohlenstoff-Atom als auch das Sauerstoff-Atom liegen nach dem Orbitalmodell **sp^2-hybridisiert** vor. Dabei überlappen je ein sp^2-Hybridorbital des C- und O-Atoms zu einer σ-Bindung. Die beiden nicht an der Hybridisierung beteiligten p$_z$-Orbitale überlappen zur **π-Bindung**. Die beiden weiteren sp^2-Orbitale des Kohlenstoffs bilden σ-Bindungen zu zwei Nachbaratomen aus; die beiden restlichen sp²-Orbitale des Sauerstoffs bilden die beiden freien Elektronenpaare.

Die C=O-Doppelbindung ist polar, die leicht beweglichen π-Elektronen sind in Richtung des stärker elektronegativen Sauerstoffs verschoben, an welchem dadurch eine negative Partialladung auftritt. Das Kohlenstoff-Atom der Carbonyl-Gruppe trägt eine positive Partialladung.

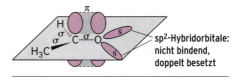

Abb. 11.8: Orbitalmodell des Ethanals

11.2.3 Physikalische Eigenschaften

Siedetemperatur: Wegen der polaren **Carbonyl-Gruppe** sind sowohl Alkanale als auch Alkanone Dipole, sodass ihre Siedetemperaturen deutlich über denen von Alkanen entsprechender Masse liegen. Wegen des Fehlens von Wasserstoffbrücken sieden sie niedriger als die entsprechenden Alkohole. So liegt die Siedetemperatur von Ethanol bei 78 °C, die von Ethanal bei 20 °C.

Löslichkeit: Kurzkettige Alkanale und Alkanone sind aufgrund ihres Dipolcharakters in polaren Lösemitteln wie z. B. Wasser löslich. Aufgrund der freien Elektronenpaare am Sauerstoff-Atom der Carbonyl-Gruppe sind Wasserstoffbrückenbindungen zu Wasser-Molekülen möglich, sodass die ersten beiden Glieder der homologen Reihen der Alkanale und Alkanone wasserlöslich sind. Mit zunehmender Kettenlänge überwiegt jedoch der hydrophobe Charakter des Kohlenwasserstoffrestes. Langkettige Alkanale und Alkanone sind unlöslich in polaren Lösemitteln.

11.2.4 Chemische Reaktionen der Carbonyl-Gruppe: nucleophile Addition

Die Polarität einer C=O-Doppelbindung ist größer als die einer C—O-Einfachbindung, da die π-Elektronen wegen ihres größeren Abstandes zum Atomrumpf leichter unter dem Einfluss der unterschiedlichen Elektronegativität verschiebbar sind als σ-Elektronen. Als Folge zieht das elektronegativere Sauerstoff-Atom die bindenden Elektronen und besonders die π-Elektronen stärker an. Am Sauerstoff-Atom tritt eine negative, am Kohlenstoff-Atom eine positive Partialladung auf:

11.2 Verbindungen mit der Carbonyl-Gruppe: Alkanale, Alkanone

	$C=O$	$-C-O$
Bindungslänge	122 pm	143 pm
Bindungsenergie	745 kJ·mol^{-1}	358 kJ·mol^{-1}
Polarität	stärker	weniger stark

Tab. 11.8: Bindungsdaten im Vergleich

Die Carbonyl-Gruppe wird am positivierten Kohlenstoff-Atom nucleophil angegriffen, sie reagiert als Verbindung mit Doppelbindung durch Addition. Als Nucleophile können Anionen und polare Moleküle mit freien Elektronenpaaren wirken. Nach Anlagerung des Nucleophils stabilisiert sich das entstandene Zwitterion durch intramolekulare Protonenwanderung. Durch Protonierung des Carbonylsauerstoffs wird die Positivierung des Carbonyl-Kohlenstoffatoms verstärkt, sodass viele nucleophile Additionen unter Säurekatalyse ablaufen.

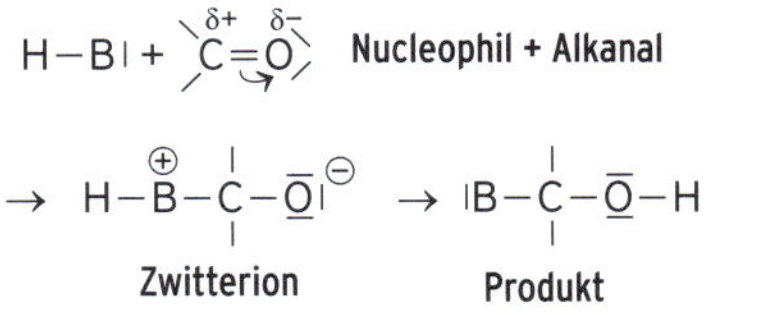

Abb. 11.9 Allgemeine Reaktionsgleichung

Durch Säurekatalyse wird die Reaktivität der Carbonyl-Gruppe durch Protonierung erhöht, das entstehende Carbenium-Ion wird noch leichter nucleophil angegriffen.	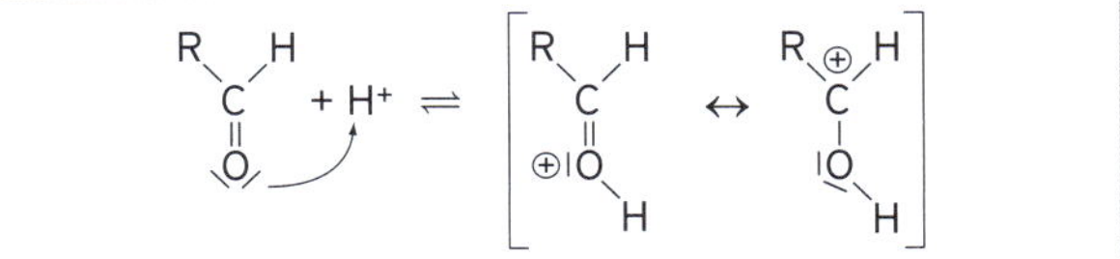
Nucleophiler Angriff des Alkohols mit einem freien Elektronenpaar seiner Hydroxyl-Gruppe und Addition. Durch Abspaltung von H$^+$ unter Rückgewinnung der Katalysatorsäure wird ein Halbacetal gebildet.	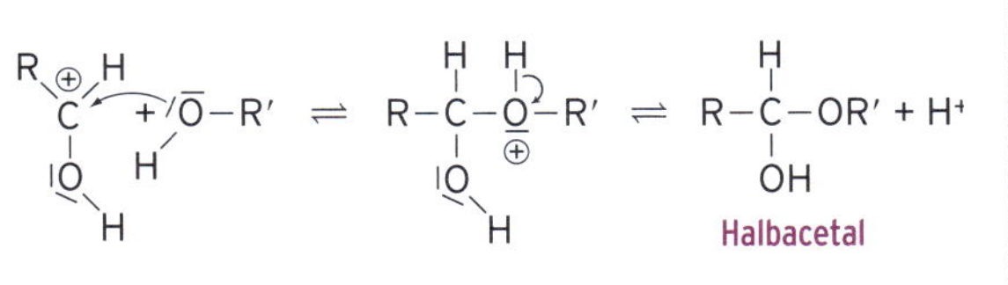
In einem weiteren Reaktionsschritt kann die OH-Gruppe des Halbacetals protoniert werden, die anschließende Wasserabspaltung und die Addition eines weiteren Alkoholmoleküls führt zum Acetal.	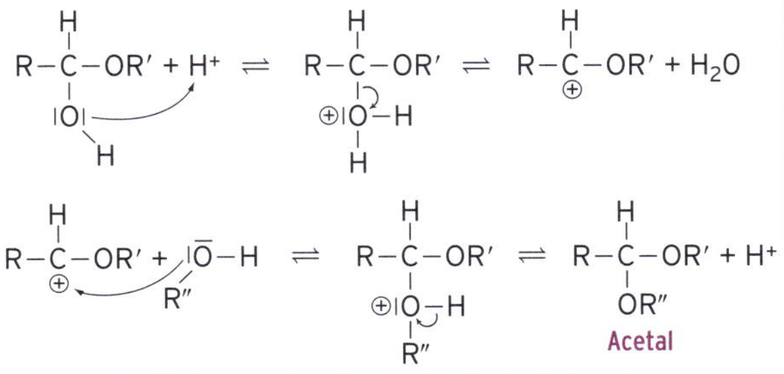

Tab. 11.9: Reaktionsmechanismus am Beispiel der Addition von Alkohol: Acetalbildung

Wissen

Aufgrund des positivierten C-Atoms der Carbonyl-Gruppe erfolgt der Angriff durch Nucleophile als Addition.

Weitere nucleophile Additionsreaktionen

① **Addition von Wasser: Hydratbildung**

Sauerstoff greift mit einem der beiden freien Elektronenpaare am positivierten C-Atom an, die Stabilisierung des entstandenen Zwitterions geschieht durch intramolekulare Protonenwanderung, es entsteht ein Hydrat mit zwei Hydroxyl-Gruppen am selben C-Atom.

Die nucleophile Addition von Wasser an die Carbonyl-Gruppe hat keine synthetische Bedeutung, da sich unter Wasserabspaltung rasch die stabile Carbonyl-Gruppe zurückbildet. Ein stabiles Hydrat bildet Chloralhydrat, da durch die Addition von Wasser die energetisch ungünstige Positivierung von benachbarten C-Atomen eingeschränkt wird.

② **Hydrogensulfit bzw. Sulfit**

Stoffe mit Carbonyl-Gruppe reagieren mit Hydrogensulfit oder mit Sulfit zu gut kristallisierenden Additionsprodukten. Dabei greift das Schwefelatom mit seinem freien Elektronenpaar nucleophil an und nicht etwa eines der Sauerstoffatome.

Vergleich der Reaktivität von Alkanalen und Alkanonen

Alkanone reagieren langsamer als Alkanale mit gleicher Anzahl an C-Atomen, da hier von beiden Seiten der +I-Effekt der Alkyl-Gruppen die Elektronen in Richtung des positivierten Kohlenstoffatoms schiebt, sodass die Positivierung abgeschwächt wird.

11.2.5 Oxidation und Reduktion von Carbonylverbindungen

Alkanale lassen sich mit milden Oxidationsmitteln wie z. B. der **FEHLING-Lösung** zu Carbonsäuren oxidieren. Ketone dagegen lassen sich durch milde Oxidationsmittel nicht oxidieren, mit starken nur unter Spaltung von Bindungen. Diese Tatsache nutzt man zur experimentellen Unterscheidung von Alkanalen und Alkanonen.

FEHLING-Lösung ist ein alkalisches Reagenz, welches Cu^{2+}-Ionen enthält. Das **FEHLING-Reagenz** dient als Nachweis für Aldehyde, es ist allerdings nicht spezifisch. In Anwesenheit eines Aldehyds entsteht ein roter Niederschlag von Cu_2O.

11.2 Verbindungen mit der Carbonyl-Gruppe: Alkanale, Alkanone

Eine weitere Nachweisreaktion erfolgt mit **TOLLENS-Reagenz**, einer ammoniakalischen Silbernitratlösung. Die Silber-Ionen werden zu metallischem Silber reduziert, das sich als Silberspiegel an der Innenseite des Reaktionsgefäßes abscheidet.

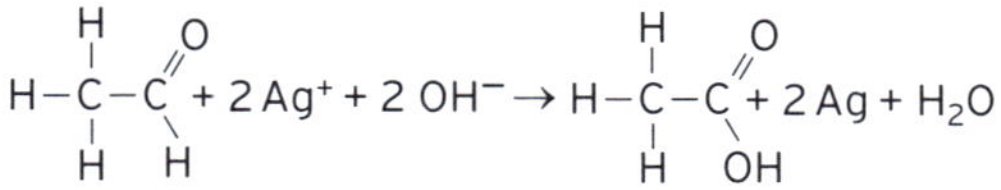

$$H-\overset{\overset{\displaystyle H}{|}}{\underset{\underset{\displaystyle H}{|}}{C}}-\overset{\displaystyle O}{C} + 2\,Ag^+ + 2\,OH^- \rightarrow H-\overset{\overset{\displaystyle H}{|}}{\underset{\underset{\displaystyle H}{|}}{C}}-\overset{\displaystyle O}{\underset{\displaystyle OH}{C}} + 2\,Ag + H_2O$$

Wissen

Zur Unterscheidung von Alkanalen und Alkanonen kann ihr unterschiedliches Verhalten gegenüber Oxidationsmitteln herangezogen werden: Nur Alkanale lassen sich durch FEHLING-Lösung oder durch TOLLENS-Reagenz oxidieren.

11.2.6 Isomerie bei Stoffen mit Carbonyl-Gruppe

Stellungs-Isomerie

Definition: Unterschiedliche Verknüpfungsstellen bei gleichen funktionellen Gruppen

Beispiel:

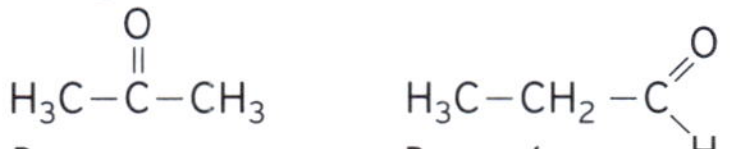

$$H_3C-\overset{\displaystyle O}{\overset{\|}{C}}-CH_3 \qquad H_3C-CH_2-\overset{\displaystyle O}{\underset{\displaystyle H}{C}}$$

Propanon   Propanal

Protonen-Isomerie, Keto-Enol-Tautomerie

Definition: Unterschiedliche Position eines Protons im Molekül. Carbonylverbindungen mit H-Atomen in α-Stellung können dieses H-Atom vom α-C- zum O-Atom der Carbonyl-Gruppe schieben.

Beispiel:

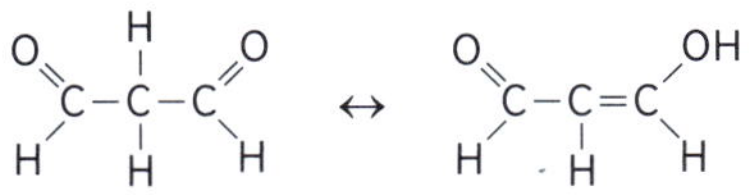

Keto-Form   Propandial   Enol-Form

$$CH_3-\overset{\displaystyle \hat{O}}{\overset{\|}{C}}-CH_3 \quad \leftrightarrow \quad H_2C=\overset{\displaystyle OH}{\underset{}{C}}-CH_3$$

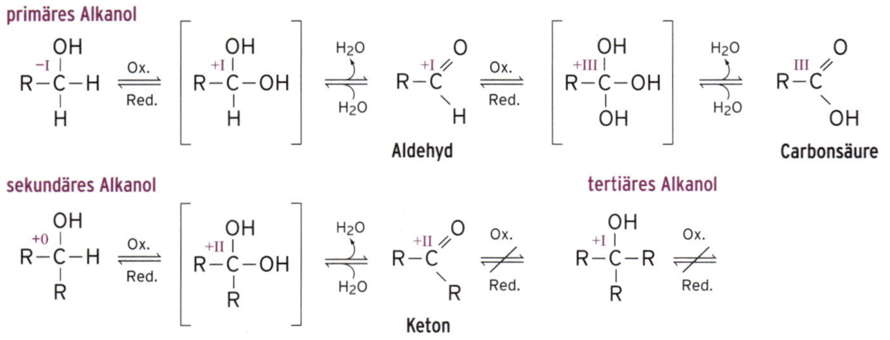

11 Sauerstoffhaltige organische Verbindungen

Abb. 11.10: Übersicht über das Oxidationsverhalten verschiedener sauerstoffhaltiger Verbindungen

---

Wissen

- Die funktionelle Gruppe ist die Carbonyl-Gruppe, wobei der doppelt gebundene Sauerstoff bei den Alkanalen am Rand-Kohlenstoffatom und bei den Alkanonen an einem sekundären Kohlenstoffatom sitzt.
- Alkanale entstehen als Oxidationsprodukt primärer Alkohole, Alkanone als Oxidationsprodukt sekundärer Alkohole.
- Die Carbonyl-Gruppe ist polar, das positivierte Carbonyl-C-Atom kann durch Nucleophile wie Alkohol oder Wasser angegriffen werden und reagiert mit Addition. Dabei reagieren Alkanale leichter als Alkanone.
- Alkanale können durch milde Oxidationsmittel an der Carbonyl-Gruppe zu Carbonsäuren oxidiert werden, dadurch lassen sie sich von Alkanonen unterscheiden. Als Nachweisreaktionen dienen die FEHLING-Probe und die Reaktion mit TOLLENS-Reagenz.

11.3 Verbindungen mit der Carboxyl-Gruppe: Carbonsäuren

Die funktionelle Gruppe der Carbonsäuren ist die Carboxyl-Gruppe, die sich formal aus einer Carbonyl- und einer Hydroxyl-Gruppe zusammensetzt.

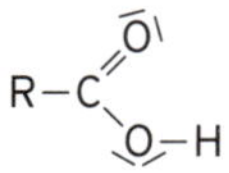

11.3.1 Nomenklatur

Aliphatische Carbonsäuren heißen auch **Alkansäuren**. Bei der Benennung wird an den Stammnamen des Alkans das Wort Säure angefügt. Enthält eine Säure zwei Carboxyl-Gruppen, wird dies durch die Silbe -di- gekennzeichnet: Alkandisäure, z. B. Ethandi-säure HOOC—COOH, trivial Oxalsäure und HOOC—CH_2—COOH Propandisäure, Malonsäure.

Bei aromatischen Carbonsäuren trägt der Benzolring mindestens eine Carboxyl-Gruppe, z. B. Benzoesäure.

Name nach IUPAC	Trivialname	Formel	Bedeutung
Methansäure	Ameisensäure	HCOOH	zur Konservierung, Desinfektion
Ethansäure	Essigsäure	CH_3COOH	als Essig, zur Herstellung von Kunstseide, Heilmittel
Propansäure	Propionsäure	C_2H_5COOH	Herstellung von Lösemitteln, Aromen, Kunststoffen
Butansäure	Buttersäure	C_3H_7COOH	entsteht beim Ranzigwerden von Fett
Benzoesäure	–	C_6H_5COOH	Konservierungsstoff
Hexadecansäure	Palmitinsäure	$C_{15}H_{31}COOH$	als Fettsäure in Fetten
Octadecansäure	Stearinsäure	$C_{17}H_{35}COOH$	als Fettsäure in Fetten
Aminoethansäure	Glycin	CH_2NH_2COOH	Baustein der Proteine
Aminopropansäure	Alanin	$CH_3CH_2NH_2COOH$	Baustein der Proteine
2-Hydroxypropansäure	Milchsäure	$CH_3CHOHCOOH$	Herstellung von Jogurt, Sauerkraut, Käse, Silofutter
Ethandisäure	Oxalsäure	HOOC—COOH	in Sauerklee und Rhabarber, zum Entfernen von Tinten- und Rostflecken, als Metallputzmittel
Propandisäure	Malonsäure	$HOOC—CH_2—COOH$	Herstellung von Barbituraten

Tab. 11.10: Übersicht über wichtige Carbonsäuren

11.3.2 Hybridisierungzustand und Bindung

Das C-Atom der Carboxyl-Gruppe ist sp^2-hybridisiert, die drei σ-Bindungen liegen in einer Ebene, der Winkel zwischen den Bindungen beträgt 120°. Eines der beiden Sauerstoffatome ist durch eine zusätzliche π-Bindung doppelt gebunden. Die Bindungslänge der C—O-Einfachbindung beträgt 143 pm, die der C=O-Doppelbindung 122 pm. Aufgrund der Elektronegativitätsdifferenz zwischen Kohlenstoff und Sauerstoff ist die Carboxyl-Gruppe stark polar.

11.3.3 Physikalische Eigenschaften

Siedetemperaturen: Carbonsäuren können durch Dimerisation untereinander zwei Wasserstoffbrücken ausbilden, sodass ihre Siedetemperaturen noch höher liegen als die von Alkoholen vergleichbarer Masse. Sie sind etwa doppelt so hoch wie bei Alkanen vergleichbarer Masse.

Löslichkeit: Wie bei den Alkoholen nimmt mit zunehmender Kettenlänge die Wasserlöslichkeit ab, nur die ersten vier Glieder der homologen Reihe sind unbegrenzt mit Wasser mischbar.

11.3.4 Säurestärke

Wässrige Lösungen der Carbonsäuren reagieren sauer, als korrespondierende Basen entstehen Carboxylat-Anionen.

Durch den –I-Effekt des Carbonyl-Sauerstoffs wird die Polarität der Bindung zwischen O- und H-Atom noch verstärkt, sodass Carbonsäuren viel stärker sauer sind als die Alkohole. Hinzu kommt, dass das entstandene Carboxylat-Ion durch Elektronendelokalisation sehr stabil ist.

Die Bindungslänge der beiden C—O-Bindungen ist gleich lang, sie beträgt jeweils 136 pm. Es liegt also weder eine Einfach- noch eine Doppelbindung vor, die negative Ladung ist gleichmäßig über die gesamte Gruppe verteilt. Man geht beim Mesomeriemodell von der Vorstellung aus, dass das p_z-Orbital des Kohlenstoffs mit den p_z- Orbitalen der beiden Sauerstoff-Atome überlappt. Das entstandene π-Orbital erstreckt sich über alle drei Atome, die π-Elektronen sind delokalisiert. Diese Delokalisation ist energetisch begünstigt, sodass das Carboxylat-Anion sehr stabil ist.

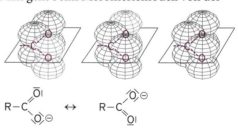

Abb. 11.11: Mesomere Formeln des Carboxylatanions

Überblick über Säurestärken

Monoalkansäuren

- Säurestärke: Alle Alkansäuren besitzen annähernd die gleiche Säurestärke mit Ausnahme der Methansäure, die mit einem pK_S-Wert von 3,7 eine recht starke Säure ist.
- Erklärung: Methansäure ist die einzige Säure ohne Alkyl-Gruppen, welche durch ihren +I-Effekt die Polarität der O—H-Bindung abschwächen.

Halogenalkansäuren

- Säurestärke: Halogenalkansäuren sind stärker sauer als die entsprechenden Alkansäuren.
  pK_S-Werte:
Fluorethansäure	2,66
Chlorethansäure	2,81
Bromethansäure	2,87
Iodethansäure	3,13

11.3 Verbindungen mit der Carboxyl-Gruppe: Carbonsäuren

- Erklärung: Die Halogensubstituenten polarisieren durch ihren –I-Effekt die Bindung zwischen Wasserstoff und Sauerstoff noch stärker. Die Polarisierung der O—H-Bindung ist um so stärker, je größer die Elektronegativität des betreffenden Halogen-Atoms ist.

Dicarbonsäuren

- Säurestärke: Sie ist höher als bei den Monocarbonsäuren.

  pK_S Ethansäure   4,76

  pK_S Ethandisäure   1,46

  Kurzkettige Dicarbonsäuren sind stärker sauer als langkettige.

  pK_S Ethandisäure   2,46

  pK_S Butandisäure   4,19

- Erklärung: Die beiden Carboxyl-Gruppen üben aufeinander einen –I-Effekt aus, wodurch die Polarität der O—H-Bindung verstärkt wird. Der –I-Effekt nimmt mit zunehmender Entfernung der beiden Carboxyl-Gruppen voneinander rasch ab.

Wissen

Substituenten mit +I-Effekt erniedrigen die Säurestärke, Substituenten mit –I-Effekt erhöhen sie.

11.3.5 Spiegelbildisomerie bei Hydroxycarbonsäuren

Einige Hydroxycarbonsäuren kommen in zwei Formen vor, die sich wie Bild und Spiegelbild verhalten. Moleküle mit solchen Eigenschaften bezeichnet man als **spiegelbildisomer** oder **chiral**. Spiegelbildisomere heißen auch Enantiomere. Die Spiegelbildisomerie der Milchsäure (Hydroxypropansäure) beruht darauf, dass das zweite C-Atome (C*) mit vier unterschiedlichen, tetraedrisch angeordneten Substituenten verbunden ist. Dieses Atom stellt ein Chiralitätszentrum dar und wird auch als asymmetrisches C-Atom bezeichnet.

Definition: Asymmetrische C-Atome sind mit vier unterschiedlichen Substituenten verbunden.

Um die unterschiedlichen Konfigurationen der beiden Spiegelbildisomeren darstellen zu können, verwendet man die Projektionsformeln nach FISCHER. Dabei ordnet man das Molekül zunächst so an, dass die C—C-Kette senkrecht mit dem am höchsten oxidierten C-Atom oben steht. Das asymmetrische C-Atom wird als in der Papierebene liegend angenommen. Die von diesem C-Atom ausgehenden C—C-Bindungen sollen hinter dieser Papierebene liegen, die C—H und die C—OH-Bindungen dagegen davor. Projiziert man nun alle vier Substituenten auf die Ebene, so erhält man für die C—C-Bindungen vertikale Bindungsstriche und für die C—H und C—OH-Bindungen horizontale.

Die beiden spiegelbildisomeren Formen der Milchsäure unterscheiden sich in der Anordnung der OH-Gruppe am chiralen C-Atom. Steht die OH-Gruppe in der FISCHER-Formel nach rechts, spricht man von der D-Milchsäure (lat. *dexter*: rechts), zeigt sie nach links, von der L-Form der Milchsäure (lat. *laevus*: links).

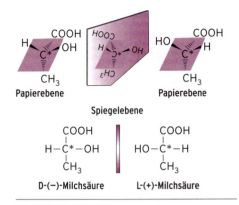

Abb. 11.12: Spiegelbildisomere Milchsäuren

Chirale Verbindungen sind **optisch aktiv**, das heißt sie drehen die Schwingungsebene von linear polarisiertem Licht. Man gibt die Drehrichtung durch die Vorzeichen + (nach rechts, im Uhrzeigersinn) und − (nach links, gegen den Uhrzeigersinn) an.

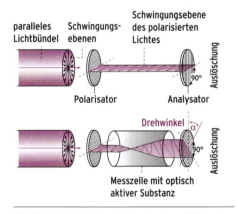

Abb. 11.13: Optisch aktive Substanz in einem Polarimeter

11.3.6 Chemische Reaktionen der Carbonsäuren: Veresterung

Bei der Reaktion von Carbonsäuren mit Alkoholen entstehen unter Abspaltung von Wasser Carbonsäureester (→ Tab. 11.11):

Säure + Alkohol ⇌ Ester + Wasser

$$R-C\overset{\overline{O}|}{\underset{|O-H}{}} + R'-\overline{O}|-H \underset{\text{Hydrolyse}}{\overset{\text{Veresterung}}{\rightleftharpoons}} R-C\overset{\overline{O}|}{\underset{|O-R'}{}} + \overset{H}{\underset{H}{\overline{O}}}$$

Carbonsäure Alkohol Ester Wasser

Veresterung und Esterspaltung (Esterhydrolyse) befinden sich in einem dynamischen Gleichgewichtszustand. Die Reaktionsgeschwindigkeit wird jedoch erst bei der Säurekatalyse nennenswert groß. Die funktionelle Gruppe der Ester ist die Ester-Gruppe.

1. Schritt: Die Reaktion beginnt mit einer Protonierung des Sauerstoff-Atoms der Carboxyl-Gruppe. Das entstandene Carbenium-Ion ist durch Mesomerie stabilisiert.	
2. Schritt: An das nun stark positivierte C-Atom der Carboxyl-Gruppe greift der Alkohol mit einem freien Elektronenpaar des Sauerstoffatoms seiner Hydroxyl-Gruppe nucleophil an. In einer Additionsreaktion entsteht ein Oxonium-Ion.	
3. Schritt: Das Proton der Hydroxyl-Gruppe des addierten Alkohols wandert intramolekular zur Hydroxyl-Gruppe der Säure. Anschließend erfolgt eine Eliminierung des Wasser-Moleküls.	
4. Schritt: Durch Abspalten eines H^+-Ions wird der Katalysator rückgebildet.	

Tab. 11.11: Reaktionsmechanismus der Veresterung

Nomenklatur der Ester und Bedeutung

- Dem Namen der Säure folgt der Alkylrest des Alkohols + -ester: Beispiel: Methansäure-ethylester oder
- Alkylrest des Alkohols + Salz der Carbonsäure: Beispiel: Ethylmethanoat.

Viele Ester kurzkettiger Alkansäuren haben einen angenehm fruchtigen Geruch und werden von daher als Fruchtaroma verwendet. Viele Ester finden als Lösungsmittel oder als Weichmacher von Kunststoffen Verwendung.

Esterhydrolyse = Verseifung

Die saure Esterhydrolyse entspricht der Rückreaktion der sauren Veresterung und führt daher sehr schnell zu einem Gleichgewichtszustand. Im Alkalischen dagegen lassen sich Ester quantitativ spalten. Da diese Reaktion auch bei der Esterspaltung von Fetten zur Gewinnung von Seifen angewendet wird, bezeichnet man sie auch als Verseifung, → Tab. 11.13.

Das Hydroxid-Ion greift am positivierten C-Atom des Esters nucleophil an, wobei gleichzeitig eine Bindung in Richtung des doppelt gebundenen Sauerstoffs verschoben wird.	$\underset{\delta+}{R'}\!\!-\!\!C\!\!-\!\!\overline{\underline{O}}\!\!-\!\!R'' + {}^{\ominus}\!|\overline{\underline{O}}\!\!-\!\!H \;\rightleftharpoons\; R'\!\!-\!\!C\!\!-\!\!\overline{\underline{O}}\!\!-\!\!R''$
Ein Alkoholat-Ion wird eliminiert.	$R'\!\!-\!\!C\!\!-\!\!\overline{\underline{O}}\!\!-\!\!R'' \;\rightleftharpoons\; R'\!\!-\!\!C \;+\; R''\!\!-\!\!\overline{\underline{O}}|^{\ominus}$
Das entstandene Alkoholat-Ion ist eine sehr starke Base (pK$_B$ des Ethanolat-Ions: – 2). Durch Protolyse nimmt das Alkoholat-Ion in einem praktisch irreversiblen Schritt ein Proton auf. Das dabei entstehende Carboxylat-Ion ist durch Mesomerie stabilisiert (→ Seite 170).	$R''\!\!-\!\!\overline{\underline{O}}|^{\ominus} + \;\;\overset{H-\overline{\underline{O}}|}{\underset{|\underline{O}}{C}}\!\!-\!\!R' \;\longrightarrow\; R''\!\!-\!\!OH + R'\!\!-\!\!C$

Tab. 11.13: Reaktionsmechanismus der Esterspaltung

Reaktivität von Carbonsäurederivaten und Carbonylverbindungen

Carbonsäurederivate erhält man, wenn man die Hydroxyl-Gruppe der Carboxyl-Gruppe durch andere Atome oder Atomgruppen ersetzt.

Carbonsäurehalogenide	$-\!\!\overset{|}{\underset{|}{C}}\!\!-\!\!C\overset{\overline{\underline{O}}}{\underset{\overline{\underline{Cl}}|}{}}$
Carbonsäureamide	$-\!\!\overset{|}{\underset{|}{C}}\!\!-\!\!C\overset{\overline{\underline{O}}}{\underset{NH_2}{}}$
Carbonsäureanhydride	$-\!\!\overset{|}{\underset{|}{C}}\!\!-\!\!C\overset{\overline{\underline{O}}}{\underset{\underline{O}}{}}$ $-\!\!\overset{|}{\underset{|}{C}}\!\!-\!\!C\overset{\overline{\underline{O}}}{\underset{\underline{O}}{}}$
Carbonsäureester	$R_1\!\!-\!\!C\overset{\overline{\underline{O}}}{\underset{\overline{\underline{O}}-R_1}{}}$

Tab. 11.12: Beispiele von Carbonsäurederivaten

Durch den Besitz eines doppelt gebundenen Sauerstoff-Atoms mit großer Elektronegativität trägt das Carbonyl- bzw. Carboxyl-Kohlenstoff-Atom eine positive Partialladung. An dieser Stelle erfolgen nucleophile Angriffe, die zu einer Addition führen. Während Carbonsäuren nur langsam mit Nucleophilen reagieren, ist die Reaktionsbereitschaft verschiedener Carbonsäurederivate höher. Bei gleichbleibendem Rest R hängt die Reaktivität der Carbonyl-Gruppe davon ab, welche weiteren Atome bzw. Atomgruppen an das Carbonyl-

11.3 Verbindungen mit der Carboxyl-Gruppe: Carbonsäuren

Kohlenstoff-Atom gebunden sind. Der nucleophile Angriff wird um so mehr begünstigt, je geringer die Elektronendichte am Carbonyl-Kohlenstoff-Atom und um so stärker dadurch seine positive Partialladung ist. Stark elektronegative Substituenten erhöhen somit die Reaktivität. Carboxylat-Anionen besitzen wegen der Mesomeriestabilisierung und der hohen Elektronendichte praktisch keine Carbonyl-Reaktivität. In der → Abb. 11.14 sind einige Beispiele aufgeführt und nach abnehmender Reaktivität geordnet.

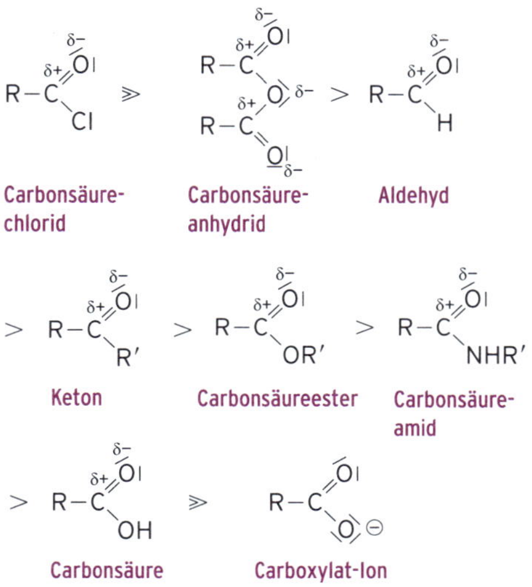

Abb. 11.14: Abnehmende Reaktivität

Zusammenfassung

- Die funktionelle Gruppe der Carbonsäuren ist die Carboxyl-Gruppe.
- Carbonsäuren sind Oxidationsprodukte von primären Alkoholen über Alkanale.
- Die Säurestärke beruht auf der stärkeren Polarität der Bindung zwische O und H und auf der Mesomeriestabilisierung des entstandenen Anions.
- Eine charakteristische Reaktion der Carbonsäuren ist die Veresterung mit Alkoholen, dabei entstehen in einer Gleichgewichtsreaktion Ester und Wasser.
- Die Esterspaltung nennt man auch Verseifung.
- Carbonsäurederivate erhält man durch Ersatz der Hydroxyl-Gruppe durch andere Atome oder Atomgruppen.

11.4 Allgemeine Übersicht über Reaktionsmechanismen

11.4.1 Einteilung nach der Art des angreifenden Teilchens

angreifendes Teilchen	Kennzeichen	Beispiele	Angriffsort
Radikal	Teilchen mit einem ungepaarten Elektron	Halogen-Atome	Radikale sind so reaktiv, dass sie am C-Atom jeder organischen Verbindung angreifen können.
Nucleophil	Teilchen mit negativer Ladung oder negativer Partialladung	Cl^--Ion, O-Atom im Wasser	Nucleophile Teilchen greifen den Reaktionspartner an Zentren positiver Ladung an, z. B. am C-Atom eines Carbenium-Ions.
Elektrophil	Teilchen mit positiver Ladung oder positiver Partialladung	Br^+-Ion, CH_3Br	Elektrophile Teilchen greifen den Reaktionspartner an Zentren negativer Ladung an, z. B. an den π-Elektronen von Doppelbindungen oder von Benzol.

11.4.2 Überblick über Reaktionstypen

Eliminierung: Aus gesättigten Molekülen werden Atome abgespalten, sodass ungesättigte Verbindungen entstehen.	
Reaktionsverlauf	**Beispiel**
Aus einem protonierten Alkohol-Molekül bildet sich unter Wasserabspaltung ein Carbenium-Ion, das unter Abspaltung eines Protons eine Doppelbindung ausbildet.	

Addition: Atome oder Atomgruppen werden an organische Moleküle mit Mehrfachbindung (ungesättigte Verbindungen) angelagert. Dabei werden Einfachbindungen gebildet, aus π-Bindungen werden σ-Bindungen.		
Einteilung nach Art des angreifenden Teilchens	Elektrophile Addition	Nucleophile Addition
Angriffsort	an C=C-Doppelbindungen in Alkenen und an C≡C-Dreifachbindungen in Alkinen	an die C=O-Doppelbindung der Carbonyl-Gruppe.
Reaktionsweise	Durch Anlagerung des Elektrophils an die π-Bindung entsteht ein Carbenium-Ion. Dieses stabilisiert sich durch die Anlagerung eines nucleophilen Teilchens	Der nucleophile Angriff erfolgt an das positivierte C-Atom der Carbonyl-Gruppe, welches in Gegenwart von H^+-Ionen ein Carbenium-Ion bildet. Die Stabilisierung erfolgt oft in einem zweiten Schritt durch intramolekulare Protonenwanderung

Beispiel	Addition von HCl an Ethen	Addition von NH$_3$ an Ethanal

Substitution: Bei Substitutionen werden Atome oder Atomgruppen in einem organischen Molekül durch andere Atome oder Atomgruppen ersetzt.

Einteilung nach Art des angreifenden Teilchens	nucleophile Substitution	elektrophile Substitution	radikalische Substitution
Angriffsort	am positivierten Kohlenstoff-Atom polarer Verbindungen wie z. B. Halogenalkane, Alkanole	am delokalisierten π-Elektronensystem aromatischer Moleküle	an C—H-Bindungen
Reaktionsweise	Das angreifende Nucleophil bildet mit dem positivierten C-Atom eine Bindung aus. Gleichzeitig wird die Bindung zwischen dem C-Atom und seinem elektronegativeren Bindungspartner heterolytisch gespalten.	Das Elektrophil tritt mit dem π-Elektronensystem des Rings in Wechselwirkung. Intermediär wird dabei der aromatische Zustand durch Bildung eines σ-Komplexes aufgelöst. Die Rearomatisierung erfolgt durch Abspaltung eines Protons.	Durch Licht und Wärme werden Halogene homolytisch in Radikale gespalten. Die Wasserstoff-Atome von C—H-Bindungen werden nun durch Halogen-Atome ersetzt.
Beispiel:	Reaktion von CH$_3$F mit OH$^-$	Methylierung von Benzol	Chlorierung von Methan

11 Sauerstoffhaltige organische Verbindungen

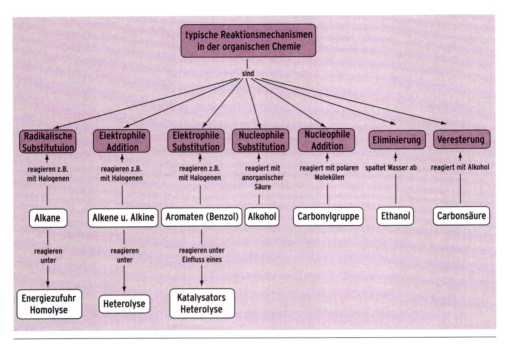

Abb. 11.15: Übersicht: typische Reaktionsmechanismen

12 Stickstoffhaltige organische Verbindungen

Basiskonzepte: Struktur-Eigenschafts- und Donator-Akzeptor-Konzept

Stickstoffhaltige organische Verbindungen besitzen funktionelle Gruppen, die Stickstoffatome enthalten wie

- die Amino-Gruppe ($-NH_2$) bei primären Aminen, Aminocarbonsäuren und Anilin,
- die primäre Carbonsäureamid-Gruppe ($-CO-NH_2$) bei Carbonsäureamiden und
- die Nitro-Gruppe ($-NO_2$) bei aliphatischen und aromatischen Nitroverbindungen.

Die Kohlenstoff-Stickstoff- sowie die Stickstoff-Wasserstoff- und auch die Stickstoff-Sauerstoff-Atombindung sind **polar**. Daher können als zwischenmolekulare Wechselwirkungen bei stickstoffhaltigen organischen Verbindungen Dipol-Dipol-Wechselwirkungen, aber auch Wasserstoffbrückenbindungen wie beispielsweise bei flüssigem Methylamin auftreten. Bei der Aminosäure Glycin, die in wässriger Lösung oder im festen Aggregatszustand als **Zwitterion** vorliegt, treten Ionenbindungen im Ionengitter und Ion-Dipolwechselwirkungen in wässriger Lösung auf. Deswegen haben diese kleinen Moleküle als Stoffeigenschaft eine gute Wasserlöslichkeit.

Aus den genannten Gründen unterscheiden sich stickstoffhaltige organische Verbindungen von Kohlenwasserstoffen auf der Stoffebene durch höhere Siede- und Schmelztemperaturen. Aufgrund der aufgezeigten Beziehungen zwischen Molekülbau und Stoffeigenschaften hat das **Struktur-Eigenschafts-Konzept** bei stickstoffhaltigen organischen Verbindungen eine Leitfunktion.

Wegen ihrer polaren stickstoffhaltigen funktionellen Gruppen sind diese Verbindungen in der Regel auch reaktionsfreudiger als Kohlwasserstoffe. Zum Beispiel lässt sich die Nitro-Gruppe im Nitrobenzol in einer **Redoxreaktion** zur Amino-Gruppe umwandeln, wobei Anilin entsteht. Daher spielt das **Donator-Akzeptor-Konzept** neben dem Struktur-Eigenschafts-Konzept ebenfalls eine große Rolle — nicht zuletzt auch unter dem Aspekt des **Protonenübergang**s: Die Amino-Gruppe wie beispielsweise beim Methylamin kann Protonen aufnehmen, also als Base fungieren.

Merke: Aufgrund ihrer stickstoffhaltigen funktionellen Gruppen haben stickstoffhaltige organische Verbindungen stärkere zwischenmolekulare Wechselwirkungen auf der Teilchenebene, damit als Stoffeigenschaften beispielsweise höhere Schmelz- und Siedetemperaturen und eine größere Reaktionsfreudigkeit als Kohlenwasserstoffe.

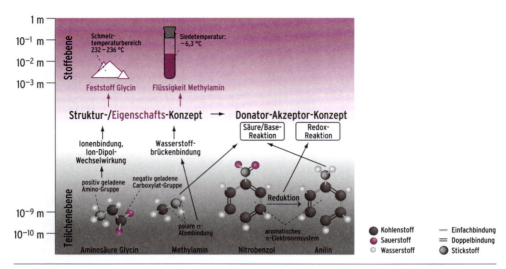

Abb. 12.1: Das Struktur-Eigenschafts-Konzept und das Donator-Akzeptor-Konzept bei stickstoffhaltigen organischen Verbindungen

12.1 Amine

Formal sind **Amine** Substitutionsprodukte des Ammoniaks, bei dem ein oder mehrere H-Atome durch aliphatische oder aromatische Reste ersetzt sind.

Nomenklatur

An den Namen des entsprechenden Alkylrestes wird das Wort -amin angehängt. Je nach Anzahl der ersetzten H-Atome unterscheidet man zwischen primären, sekundären und tertiären Aminen.

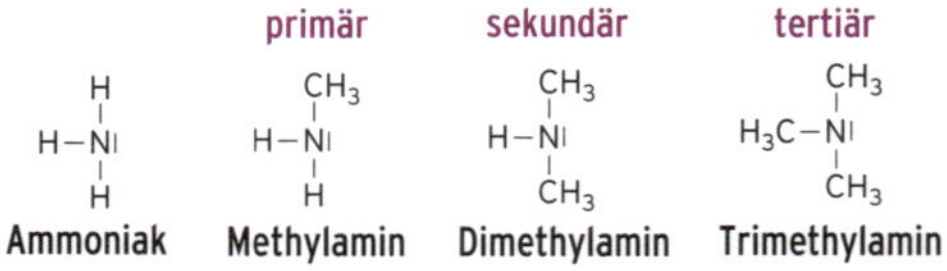

Abb. 12.2: Beispiele für Amine

Stoffklasse	Amine		Säureamide	Nitroverbindungen	Aminosäuren
	aliphatisch	aromatisch			
Beispiel	Methylamin	Anilin	Harnstoff	Nitrobenzol	Aminoethansäure, (Glycin)
	H₃C — NH₂	⌬–NH₂	H₂N–C(=O)–NH₂	⌬–NO₂	NH₂–CH–COOH

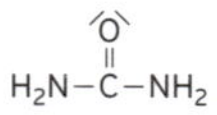

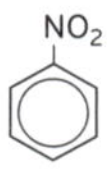

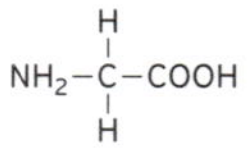

Tab. 12.2: Überblick über die wichtigsten N-haltigen Stoffklassen

Eigenschaften einiger Amine

Aliphatische Amine sind aufgrund der recht großen **Elektronegativität** des Stickstoff-Atoms polar, ihre Siedetemperaturen sind höher als die von Alkanen vergleichbarer Masse, da sie (außer bei tertiären Aminen) Wasserstoffbrücken ausbilden können. Sie sind giftig und haben einen stechenden fischartigen Geruch. Der typische Geruch von Seefisch und Hummer wird durch Dimethylamin und Trimethylamin verursacht.

Aminobenzol (Anilin) ist eine farblose, ölige Flüssigkeit mit unangenehmem Geruch. Es ist ein starkes Blut- und Nervengift und steht im Verdacht, Krebs zu erregen.

Basizität der Amine

Amine reagieren wie Ammoniak mit Wasser als BRÖNSTED-Base, wobei sie mit dem freien Elektronenpaar ein Proton aufnehmen können. Dabei entsteht ein Methylammonium-Kation.

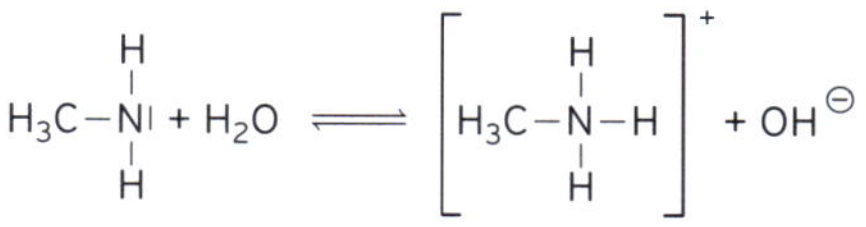

$$H_3C-\overset{\overset{\displaystyle H}{|}}{\underset{\underset{\displaystyle H}{|}}{N}}I + H_2O \rightleftharpoons \left[H_3C-\overset{\overset{\displaystyle H}{|}}{\underset{\underset{\displaystyle H}{|}}{N}}-H \right]^+ + OH^\ominus$$

Die Amine haben eine umso größere Basenstärke, je besser das freie Elektronenpaar zur Bindung zur Verfügung gestellt werden kann. Die Alkylsubstituenten bewirken durch ihren +I-Effekt eine Erhöhung der Ladungsdichte am Stickstoff-Atom, was die Aufnahme eines Protons begünstigt. Die Basenstärke nimmt in der Reihenfolge NH_3 < primäres Amin < sekundäres Amin zu. Eine Ausnahme bilden die tertiären Amine, die sehr schwache Basen sind. Der Grund liegt darin, dass das durch Protonenaufnahme gebildete Alkylammonium-Ion in Wasser nur sehr schwer hydratisiert werden kann und von daher instabil ist.

Verbindung	pK_B-Wert
NH_3	4,75
CH_3NH_2	3,36
$(CH_3)_2NH$	3,29
$(CH_3)_3N$	4,26

Tab. 12.1: pK_B-Werte verschiedener Amine

Anilin ist eine sehr schwache Base ($pK_B = 9,4$), da sich das freie Elektronenpaar des Stickstoffs an der Delokalisation der π-Elektronen des Rings beteiligt. Die Elektronendichte des Stickstoff-Atoms ist dadurch so weit gesenkt, dass die Protonenaufnahme erschwert ist.

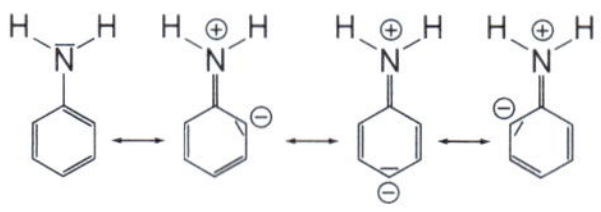

Abb. 12.3: Mesomere Grenzformeln von Anilin

Wissen

Der Basencharakter von Anilin ist geringer als der von Ammoniak oder von Aminen.

Nucleophile Reaktionen

Aliphatische Amine gehen mit Halogenalkanen nucleophile Substitutionsreaktionen ein.

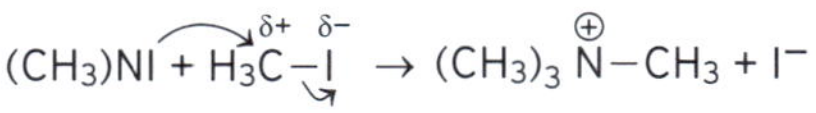

$$(CH_3)NI + H_3C-\overset{\delta+}{\underset{}{}}\overset{\delta-}{I} \rightarrow (CH_3)_3 \overset{\oplus}{N}-CH_3 + I^-$$

12 Stickstoffhaltige organische Verbindungen

Dabei erhält man z. B. aus tertiären Aminen quartäre Ammoniumsalze, wie hier aus der Reaktion von Trimethylamin mit Iodmethan. Anilin kann wie Benzol elektrophile Substitutionsreaktionen durchführen. Da das freie Elektronenpaar des Stickstoff-Atoms an der **Mesomerie** beteiligt ist und dadurch die Elektronendichte im Kern erhöht, verläuft die Reaktion besser als bei Benzol.

12.2 Aminosäuren, Aminocarbonsäuren

Ersetzt man bei den Carbonsäuren ein oder mehrere H-Atome der Alkyl-Gruppe durch die Amino-Gruppe $-NH_2$, erhält man **Aminosäuren**. Bei den sogenannten α-Aminosäuren sitzt die Amino-Gruppe stets am unmittelbar zur Carboxyl-Gruppe benachbarten C-Atom; nur sie sind Bausteine der Proteine. In ihnen sind die Aminosäuren unter Wasserabspaltung durch Ausbildung von Peptidbindungen miteinander zu Peptidketten verknüpft. Am Aufbau von Proteinen sind 20 verschiedene Aminosäuren beteiligt.

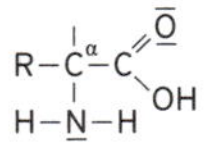

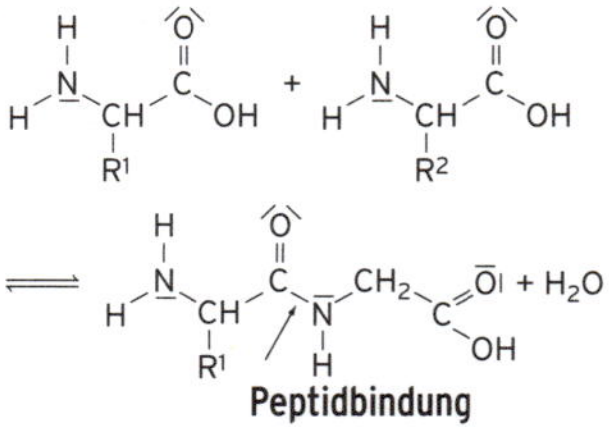

Abb. 12.4: Bildung eines Dipeptids

Säure/Base-Eigenschaften von Aminosäuren

Die ungeladene Form einer Aminosäure existiert praktisch nicht. Sowohl in festem Zustand wie auch in wässriger Lösung sind die funktionellen Gruppen der Aminosäuren geladen: Durch den gleichzeitigen Besitz einer Ammoniumgruppe ($-NH_3^+$) und einer Carboxylat-Gruppe ($-COO^-$) sind Aminosäuren Zwitterionen. Aus diesem Grund haben Aminosäuren hohe Schmelztemperaturen, oft werden sogar die Aminosäuren unter Spaltung ihrer Atombindungen vor Erreichen der Schmelztemperatur zersetzt. In Kristallen und in Lösung liegen Aminosäuren als **Zwitterionen** vor. Das Zwitterion kann als Säure oder als Base reagieren. Aminosäuren besitzen daher Ampholyt-charakter mit Puffereigenschaften.

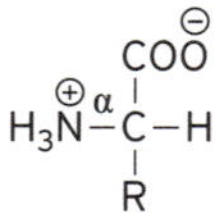

In Abhängigkeit vom pH-Wert der Lösung entstehen Kationform und Anionform: In stark sauren Lösungen liegt praktisch nur die Kationform vor, bei hohen pH-Werten tritt nur die Anionform auf. Bei einem bestimmten pH-Wert, dem **isoelektrischen Punkt,** liegt ausschließlich das Zwitterion vor. Dieses wandert nicht im elektrischen Feld.

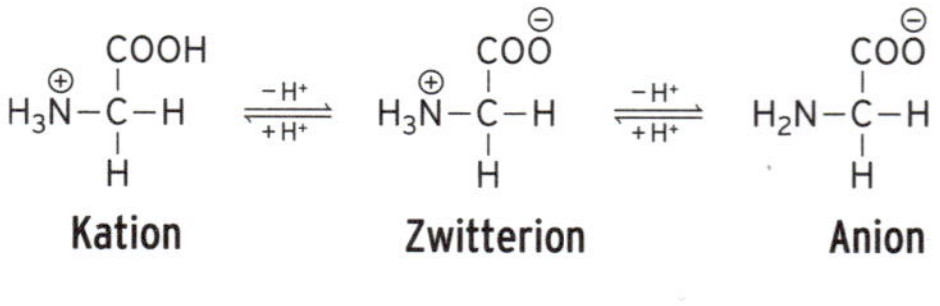

Wissen: Isoelektrischer Punkt

Der isoelektrische Punkt ist der pH-Wert, bei dem die Aminosäure als Zwitterion vorliegt und nicht im elektrischen Feld wandert.

12.3 Säureamide

Säureamide sind Derivate von Carbonsäuren bzw. der Kohlensäure, bei denen die Hydroxyl-Gruppe durch eine Amino-Gruppe ersetzt ist.

Allgemeine Formel:

$$R-C\overset{\displaystyle \overline{O}|}{\underset{NH_2}{\diagdown}}$$

Beispiel: Harnstoff, das Diamid der Kohlensäure:

$$H_2N-\overset{O}{\overset{\|}{C}}-NH_2$$

Die Aminosäuren lassen sich nach der Polarität ihrer organischen Reste R in vier Gruppen einteilen:

Gruppe I: Aminosäuren mit unpolarem Rest R	Glycin (Gly) pH(I) = 5,97	Alanin (Ala) pH(I) = 6,02	Valin (Val)* pH(I) = 5,97	
	Leucin (Leu)* pH(I) = 5,98	Isoleucin (Ile)* pH(I) = 6,02	Prolin (Pro) pH(I) = 6,3	Phenylalanin (Phe)* pH(I) = 5,48
Gruppe II: Aminosäuren mit polarem Rest R	Cystein (Cys) pH(I) = 5,02	Methionin (Met)* pH(I) = 5,06	Serin (Ser)* pH(I) = 5,68	Threonin (Thr)* pH(I) = 5,60
	Tyrosin (Tyr) pH(I) = 5,67	Asparagin (Asn) pH(I) = 5,41	Glutamin (Gln) pH(I) = 5,70	Tryptophan (Try)* pH(I) = 5,88
Gruppe III: saure Aminosäuren	Asparaginsäure (Asp) pH(I) = 3,0	Glutaminsäure (Glu) pH(I) = 3,2		

Gruppe IV: basische Aminosäuren	COO$^{\ominus}$ H$_3$$\overset{\oplus}{N}$–C–H CH$_2$ CH$_2$ CH$_2$ CH$_2$ NH$_2$ Lysin (Lys)* pH(I) = 9,74	COO$^{\ominus}$ H$_3$$\overset{\oplus}{N}$–C–H CH$_2$ CH$_2$ CH$_2$ N–C–NH$_2$ H NH Arginin (Arg) pH(I) = 10,76	COO$^{\ominus}$ H$_3$$\overset{\oplus}{N}$–C–H CH$_2$ N===C HC CH N H Histidin (His) pH(I) = 7,59

Tab. 12.3: Einteilung der Aminosäuren; pH(I)= pH am isoelektrischen Punkt; * = essentielle Aminosäuren

12.4 Nitroverbindungen

Nitroverbindungen sind Derivate aliphatischer oder aromatischer Kohlenwasserstoffe mit einer oder mehreren Nitrogruppen im Molekül. Einige der bekanntesten sind in → Tab. 12.4 aufgelistet.

	Nitrobenzol	2,4,6-Trinitro-phenol	2,4,6-Trinitrotoluol	Trisalpetersäure-glycerinester
Trivialname		Pikrinsäure	TNT	Nitroglycerin
Verwendung	Herstellung von Anilin	Sprengstoff	Sprengstoff	Sprengstoff
Formel	NO_2 (Benzolring)	OH, O_2N, NO_2, NO_2 (Benzolring)	CH_3, O_2N, NO_2, NO_2 (Benzolring)	$H_2C-O-NO_2$ $HC-O-NO_2$ $H_2C-O-NO_2$

Tab. 12.4: Übersicht über einige wichtige Nitroverbindungen

Zusammenfassung

- Amine sind Substitutionsprodukte des Ammoniaks, bei dem ein oder mehrere H-Atome durch aliphatische oder aromatische Reste ersetzt sind.
- Je nach Anzahl der ersetzten H-Atome unterscheidet man zwischen primären, sekundären und tertiären Aminen.
- Amine reagieren als BRÖNSTED-Base, wobei sekundäre Amine stärkere Basen sind als primäre, Anilin ist noch schwächer.
- Die in den Proteinen vorkommenden Aminosäuren sind a-Aminosäuren, da die Aminogruppe am C-Atom direkt neben der Carboxyl-Gruppe sitzt.
- Am isoelektrischen Punkt liegen Aminosäuren ausschließlich als Zwitterionen vor.
- Bei den Säureamiden ist die OH-Gruppe der Carboxyl-Gruppe durch eine Aminogruppe ersetzt.
- Nitroverbindungen enthalten eine oder mehrere Nitrogruppen im Molekül, viele Nitroverbindungen dienen als Sprengstoff.

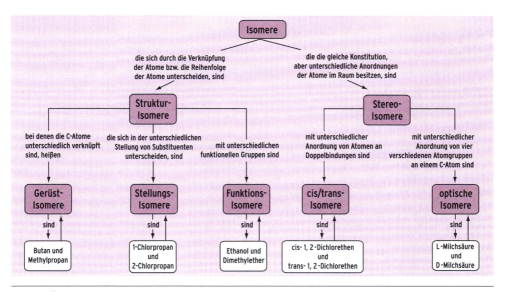

Abb. 12.5: Überblick „Isomerie-Arten"

13 Naturstoffe

Basiskonzept: Struktur-Eigenschafts-Beziehungen

Zu den Naturstoffen zählen Verbindungen wie Kohlenhydrate, Fette und Proteine. Wie bei allen anderen organischen Verbindungen sind Strukturmerkmale auf der Teilchenebene wie Bau des Kohlenstoffgerüsts und funktionelle Gruppen ausschlaggebend für die Eigenschaften der Naturstoffe. Aus diesen Gründen ist das **Struktur-Eigenschafts-Prinzip** hier Leitkonzept.

- **Kohlenhydrate** wie Glucose, Saccharose oder Stärke sind aus Kohlenstoff-, Wasserstoff- und Sauerstoff-Atomen aufgebaut, wobei Kohlenstoff-, *Wasserstoff*- und *Sauerstoff*atome im Zahlenverhältnis $1:2:1$ vorliegen. Das ist auch der Grund, warum sich bei Kohlenhydraten an fast jedem Kohlenstoffatom sauerstoffhaltige polare funktionelle Gruppen, hauptsächlich Hydroxyl-Gruppen befinden, die Wasserstoffbrückenbindungen ausbilden. Daher zeichnet sich diese Stoffgruppe durch gute Wasserlöslichkeit und relativ hohe Schmelztemperaturen aus.

- **Fett**-Moleküle sind Ester aus langkettigen Carbonsäuren und Glycerin. Ist der Carbonsäure-Anteil ungesättigt, ist die Verbindung bei Zimmertemperatur flüssig und man spricht von einem Öl. Da die polare Ester-Gruppe im Vergleich zu den langkettigen unpolaren Kohlenwasserstoff-Resten einen relativ geringen baulichen Anteil am Fett-Molekül hat, sind Fettmoleküle insgesamt relativ unpolar und Fette als Stoff wasserunlöslich.

- **Proteine** bestehen aus Aminosäure-Bausteinen, die über polare Peptidbindungen miteinander verknüpft sind. Für die Wasserlöslichkeit eines Proteins sind aber nicht die Peptidbindungen sondern weitgehend die Seitenketten der Aminosäure entscheidend. Kommen in den Seitenketten der Aminosäuren eines Proteins vorwiegend polare funktionelle Gruppen wie geladene Amino- oder Carboxyl-Gruppen vor, hat das Protein als Stoffeigenschaft eine gute Wasserlöslichkeit. Sind die Seitenketten unpolar, ist das Protein schlecht wasserlöslich.

- **Makromolekulare** Kohlenhydrate wie Stärke und Zellulose bestehen aus Tausenden von Glucose-Molekülen. Proteine sind als **Makromoleküle** ebenfalls aus einer Vielzahl von Aminosäuren zusammengesetzt, die sich durch ihre Seitenketten unterscheiden. Aufgrund der zahlreichen polaren funktionellen Gruppen dieser Makromoleküle treten starke zwischenmolekulare Wechselwirkungen auf, die sogar stärker als die Atombindungskräfte innerhalb der Makromoleküle sind. Daher sind diese Verbindungen als Reinstoffe bei Raumtemperatur fest und zersetzen sich in der Regel schon beim Schmelzen.

Merke: Bau des Kohlenstoffgerüsts und funktionelle Gruppen sind als Strukturmerkmale bestimmend für die Eigenschaften von Naturstoffen.

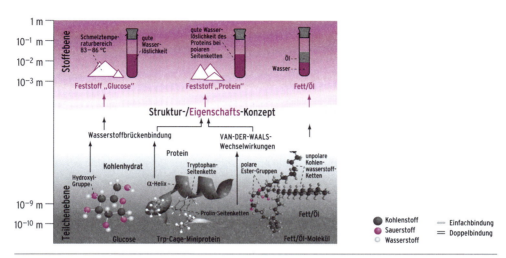

Abb. 13.1: Das Struktur-Eigenschafts-Beziehungen als Leitkonzept bei Naturstoffen. Das Trp-Cage-Miniproteine ist das kleinste bekannte Protein aus natürlichen Aminosäuren, das sich von selbst zu einer Tertiärstruktur auffaltet.

13.1 Kohlenhydrate

Kohlenhydrate bestehen neben Kohlenstoff aus Sauerstoff und Wasserstoff, die in der Regel im Verhältnis 1:2 stehen, sodass ihre allgemeine Summenformel $C_nH_{2n}O_n$ lautet. Kohlenhydrate werden in Monosaccharide, Oligosaccharide (bestehend aus zwei bis zehn Monosacchariden) und Polysaccharide (mit mehr als zehn Monosacchariden als Bausteine) eingeteilt.

13.1.1 Monosaccharide

Monosaccharide können formal als Oxidationsprodukte der mehrwertigen Alkohole aufgefasst werden: Oxidation an einem primären C-Atom führt zu einer **Aldose**, an einem sekundären C-Atom zu einer **Ketose**.
Die Einteilung der Monosaccharide erfolgt nach der Anzahl der Kohlenstoffatome im Molekül: **Hexosen** bestehen aus sechs C-Atomen, **Pentosen** aus fünf, Tetrosen aus vier und Triosen aus drei C-Atomen.

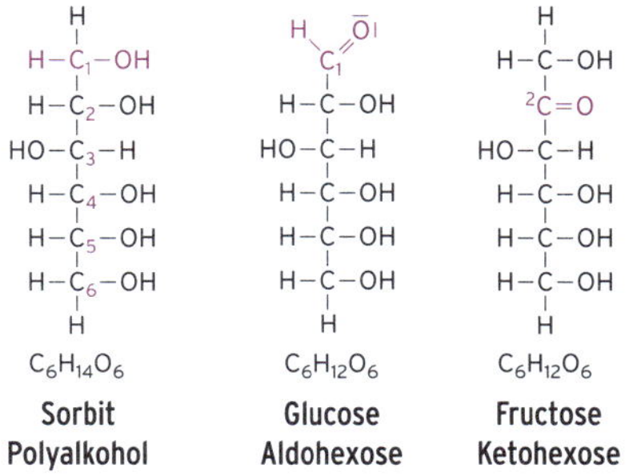

Abb. 13.2: Oxidationsprodukte von Polyalkoholen

a) Glucose

Glucose ($C_6H_{12}O_6$, Traubenzucker) besitzt eine Aldehydgruppe und fünf Hydroxylgruppen. Vier der C-Atome der Glucose sind jeweils mit vier verschiedenen Atome oder Atomgruppen verbunden (C*), man bezeichnet sie als asymmetrische C-Atome, sie stellen ein Chiralitätszentrum ($\rightarrow$ Seite 171 f.) dar.

Kettenformel (FISCHER-Projektionsformel)

Die Struktur der Glucose lässt sich als Kette oder als Ring darstellen. In der Kettenform steht das C-Atom mit der höchsten Oxidationszahl (Carbonyl-Gruppe) oben. Ein asymmetrisches C-Atom liegt in der Zeichenebene; die mit ihm nach oben und unten verbundenen Atome liegen hinter der Zeichenebene; die nach links und rechts verbundenen Atome liegen vor der Zeichenebene.

Der natürlich vorkommende Zucker heißt D-Glucose:
Die OH-Gruppe am asymmetrischen C-Atom, das von der Carbonyl-Gruppe am weitesten entfernt steht, zeigt in der FISCHER-Projektionsformel nach rechts. In der L-Glucose zeigt sie nach links.

D-Glucose und L-Glucose sind Spiegelbild-Isomere (**Enantiomere**): Sie verhalten sich wie Bild und Spiegelbild und können nicht durch Drehung ineinander überführt werden.

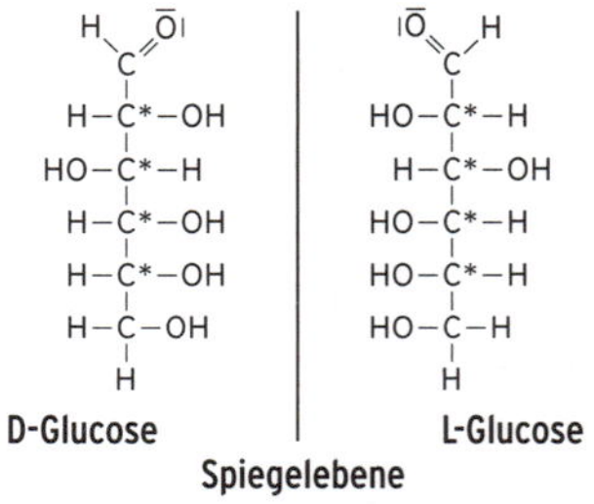

Abb. 13.3: D- und L-Glucose in der FISCHER-Projektion

Polarisiertes Licht wird von D-Glucose um einen bestimmten Winkel gedreht. Im Polarimeter liest man einen positiven Drehwinkel ab. Man bezeichnet daher die natürlich vorkommende Glucose als D(+)-Glucose.

Ringformel (HAWORTH-Formel)

Durch Reaktion der Carbonyl-Gruppe am C-1-Atom mit der OH-Gruppe am C-5-Atom kommt es zum Ringschluss. Da das Produkt einer Reaktion zwischen einer Aldehyd-Gruppe und einer OH-Gruppe als **Halbacetal** bezeichnet wird, nennt man den entstandenen Ring Halbacetalform: Das C-1-Atom und das C-5-Atom sind über eine Sauerstoffbrücke verbunden. Da diese Struktur dem Pyran entspricht, nennt man die Ringstruktur Pyranose. Substituenten, die in der FISCHER-Projektionsformel nach rechts zeigen, werden in der HAWORTH-Formel nach unten gezeichnet, die nach links stehenden nach oben.

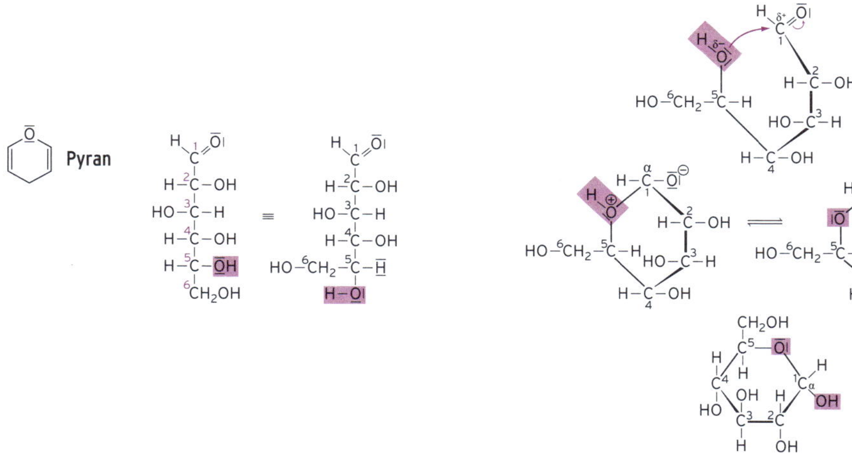

13.1 Kohlenhydrate

Abb. 13.4: Ringschluss bei Glucose

Durch den Ringschluss wird das Carbonyl-C der Glucose asymmetrisch, sodass man zwei Stereoisomere unterscheiden kann: Bei der α-Glucose zeigt die halbacetalische OH-Gruppe am C-1-Atom nach unten, bei der β-Glucose zeigt sie nach oben.

Die HAWORTH-Ringform gibt diese Struktur nur annähernd wieder. Tatsächlich ist der Ring sesselförmig.

In wässeriger Glucose-Lösung liegt ein chemisches Gleichgewicht zwischen der offenen Kettenform und den beiden Ringformen vor: 36 % der Glucose-Moleküle liegen als α-Glucose, 64 % als β-Glucose und weniger als 0,1 % der Moleküle liegen als offene Kette vor.

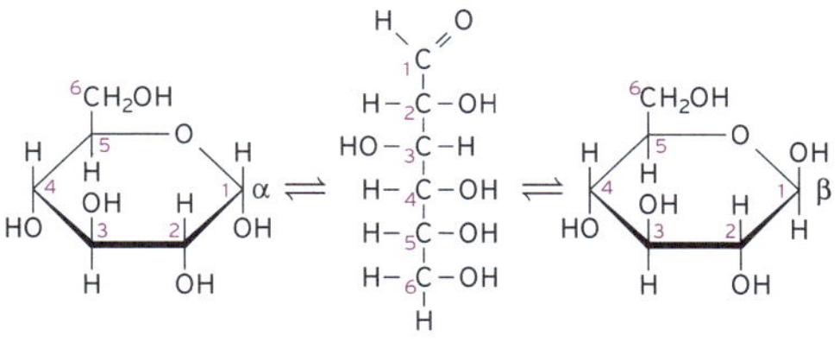

Abb. 13.5: Chemisches Gleichgewicht zwischen α-Glucose, Kettenform und β-Glucose

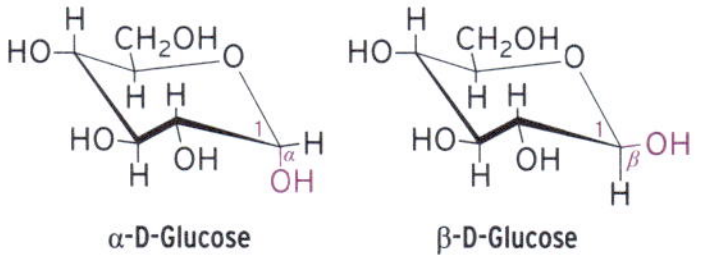

Abb. 13.6: Konformationsformeln der D-Glucose

Löst man reine α-Glucose oder reine β-Glucose in Wasser, stellt sich ein Gleichgewicht zwischen den beiden Formen und der Kettenform ein. Dadurch ändert sich auch der Drehwinkel der Lösung. Diese Erscheinung bezeichnet man als **Mutarotation**.

Nachweisreaktionen

Die Aldehyd-Gruppe lässt sich mithilfe der FEHLING-Probe (Cu^{2+}-Ionen werden zu Cu_2O reduziert) und der TOLLENS-Probe (Ag^+ wird zu Ag reduziert) nachweisen ($\rightarrow$ Seite 166 f.). Glucose ist daher ein reduzierender Zucker.

Da der Aldehydnachweis nicht spezifisch für Glucose ist, wird in der Medizin Glucose enzymatisch durch den Glucose-Oxidase-Test (God-Test) nachgewiesen.

b) Fructose

Fructose (Fruchtzucker) ist zu Glucose isomer und wird in der FISCHER-Projektion als 2-Ketohexose dargestellt. Kristalline Fructose liegt als Pyranose (Sechsring) vor; als Baustein der Saccharose (Rohrzucker) liegt sie als Fünfring vor, der nach dem Furan-Molekül als Furanose bezeichnet wird.

Der Ringschluss in der Pyranoseform erfolgt über die Keto-Gruppe am C-2-Atom und die OH-Gruppe am C-6-Atom. Bei der Furanoseform schließt sich der Ring über die OH-Gruppe des C-5-Atoms.
Obwohl Fructose eine Ketose ist, fällt der Nachweis mit FEHLING dennoch positiv aus. Dies beruht auf der Umlagerung von Fructose in Glucose in wässriger alkalischer Lösung.

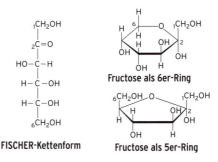

Abb. 13.7: Fructose

c) Ribose und Desoxyribose

Ribose und Desoxyribose sind Aldopentosen. Sie kommen in den Nukleinsäuren (DNA, RNA) vor und liegen dort in der Furanoseform vor. Desoxyribose ist gegenüber Ribose am C-2-Atom reduziert.

Abb. 13.8: Aldopentosen

13.1.2 Disaccharide

Disaccharide gehören zu den **Oligosacchariden** und sind durch Zusammenschluss von zwei Monosacchariden entstanden. Dabei reagiert eine halbacetalische OH-Gruppe mit einer alkoholischen OH-Gruppe unter Wasserabspaltung. Es entstehen Acetale, die in der Chemie der Kohlenhydrate als Glykoside bezeichnet werden.
Bei der Verknüpfung zweier Glucose-Moleküle reagiert die OH-Gruppe am C-1-Atom (halbacetalisch) z. B. mit der OH-Gruppe des C-4-Atoms eines zweiten Glucose-Moleküls. Die Bindung bezeichnet man als **glykosidische Bindung.** Steht die halbacetalische OH-Gruppe in α-Stellung, so handelt es sich um eine α-(1,4)-glykosidische Bindung.
Liegt bei der Verknüpfung der zweite Ring als Halbacetal vor, das sich zur Kette mit der Aldehyd-Gruppe öffnen kann, so wirkt der Zucker daher reduzierend. Reduzierend wirken Disaccharide mit 1,4- und 1,6-glykosidischer Verknüpfung. Sind dagegen die beiden Zuckermoleküle über ihre halbacetalischen OH-Gruppen verknüpft, kann sich der zweite

13.1 Kohlenhydrate

Ring nicht mehr zur Kette öffnen, das Disaccharid ist nicht reduzierend. Dies ist der Fall bei 1,1- bzw. 1,2-glykosidischen Verknüpfungen.

Disaccharid	Monomere Hexosen	Verknüpfungsart	Reduktions-vermögen	Strukturformel
Maltose (Malzzucker)	α-Glucose α-Glucose	α-(1,4)-glykosidisch	ja	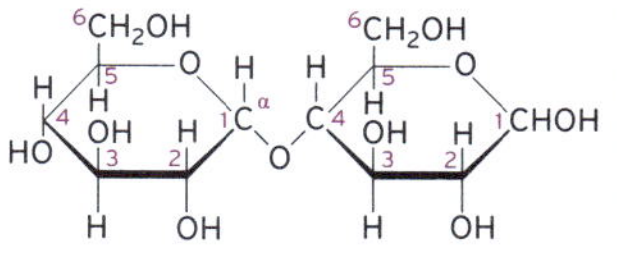
Cellobiose	β-Glucose β-Glucose	β-(1,4)-glykosidisch	ja	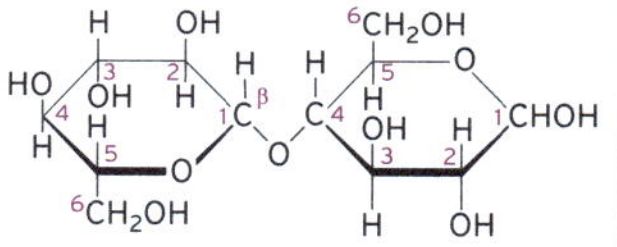
Lactose (Milchzucker)	β-Galactose β-Glucose	β-(1,4)-glykosidisch	ja	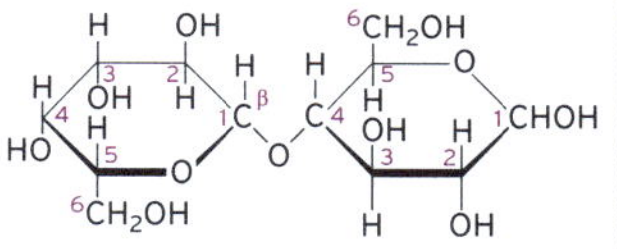
Saccharose (Rohrzucker, Rübenzucker)	α-Glucose β-Fructose	α, β-(1,2)-glykosidisch	nein	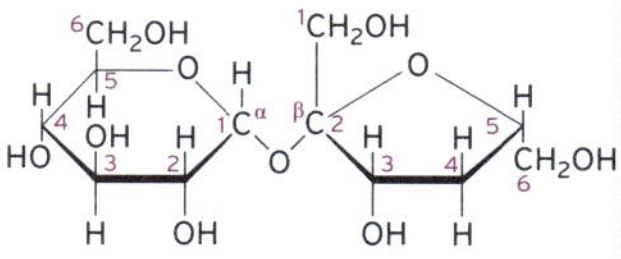

Tab. 13.1: Übersicht über einige wichtige Disaccharide

Zusammenfassung:

- Monosaccharide können Aldosen oder Ketosen sein, je nach Stellung des doppelt gebundenen Sauerstoffs in der Kettenformel.
- Je nach Anzahl der C-Atome unterscheidet man Triosen, Tetrosen, Pentosen und Hexosen.
- Monosaccharide können durch Halbacetalbildung Ringe bilden, die sich aber wieder zur Kette öffnen können.
- bei α-Monosacchariden zeigt die halbacetalische OH-Gruppe am C-1-Atom nach unten, bei der β-Form nach oben.
- Monosaccharide lassen sich durch FEHLING-Reagenz oder die Silberspiegelprobe nachweisen.
- Disaccharide entstehen durch Zusammenschluss zweier Monosaccharide unter Wasserabspaltung, die Bindung wird als glykosidisch bezeichnet.
- Disaccharide wirken reduzierend, wenn die halbacetalische OH-Gruppe am zweiten Ring nicht an der Bindung beteiligt ist.

13.1.3 Polysaccharide

Polysaccharide entstehen durch die Zusammenlagerung vieler Monomere, meist von Glucosemolekülen.

a) Stärke

Stärke wird in grünen Pflanzen bei der Fotosynthese als Speicherform von Glucose gebildet. Sie besteht zu 20 % aus **Amylose** und zu 80 % aus Amylopektin. Amylose ist in heißem Wasser löslich, **Amylopektin** ist wasserunlöslich. Bei der Amylose sind bis zu 10 000 α-Glucose-Einheiten α-(1,4)-glykosidisch miteinander verknüpft. Die entstehende Kette besitzt eine schraubenförmige Struktur, die durch Wasserstoffbrückenbindungen stabilisiert wird. Iod-Moleküle können sich in diese Wendeln einlagern; es entsteht eine intensive Blaufärbung (Iod/Stärke-Reaktion). Amylopektin besteht aus bis zu einer Million α-Glucose-Einheiten, die wie in der Amylose α-(1,4)-glykosidisch verknüpft sind.

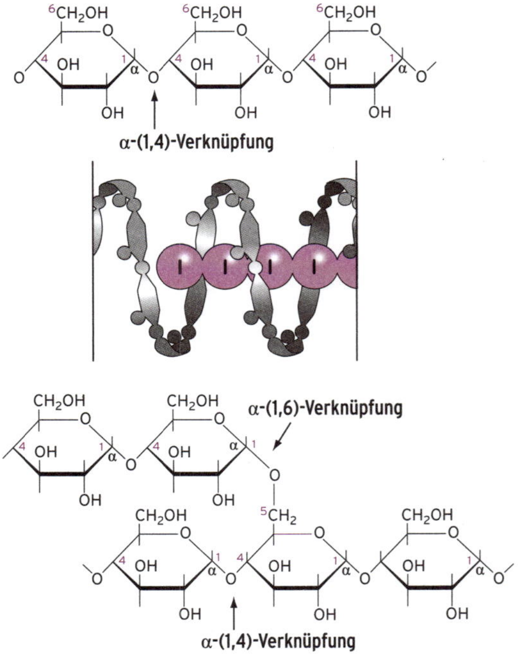

Abb. 13.9: oben: Amylose; Mitte: Spiralstruktur mit Iod-Molekülen, unten: Amylopektin

Zusätzlich ist etwa jede 25. Glucose-Einheit α-(1,6)-glykosidisch verknüpft, was zu Verzweigungen der Kette führt.

Die menschliche und tierische Speicherform von Glucose heißt **Glykogen**. Dieses ist dem Amylopektin ähnlich, jedoch noch stärker verzweigt und weist meist eine längere Kette auf.

b) Cellulose (Zellstoff)

Cellulose ist als Bestandteil der pflanzlichen Zellwand weit verbreitet, es ist der Hauptbestandteil von Holz. Mehrere Tausend β-Glucose-Einheiten sind β-(1,4)-glykosidisch miteinander verknüpft, dadurch entstehen riesige Kettenmoleküle, die besonders gut zur Faserbildung geeignet sind.

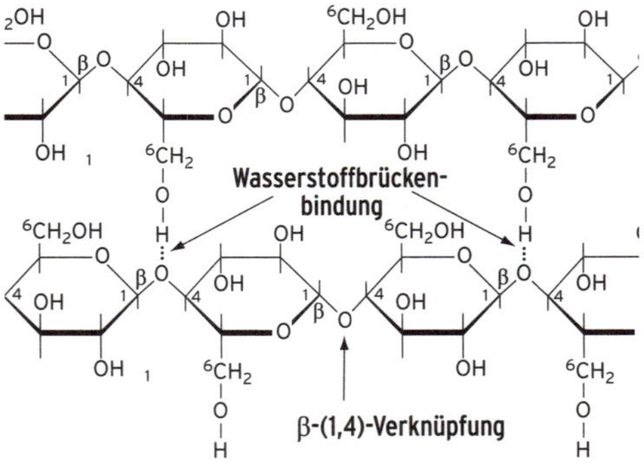

Abb. 13.10: Ausschnitt aus einem Cellulose-Molekül

In den Zellwänden liegt Cellulose in Form von Molekülaggregaten (Mikrofibrillen) vor, dabei sind 60 – 70 Cellulosemoleküle parallel angeordnet und durch Wasserstoffbrückenbindung stabilisiert.

13.2 Fette

Als **Fette** bezeichnet man Ester aus Fettsäuren (langkettigen Carbonsäuren, → Tab. 13.2) und Glycerin (Propan-1,2,3-triol). Da alle drei OH-Gruppen des Glycerins verestert sind, spricht man auch von Triglyceriden. Natürlich vorkommende Fette sind keine Reinstoffe, sondern ein Gemisch verschiedener Triglyceride.

- **Gesättigte Fettsäuren:** Fettsäuren, die nur $C-C$-Einfachbindungen enthalten
- **Ungesättigte Fettsäuren:** Fettsäuren, die $C=C$-Doppelbindungen enthalten

Je höher der Anteil ungesättigter Fettsäuren im Fett ist, desto niedriger ist die Schmelztemperatur. Da ungesättigte Fettsäuren stets eine cis-Konfiguration an den $C=C$-Doppelbindungen besitzen, weisen sie daher an dieser Stelle einen Knick im Molekül auf, der zu einer sperrigen räumlichen Anordnung im Fett-Molekül sorgt und das Auskristallisieren erschwert.

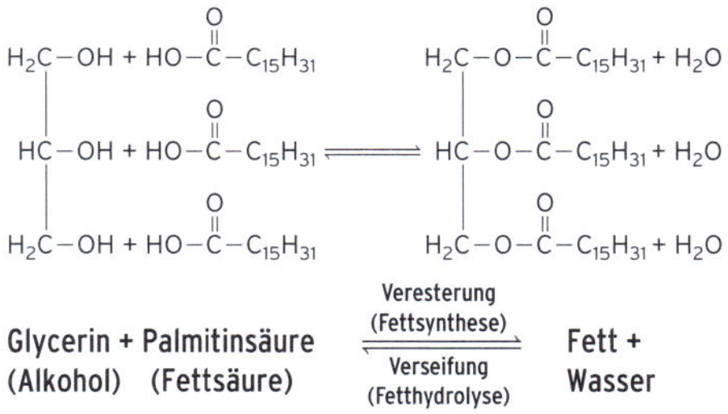

Abb. 13.11: Synthese eines Fettes

IUPAC-Namen	Trivialnamen	Formel
Hexadecansäure	Palmitinsäure	$C_{15}H_{31}COOH$ (gesättigt)
Octadecansäure	Stearinsäure	$C_{17}H_{35}COOH$ (gesättigt)
Octadeca-9-ensäure	Ölsäure	$C_{17}H_{33}COOH$ (ungesättigt)
Octadeca-9,12-diensäure	Linolsäure	$C_{17}H_{31}COOH$ (zweifach ungesättigt)

Tab. 13.2: Übersicht über wichtige Fettsäuren

Verseifung

Erhitzt man Fette mit Natronlauge oder Kalilauge, so entstehen Glycerin und die Natrium- bzw. Kaliumsalze der Fettsäuren, die man als Seifen bezeichnet. Man bezeichnet die alkalische Hydrolyse daher auch als Verseifung. Die **Waschwirkung** der Seifen beruht auf der hydrophilen Carboxylat-Gruppe und dem lipophilen Alkylrest, der mit dem unpolaren Schmutz in Wechselwirkung treten kann.

13.3 Proteine

Proteine (Eiweißstoffe) sind aus den 20 natürlich vorkommenden α-Aminosäuren aufgebaut ($\rightarrow$ Seite 183 f.), die über Peptidbindungen miteinander verknüpft sind. Sind 10 bis 100 Aminosäuren miteinander verknüpft, spricht man von **Polypeptiden**, bei weniger als zehn von **Oligopeptiden** und bei mehr als 100 von Proteinen.

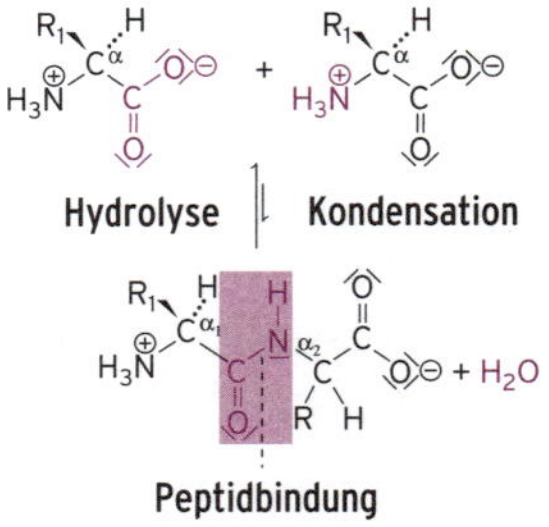

Abb. 13.12: Bildung eines Dipeptids

Von den 20 Aminosäuren sind acht sogenannte **essenzielle Aminosäuren**, sie können im menschlichen Organismus nicht synthetisiert werden und müssen daher mit der Nahrung aufgenommen werden. Aminosäuren haben Trivialnamen, von denen meist die ersten drei Buchstaben als Abkürzung verwendet werden.

Neutrale Aminosäuren reagieren neutral in wässeriger Lösung; saure Aminosäuren reagieren sauer, da sie noch eine Carboxyl-Gruppe in der Seitenkette besitzen; basische Aminosäuren reagieren alkalisch, da sie noch eine Amino-Gruppe in der Seitenkette besitzen.

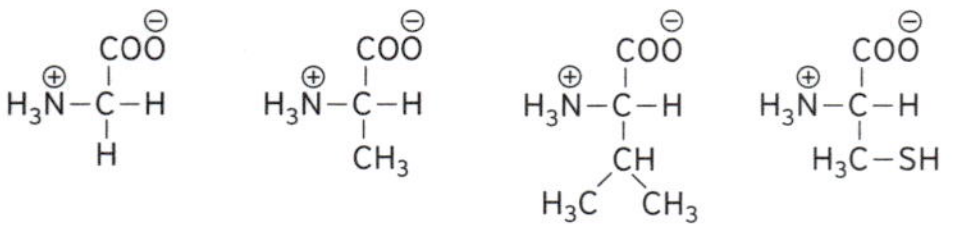

Glycin (Gly) pH (I) = 5,97
Alanin (Ala) pH (I) = 6,02
Valin (Val)* pH (I) = 5,97
Cystein (Cys)* pH (I) = 5,02

Abb. 13.13: Neutrale Aminosäuren (* essenziell)

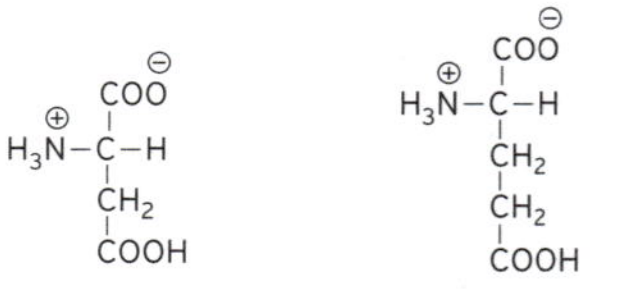

Asparaginsäure (Asp) pH (I) = 3,0
Glutaminsäure (Glu) pH (I) = 3,2

Abb. 13.14: Saure Aminosäuren

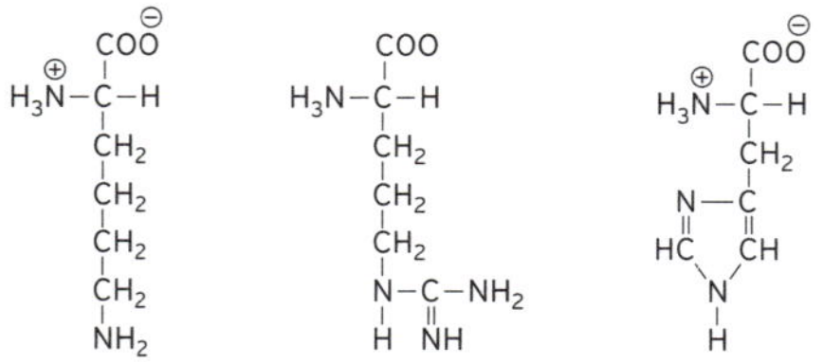

Lysin (Lys)* pH (I) = 9,74
Arginin (Arg) pH (I) = 10,76
Histidin (His) pH (I) = 7,59

Abb. 13.15: Basische Aminosäuren (* essenziell)

Struktur der Proteine

Proteine kommen im Organismus als Baustoffe (Kollagen), Antikörper, Hormone und Enzyme vor. Die biologische Funktion eines Proteins hängt von seiner räumlicher Struktur ab:

a) Primärstruktur: Reihenfolge der Aminosäuren im Protein (Aminosäuresequenz)

b) **Sekundärstruktur:** Die regelmäßige räumliche Anordnung von Peptidketten, die durch Wasserstoffbrückenbindung innerhalb einer oder zwischen mehreren Ketten zustandekommt. Zu den wichtigsten Sekundärstrukturen zählen α-Helix- und Faltblattstruktur.

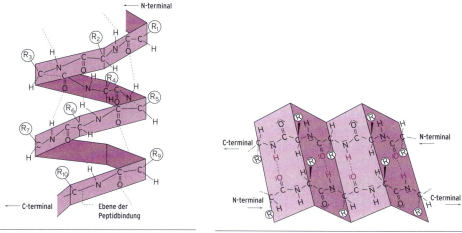

Abb. 13.16: α-Helix

Abb. 13.17: Faltblattstruktur

c) **Tertiärstruktur:** Proteine bilden bei gleicher Primärstruktur immer die gleiche charakteristische dreidimensionale Teilchengestalt aus. Diese wird durch VAN-DER-WAALS-Bindungen, Wasserstoffbrückenbindungen, Ionenbindungen und Disulfidbindungen stabilisiert.

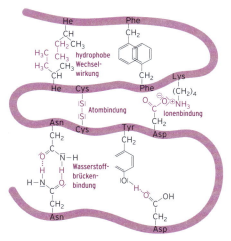

Abb. 13.18: Stabilisierende Bindungen innerhalb der Tertiärstruktur

d) **Quartärstruktur:** Zwei oder mehrere Polypeptidketten lagern sich zu einem funktionsfähigen Protein zusammen.

Denaturierung

Unter **Denaturierung** versteht man die irreversible Zerstörung der Tertiär- und Quartärstruktur der Proteine. Sie ist möglich durch Hitze, energiereiche Strahlung, Säuren, Laugen, Schwermetall-Ionen und Reduktionsmittel. Die biologische Funktionsfähigkeit der Proteine geht dabei meist verloren.

> **Zusammenfassung**
>
> Proteine bestehen aus 20 unterschiedlichen α-Aminosäuren, die durch Peptidbindung miteinander verknüpft sind.

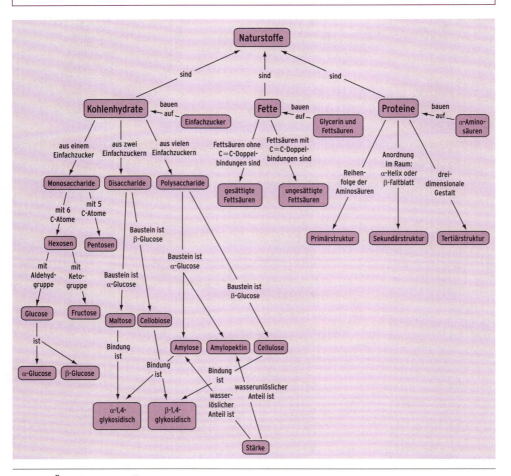

Abb. 13.19: Überblick „Naturstoffe"

14 Farbstoffe

Basiskonzept: Struktur-Eigenschafts-Beziehungen

„Farbigkeit" ist die hervorstechende Eigenschaft von Farbstoffen. Verantwortlich für diese Stoffeigenschaft sind auf der Teilchenebene **Chromophore**. Dies sind besondere Atomgruppen in Farbstoffmolekülen, die ein „π-Elektronensystem" besitzen, das bestimmte Wellenlängen des Lichts absorbiert. Dabei ist es für den Farbton der Verbindung ausschlaggebend, wie groß das π-Elektronensystem ist und welche funktionellen Gruppen noch mit dem π-Elektronensystem in Wechselwirkung treten. Daher ist das **Struktur-Eigenschafts-Konzept** bei Farbstoffen dominierend.

Durch geschickte chemische Manipulationen an Farbstoffmolekülen können „maßgeschneiderte Farben" erzeugt werden.

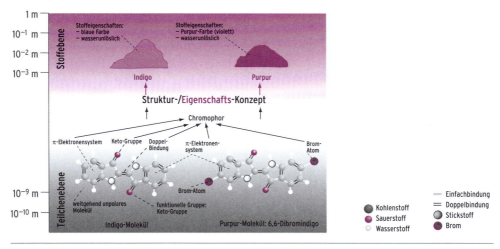

Abb. 14.1: Struktur-Eigenschaftsbeziehungen bei Farbstoffen am Beispiel von Indigo und Purpur. Beim Purpur-Molekül sind die beiden substituierten Brom-Atome für die violette Farbe des Stoffes verantwortlich.

14.1 Lichtabsorption und Farbe

Chemische Verbindungen sind farbig, wenn sie elektromagnetische Strahlung im Wellenlängenbereich des sichtbaren Lichtes zwischen 380 nm und 780 nm absorbieren (→ Abb. 14.3).

Für das Auge bleiben nur die Wellenlängen sichtbar, die nicht absorbiert werden. Diese erzeugen ein Restlicht, das im Auge durch additive Farbmischung zu einer Farbe komponiert wird, die als **Komplementärfarbe** bezeichnet wird (→ Abb. 14.2 und 14.3).

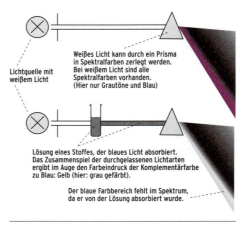

Abb. 14.2: Lichtabsorption und Komplementärfarbe

violett	blau	grünblau / blaugrün	grün	gelbgrün	gelb	orange	rot	purpur	absorbiertes Licht
380 400	450	500	550	600		650	700 750	780	Wellenlänge (nm)
gelbgrün	gelb	orange	rot	purpur	violett	blau	grünblau	blaugrün	grün	beobachtete Farbe: Komplementärfarbe

Abb. 14.3: Lichtabsorption und beobachtete Farbe

14.2 Struktur-Eigenschafts-Beziehungen bei organischen Farbstoffen

Funktionelle Gruppen mit Mehrfachbindungen, wie beispielsweise die
- C=C-Doppelbindung $>$C=C$<$,
- die Carbonyl-Gruppe $>$C=O,
- Azomethin-Gruppe $>$C=N−,
- Thiocarbonyl-Gruppe $>$C=S,
- Nitroso-Gruppe   −N=O und
- Azo-Gruppe   −N=N−

sind im Allgemeinen die Ursache für die Lichtabsorption organischer Farbstoff-Moleküle. Bilden diese Atomgruppen konjugierte und/oder aromatische π-**Elektronensysteme**, so verschieben sich die Absorptionsbanden in der Regel aus dem kurzwelligen UV-Bereich in den sichtbaren Bereich des Spektrums. Diese Gruppen in Verbindung mit π-Elektronensystemen sind somit für die Farbigkeit einer Verbindung verantwortlich und werden als **Chromophore** bezeichnet.

Polyene sind Kohlenwasserstoffe, deren Moleküle zwei oder mehr, meist **konjugierte C=C-Doppelbindungen** enthalten. Vergleicht man verschiedene Polyene (→ Abb. 14.4), so zeigt sich, dass die Ausdehnung des konjugierten π-Elektronensystems einen Einfluss auf die Farbe organischer Verbindungen hat.

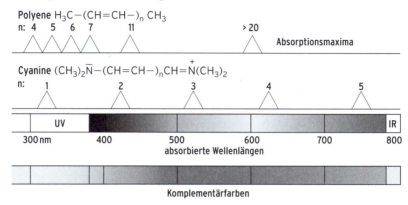

Abb. 14.4: Absorption und Farbe bei Polyenen und Cyaninen. Cyanine sind Polyene mit Azomethin-Gruppen ($R^1R^2C=N-R^3$).

Je größer das konjugierte π-Elektronensystem bei Polyenen ist, desto größer ist die Wellenlänge des absorbierten Lichts. So absorbiert ein Polyen mit sechs konjugierten Doppelbindungen noch deutlich im UV-Bereich, während β-Carotin (Farbstoff in Karotten) mit elf konjugierten C=C-Doppelbindungen sein Absorptionsmaximum bei ca. 450 nm, also im Blaubereich, hat.

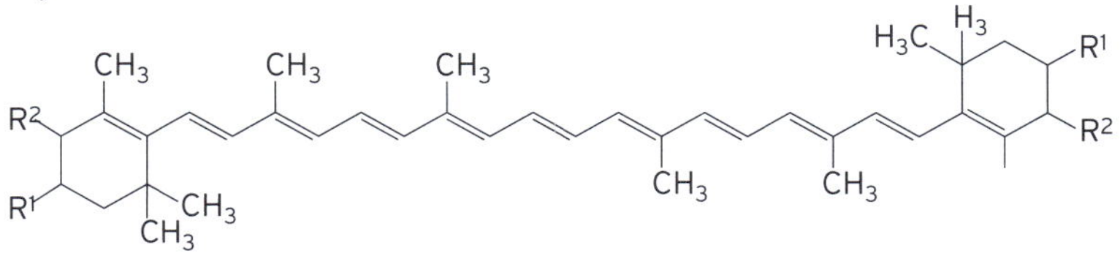

R^1: −H; R^2: −H   β-Carotin
R^1: −OH; R^2: −H   Lutein
R^1: −OH; R^2: =O   Astaxanthin

Abb. 14.5: Carotine als natürliche Farbstoffe in Pflanzen mit konjugierten Doppelbindungen (β-Carotin: orangerot; Lutein: gelb; Astaxanthin (Pigment des Hummerpanzers): blau)

Mesomere Wechselwirkungen

Funktionelle Gruppen können die Absorption durch mesomere Wechselwirkungen mit dem Chromophor in den längerwelligen Bereich des sichtbaren Lichts verschieben. Die Verschiebung des Absorptionsmaximums zu größeren Wellenlängen wird als **bathochromer Effekt** bezeichnet. Die Verschiebung kann durch einen +M-Effekt oder durch einen

–M-Effekt der funktionellen Gruppe verursacht werden (→ Seite 148). Funktionelle Gruppen, die einen +M-Effekt bewirken (**Elektronendonatoren**), werden als **Auxochrome** bezeichnet. Dazu gehören $-NR_2$, $-NH_2$, $-OR$ und $-OH$.

Einen –M-Effekt erzeugen **Antiauxochrome** (**Elektronenakzeptoren**), zu denen z. B. $-CHO$, $-NO_2$ und $-SO_3H$ gehören.

Wenn sich Auxochrome und Antiauxochrome an den entgegengesetzten Enden eines Chromophors befinden, tritt die stärkste bathochrome Verschiebung auf. Ein Beispiel hierfür ist ein Cyanin (→ Abb. 14.4), das nur zwei konjugierte $C=C$-Doppelbindungen, aber eine Elektronen liefernde Dimethylamino-Gruppe und eine Elektronen anziehende Dimethylimmonium-Gruppe besitzt. Dieses Cyanin absorbiert im sichtbaren violetten Bereich, es ist daher gelb. Ein vergleichbares Cyanin mit sechs Doppelbindungen absorbiert schon im nicht mehr sichtbaren Infrarot-Bereich.

$\overline{D}-\pi$-Elektronensystem$-\overline{A}$	
Elektronendonator, Auxochrom (+M-Effekt) 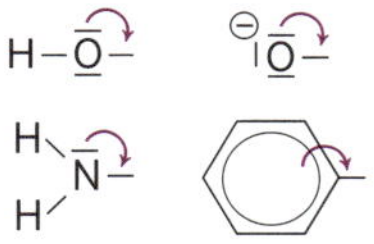	Elektronenakzeptor, Antiauxochrom (–M-Effekt) 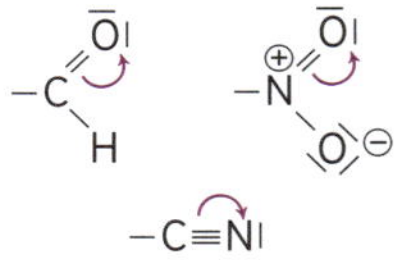

Abb. 14.6: Strukturprinzipien organischer Farbstoffe

Mesomerie-Modell

Mithilfe von Grenzformeln lässt sich die **Delokalisation** der π-Elektronen in Farbstoff-Molekülen gut beschreiben. Der Vergleich von Farbstoffen ähnlicher Struktur zeigt, dass das Maximum einer Absorptionsbande umso mehr in den Bereich größerer Wellenlängen verschoben ist, je weniger sich die den Grenzformeln entsprechenden Strukturen in ihrem Energieinhalt unterscheiden.

Wissen
Chromophore sind Atomgruppen in einer Verbindung mit π-Elektronensystemen (Mehrfachbindungen), die die Farbigkeit der Verbindung verursachen, indem sie bestimmte Wellenlängen des Lichts absorbieren. Chromophore als Strukturmerkmale von organischen Molekülen auf der Teilchenebene sind für die Eigenschaft „Farbigkeit" auf der Stoffebene verantwortlich.

14.3 Farbmittel

In der Farbstoffindustrie werden alle farbgebenden Stoffe unter dem Sammelbegriff **Farbmittel** zusammengefasst. Dabei wird zwischen Farbstoffen und Pigmenten unterschieden.

Farbstoffe sind Farbmittel, die sich im Anwendungsmedium lösen oder in Lösung verarbeitet werden können. Dabei unterscheidet man zwischen organisch natürlichen und organisch synthetischen Farbstoffen. Zu den organisch natürliche Farbstoffen gehört der Krapp, der aus der Wurzel der Färberröte gewonnen wird. Carotin ist ein natürlicher Farbstoff, der in Karotten vorkommt. Zu den synthetischen Farbstoffen gehören Azo-, Anthrachinon- und Triphenylmethan-Farbstoffe.

Pigmente sind anorganische oder organische Farbmittel, die im Anwendungsmedium unlöslich sind. Sie können natürlichen oder synthetischen Ursprungs sein. Pigmente sind meist kristallin, sodass ihre Eigenschaften wesentlich durch das Kristallgitter bestimmt werden. Sie werden im festen Zustand als Pulverpigmente für Drucke oder zum direkten Einfärben von Kunststoffen, Emaille und Keramik verwendet. Durch Einarbeitung der Pigmente in Bindemittel entstehen Anstrichstoffe wie Lack-, Dispersions- oder Druckfarben.

Beispiele für natürliche anorganische **Bunt-Pigmente** sind Zinnober (HgS), Ocker (eisenoxidhaltiges Aluminiumsilicat) und Umbra (eisenoxid- und mangandioxidhaltiges Aluminiumsilicat). Als synthetische anorganische **Weiß-Pigmente** dienen Bleiweiß ($2\,PbCO_3 \cdot Pb(OH)_2$), Zinkweiß (ZnO) und vor allem Titandioxid (TiO_2). Manganschwarz (MnO_2-haltiges Erz), Graphit und insbesondere Ruß sind als anorganische **Schwarz-Pigmente** in Gebrauch.

Zu den organischen Pigmenten gehören als natürliches Pigment Knochenkohle, die aus Knochen gewonnen wird, als synthetisches Pigment Azo-Pigment, das aus Azo-Farbstoffen hergestellt wird.

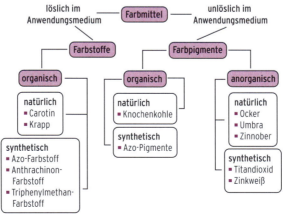

Abb. 14.7 Farbmittel in der Farbstoffindustrie

14.4 Synthetische Farbstoffklassen

14.4.1 Azo-Farbstoffe

Die Azo-Farbstoffe stellen die größte Klasse der synthetischen organischen Farbstoffe dar. Chromophor ist die **Azo-Gruppe** (N=N-Gruppe) in Verbindung mit aromatischen Systemen.

Die Synthese verläuft in zwei Schritten: Zuerst wird eine **Diazotierung** eines primären aromatischen Amins und dann eine **Azo-Kupplung** mit einem aromatischen System durchgeführt:

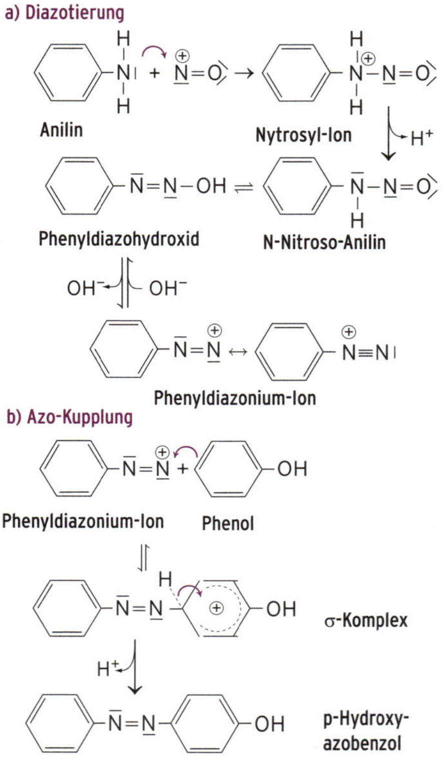

a) Diazotierung ($\vartheta < 5°$ C)

Beim Ansäuern eines Gemischs aus Natriumnitrit-Lösung und Anilin (primäres aromatisches Amin) bildet sich ein Nitrosyl-Ion (NO^+), das am N-Atom des Anilin-Moleküls **elektrophil** angreift. Die so gebildete N-Nitroso-Verbindung wandelt sich in Phenyldiazohydroxid um, das unter Abspaltung eines Hydroxid-Ions zum Phenyldiazonium-Ion reagiert.

Abb. 14.8: Synthese eines Azo-Farbstoffs

b) Azo-Kupplung

In einer elektrophilen Zweitsubstitution wird das Diazonium-Salz mit einer Kupplungskomponente (aromatische Amine oder Phenole) zur Reaktion gebracht. Über den +M-Effekt des Substituenten – hier die OH-Gruppe im Phenol – wird die Elektronendichte im Benzolring in *ortho*- bzw. *para*-Stellung erhöht. Aus sterischen Gründen kann das Diazonium-Kation jedoch nur in *para*-Stellung angreifen. Es entsteht *p*-Hydroxyazobenzol.

Um die nucleophile Kupplungskomponente reaktionsfähiger zu machen, arbeitet man bei Verwendung von Phenolen im schwach alkalischen Bereich, da das Phenolat-Anion der eigentliche Reaktionspartner ist.

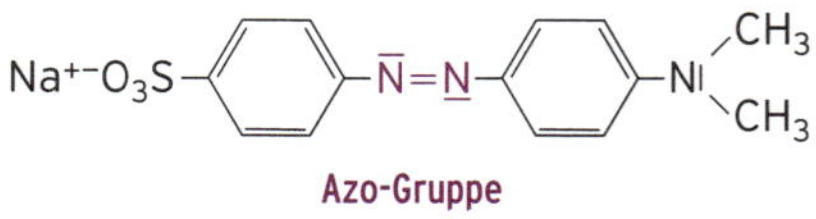

Abb. 14.9: Der Säure/Base-Indikator Methylorange als Beispiel für einen Azo-Farbstoff

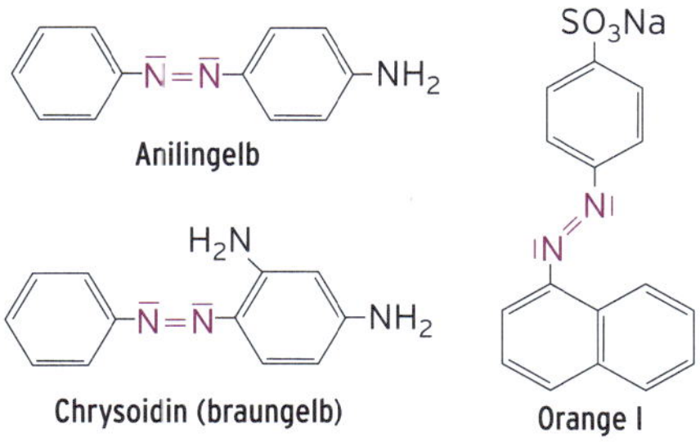

14.4 Synthetische Farbstoffklassen **203**

Abb. 14.10: Grenzformeln einiger Azo-Farbstoffe

14.4.2 Anthrachinon-Farbstoffe

Anthrachinon-Farbstoffe stellen eine große Gruppe synthetischer und natürlich vorkommender organischer Farbstoffe dar. Chromophor ist das **Diphenylketon-System**. Durch unterschiedliche Auxochrome erhält man fast alle Farbtöne. Die licht- und waschechten, hochwertigen Farbstoffe werden in der Textilindustrie eingesetzt.

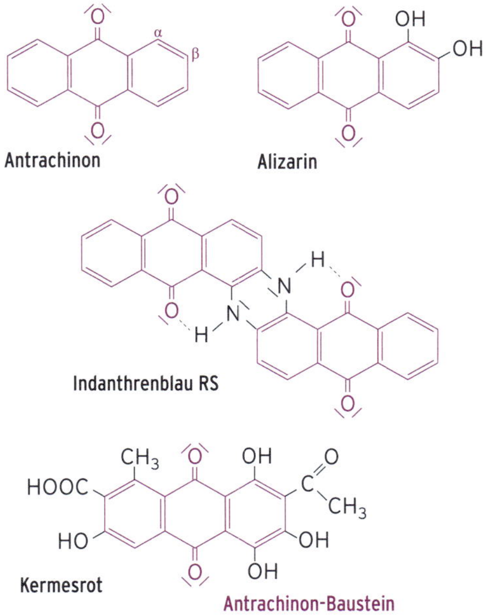

Abb. 14.11: Grenzformeln einiger Anthrachinon-Farbstoffe. Diphenylketon als Chromophor in Anthrachinon (hellgelbe Farbe), Alizarin (rote Farbe), Indanthrenblau RS und Kermesrot.

14.4.3 Triphenylmethan-Farbstoffe

Triphenylmethan-Farbstoffe sind synthetische, brillante Farbstoffe, die sich von **Triphenylmethan** ableiten. Triphenylmethan weist ein Ringsystem mit **chinoider Struktur** auf, das als Chromophor fungiert. Da diese Farbstoffe nur geringe Lichtechtheit besitzen, sind sie als Textilfarben nicht geeignet. Sie werden jedoch zum Färben von Papier, als Lebensmittel- und Markierungsfarben, für Tinten und als Indikatorfarbstoffe verwendet.

Als Indikatorfarbstoff ist in diesem Zusammenhang vor allem Phenolphthalein erwähnenswert. Dass es sich um einen Triphenylmethan-Farbstoff handelt, wird im alkalischen Milieu offensichtlich, wenn sich der Lactonring, der im sauren Milieu für die Farblosigkeit verantwortlich ist, geöffnet hat.

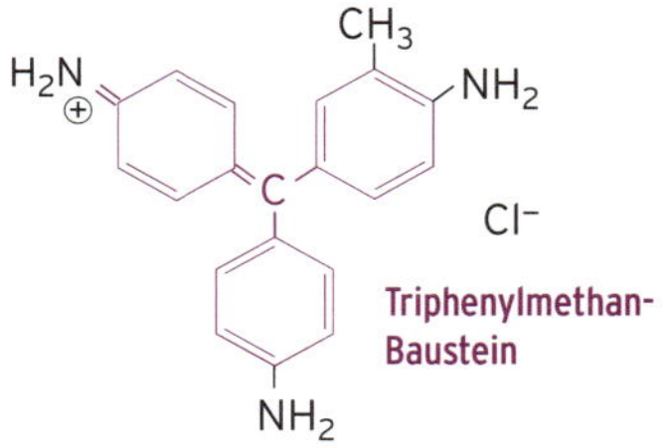

Abb. 14.12: Triphenylmethan als Chromophor in Fuchsin

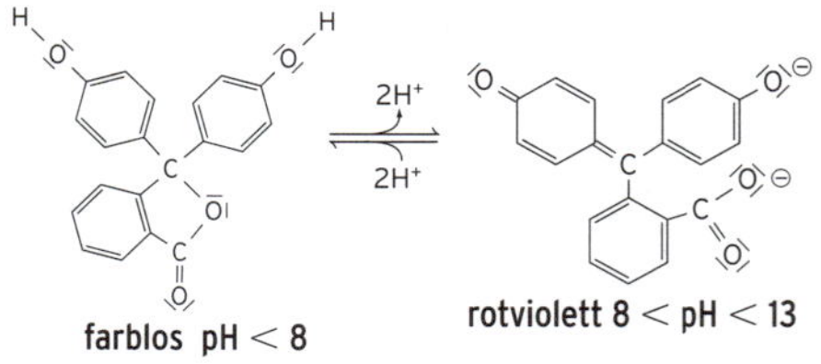

Abb. 14.13: Phenolphthalein als Triphenylmethanfarbstoff bei verschiedenen pH-Werten

---

Wissen

- Azo-Farbstoffe mit der „Azo-Gruppe in Verbindung mit aromatischen Systemen" als Chromophor,
- Anthrachinon-Farbstoffe mit dem Chromophor „Diphenylketon" und
- Triphenylmethan-Farbstoffe mit einem Ringsystem chinoider Struktur als Chromophor sind wichtige synthetische organische Farbstoffklassen.

14.5 Indigo – ein traditioneller Küpenfarbstoff

Bis vor etwa 100 Jahren war die **Indigopflanze** (z. B. europäischer Färberwaid) die wichtigste Quelle für die Gewinnung von blauem Farbstoff. Die Pflanzen wurden während der Blüte geerntet und in mit Wasser gefüllte Gruben gelegt, sodass eine Gärung erfolgen konnte. Dabei bildet sich durch enzymatische Spaltung eine farblose Vorstufe, das Indoxyl. Zwei Indoxyl-Moleküle reagieren mit Luftsauerstoff weiter zu einem Indigo-Molekül. Um 1870 gelang es Baeyer zum ersten Mal, den begehrten blauen Indigofarbstoff synthetisch herzustellen.

Ein auch noch heute angewandtes Synthese-verfahren nach HEUMANN verwendet als Ausgangsstoff Phenylglycin-o-carbonsäure. Beim Schmelzen mit Natriumamid entsteht Indoxylcarbonsäure. Durch Abspaltung von Kohlenstoffdioxid aus der Indoxylcarbon-säure entsteht Indoxyl, das durch Luftsauer-stoff zu Indigo oxidiert wird.

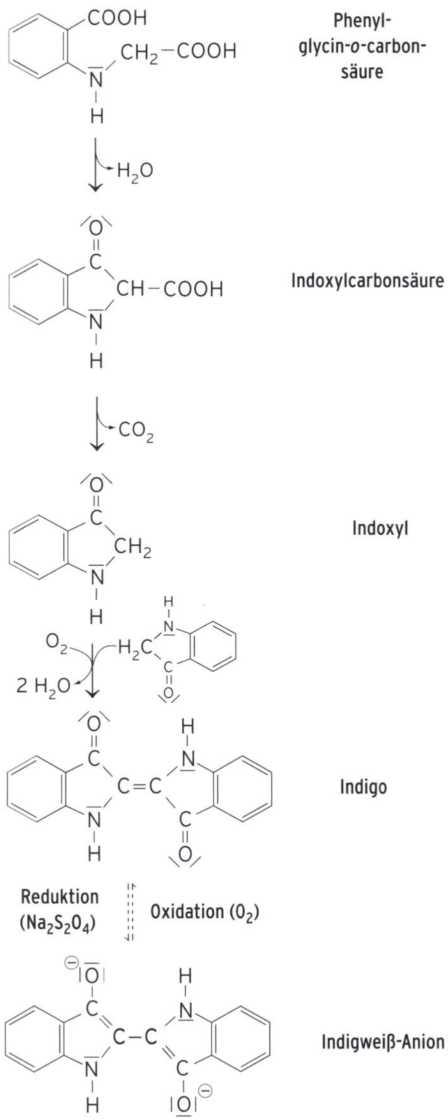

Indigo bildet dunkelblaue Kristalle mit rötli-chem Glanz. Da im Molekülgitter ein Indigo-Molekül über Wasserstoffbrückenbindung mit vier weiteren verbunden ist, weist Indigo als Stoffeigenschaft einen hohen Schmelz-temperaturbereich von 390 – 392 °C auf. Trotz der Wasserstoffbrückenbindung im Feststoff ist Indigo nicht wasserlöslich, da die polaren Keto- und N—H-Gruppen nur einen geringen Anteil am sonst unpolaren Kohlen-stoffgerüst ausmachen.

Küpenfärbung

Da Indigo nicht wasserlöslich ist, wird es für den Färbevorgang zur wasserlöslichen **Leukoform** (griech. *leukos* = weiß), dem Indigweiß, reduziert. Dazu verwendet man Natriumdithionit ($Na_2S_2O_4$) in alkalischer Lösung.
Früher wurde diese Reaktion mit Urin durchgeführt. Die gärende Urin-Brühe wurde als Küpe, der Vorgang als Verküpung und die Färbetechnik als **Küpenfärbung**

Abb. 14.14: Synthese von Indigo und seiner Leukoform

bezeichnet. Der zu färbende Stoff wurde mit der Küpe getränkt und aufgehängt. Durch Reaktion mit dem Luftsauerstoff entstand auf der Faser dann aus der Leukoform der blaue Farbstoff.
Ein mit Indigo gefärbter Baumwollstoff hat eine hohe Lichtechtheit, jedoch ist die Reibecht-heit gering da der Farbstoff an stark beanspruchten Stellen verblasst, was auch ein charakte-ristisches, unverzichtbares Merkmal der „Blue Jeans" ist.

14.6 Färbeverfahren im Überblick

Farbstoff und Textilfaser müssen chemisch zueinander „passen", um eine dauerhafte Färbung zu erzielen: Bei Fasern mit polaren funktionellen Gruppen wie Baumwolle oder Wolle verwendet man ionische oder polare Farbstoffe. Bei unpolaren Fasern wie Polyester werden unpolare Farbstoffe eingesetzt. Daher werden Farbstoffe häufig nach dem für sie angewandten Färbeverfahren eingeteilt, das sich auf den entsprechenden Fasertyp bezieht.

a) Wolle

Wolle besteht aus Protein und kann mit **kationischen** oder **anionischen Farbstoffen** gefärbt werden. Diese Farbstoffe haften durch ionische Bindung an den negativ geladenen Carboxylat- und den positiv geladenen Ammonium-Seitenkettengruppen der Aminosäurefäden, die die Wollfaser bilden.

Die wasserlöslichen **Metallkomplexfarbstoffe** sind die bedeutendsten Wollfarbstoffe. Sie reagieren mit gelösten Metall-Ionen auf der Wollfaser. Häufig werden dazu Chrom(III)-Ionen verwendet, die sowohl die farbigen Azo-Verbindungen als auch die Amino-Gruppen der Protein-Moleküle binden (→ Abb. 14.15). Dadurch wird der Azo-Farbstoff auf der Wolle fixiert.

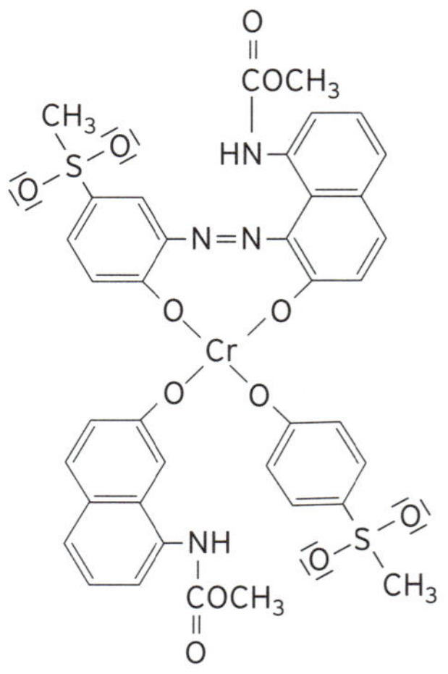

Abb. 14.15: Metallkomplexfarbstoff

b) Baumwolle

Baumwolle besteht aus **Cellulose**. Zum Färben von Baumwolle eignen sich **Küpenfarbstoffe** (→ Seite 204 f., Indigo).

Aber auch mit **Reaktivfarbstoffen** lassen sich waschechte Färbungen erreichen. Als Farbstoffkomponenten verwendet man unter anderem Azo-Farbstoffe und Anthrachinonfarbstoffe, die häufig über eine Amino-Gruppe an ein kleines Molekül, den „reaktiven Anker", gebunden werden. Der reaktive Anker verbindet sich seinerseits mit einer freien Hydroxyl-Gruppe der Cellulosefaser, sodass eine stabile Atombindung entsteht und der Farbstoff gut auf der Faser haftet.

c) Polyesterfasern

Polyesterfasern wie Trevira und Diolen sind weitgehend unpolar und werden vorwiegend mit **Dispersionsfarbstoffen** gefärbt. Hierzu werden häufig unpolare Azo-Farbstoffe verwendet, die kaum wasserlöslich sind. Daher werden sie mit Hilfsstoffen vermahlen, sodass im Färbebad eine Farbstoff-Suspension entsteht. Der so angerührte das heißt dispergierte Farbstoff kann in die Faser, die durch Zusatzstoffe zum Aufquellen gebracht wird, leicht eindringen und sich dauerhaft einlagern.

14.6 Färbeverfahren im Überblick

Farbstoff	Verwendung/Färbegut	Haftung zwischen Farbstoff und Faser
anionische Farbstoffe	Wolle, Seide, Polyamid	Ionenbindung
kationische Farbstoffe	Wolle, Seide, Papier, Polyacrylnitril	Ionenbindung
Metallkomplexfarbstoffe	Wolle, Polyamid	Komplexbindung (Ion-Dipol-Wechselwirkung)
Küpenfarbstoffe	Baumwolle	Einlagerung als wasserunlöslicher Farbstoff in die Faser
Reaktivfarbstoffe	Baumwolle	Atombindung
Dispersionsfarbstoffe	Polyester, Polyamid, Polyacrylnitril	Einlagerung als wasserunlöslicher Farbstoff in die Faser

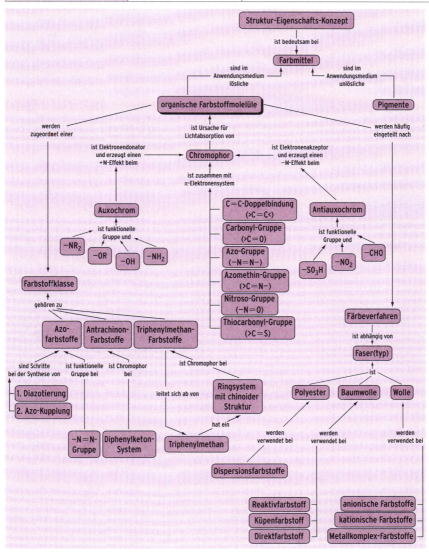

Abb. 14.16: Überblick „Farbstoffe"

15 Kunststoffe

Basiskonzept: Struktur-Eigenschafts-Beziehungen

Kunststoffe sind in der Regel Feststoffe, die aus organischen Makromolekülen bestehen, wobei sich die Molekülketten aus Millionen miteinander verknüpften, immer wieder gleichen Einzelbausteinen zusammensetzen können.

- Entsprechend den **Strukturmerkmalen** der miteinander verbundenen Einzelbausteinen (Monomere), ergeben sich bestimmte Strukturmerkmale bei den Makromolekülen (Polymere), die bestimmte **Stoffeigenschaften** hinsichtlich Formbarkeit, Härte, Elastizität, Bruchfestigkeit, Temperaturbeständigkeit und chemische Beständigkeit zur Folge haben. Die Strukturmerkmale der Einzelbaustein bestimmen auch den **Reaktionstyp** – Polymerisation, Polykondensation oder Polyaddition – bei der Reaktion zum Makromolekül.

- Sind die Makromoleküle unpolar, treten VAN-DER-WAALS-Kräfte zwischen den Molekülketten wie beim Polyethen auf. Haben die Makromoleküle polare funktionelle Gruppen, können Dipol-Dipol-Wechselwirkungen oder auch Wasserstoffbrückenbindungen wie bei Polyamiden entstehen.

- Die Strukturmerkmale der Makromoleküle bestimmen auch das Verhalten der Kunststoffe beim Erhitzen. Sind die Makromoleküle kettenförmig linear oder wenig verzweigt und bilden sich VAN-DER-WAALS-Kräfte oder auch Wasserstoffbrückenbindung aus, schmilzt der Kunststoff beim Erwärmen – es handelt sich um einen **Thermoplast**.

- Sind die Makromoleküle durch Atombindungen dreidimensional eng vernetzt, bleibt die Form des Kunststoffs beim Erhitzen erhalten, bis er sich im Schmelztemperaturbereich zersetzt. Dies ist das Kennzeichen eines **Duroplasten**.

- Bei den **Elastomeren** sind die Makromoleküle weitmaschig miteinander vernetzt. Daher ist der Kunststoff elastisch, schrumpft beim Erhitzen, wird aber nicht weich, und zersetzt sich schließlich.

Merke: Bau des Kohlenstoffgerüsts und funktionelle Gruppen sind als Strukturmerkmale bestimmend für die Eigenschaften von Kunststoffen.

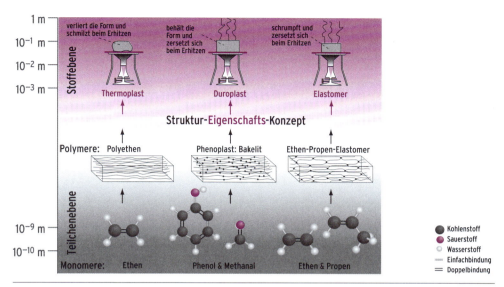

Abb. 15.1: Struktur-Eigenschafts-Beziehungen als Leitkonzept bei Kunststoffen

15.1 Allgemeines

Kunststoffe oder Plaste sind organische Makromoleküle, die entweder durch Umwandlung von Naturprodukten (halbsynthetische Kunststoffe) oder durch Synthese aus Monomeren (Einzelbausteinen) hergestellt werden (vollsynthetische Kunststoffe). Die ersten Kunststoffe wurden aus Naturstoffen erhalten. So produzierte HYATT 1869 aus Nitrocellulose und Campher Celluloid (für Kämme, Puppen, Filme). 1909 synthetisierte BAEKELAND aus Phenol und Methanal Bakelit, den ersten vollsynthetischen Kunststoff. Kunststoffe sind meist von geringer Härte, haben kaum elektrische Leitfähigkeit und Wärmeleitfähigkeit und sind oft resistent gegenüber Säuren und Laugen. Durch ihre unterschiedlichen inneren Strukturen haben sie aber auch sehr viele unterschiedliche Eigenschaften. Es gibt weiche, spröde und elastische Kunststoffe, und solche, die sich deutlich in ihrem Verhalten gegenüber organischen Lösungsmitteln unterscheiden.

Die zwischen unpolaren Makromolekülen herrschenden VAN-DER-WAALS-Kräfte wachsen mit zunehmender Molekülmasse. Dadurch besitzen Stoffe mit höherem Polymerisationsgrad auch eine höhere mechanische Festigkeit.

Sind die Makromoleküle polar gebaut, wirken zusätzlich Dipol-Kräfte; die stärksten zwischenmolekularen Kräfte stellen Wasserstoffbrückenbindungen dar, die z. B. den Zusammenhalt in Polyamiden bewirken.

15.1.1 Einteilung nach dem Verhalten bei Erwärmung

Ein wichtiges Merkmal für Kunststoffe ist ihr Verhalten beim Erwärmen. Dabei werden drei Klassen unterschieden.

a) Thermoplaste

Thermoplaste sind kettenförmig linear oder wenig verzweigt, die Makromoleküle sind untereinander nicht vernetzt. Der Zusammenhalt erfolgt durch VAN-DER-WAALS-Kräfte oder durch Wasserstoffbrückenbindungen.

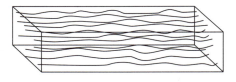

Abb. 15.2: Struktur eines thermoplastischen Kunststoffs

Die Molekülketten sind sehr lang. Sind sie wirr verknäult, bezeichnet man diesen Zustand als **amorph**; sind sie parallel ausgerichtet, als **kristallin**. Thermoplaste gehen innerhalb eines größeren Temperaturintervalls vom weichen in den zähflüssigen Zustand über. Dabei geraten die Makromoleküle in Schwingungen, wobei die zwischenmolekularen Kräfte überwunden werden. Da die Makromoleküle untereinander nicht vernetzt sind, können sie leicht aneinander vorbeigleiten, der Thermoplast erweicht und schmilzt schließlich. Thermoplasten lassen sich bei der Verarbeitung bei höheren Temperaturen in beliebige Formen pressen. Nach dem Abkühlen behalten sie diese Form bei.

b) Duroplaste

In Duroplasten sind die Makromoleküle durch Elektronenpaarbindungen dreidimensional eng vernetzt. Beim Erhitzen bleibt die dreidimensionale Struktur erhalten, die Duroplasten werden also bei mittleren Temperaturen weder weich noch zähflüssig. Man muss

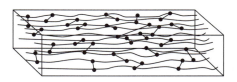

Abb. 15.3: Struktur eines duroplastischen Kunststoffs

duroplastische Werkstücke daher bereits in der fertigen Form herstellen oder anschließend mechanisch bearbeiten. Erst bei etwa 300 °C zersetzen sich Duroplaste unter Aufspaltung der Elektronenpaarbindungen, der Kunststoff verkohlt.

c) Elastomere

Elastomere verhalten sich bei mechanischer Belastung wie Gummi. Sie lassen sich durch Zug oder Druck leicht verformen und kehren aufgrund ihrer Elastizität immer wieder in die ursprüngliche Form zurück. Die Struktur der Elastomeren ist ähnlich der der Duroplasten,

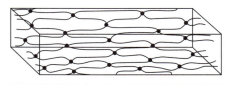

Abb. 15.4: Struktur eines elastomeren Kunststoffs

jedoch sind die Netzstrukturen viel weitmaschiger. Elastomere werden beim Verarbeiten meist unter Einwirkung von Wärme und Druck in der Endform synthetisiert. Natürlicher Kautschuk ist ein typisches Elastomer. Durch Härten können Elastomere stärker vernetzt und dadurch in Duroplaste umgewandelt werden.

15.2 Verfahren zur Kunststoffsynthese

Bei der Synthese von Kunststoffen geht man von Monomeren aus, die zu ketten- oder netzförmigen Makromolekülen zusammengeschlossen werden. Dafür müssen die Monomere entweder Mehrfachbindungen oder mindestens zwei funktionelle Gruppen besitzen. Die Verknüpfung der Monomere erfolgt durch Polymerisation, Polykondensation oder Polyaddition.

15.2.1 Polymerisation

Die Polymerisation erfolgt mit **ungesättigten Monomeren** ($\rightarrow$ Tab. 15.1) unter Aufspaltung der Doppelbindungen. Die Reaktion verläuft als **Kettenreaktion**, die durch Initiatoren wie Radikale oder Ionen ausgelöst wird. Es bilden sich zumeist Thermoplaste. Neben der radikalischen Polymerisation ist auch die kationische und die anionische Polymerisation üblich.

$H_2C=CH_2$	**Ethen (Ethylen)**
$H_2C=CH-CH_3$	**Propen (Propylen)**
$H_2C=CH-Cl$	**Vinylchlorid**
$F_2C=CF_2$	**Tetrafluorethen**
$H_2C=CH-CN$	**Acrylnitril**
$H_2C=C(CH_3)-C(=O)-OCH_3$	**Methacrylsäuremethylester**
$H_2C=CH-C_6H_5$	**Styrol**

Tab. 15.1: Wichtige Monomere

a) Radikalische Polymerisation

Diese Reaktion verläuft nach einem radikalischen Kettenmechanismus, der aus den Reaktionsphasen Kettenstart, Kettenwachstum und Kettenabbruch besteht. Beim Kettenstart entstehen Radikale, welche dann die Doppelbindung angreifen. Durch fortgesetzte Reaktion der Alkylradikale mit neuen Monomeren wächst die Kette. Auf diese Weise kommt es zum Kettenwachstum, es entstehen Polymere, welche theoretisch alle Monomere verbrauchen und so immer weiter wachsen könnten. In der Praxis wird die Kettenlänge durch gezielte Abbruchreaktionen beeinflusst. Kettenabbruch kann durch Kombination zweier wachsender Polymerketten erfolgen.

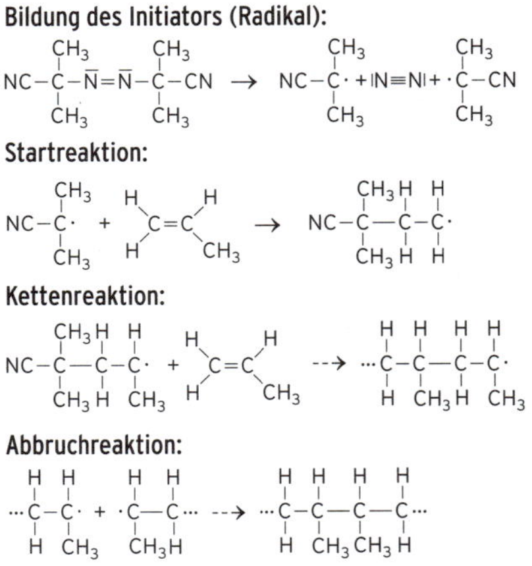

Bildung des Initiators (Radikal):

Startreaktion:

Kettenreaktion:

Abbruchreaktion:

Abb. 15.5: Radikalische Polymerisation von Propen

b) Anionische Polymerisation

Als Kettenstarter eignen sich starke Basen oder Alkalimetalle. Diese reagieren mit ungesättigten Kohlenwasserstoffen zu einem vorübergehend gebildeten Carbanion. Das Kettenwachstum erfolgt durch Reaktion des Carbanions mit einem weiteren Monomeren. Der Kettenabbruch wird durch Zusatz von Kationen, Wasser oder Säuren erreicht.

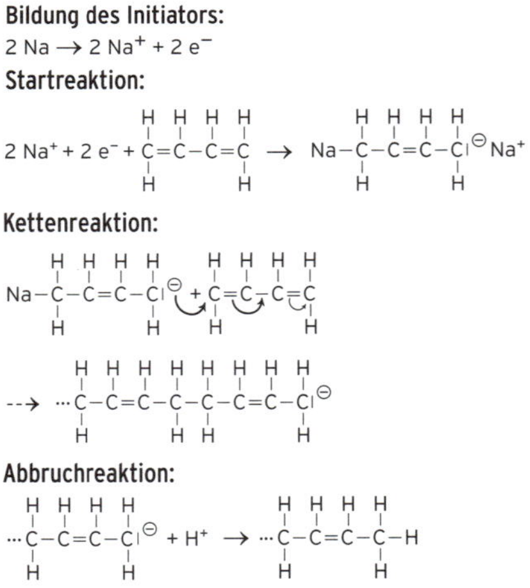

Bildung des Initiators:
$2\ Na \rightarrow 2\ Na^+ + 2\ e^-$

Startreaktion:

Kettenreaktion:

Abbruchreaktion:

Abb. 15.6: Anionische Polymerisation von Buta-1,3-dien

c) Kationische Polymerisation

Die Reaktion wird durch Säuren initiiert. Das Kettenwachstum erfolgt durch die Reaktion des gebildeten Kations mit weiteren Monomeren. Dabei bleibt stets der ionische Charakter erhalten. Zum Kettenabbruch wird ein Proton abgespalten, was zur Regeneration des Katalysators führt.

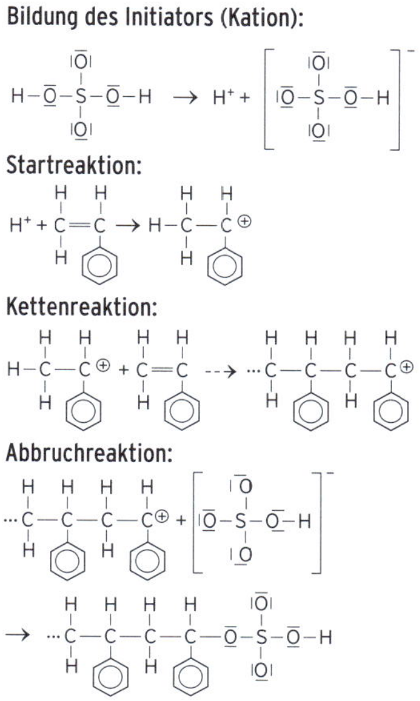

Bildung des Initiators (Kation):

Startreaktion:

Kettenreaktion:

Abbruchreaktion:

Abb. 15.7: Kationische Polymerisation von Styrol

Monomer	Polymer	Abkürzungen/Handelsnamen	Verwendung
Ethen	Polyethen ···$\{CH_2{-}CH_2\}$···	LDPE, Lupolen, Hostalen, Baylon (radikalische Polymerisation unter Hochdruck)	Folien, Filme, Haushaltsgeräte, Armaturen, Kabelisolierung
		LDPE (ionische Polymerisation unter Niederdruck)	Getränkekisten
Propen	Polypropen ···$\{CH_2{-}CH\}$··· $\quad$ CH_3	PP	Haushaltswaren
Vinylchlorid (Monochlorethen)	Polyvinylchlorid ···$\{CH_2{-}CH\}$··· $\quad$ Cl	PVC (Hinweis: zerfällt beim Erhitzen zu Polyenen und Chlorwasserstoff-Gas)	Tischtücher, Fußbodenbeläge, Rollläden, Rohre
Acrylnitril	Polyacrylnitril ···$\{CH_2{-}CH\}$··· $\quad$ CN	Orlon, Dralon, Acryl, Acrilan	Beimischung für Textilien
Styrol (Monophenylethen)	Polystyrol ···$\{CH_2{-}CH\}$··· $\quad$ C_6H_5	PS; geschäumt als Styropor	Haushaltswaren, Wärmedämmung
Methacrylsäuremethylester	CH_3 ···$\{CH_2{-}CH\}$··· $\quad$ $C{=}O$ $\quad$ OCH_3	Plexiglas	Sicherheitsglas

Monomer	Polymer	Abkürzungen/Handelsnamen	Verwendung
Tetrafluorethen $F{\diagdown}{}{\diagup}F$ $C{=}C$ $F{\diagup}{}{\diagdown}F$	Polytetrafluor- ethen $\cdots{\leftmoustache}CF_2{-}CF_2{\rightmoustache}\cdots$	Teflon, Hostalon	Antihaftbeschich- tungen, Textilien

Tab. 15.2: Übersicht über wichtige Polymerisationsprodukte

15.2.2 Polykondensation

Bei der Polykondensation geht man von Monomeren mit zwei funktionellen Gruppen aus (Hydroxyl-, Carbonyl-, Carboxyl- oder Amino-Gruppe). Die Verknüpfung erfolgt jeweils aus zwei Monomeren unter Abspaltung kleiner Moleküle wie z. B. Wasser, Halogenwasserstoff oder Alkohol. Die Polykondensation von bifunktionellen Monomeren führt zu linearen Makromolekülen, aus trifunktionellen Monomeren bilden sich dreidimensional vernetzte Duroplaste.

a) Polyamide

In Polyamiden liegen Amid-Bindungen (NH—CO) vor. Sie bilden sich aus Diaminen und Dicarbonsäuren. Polyamide besitzen gute mechanische Eigenschaften. Wegen ihrer hohen Zugfestigkeit werden Stoffe wie Nylon oder Perlon z. B. zur Herstellung von Fasern, Getriebeteilen, Schiffsschrauben, Bekleidung oder Knochenprothesen verwendet.

b) Phenoplaste

Phenoplaste bilden sich aus Phenol oder Phenolderivaten und Methanal-Lösung. Sie waren die ersten vollsynthetischen Kunststoffe. Nach ihrem Erfinder BAEKELAND werden sie auch **Bakelite** genannt. Phenoplaste sind härtbar und im gehärteten Zustand unlöslich und unschmelzbar. Die Verarbeitung erfolgt durch Pressen.

c) Polyester

Polyester entstehen durch Polykondensation von mehrwertigen Alkoholen mit Dicarbonsäuren. Gesättigte Polyester haben gute mechanische Eigenschaften. Sie sind formstabil und eignen sich besonders zur Herstellung von Fasern. Diese Fasern sind stark hydrophob, sodass Textilien aus Polyestern schnell trocknen und eine hohe Formbeständigkeit aufweisen.

Ein wichtiger Rohstoff für Textilfasern ist **Trevira**, das durch Veresterung von Ethandiol und Benzol-1,4-dicarbonsäure entsteht.

15.2 Verfahren zur Kunststoffsynthese

Beispiel	Monomere	Herstellung	Verwendung
Polyamid: Nylon	Hexandisäure (Adipinsäure) und 1,6-Diamino-hexan	$H-\overline{O}-C-(CH_2)_4-C-\overline{O}-H + H-N-(CH_2)_6-N-H + H-\overline{O}-C-(CH_2)_4-C-\overline{O}-H$ $\xrightarrow{-2 H_2O}$ $H-\overline{O}-C-(CH_2)_4-C-N-(CH_2)_6-N-C-(CH_2)_4-C-\overline{O}-H$	technische Fasern, Textilfasern
Pheno-plast: Bakelit	Phenol und Methanal	(Strukturformeln) $+ H_2O$	Pressmassen, Gießharze, Bindemittel, Lackrohstoffe
Polyester: Trevira	Ethandiol und Benzol-1,4-dicarbonsäure	$HO-(CH_2)_2-OH + HO-C-\bigcirc-C-OH + HO-(CH_2)_2-OH$ $\xrightarrow{-2 H_2O}$ $HO-(CH_2)_2-\overline{O}-C-\bigcirc-C-\overline{O}-(CH_2)_2-OH$	Textilfasern

Tab. 15.3: Wichtige Polykondensationsprodukte

15.2.3 Polyaddition

Die Verknüpfung der bifunktionellen Monomere erfolgt über Endgruppen, die Additionsreaktionen eingehen, ohne dass kleinere Moleküle abgespalten werden. Dies setzt voraus, dass die funktionellen Gruppen des einen Monomers Doppelbindungen besitzen, an die sich die funktionellen Gruppen des anderen Monomeren addieren lassen.

Additionsreaktionen bifunktioneller Monomeren führen zu Thermoplasten; trifunktionelle Monomere bilden Duroplaste.

Polyurethane

Polyurethane gehören zu den wichtigsten Kunststoffen, die man durch Polyaddition herstellt. Sie bilden sich durch Addition von mehrwertigen Alkoholen an bi- oder trifunktionelle Isocyanate. Durch chemisches Schäumen entstehen Polyurethan-Schaumstoffe. Dazu setzt man bei der Synthese Spuren von Wasser zu, die sich mit den Isocyanat-Gruppen zu Amino-Gruppen und Kohlenstoffdioxid umsetzen. Das Kohlenstoffdioxid-Gas treibt den sich bildenden Kunststoff zum Schaum auf.

Schaumstoffe aus Polyurethanen können je nach Monomeren weich, hart oder hochelastisch sein. Hartschaum dient als Isoliermaterial, hochelastische Schäume werden zu Schuhsohlen verarbeitet; Weichschaum findet in der Möbelindustrie Verwendung.

Beispiel	Monomere	Herstellung
Polyurethan	Butan-1,4-diol und Toluylen-2,6-diisocyanat	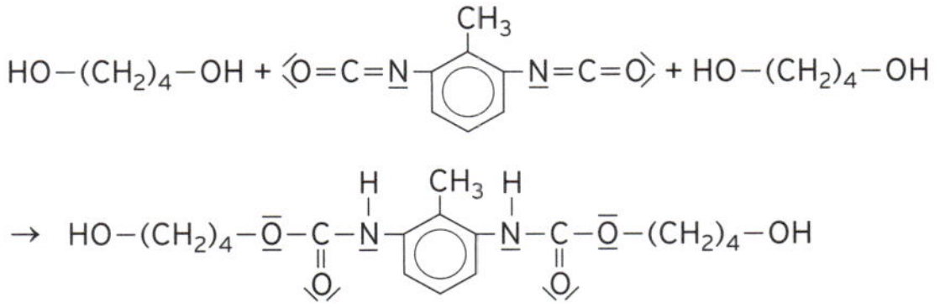 $HO-(CH_2)_4-OH + O=C=N-\overset{CH_3}{\underset{}{\bigcirc}}-N=C=O + HO-(CH_2)_4-OH$ $\rightarrow HO-(CH_2)_4-\overset{}{O}-\overset{}{\underset{O}{C}}-\overset{H}{N}-\overset{CH_3}{\underset{}{\bigcirc}}-\overset{H}{N}-\overset{}{\underset{O}{C}}-\overset{H}{O}-(CH_2)_4-OH$

Tab. 15.4: Beispiel für eine Polyaddition

15.3 Kunststoffe aus Naturprodukten

15.3.1 Gummi

a) Naturkautschuk

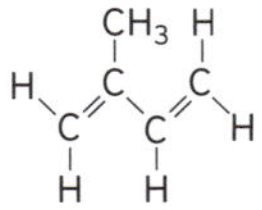

Naturkautschuk kommt im Milchsaft (Latex) des Kautschukbaums vor und ist ein natürliches Polymerisat aus Isopren-Monomeren (2-Methylbuta-1,3-dien):

Naturkautschuk erweicht bereits bei etwa 30 °C und ist wenig chemikalienbeständig. Daher erfolgt bei der Verarbeitung eine Vernetzung der weitmaschigen Moleküle durch Einbau von Schwefelbrücken. Diesen Prozess bezeichnet man als **Vulkanisation** (1883, GOODYEAR). Das Vernetzungsprodukt heißt Gummi.

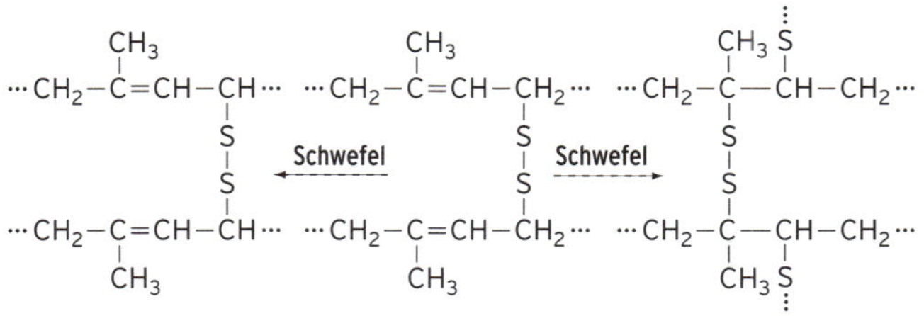

Abb. 15.8: Vulkanisation von Naturkautschuk

b) Synthesekautschuk

Durch Polymerisation von Buta-1,3-dien erhält man Polybutadien, welches als Hartgummi und als Lauffflächenmaterial für Autoreifen eingesetzt wird:

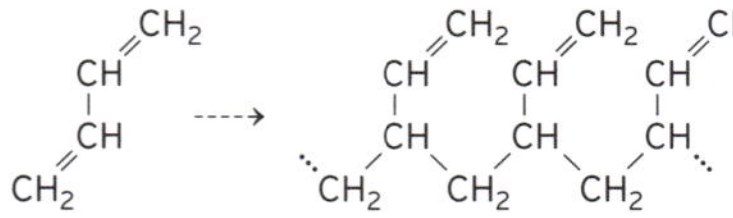

15.3.2 Celluloid

Durch Veresterung des Polysaccharids Cellulose mit Salpetersäure erhält man Cellulosenitrat (→ Abb. 15.9), welches mit Campher zu Celluloid verarbeitet wird. Celluloid dient als Trägermaterial für Filme und zur Fertigung von Billardkugeln. Ester aus Cellulose und Essigsäure dienen zur Herstellung von Kämmen, Folien, Klarsichtverpackungen und ähnlichen Materialien.

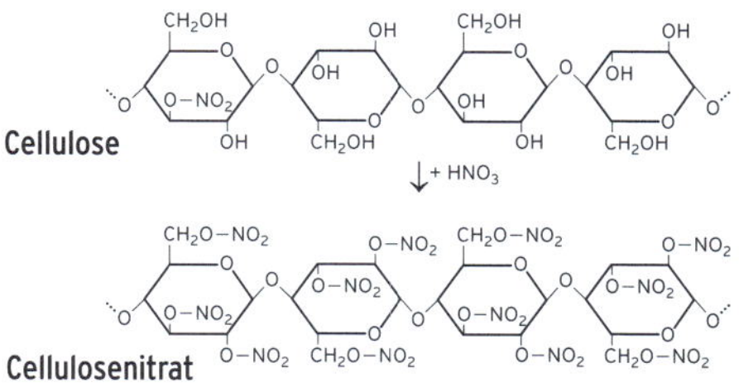

Abb. 15.9: Bildung von Cellulosenitrat

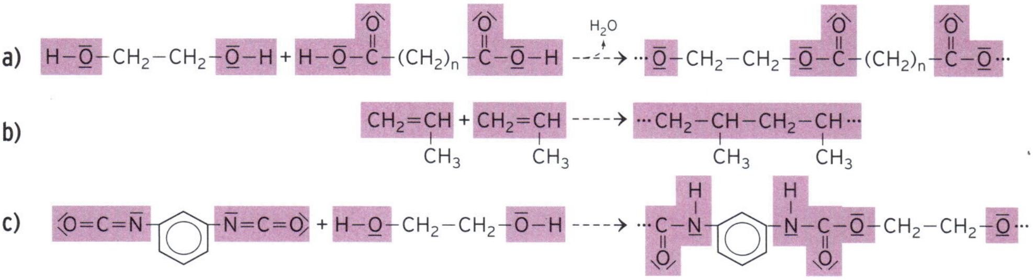

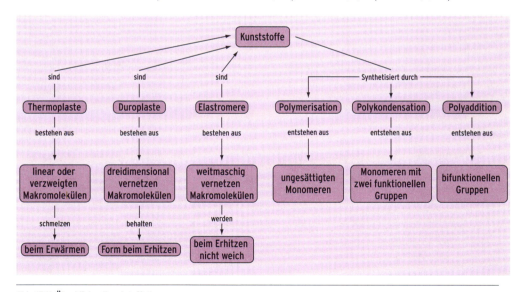

Abb. 15.10: Überblick über die Bildung von Makromolekülen durch a) Polykondensation, b) Polymerisation, c) Polyaddition

Abb. 15.11: Überblick: „Kunststoffe"

16 Aufgaben wie im Abitur

16.1 Atombau und Periodensystem

Wissen

- Ausführliche Schreibweise der Elektronenkonfiguration:

  Cu: $1s^2$; $2s^2$; $2p^6$; $3s^2$; $3p^6$; $4s^1$; $3d^{10}$

- Die einfachere und ebenfalls zulässige Schreibweise betrachtet nur die äußeren Orbitale und stellt die vorher erreichte Edelgaskonfiguration voran:

  Cu: [Ar] $4s^1$; $3d^{10}$

  Diese Schreibweise soll im Folgenden verwendet werden.

- Bei der Bildung von Ionen der Nebengruppenelemente werden die s-Elektronen zuerst abgegeben. Dadurch ergibt sich insgesamt ein stabilerer Zustand.

Aufgabe 16.1.1

a) Schreiben Sie die Elektronenkonfiguration für folgende Atome und Ionen auf:
   Kupfer-Atom, Kupfer(I)-Ion, Eisen-Atom, Eisen(II)-Ion, Eisen(III)-Ion, Mangan-Atom, Mangan(II)-Ion, Schwefel-Atom, Sulfid-Ion, Chlor-Atom, Chlorid-Ion.

b) Welche Teilchen haben durch voll- bzw. halbbesetzte Orbitale stabilen oder quasistabilen Zustand erreicht? Begründen Sie Ihre Aussagen.

Aufgabe 16.1.2

Im Falle von Kupfer weicht die Orbitalbesetzung von der allgemein angegebenen Regel ab. Beschreiben Sie den Unterschied. Geben Sie ein weiteres 3d-Element an, bei dem ein ähnlicher Unterschied besteht.

Aufgabe 16.1.3

Wie erkennt man aus der Besetzung der Orbitale, ob es sich um ein Haupt- oder ein Nebengruppenelement handelt?

Aufgabe 16.1.4

Warum treten Nebengruppenelemente in Verbindungen oft in sehr vielen und auch teilweise hohen Oxidationsstufen auf?

Erläutern Sie diese Tatsache am Beispiel von Mangan. Geben Sie für vier Oxidationsstufen Verbindungen und deren Farben an.

Aufgabe 16.1.5

Auch Hauptgruppenelemente betätigen teilweise mehrere Oxidationsstufen.

Erläutern Sie am Beispiel von Stickstoff.

Lösungen

Lösung Aufgabe 16.1.1

a)		b)
Cu^+	[Ar] $4s^0$; $3d^{10}$	*
Fe	[Ar] $4s^2$; $3d^6$	
Fe^{2+}	[Ar] $4s^0$; $3d^6$	
Fe^{3+}	[Ar] $4s^0$; $3d^5$	*
Mn	[Ar] $4s^2$; $3d^5$	*
Mn^{2+}	[Ar] $4s^0$; $3d^5$	*
S	[Ne] $3s^2$; $3p^4$	
S^{2-}	[Ne] $3s^2$; $3p^6$	*
Cl	[Ne] $3s^2$; $3p^5$	
Cl^-	[Ne] $3s^2$; $3p^6$	*

Mit * gekennzeichnete Fälle erreichen bezüglich ihres Atombaus einen stabilen bzw. quasistabilen Zustand. Stabile Zustände besitzen voll besetzte Orbitale, quasistabile Zustände besitzen halb besetzte Orbitale.

Lösung Aufgabe 16.1.2

Kupfer füllt das 3d-Orbital voll auf, bevor 4s vollständig besetzt ist, dadurch entsteht ein stabilerer Zustand. 4s ist halbbesetzt, 3d vollbesetzt.

Bei Chrom tritt aus den gleichen Gründen ein ähnlicher Fall auf. Cr: [Ar] $4s^1$; $3d^5$

(**Hinweis:** Diese Orbitalbesetzungen sind wissenschaftlich nachgewiesen.)

Lösung Aufgabe 16.1.3

Hauptgruppenelemente sind im Begriff s- oder p-Orbitale aufzufüllen, Nebengruppenelemente füllen d- oder f-Orbitale auf.

Lösung Aufgbe 16.1.4

Der energetische Abstand der Orbitale nimmt mit zunehmender Energie ab. Somit liegen z. B. s- und d-Orbitale energetisch sehr nahe und somit können s- und d-Elektronen als Außenelektronen betrachtet werden und gemeinsam abgegeben werden. Daraus resultiert z. B. die Oxidationsstufe VII beim Mangan. Durch partielle Abgabe von Elektronen ergeben sich weitere Oxidationsstufen.

Beispiele:

Oxidationszahl	Formel	Name	Farbe
VII	$KMnO_4$	Kaliumpermanganat	violett
II	$MnSO_4$	Mangan(II)-sulfat	rosa
IV	MnO_2	Mangan(IV)-oxid	braun
VI	K_2MnO_4	Kaliummanganat	grün

Lösung Aufgabe 16.1.5

Diese Eigenschaft haben besonders Elemente mit hohen Hauptgruppennummern wie Stickstoff, Chlor oder Schwefel. Elektronen können aufgenommen und abgegeben werden. Beispiel Stickstoff: I in N_2O; II in NO, IV in NO_2, III in N_2O_3, V in N_2O_5, – III in NH_3

16.2 Chemische Bindung

Aufgabe 16.2.1

Bestimmen und beschreiben Sie die jeweils vorliegenden Bindungsarten:
Magnesiumoxid, Magnesiumchlorid, Magnesium, Chlorwasserstoff, Chlor, Schwefeldioxid

Aufgabe 16.2.2

Schreiben Sie folgende Strukturfomeln unter Beachtung der Oktettregel auf: Stickstoffmonoxid, Distickstofftrioxid, Sulfat-Ion, Carbonat-Ion, Salpetersäure, Phosphorsäure, Kohlenstoffmonoxid.

Aufgabe 16.2.3

Ermitteln Sie die Geometrie folgender Moleküle: PF_3, NO_2, H_2S, SO_3, UF_6
Begründen Sie Ihre Antworten mithilfe des Elektronenpaarabstoßungsmodells.

Aufgabe 16.2.4

Kennzeichnen Sie die Hybridisierung der Kohlenstoff-Atome in folgenden Verbindungen: Propin, Benzen, Ethansäure, Aminoethansäure, Butan. Kennzeichnen Sie π- und σ-Bindungen!

Aufgabe 16.2.5

Welche der folgenden Teilchen sind mesomeriestabilisiert?
Begründen Sie anhand von Strukturformeln.
Carbonat-Ion, Nitrat-Ion, Carboxylat-Ion, Aldehyd-Gruppe, Amino-Gruppe

Aufgabe 16.2.6

a) Schwefelwasserstoff ist bei Raumtemperatur gasförmig, Wasser jedoch flüssig. Begründen Sie diese Tatsache.

b) Bei der experimentellen Molmassenbestimmung niederer Carbonsäuren erhält man oft den doppelten Wert. Erklären Sie!

Aufgabe 16.2.7

Erklären Sie die unterschiedlichen Aggregatzustände der Halogene Chlor, Brom und Iod bei Raumtemperatur.

16.2 Chemische Bindung

Aufgabe 16.2.8

Zum Lösen eines Fettes stehen folgende Lösungsmittel zur Verfügung: Heptan, Wasser, Propansäure, Propanol, Propansäurepropylester. Schätzen Sie die Eignung der Lösungsmittel mit den Prädikaten geeignet, weniger geeignet und ungeeignet ab. Begründen Sie Ihre Einschätzung.

Lösungen

Lösung Aufgabe 16.2.1

Magnesium ist ein Metall. Die Bindungsart ist Metallbindung. Bei den übrigen Fällen kann man durch Bestimmung der Elektronegativitätsdifferenzen die Polarität der Bindung einschätzen.

Ein Richtwert ist die Differenz 1,7: $\Delta EN < 1,7 \Rightarrow$ Elektronenpaarbindung;

$\Delta EN > 1,7 \Rightarrow$ Ionenbindung

Magnesiumoxid	$\Delta EN = 2,3$	Ionenbindung
Magnesiumchlorid	$\Delta EN = 1,8$	Ionenbindung
Chlorwasserstoff	$\Delta EN = 0,9$	polare Elektronenpaarbindung
Chlor	$\Delta EN = 0,0$	Elektronenpaarbindung
Schwefeldioxid	$\Delta EN = 1,0$	polare Elektronenpaarbindung

Je mehr sich die Differenz dem Richtwert 1,7 nähert, desto polarer wird die Bindung und die ionischen Anteile nehmen zu.

Lösung Aufgabe 16.2.2

Name	Strukturformel	Bemerkung
Stickstoffmonoxid	$|\overset{\cdot}{N}=O\rangle$	
Distickstofftrioxid	$\langle O=\underline{N} \quad \overset{O}{\diagup} \quad \underline{N}=O\rangle$	
Sulfat-Ion	siehe Strukturformel bzw.	Elemente der 3. Periode können ihr Oktett erweitern. Deshalb sind beide Formeln richtig.
Carbonat-Ion	siehe Strukturformel	
Salpetersäure	$H-\overline{\underline{O}}-\overset{\oplus}{\underline{N}}$	Beim Stickstoff ist die Einhaltung der Oktettregel zwingend.

Name	Strukturformel	Bemerkung
Phosphorsäure	$H-\overline{O}-P-\overline{O}-H$ mit $\overset{\hat{O}}{\underset{\overset{|}{\underset{|}{O}|}}{\|}}$ und H	
Kohlenstoffmonoxid	$^{\ominus}|C\equiv O|^{\oplus}$	

Lösung Aufgabe 16.2.3

PF_3		4 Elektronenpaare am Zentralatom, davon 3 bindend	trigonal pyramidal
NO_2		3 Elektronenpaare, ein freies Elektron am Zentralatom	gewinkelt
H_2S		4 Elektronenpaare am Zentralatom, davon 2 bindend	gewinkelt
SO_3		6 bindende Elektronenpaare am Zentralatom	trigonal eben
UF_6		6 bindende Elektronenpaare am Zentralatom	oktaedrisch

Lösung Aufgabe 16.2.4

Propin	alle C—H: σ-Bindungen C—C: σ-Bindung C ≡ C: eine σ-Bindung und zwei π-Bindungen C_1: sp-Hybridisierung C_2: sp-Hybridisierung C_3: sp^3-Hybridisierung	
Benzen	alle C—H: σ-Bindungen alle C—C: σ-Bindung und delokalisiertes π-Elektronensystem alle C: sp^2-Hybridisierung	
Ethansäure	alle C—H: σ-Bindungen C—C: σ-Bindung C5O: eine σ-Bindung und eine π-Bindung O—H: σ-Bindung C_1: sp^2-Hybridisierung C_2: sp^3-Hybridisierung	

Aminoethansäure	alle C—H: σ-Bindungen C—C: σ-Bindung C5O: eine σ-Bindung und eine π-Bindung C—N: σ-Bindung N—H: σ-Bindung O—H: σ-Bindung C_1: sp²-Hybridisierung C_2: sp³-Hybridisierung	
Butan	alle C—H: σ-Bindungen alle C—C: σ-Bindungen alle C: sp³-Hybridisierung	

Lösung Aufgabe 16.2.5

Bei Verbindungen mit delokalisierten Elektronen treten Mesomerieeffekte auf, die zur energetischen Stabilisierung dieser Teilchen führen. Die Energiedifferenz zwischen der realen Struktur und den durch Grenzformeln dargestellten fiktiven Strukturen heißt **Mesomerieenergie**.

Name	Strukturformel
Carbonat-Ion	
Nitrat-Ion	
Carboxylat-Ion	
Aldehyd-Gruppe (keine Mesomerie)	
Amino-Gruppe (keine Mesomerie)	

Lösung Aufgabe 16.2.6

a) Wasser bildet zwischenmolekulare Bindungen in Form von Wasserstoffbrücken aus, die das Molekül stabilisieren. Beim Schwefelwasserstoff ist dies in diesem Maße nicht möglich.

b) Niedermolekulare Carbonsäuren können durch die Ausbildung von Wasserstoffbrücken zwischen zwei Carboxyl-Gruppen dimerisieren.

$$CH_3-C\underset{\underset{\displaystyle \overline{\underline{O}}H\cdots\overline{\underline{O}}}{}}{\overset{\overset{\displaystyle \overline{\underline{O}}\cdots HO}{}}{}}C-CH_3$$

Lösung Aufgabe 16.2.7

Große Moleküle sind leichter polarisierbar als kleine Moleküle. Deshalb nimmt die Festigkeit der VAN-DER-WAALS-Bindung von Chlor über Brom zum Iod zu (Chlor: gasförmig; Brom: flüssig; Iod: fest). VAN-DER-WAALS-Bindungen sind Anziehungskräfte zwischen Dipolmolekülen oder Wechselwirkungen zwischen unpolaren Molekülen.

Lösung Aufgabe 16.2.8

Beim Lösungsvorgang gehen der zu lösende Stoff und das Lösungsmittel Wechselwirkungen ein. Da Fett ein unpolarer Stoff ist, eignen sich besonders unpolare Lösungsmittel. Stark polare Lösungsmittel sind ungeeignet. Deshalb ergibt sich folgende Zuordnung:

Geeignet: Heptan, Propansäurepropylester

Weniger geeignet: Propanol

Ungeeignet: Wasser, Propansäure

16.3 Thermochemie

Aufgabe 16.3.1

Berechnen Sie die Reaktionsenthalpien und die molare Volumenarbeit (Normzustand) für die Ammoniaksynthese und die Methanolsynthese. Ziehen Sie Schlussfolgerungen aus den errechneten Zahlenwerten.

Aufgabe 16.3.2

a) Entwickeln Sie die Gleichungen für die vollständige Verbrennung von Butan und Octan.

b) Berechnen Sie die molare Volumenarbeit (Normzustand). Beziehen Sie das Ergebnis auf ein Mol Kohlenwasserstoff. Gehen Sie davon aus, dass Butan gasförmig, Octan flüssig ist und alle Reaktionsprodukte gasförmig auftreten.

Aufgabe 16.3.3

Wie ändern sich die Ergebnisse von Aufgabe 16.3.2, wenn man als Reaktionstemperatur 300 °C und einen Druck von 989 kPa annimmt?

Aufgabe 16.3.4

a) Vergleichen Sie die molare Verbrennungsenthalpie und den Heizwert von Erdgas (Methan)!

b) Diskutieren Sie die Frage, ob man aus den Angaben der Heizwerte von verschiedenen Brennstoffen eine Entscheidung über den Einsatz treffen kann.

16.3 Thermochemie   225

Aufgabe 16.3.5

Berechnen Sie aus folgender Gleichung die Bildungsenthalpie von Pyrit (FeS_2).

$4 FeS_2 + 11 O_2 \rightarrow 8 SO_2 + 2 Fe_2O_3$; $\Delta_R H = -3324$ kJ

Aufgabe 16.3.6

Verlaufen folgende Reaktionen bei 25 °C in der angegebenen Richtung freiwillig ab?
Werten Sie die Ergebnisse.

a) Kupfer(II)-oxid mit Zink

b) Eisen(III)-oxid mit Kohlenstoff

c) Natriumhydrogencarbonat (fest) mit Salzsäure

Aufgabe 16.3.7

a) In 100 ml Wasser werden 2 g festes Natriumhydroxid gelöst. Die Temperatur steigt um 5 K.

   Berechnen Sie die molare Lösungsenthalpie.

b) Planen Sie die Durchführung des entsprechenden Experiments.

Aufgabe 16.3.8

a) Bei der Herstellung von einem Mol Calciumcarbid aus Branntkalk und Koks werden 465 kJ aufgenommen. Berechnen Sie unter Annahme des vollständigen Stoffumsatzes die für die Produktion einer Tonne Calciumcarbid benötigte Energie.

b) Welche Bedeutung hat die Carbidsynthese?

Lösungen

Lösung Aufgabe 16.3.1

Ammoniaksynthese

N_2 (g) + 3 H_2 (g) $\rightleftharpoons$ 2 NH_3 (g)

Berechnung der Reaktionsenthalpie $\Delta_R H$:

$\Delta_R H = 2 \cdot \Delta_f H(NH_3) - [\Delta_f H(N_2) + 3 \cdot \Delta_f H(H_2)] = 2 \cdot (-46 \text{ kJ} \cdot \text{mol}^{-1}) = -92 \text{ kJ} \cdot \text{mol}^{-1}$

Berechnungen der molaren Volumenarbeit W_m:

Volumenverkleinerung: = 2 mol

$$W_m = -p \cdot \Delta_R V_m = -101{,}3 \text{ kPa} \cdot (-2 \cdot 22{,}4 \text{ } \ell \cdot \text{mol}^{-1})$$
$$= 101{,}3 \cdot 10^3 \text{ N} \cdot \text{m}^{-2} \cdot 2 \cdot 22{,}4 \cdot 10^{-3} \text{ m}^3 \text{mol}^{-1}$$
$$= 4538 \text{ N} \cdot \text{m} \cdot \text{mol}^{-1}$$

$W_m \approx 4{,}5 \text{ kJ} \cdot \text{mol}^{-1}$

verwendete Größenbezeichnungen:

   $1 \text{ Pa} = 1 \text{ N} \cdot \text{m}^{-2}$; $1 \text{ } \ell = 10^{-3} \text{ m}^3$; $1 \text{ J} = 1 \text{ N} \cdot \text{m}$

Methanolsynthese:

$CO\,(g) + 2\,H_2\,(g) \rightleftharpoons CH_3OH\,(g)$

Berechnung der Reaktionsenthalpie $\Delta_R H$:

$$\Delta_R H = \Delta_f H(CH_3OH) - [\,\Delta_f H(CO) + 2 \cdot \Delta_f H(H_2)\,] = -201\,kJ \cdot mol^{-1} - (-111\,kJ \cdot mol^{-1})$$
$$= -90\,kJ \cdot mol^{-1}$$

Berechnung der molaren Volumenarbeit W_m: wie bei der Ammoniaksynthese.

Die Reaktionsenthalpie der Ammoniaksynthese beträgt $-92\,kJ \cdot mol^{-1}$, die Reaktionsenthalpie der Methanolsynthese beträgt $-90\,kJ \cdot mol^{-1}$.

Bei beiden Reaktionen sind alle beteiligten Stoffe Gase. Es findet bei beiden Reaktionen eine Volumenverkleinerung statt. Deshalb hat die molare Volumenarbeit ein positives Vorzeichen. Beide Reaktionen haben die gleiche molare Volumenarbeit, da gleiche Volumenänderungen auftreten. Sie beträgt $+4,5\,kJ \cdot mol^{-1}$.

Die Reaktionsenthalpien gelten für Standardbedingungen, die Volumenarbeiten für Normbedingungen. Für weitere Berechnungen z. B. zur Berechnung von $\Delta_R U$ muss das molare Volumen erst umgerechnet werden. Siehe Aufgaben 16.3.2 und 16.3.3.

Lösung Aufgabe 16.3.2

a) $C_4H_{10} + 6,5\,O_2 \rightarrow 4\,CO_2 + 5\,H_2O$

   $C_8H_{18} + 12,5\,O_2 \rightarrow 8\,CO_2 + 9\,H_2O$

b) **Butan:**

   $7,5\,mol\,Gas \rightarrow 9\,mol\,Gas \qquad \Rightarrow \Delta V = 1,5\,mol$

   $W_m = p \cdot \Delta_R V_m = -101,3\,kPa \cdot 1,5 \cdot 22,4\,\ell \cdot mol^{-1}$
   $\quad = -101,3 \cdot 10^3\,N \cdot m^{-2} \cdot 1,5 \cdot 22,4 \cdot 10^{-3}\,m^3 \cdot mol^{-1} = -3404\,N \cdot m \cdot mol^{-1}$

   $W_m \approx 3,4\,kJ \cdot mol^{-1}$

   Octan:

   $12,5\,mol\,Gas \rightarrow 17\,mol\,Gas \qquad \Rightarrow \Delta V = +4,5\,mol$

   $W_m = -p \cdot \Delta_R V_m = -101,3\,kPa \cdot 4,5 \cdot 22,4\,\ell \cdot mol^{-1}$
   $\quad = 10,3 \cdot 10^3\,N \cdot m^{-2} \cdot 4,5 \cdot 22,4 \cdot 10^{-3}\,m^3 \cdot mol^{-1}$
   $\quad = -10,211\,N \cdot m \cdot mol^{-1}$

   $W_m \approx -10,2\,kJ \cdot mol^{-1}$

Beide Voumenarbeiten tragen negatives Vorzeichen, da Volumenvergrößerung eintritt. Es muss mit gebrochenen Stöchiometriezahlen für Sauerstoff gerechnet werden, da die Berechnung für ein Mol Kohlenwasserstoff gefordert ist.

Bei der Verbrennung von Octan ist die geleistete Volumenarbeit mehr als doppelt so groß wie bei der Butanverbrennung.

16.3 Thermochemie 227

Lösung Aufgabe 16.3.3

> **Tipp zur Herangehensweise**
>
> Das Gasvolumen muss mit der Gasgleichung auf gegebene Bedingungen umgerechnet werden und dann in die Gleichung für die Berechnung der Volumenarbeit eingesetzt werden. Da sich Gase beim Erwärmen ausdehnen, wird die molare Volumenarbeit größer.

Berechnung des molaren Volumens für 98,9 kPa und 300 °C bzw. 573 K

$$\frac{p_0 \cdot V_0}{T_0} = \frac{p_1 \cdot V_1}{T_1}; \quad V_1 = \frac{p_0 \cdot V_0 \cdot T_1}{T_0 \cdot p_1} = \frac{101,3 \text{ kPa} \cdot 22,4 \, \ell \cdot 573 \text{ K}}{273 \text{ K} \cdot 98,9 \text{ kPa}}; \quad V_1 = 48,2 \, \ell$$

Berechnung der Volumenarbeit unter veränderten Bedingungen

Butan:

Berechnung der Volumenarbeit für 98,9 kPa und 300 °C (573 K):

$$W_m = -p \cdot \Delta_R V_m = -98,9 \text{ kPa} \cdot 1,5 \cdot 48,2 \, \ell \cdot \text{mol}^{-1}$$
$$= -98,9 \cdot 10^3 \text{ N} \cdot \text{m}^{-2} \cdot 1,5 \cdot 48,2 \cdot 10^{-3} \text{ m}^3 \cdot \text{mol}^{-1}$$
$$= -7151 \text{ N} \cdot \text{m} \cdot \text{mol}^{-1}$$

$$W_m \approx -7,2 \text{ kJ} \cdot \text{mol}^{-1}$$

Octan:

Berechnung der Volumenarbeit für 98,9 kPa und 300 °C (573 K):

$$W_m = p \cdot \Delta_R V_m = -98,9 \text{ kPa} \cdot 4,5 \cdot 48,2 \, \ell \cdot \text{mol}^{-1}$$
$$= -98,9 \cdot 10^3 \text{ N} \cdot \text{m}^{-2} \cdot 4,5 \cdot 48,2 \cdot 10^{-3} \text{ m}^3 \cdot \text{mol}^{-1}$$
$$= -21\,451 \text{ N} \cdot \text{m} \cdot \text{mol}^{-1}$$

$$W_m \approx -21,5 \text{ kJ} \cdot \text{mol}^{-1}$$

Die Volumenarbeiten für geänderte Bedingungen betragen für Butan $-7,9 \text{ kJ} \cdot \text{mol}^{-1}$ und für Octan $-21,8 \text{ kJ} \cdot \text{mol}^{-1}$.

Lösung Aufgabe 16.3.4

a) Verbrennungsenthalpie ist die Wärmemenge, die bei der vollständigen Verbrennung von einem Mol Stoff frei wird. Der Heizwert bezieht sich auf ein Kilogramm Stoff.

$$CH_4 + 2 \, O_2 \rightarrow CO_2 + 2 \, H_2O \, (g)$$

Berechnung der Verbrennungsenthalpie $\Delta_c H_m$:

$$\Delta_c H_m = [\Delta_f H(CO_2) + 2 \cdot \Delta_f H(H_2O)] - [\Delta_f H(CH_4) + 2 \cdot \Delta_f H(O_2)]$$
$$= [-393 \text{ kJ} \cdot \text{mol}^{-1} + 2 \cdot (-242 \text{ kJ} \cdot \text{mol}^{-1})] - [-75 \text{ kJ} \cdot \text{mol}^{-1}] = -802 \text{ kJ} \cdot \text{mol}^{-1}$$

Berechnug des Heizwertes pro Kilogramm:

16 g Methan ($= 1$ mol) $\Rightarrow \Delta_c H_m = -802$ kJ

1000 g Methan $\Rightarrow \Delta_c H_m = -50\,125$ kJ

Die Verbrennungsenthalpie für Erdgas beträgt $-802 \text{ kJ} \cdot \text{mol}^{-1}$ und der Heizwert beträgt $-50\,125 \text{ kJ} \cdot \text{kg}^{-1}$. Da Methan ein Gas ist, gibt man den Heizwert besser in $\text{kJ} \cdot \text{m}^{-3}$ an.

Berechnung des Heizwertes in $kJ \cdot m^{-3}$

$\varrho \, (\text{Methan}) = \frac{m}{V} = 0{,}717 \, g \cdot \ell^{-1}$

$V \, (\text{Methan}) = \frac{m}{\varrho} = \frac{1000 \, g}{0{,}717 \, g \cdot \ell^{-1}} = 1395 \, \ell \approx 1{,}4 \, m^3$

$1{,}4 \, m^3$ Methan $\Rightarrow \; \Delta_c H = -50\,125 \, kJ$

$1 \, m^3$ Methan $\;\;\Rightarrow \; \Delta_c H = -35\,804 \, kJ$

b) Die Heizwerte liefern Angaben über die energetischen Verhältnisse bei der Verbrennung. Zur Entscheidung über die Nutzung müssen noch die Preise der Brennstoffe betrachtet werden. Diese sind oft vom Anbieter und den verbrauchten Mengen abhängig. Weiterhin müssen auch ökologische Gesichtspunkte einbezogen werden.

Lösung Aufgabe 16.3.5

$\Delta_R H = [8 \cdot \Delta_f H (SO_2) + 2 \cdot \Delta_f H (Fe_2O_3)] - [4 \cdot \Delta_f H (FeS_2) + 11 \cdot \Delta_f H (O_2)]$

$\quad = [8 \cdot (-297 \, kJ \cdot mol^{-1}) + 2 \cdot (-824 \, kJ \cdot mol^{-1})] - (4 \cdot \Delta_f H (FeS_2)) = -3324 \, kJ \cdot mol^{-1}$

$\Delta_f H (FeS_2) = \frac{1}{4} \cdot (-2376 \, kJ \cdot mol^{-1} - 1648 \, kJ \cdot mol^{-1} + 3093 \, kJ \cdot mol^{-1} = -175 \, kJ \cdot mol^{-1}$

Die Bildungsenthalpie von Pyrit beträgt $-175 \, kJ \cdot mol^{-1}$.

Lösung Aufgabe 16.3.6

Zur Abschätzung des freiwilligen Ablaufs einer Reaktion muss $\Delta_R G$, die freie Enthalpie, berechnet werden: $\Delta_R G = \Delta_R H - T \cdot \Delta_R S$ (GIBBS-HELMHOLTZ-Gleichung)

a) $CuO + Zn \rightarrow Cu + ZnO$

$\Delta_R H = \Delta_f H (ZnO) - \Delta_f H (CuO) = -348 \, kJ \cdot mol^{-1} - (-157 \, kJ \cdot mol^{-1}) = -191 \, kJ \cdot mol^{-1}$

$\Delta_R S = [S (Cu) + S (ZnO)] - [S (CuO) + S (Zn)]$

$\quad = [33 \, J \cdot mol^{-1} \, K^{-1} + 44 \, J \cdot mol^{-1} \cdot K^{-1}] - [43 \, J \cdot mol^{-1} \cdot K^{-1} + 42 \, J \cdot mol^{-1} \cdot K^{-1}]$

$\quad = -8 \, J \cdot mol^{-1} \cdot K^{-1}$

$\Delta_R G = -191 \, kJ \cdot mol^{-1} - 298 \, K \cdot (-0{,}008 \, kJ \cdot mol^{-1} \cdot K^{-1}) = -189 \, kJ \cdot mol^{-1}$

b) Reduktion unter Bildung von Kohlenstoffdioxid:

$2 \, Fe_2O_3 + 3 \, C \rightarrow 4 \, Fe + 3 \, CO_2$

$\Delta_R H = 3 \cdot \Delta_f H (CO_2) - 2 \cdot \Delta_f H (Fe_2O_3) = 3 \cdot (-393 \, kJ \cdot mol^{-1}) - 2 \, (-824 \, kJ \cdot mol^{-1})$

$\quad = 469 \, kJ \cdot mol^{-1}$

$\Delta_R S = [4 \cdot S (Fe) + 3 \cdot S (CO_2)] - [2 \cdot S (Fe_2O_3) + 3 \cdot S (C)]$

$\quad = [4 \cdot 27 \, J \cdot mol^{-1} \cdot K^{-1} + 3 \cdot 214 \, J \cdot mol^{-1} \cdot K^{-1}] - [2 \cdot 87 \, J \cdot mol^{-1} \cdot K^{-1}$

$\quad \quad + 3 \cdot 6 \, J \cdot mol^{-1} \cdot K^{-1}]$

$\quad = 558 \, J \, mol^{-1} \cdot K^{-1}$

$\Delta_R G = 469 \, kJ \cdot mol^{-1} - 298 \, K \cdot 0{,}558 \, kJ \cdot mol^{-1} \cdot K^{-1} = 303 \, kJ \cdot mol^{-1}$

Reduktion unter Bildung von Kohlenstoffmonoxid

$Fe_2O_3 + 3 \, C \rightarrow 2 \, Fe + 3 \, CO$

$\Delta_R H = 3 \cdot \Delta_f H (CO) - \Delta_f H (Fe_2O_3) = 3 \cdot (-111 \, kJ \cdot mol^{-1}) - (-824 \, kJ \cdot mol^{-1})$

$\quad\quad\quad\quad\quad\quad\quad\quad = 491 \, kJ \cdot mol^{-1}$

$\Delta_R S = [2 \cdot S(\text{Fe}) + 3 \cdot S(\text{CO})] - [S(\text{Fe}_2\text{O}_3) + 3 \cdot S(\text{C})]$

$= [2 \cdot 27 \text{ J} \cdot \text{mol}^{-1} \cdot \text{K}^{-1} + 3 \cdot 198 \text{ J} \cdot \text{mol}^{-1} \cdot \text{K}^{-1}] - [87 \text{ J} \cdot \text{mol}^{-1} \cdot \text{K}^{-1} + 3 \cdot 6 \text{ J} \cdot \text{mol}^{-1} \cdot \text{K}^{-1}]$

$= 543 \text{ J} \cdot \text{mol}^{-1} \cdot \text{K}^{-1}$

$\Delta_R G = 491 \text{ kJ} \cdot \text{mol}^{-1} - 298 \text{ K} \cdot 0,543 \text{ kJ} \cdot \text{mol}^{-1} \cdot \text{K}^{-1} = 329 \text{ kJ} \cdot \text{mol}^{-1}$

c) $\text{NaHCO}_3 \text{ (s)} + \text{H}^+ \text{ (aq)} + \text{Cl}^- \text{ (aq)} \rightarrow \text{Na}^+ \text{ (aq)} + \text{Cl}^- \text{ (aq)} + \text{H}_2\text{O} \text{ (\ell)} + \text{CO}_2 \text{ (g)}$

$\Delta_R H = [\Delta_f H(\text{Na}^+) + \Delta_f H(\text{Cl}^-) + \Delta_f H(\text{H}_2\text{O}) + \Delta_f H(\text{CO}_2)] -$

$[\Delta_f H(\text{NaHCO}_3) + \Delta_f H(\text{H}^+) + \Delta_f H(\text{Cl}^-)]$

$= [-240 \text{ kJ} \cdot \text{mol}^{-1} + (-286 \text{ kJ} \cdot \text{mol}^{-1}) + (-393 \text{ kJ} \cdot \text{mol}^{-1})] - (-948 \text{ kJ} \cdot \text{mol}^{-1})$

$= 29 \text{ kJ} \cdot \text{mol}^{-1}$

$\Delta_R S = [S(\text{Na}^+) + S(\text{Cl}^-) + S(\text{H}_2\text{O}) + S(\text{CO}_2)] - [S(\text{NaHCO}_3) + S(\text{H}^+) + S(\text{Cl}^-)]$

$= [59 \text{ J} \cdot \text{mol}^{-1} \cdot \text{K}^{-1} + 70 \text{ J} \cdot \text{mol}^{-1} \cdot \text{K}^{-1} + 214 \text{ J} \cdot \text{mol}^{-1} \cdot \text{K}^{-1}] - 102 \text{ J} \cdot \text{mol}^{-1} \cdot \text{K}^{-1}$

$= 241 \text{ J} \cdot \text{mol}^{-1} \cdot \text{K}^{-1}$

$\Delta_R G = 29 \text{ kJ} \cdot \text{mol}^{-1} - 298 \text{ K} \cdot 0,241 \text{ kJ} \cdot \text{mol}^{-1} \cdot \text{K}^{-1} = -43 \text{ kJ} \cdot \text{mol}^{-1}$

Reaktion a) ist exotherm und exergonisch. Sie müsste freiwillig bei 25 °C ablaufen. Kupfer(II)-oxid und Zinkpulver reagieren jedoch nicht, wenn man sie bei Raumtemperatur mischt. Um die Reaktion in Gang zu setzen, muss zur Aktivierung Energie zugeführt werden (z. B. Erhitzen mit dem Gasbrenner).

Beide Varianten der Reaktion b) verlaufen endotherm und endergonisch. Reaktion c) ist endotherm, aber exergonisch. Sie läuft bei 25 °C freiwillig ab.

Lösung Aufgabe 16.3.7

a) Aus experimentellen Werten werden Reaktionsenthalpien über die kalorimetrische Grundgleichung berechnet.

$$\Delta_L H = -\frac{m(\text{H}_2\text{O}) \cdot c_p(\text{H}_2\text{O}) \cdot \Delta T}{n(\text{Feststoff})}$$

$m(\text{H}_2\text{O}) = 100 \text{ g}$

$c_p = 4,18 \text{ J} \cdot \text{g}^{-1} \cdot \text{K}^{-1}$

$\Delta T = 5 \text{ K}$

$n(\text{NaOH}) = \frac{m}{M} = \frac{2 \text{ g}}{40 \text{ g} \cdot \text{mol}^{-1}} = 0,05 \text{ mol}$

$\Delta_L H = -\frac{100 \text{ g} \cdot 4,18 \text{ J} \cdot \text{g}^{-1} \cdot \text{K}^{-1} \cdot 5 \text{ K}}{0,05 \text{ mol}} = -41,8 \text{ kJ} \cdot \text{mol}^{-1}$

Die molare Lösungsenthalpie für Natriumhydroxid beträgt etwa $-42 \text{ kJ} \cdot \text{mol}^{-1}$.

b) Das Wasser wird genau abgemessen und in ein Gefäß (Kalorimeter) gegeben, welches Wärmeabstrahlung verhindert. Geeignet sind Dewar-Gefäße oder mit Styropor ummantelte Glasgefäße, die möglichst eine Abdeckung besitzen sollten. Die Ausgangstemperatur wird gemessen. Zum Wasser wird die genau abgewogene Menge des Natriumhydroxids gegeben und vollständig gelöst. Dann ist die Temperaturdifferenz zu messen. Ist die Wärmekapazität des Kalorimeters bekannt, wird sie wie folgt in die Gleichung einbezogen:

$$\Delta_L H = -\frac{(C + m(H_2O) \cdot c_p(H_2O)) \Delta T}{n}$$

C = Kalorimeterkonstante

Rest der Berechnung unter a).

Lösung Aufgabe 16.3.8

a) $CaO + 3\,C \rightarrow CaC_2 + CO$; $\Delta_R H = -475\,kJ \cdot mol^{-1}$

   $M(CaC_2) = 64\,g \cdot mol^{-1}$

   $64\,g = 475\,kJ$

   $10^6\,g = x\,kJ$

   $x = 7{,}4 \cdot 10^6\,kJ$

   Für die Produktion von 1 t Calciumcarbid müssen 7400 MJ bzw. $7{,}4 \cdot 10^6\,kJ$ aufgewendet werden.

b) Calciumcarbid kann zu Acetylen weiterverarbeitet werden. Dieses dient als Schweißgas und Ausgangsstoff für Synthesen.

   Hinweis: Heute wird Ethin überwiegend durch Pyrolyse oder partielle Oxidation von Methan gewonnen.

16.4 Geschwindigkeit chemischer Reaktionen (Reaktionskinetik)

Aufgabe 16.4.1

Bei der Reaktion von Zink mit Salzsäure wurden folgende Wasserstoffvolumina ermittelt. Es wurde von 5 ml Salzsäure $c(HCl) = 1\,mol \cdot \ell^{-1}$ und überschüssigem Zink ausgegangen.

t in min	1	2	3	4	5	6	7	8	9	10
$V(H_2)$ in ml	15	21,5	26,5	30,5	33,2	35,8	37,8	39,2	40,5	41,5

a) Ermitteln Sie aus diesen Angaben grafisch die Durchschnittsgeschwindigkeiten bezüglich H^+ und Zn^{2+} zwischen der 3. und 5. Minute. Werten Sie die Ergebnisse aus und formulieren Sie eine Geschwindigkeitsgleichung für diese Reaktion. ($V_m = 24\,ml \cdot mmol^{-1}$)

b) Was versteht man unter Momentangeschwindigkeit und Anfangsgeschwindigkeit bei chemischen Reaktionen?

Aufgabe 16.4.2

Erläutern Sie Möglichkeiten, die Reaktionsgeschwindigkeit zu verändern.

Aufgabe 16.4.3

Bei der Reaktion von Salzsäure mit Natriumthiosulfat führt nur die Variation der Thiosulfatkonzentration zu wesentlichen Änderungen der Reaktionsgeschwindigkeit.
Stellen Sie Vermutungen an, die diese Tatsache erklären!

16.4 Geschwindigkeit chemischer Reaktionen (Reaktionskinetik)

Aufgabe 16.4.4

Ermitteln Sie aus den gegebenen Versuchsergebnissen grafisch die Reaktionsordnung für die hydrolytische Spaltung von Rohrzucker (Saccharose):

$$C_{12}H_{22}O_{11} + H_2O \rightarrow C_6H_{12}O_6 + C_6H_{12}O_6$$

t in min	0	39	80	140	210
$c\,(C_{12}H_{22}O_{11})$ in $mol \cdot \ell^{-1}$	0,316	0,274	0,238	0,190	0,146

Aufgabe 16.4.5

Erläutern Sie den Begriff Aktivierungsenergie. Warum ist die häufig gebrauchte Redeweise „man muss erst Aktivierungsenergie zuführen" nicht exakt?

Lösungen

Lösung Aufgabe 16.4.1

a) Aus den Wasserstoffvolumina müssen die Konzentrationen der Wasserstoff- und der Zink-Ionen berechnet werden. Beispiel: $t = 1$ min; $V(H_2) = 15$ ml

Konzentration der Hydronium-Ionen:

$c_0\,(H^+) = c\,(HCl) = 1\,mol \cdot \ell^{-1}$

$n_0\,(H^+) = c_0\,(H^+) \cdot V\,(HCl) = 1\,mol \cdot \ell^{-1} \cdot 0,005\,\ell = 5\,mmol;$

$n\,(H_2) = \dfrac{V\,(H_2)}{V_m} = \dfrac{15\,ml}{24\,ml \cdot mmol^{-1}} = 0,625\,mmol$

$\Delta n\,(H^+) = 2 \cdot n\,(H_2) = 2 \cdot 0,625\,mmol = 1,25\,mmol$

$n_{t1}\,(H^-) = 5\,mmol - 1,25\,mmol = 3,75\,mmol$

$c_{t1}\,(H^+) = \dfrac{n\,(H^+)}{V\,(HCl)} = \dfrac{3,75\,mmol}{5\,ml} = 0,75\,mol \cdot \ell^{-1}$

Konzentration der Zink-Ionen:

$n_{t1}\,(Zn^{2+}) = n\,(H_2) = 0,625\,mmol$

$c_{t1}\,(Zn^{2+}) = \dfrac{n\,(Zn^{2+})}{V\,(HCl)} = \dfrac{0,625\,mmol}{5\,ml} = 0,125\,mol \cdot \ell^{-1}$

Berechnung aller Konzentrationen:

t [min]	0	1	2	3	4	5	6	7	8	9	10
$n\,(H_2)$ [mmol]	0	0,625	0,896	1,104	1,271	1,383	1,492	1,575	1,633	1,688	1,792
$c\,(H^+)$ [$mol \cdot \ell^{-1}$]	1	0,750	0,642	0,558	0,492	0,447	0,403	0,370	0,347	0,325	0,308
$c\,(Zn^{2+})$ [$mol \cdot \ell^{-1}$]	0	0,125	0,179	0,221	0,254	0,277	0,298	0,315	0,327	0,338	0,346

Diagramme:

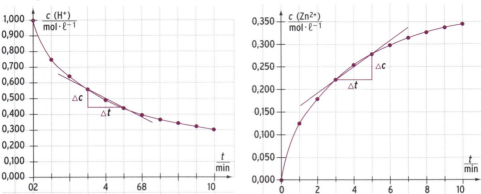

Durchschnittsgeschwindigkeit bezüglich H⁺: (3. – 5. Minute) = 0,056 mol·ℓ⁻¹·min⁻¹
Durchschnittsgeschwindigkeit bezüglich Zn²⁺: (3. – 5. Minute) = 0,028 mol·ℓ⁻¹·min⁻¹
Auswertung: Die Reaktion verläuft bezüglich H⁺ doppelt so schnell ab wie bezüglich Zn²⁺. Die Konzentration der Wasserstoff-Ionen nimmt doppelt so schnell ab, wie die Konzentration der Zink-Ionen zunimmt.

Geschwindigkeitsgleichung: $-\frac{\Delta c(H^+)}{\Delta t} = 2 \cdot \frac{\Delta c(Zn^{2+})}{\Delta t}$; $v(H^+) = 2 \cdot v(Zn^{2+})$

b) Unter Momentangeschwindigkeit versteht man den Anstieg der Tangente zu einem bestimmten Zeitpunkt. Die Anfangsgeschwindigkeit ist der Anstieg der Tangente zum Zeitpunkt $t = 0$.

$\lim_{\Delta t \to 0} \frac{\Delta c}{\Delta t} = \frac{dc}{dt}$

Lösung Aufgabe 16.4.2

- Die Reaktionsgeschwindigkeit kann man durch Temperaturänderung beeinflussen. Erwärmung beschleunigt die Reaktion und Abkühlen verzögert die Reaktion.
- Die RGT-Regel besagt, dass die Erhöhung der Temperatur um 10 K die Geschwindigkeit verdoppelt bis verdreifacht.
- Die Vergrößerung der Oberfläche von Reaktionspartnern führt ebenfalls zur Beschleunigung.
- Ein Katalysator beschleunigt die Reaktion, sodass mehr Reaktionsprodukt pro Zeiteinheit gebildet wird.
- Eine Erhöhung der Konzentrationen der Reaktionspartner beschleunigt die Reaktion, eine Erniedrigung der Konzentrationen verlangsamt sie.
- Bei Gasreaktionen wird der Reaktionsverlauf durch eine Druckerhöhung beschleunigt.

Lösung Aufgabe 16.4.3

Die Reaktionsgeschwindigkeit dieser Reaktion ist nur von der Konzentrationsänderung des Thiosulfats abhängig. Die Reaktion verläuft nach der 1. Ordnung. Die Salzsäure ist an den geschwindigkeitsbestimmenden Schritten nicht beteiligt. Der langsamste Schritt einer Reaktion bestimmt die Gesamtgeschwindigkeit.

1. Schritt: $S_2O_3^{2-}$ (aq) + 2 H^+ (aq) → $H_2S_2O_3$ (aq) (sehr schnell)
2. Schritt: $H_2S_2O_3$ (aq) → H_2O (ℓ) + SO_2 (aq) + S (aq) (langsam)
3. Schritt: 8 S (aq) → S_8 (s) (langsam)

Lösung Aufgabe 16.4.4

Tipps zur Herangehensweise

- Zur Bestimmung der Reaktionsordnung geht man von den integrierten Geschwindigkeitsgleichungen aus, die der Funktion $y = mx + n$ entsprechen.
- 1. Ordnung: $\ln c_A - \ln c_0 = -k_1 \cdot t$

  Trägt man $\ln c$ gegen t auf, so erhält man eine Gerade, wenn eine Reaktion 1. Ordnung vorliegt.
- 2. Ordnung: $1/c_0 - 1/c_A = -k_2 \cdot t$

  Trägt man $1/c$ gegen t auf, so erhält man eine Gerade, wenn eine Reaktion 2. Ordnung vorliegt. Reaktionen höherer Ordnung sind sehr selten und sollen hier nicht untersucht werden.

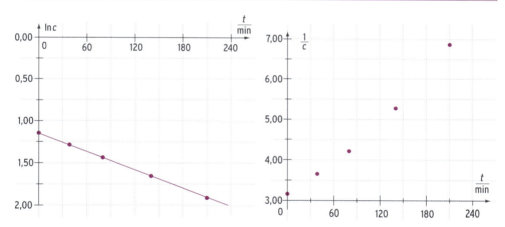

In unserem Fall liegt eine Reaktion 1. Ordnung vor.

Hinweis: Durch Berechnung von k aus jeweils 2 Wertepaaren kann man auch auf die Reaktionsordnung schließen, wenn k bei verschiedenen Paaren konstant ist.

Lösung Aufgabe 16.4.5

Aktivierungsenergie ist die Mindestenergie, die die in einem System reagierenden Teilchen haben müssen, um miteinander zu reagieren.

Man führt einem System keinen bestimmten Betrag an Aktivierungsenergie zu, um zu aktivieren, sondern erreicht mit der Energiezuführung, dass einige Teilchen die erforderliche Mindestenergie überschreiten und die Reaktion an diesen Stellen einsetzt. Die entstehende Wärme sorgt für den vollständigen Ablauf der Reaktion.

16.5 Chemisches Gleichgewicht und Massenwirkungsgesetz

Aufgabe 16.5.1

In einer wässrigen Lösung, die neben Co^{2+}-Ionen auch Cl^--Ionen enthält, kann eine Blaufärbung durch die Bildung Tetrachlorocobalt(II)-Ionen auftreten. Es handelt sich um eine Gleichgewichtsreaktion, die vereinfacht durch die folgende Reaktionsgleichung beschrieben werden kann:

$$Co^{2+} (aq) + 4\,Cl^- (aq) \rightleftharpoons CoCl_4^{2-} (aq)$$
$$\text{rosa}$$

Erklären Sie die folgenden Beobachtungen:

a) Verdünnt man eine durch $CoCl_4^{2-}$-Ionen blaugefärbte Lösung mit Wasser, so färbt sich die Lösung rosa.

b) Erwärmt man einen Teil der rosafarbenen Lösung, so tritt die Blaufärbung wieder auf.

c) Gibt man festes Kaliumchlorid in die rosafarbene Lösung, so färbt sich die Lösung allmählich blau. Die Zugabe von Kaliumchlorid-Lösung bewirkt dagegen keine Farbänderung.

Aufgabe 16.5.2

a) Im Hochofen wird aus Kohle das Reduktionsmittel Kohlenmonoxid hergestellt. Stellen Sie die Reaktionsgleichungen auf. Eine dieser Reaktionen ist das BOUDOUARD-Gleichgewicht.

b) Wie kann man nach LE CHATELIER diese Reaktion begünstigen? Nutzen Sie zur Beantwortung der Frage auch das folgende Material:

M 1   Material zum BOUDOUARD-Gleichgewicht

Temperatur [°C]	450	600	650	700	750	800	900	1000
Ausbeute CO [%]	2,0	23,0	38,5	57,7	75,3	94,0	97,2	2,8
Ausbeute CO_2 [%]	98,0	77,0	61,5	42,3	24,7	6,0	2,8	0,7

Druck: 101,3 kPa

c) Nennen Sie Gründe dafür, warum man in der Technik oft von den optimalen theoretischen Reaktionsbedingungen abweichen muss.

Aufgabe 16.5.3

Formulieren Sie das Massenwirkungsgesetz für die Reaktion von Schwefeldioxid mit Sauerstoff zu Schwefeltrioxid und die Reaktion von Iod und Wasserstoff zu Iodwasserstoff. Stellen Sie für beide Reaktionen den Zusammenhang zwischen K_c und K_p her. Vergleichen Sie die Ergebnisse.

Aufgabe 16.5.4

Bei der Herstellung von Essigsäureethylester geht man einmal von einem Mol Säure und einem Mol Alkohol aus und in einem zweiten Experiment von einem Mol Säure und 4 Mol Alkohol.

a) Berechnen Sie für beide Fälle die Esterausbeute und vergleichen Sie Ihre Ergebnisse.

b) Warum ist es nicht sinnvoll, einen Ausgangsstoff in extrem großem Überschuss einzusetzen?

Hilfsgröße: $K_c = 4$

Aufgabe 16.5.5

Berechnen Sie die Stoffmenge an Essigsäureethylester im Gleichgewicht, wenn man von einem Mol Säure und einem Gemisch aus 0,9 mol Alkohol und 0,1 mol Wasser ausgeht.
Hilfsgröße: $K_c = 4$

Aufgabe 16.5.6

Ein Synthesegas enthält 50 mol Kohlenstoffmonoxid und 50 mol Wasserstoff. Durch Konvertierung sollen 90 % des Kohlenstoffmonoxids entfernt werden. Wie viel Wasserdampf muss pro Mol Kohlenstoffmonoxid zugesetzt werden, um diese Bedingung zu erfüllen?
$K_c = K_p = 50$
Konvertierung: $CO + H_2O \, (g) \; \rightarrow \; CO_2 + H_2$

Aufgabe 16.5.7

Viele Gleichgewichtsreaktionen werden großtechnisch mit Katalysatoren durchgeführt.

a) Diskutieren Sie die Rolle von Katalysatoren bei Gleichgewichtsreaktionen und nennen Sie allgemeine Eigenschaften von Katalysatoren.

b) Ethanol kann mit dem Katalysator Kupfer dehydriert werden, mit dem Katalysator Aluminium-oxid wird Ethanol dehydratisiert. Stellen Sie die Reaktionsgleichungen für diese Vorgänge auf und unterbreiten Sie Vorschläge, wie man die Reaktionsprodukte nachweisen kann.
Welche Eigenschaft von Katalysatoren wird wirksam?

Lösungen

Lösung Aufgabe 16.5.1

a) Das Gleichgewicht verschiebt sich weitgehend auf die Seite der Ausgangsstoffe. Die Konzentrationen der Chlorid-Ionen reicht nicht mehr aus, um einen merklichen Anteil an $CoCl_4^{2-}$-Ionen zu bilden.

b) Durch Erwärmen verschiebt sich das Gleichgewicht auf die Seite des Produkts. In diese Richtung verläuft die Reaktion demnach endotherm.

c) Durch Auflösen von Kaliumchlorid erhöht sich die Konzentration der Chlorid-Ionen sehr stark. Das Gleichgewicht verschiebt sich dadurch auf die Seite des Produkts. Durch die Zugabe von Kaliumchlorid-Lösung steigt die Konzentration an Chlorid-Ionen in der Mischung nicht wesentlich an. Gleichzeitig wird die Konzentration der Co^{2+}-Ionen verringert. Insgesamt gesehen bleibt die Lage des Gleichgewichts praktisch unverändert.

Lösung Aufgabe 16.5.2

a) Es finden folgende Reaktionen statt:

Reaktion (1): $C\,(s) + O_2\,(g) \rightleftharpoons CO_2\,(g)$ exotherm

Reaktion (2): $CO_2\,(g) + C\,(s) \rightleftharpoons 2\,CO\,(g)$ endotherm; BOUDOUARD-Gleichgewicht

Reaktion (3): $2\,C\,(s) + O_2\,(g) \rightleftharpoons 2\,CO\,(g)$ endotherm

b) Die Reaktion 2 wird als Bouduard-Gleichgewicht bezeichnet. Sie verläuft endotherm ($\Delta_R H = +170\ kJ \cdot mol^{-1}$).

Das Gleichgewicht verschiebt sich mit steigender Temperatur auf die Seite des Kohlenstoffmonoxides. Dies sieht man auch an den im Material gezeigten Ausbeuten. Endotherme Reaktionen werden durch hohe Temperatur begünstigt. Bei 1000 °C liegen 99,3 % CO vor.

Die Reaktion ist druckabhängig, da sie unter Volumenverkleinerung verläuft. Die Bildung des Kohlenstoffmonoxides wird demzufolge durch niedrigen Druck begünstigt. Bei Kohlenstoffüberschuss sind ebenfalls höhere Ausbeuten an Kohlenstoffmonoxid zu erwarten.

c) • Katalysatoren sind oft nötig, um die Reaktion zu ermöglichen. Sie benötigen aber meist eine hohe Anlauftemperatur.

   • Die Realisierung von hohem Druck ist in der Regel eine Materialfrage.

   • Hohe Temperaturen zu realisieren ist energieaufwendig.

Lösung Aufgabe 16.5.3

Bildung von Schwefeltrioxid:

$2\,SO_2 + O_2 \rightleftharpoons 2\,SO_3$

$$K_p = \frac{p^2(SO_3)}{p^2(SO_2) \cdot p(O_2)} \frac{\cancel{Pa^2}}{\cancel{Pa^2} \cdot Pa} = \frac{p^2(SO_3)}{p^2(SO_2) \cdot p(O_2)} \left[\frac{1}{Pa}\right]$$

Nebenrechung:

$$p \cdot V = n \cdot R \cdot T$$

$$p \cdot V = c \cdot V \cdot R \cdot T$$

$$c = \frac{p}{R \cdot T}$$

$$K_c = \frac{c^2(SO_3)}{c^2(SO_2) \cdot c(O_2)} = \frac{p^2(SO_3) \cdot \cancel{R^2} \cdot \cancel{T^2} \cdot R \cdot T}{\cancel{R^2} \cdot \cancel{T^2} \cdot p^2(SO_2) \cdot p(O_2)} = \frac{p^2(SO_3)}{p^2(SO_2) \cdot p(O_2)} \cdot R \cdot T$$

Zusammenhang der Gleichgewichtskonstanten:

$$K_c = K_p \cdot R \cdot T$$

16.5 Chemisches Gleichgewicht und Massenwirkungsgesetz

Bildung von Iodwasserstoff:

$H_2 + I_2 \rightleftharpoons 2\,HI$

$K_p = \dfrac{p^2(HI)}{p(H_2) \cdot p(I_2)} \left[\dfrac{Pa^2}{Pa \cdot Pa} \right] = \dfrac{p^2(HI)}{p(H_2) \cdot p(I_2)}$ [1]

$K_c = \dfrac{c^2(HI)}{c(H_2) \cdot c(I_2)} = \dfrac{p^2(HI) \cdot R \cdot T \cdot R \cdot T}{R^2 \cdot T^2 \cdot p(H_2) \cdot p(I_2)} = \dfrac{p^2(HI)}{p(H_2) \cdot p(I_2)}$

Zusammenhang der Gleichgewichtskonstanten: $K_c = K_p$

Beim Iodwasserstoff-Gleichgewicht ist $K_p = K_c$. Die Konstanten haben die Einheit [1]

Beim Schwefeltrioxid-Gleichgewicht gilt $K_c = K_p \cdot R \cdot T$.

Lösung Aufgabe 16.5.4

a) **Reaktionsgleichung 1. Fall:**

$$CH_3{-}COOH + HO{-}CH_2{-}CH_3 \rightleftharpoons H_2O + CH_3{-}COO{-}CH_2{-}CH_3$$

vor der Reaktion	1 mol	1 mol	0	0
im Gleichgewicht	(1 − x) mol	(1 − x) mol	x mol	x mol

$K_c = \dfrac{c(\text{Wasser}) \cdot c(\text{Ester})}{c(\text{Säure}) \cdot c(\text{Alkohol})}$

$4 = \dfrac{x^2}{(1-x)^2}$

$x^2 - \dfrac{8}{3} \cdot x + \dfrac{4}{3} = 0$

$x_{1,2} = \dfrac{4}{3} \pm \dfrac{2}{3}$

$x_1 = 2$ (als Lösung nicht sinnvoll, da x > 1)

$x_2 = 0{,}66$

Die Ausbeute an Ester beträgt 66 %.

2. Fall:

$$CH_3{-}COOH + HO{-}CH_2{-}CH_3 \rightleftharpoons H_2O + CH_3{-}COO{-}CH_2{-}CH_3$$

vor der Reaktion	1 mol	4 mol	0 mol	0 mol
im Gleichgewicht	(1 − x) mol	(4 − x) mol	x mol	x mol

$4 = \dfrac{x^2}{(1-x) \cdot (4-x)}$

$x^2 - \dfrac{20}{3} \cdot x + \dfrac{16}{3} = 0$

$x_{1,2} = 3{,}3 \pm 2{,}4$

$x_1 = 5{,}7$ (als Lösung nicht sinnvoll, da x > 1)

$x_2 = 0{,}9$

Die Ausbeute an Ester beträgt 90 %.

b) Wenn man einen Ausgangsstoff im Überschuss einsetzt, erhöht sich die Ester-Ausbeute. Ein sehr großer Überschuss ist nicht sinnvoll, da nur maximal die Stoffmenge des Ausgangsstoffes erreicht werden kann, der in geringerer Menge vorliegt. Da im Beispiel die Ausgangsstoffe im Verhältnis 1 : 1 umgesetzt werden, würde das maximal ein Mol Ester bedeuten. Die Stoffmenge 1 Mol kann wegen des Gleichgewichtes nicht erreicht werden. Eine entsprechende Kurve würde sich asymptotisch der eins nähern.

Lösung Aufgabe 16.5.5

Bei der Berechnung ist zu beachten, dass vor der Reaktion wegen der wässerigen Lösung der Säure bereits Wasser vorhanden ist und mitberücksichtigt werden muss.

Reaktionsgleichung:

$$CH_3-COOH + HO-CH_2-CH_3 \rightleftharpoons H_2O + CH_3-COO-CH_2-CH_3$$

vor der Reaktion	0,9 mol	1 mol	0,1 mol	0 mol
im Gleichgewicht	(0,9 – x) mol	(1 – x) mol	(x + 0,1) mol	x mol

$$4 = \frac{(x+0,1)\cdot x}{(0,9-x)\cdot(1-x)} = \frac{x^2+0,1\,x}{0,9-1,9\,x+x^2}$$

$$x^2 + 0,1\,x = 3,6 - 7,6\,x + 4\,x^2$$

$$x^2 - 2,57\,x + 1,2 = 0$$

$$x_{1,2} = \frac{2,57}{2} \pm \sqrt{\frac{2,57^2}{4} - 1,2}$$

$x_1 = 1,96$ (als Lösung nicht sinnvoll, da $x > 1$)

$x_2 = 0,61$

Im Gleichgewicht liegen 0,61 mol Ester vor.

Lösung Aufgabe 16.5.6

Die Konvertierungsreaktion dient dazu, ein gewonnenes Synthesegas mit Wasserstoff anzureichern, um es für bestimmte Verwendungszwecke, die einen höheren Wasserstoffgehalt fordern, zugänglich zu machen. Beispiele sind die Ammoniaksynthese und die Methanolsynthese.

$$CO + H_2O_{(g)} \rightleftharpoons CO_2 + H_2$$

vor der Reaktion	50 mol			50 mol
im Gleichgewicht	(50 – 45) mol	(x – 45) mol	45 mol	(50 + 45) mol

$$K_p = K_c = \frac{n(CO_2)\cdot n(H_2)}{n(CO)\cdot n(H_2O)}$$

$$50 = \frac{45\ \text{mol}\cdot 95\ \text{mol}}{5\ \text{mol}\cdot(x-45)\ \text{mol}}$$

$$x = 330\ \text{mol}$$

Es müssen insgesamt 330 mol Wasserdampf zugesetzt werden. Da im Ausgangsgemisch 50 mol Kohlenstoffmonoxid enthalten waren, ergeben sich 6,6 mol Wasserdampf pro Mol Kohlenstoffmonoxid.

Lösung Aufgabe 16.5.7

a) Positive Katalysatoren verkürzen die Einstellzeit des Gleichgewichtes. Negative Katalysatoren (Inhibitoren) verlängern die Einstellzeit des Gleichgewichtes. Durch Einsatz von Katalysatoren kann man das Konzentrationsverhältnis der im Gleichgewicht vorliegenden Stoffe (Lage des Gleichgewichtes) nicht beeinflussen.

Weitere Eigenschaften von Katalysatoren:

- Katalysatoren haben keinen Einfluss auf die Reaktionswärme.
- Sie wirken spezifisch (nicht jeder Katalysator eignet sich für jede Reaktion).

- Sie wirken selektiv (mit verschiedenen Katalysatoren entstehen aus gleichen Edukten verschiedene Produkte).

b) $CH_3-CH_2-OH \xrightarrow{[Cu]} CH_3CHO + H_2$

Nachweis von Wasserstoff mit der Knallgasprobe, Nachweis des Aldehyds mit der Schiff'schen Probe.

$CH_3-CH_2-OH \rightarrow CH_2=CH_2 + H_2O$

Nachweis der Doppelbindung durch die Addition von Brom, Nachweis des Wassers durch überleiten über wasserfreies Kupfer(II)-sulfat.

Die Beispiele zeigen die Selektivität von Katalysatoren.

16.6 Säure/Base- und Löslichkeitsgleichgewichte

Aufgabe 16.6.1

a) Erläutern Sie unter Anwendung Ihrer Kenntnisse der Säure/Base-Theorie nach Brönsted die Begriffe korrespondierendes Säure/Base-Paar und Säure/Base-Reaktion.

b) Vergleichen Sie das wichtigste Merkmal der Säure/Base-Reaktion nach Brönsted mit dem der Redoxreaktion.

Aufgabe 16.6.2

Erklären Sie anhand selbst gewählter Beispiele die Zusammenhänge zwischen K_C und K_S (bzw. K_B) sowie K_w.

Aufgabe 16.6.3

Berechnen Sie die pH-Werte folgender Lösungen mit den Stoffmengenkonzentrationen $c = 0,1 \, mol \cdot \ell^{-1}$:

Salzsäure, Schwefelsäure, Essigsäure, Natronlauge, Ammoniak, Natriumacetat, Eisen(III)-chlorid, Natriumcarbonat, Ammoniumchlorid und 2-Aminoethansäure.

Aufgabe 16.6.4

Nach den in Aufgabe 16.6.3 angewendeten Rechenverfahren müsste eine Salzsäure der Stoffmengenkonzentration $c(HCl) = 10^{-8} \, mol \cdot \ell^{-1}$ einen pH-Wert von 8 haben. Wo liegt der Fehler?

Aufgabe 16.6.5

a) Skizzieren Sie die Titrationskurven von Salzsäure und Essigsäure. Die Stoffmengenkonzentration beträgt jeweils $0,1 \, mol \cdot \ell^{-1}$ mit Natronlauge $c(NaOH) = 0,1 \, mol \cdot \ell^{-1}$. Zeichnen Sie wichtige Punkte ein, die die Kurven durchlaufen. Erläutern Sie den Verlauf und geben Sie geeignete Indikatoren für die Titrationen an.

b) Welcher Unterschied ergäbe sich in der Kurve, wenn man Kohlensäure verwenden würde?

Aufgabe 16.6.6

Bei der Titration von 10 ml einer Salzsäure bzw. einer Schwefelsäure werden 5 ml Natronlauge, $\left(c(\text{NaOH}) = 0{,}1 \text{ mol} \cdot \ell^{-1}\right)$ verbraucht. Berechnen Sie die Stoffmengenkonzentration der beiden Säuren und die Massen der Säuren in 100 ml Lösung und vergleichen Sie die Ergebnisse.

Aufgabe 16.6.7

Bei einer Titration wurden 10 ml Natriumhydroxid-Lösung durch 10 ml einer 0,2-molaren Ethansäure neutralisiert. $c(\text{CH}_3\text{COOH}) = 0{,}2 \text{ mol} \cdot \ell^{-1}$. Berechnen Sie den pH-Wert der entstandenen Lösung.

Aufgabe 16.6.8

0,3 g einer Bodenprobe wurden mit 10 ml Salzsäure $\left(c(\text{HCl}) = 0{,}1 \text{ mol} \cdot \ell^{-1}\right)$ versetzt. Die Probe wurde anschließend filtriert und mit Natronlauge $\left(c(\text{NaOH}) = 0{,}1 \text{ mol} \cdot \ell^{-1}\right)$ titriert.

Dabei wurden 2 ml Lauge verbraucht. Berechnen Sie den Carbonatgehalt der Bodenprobe.

Aufgabe 16.6.9

Erklären Sie die Begriffe Löslichkeit und gesättigte Lösung.

Aufgabe 16.6.10

Formulieren Sie Gleichungen für alle Fällungsreaktionen, die ablaufen können, wenn man zu einer Lösung, die Chlorid-Ionen, Nitrat-Ionen, Carbonat-Ionen und Chromat-Ionen enthält, Silber-Ionen gibt. In welcher Reihenfolge fallen die entsprechenden Salze aus?

Aufgabe 16.6.11

In vier unbeschrifteten Gefäßen befinden sich Lösungen von Eisen(II)-sulfat, Eisen(III)-sulfat, Kupfer(II)-sulfat und Aluminiumchlorid. Zur Identifizierung steht verdünnte Natriumhydroxid-Lösung zur Verfügung. Identifizieren Sie die Stoffe und ordnen Sie mögliche Beobachtungen den entsprechenden Lösungen zu.

Aufgabe 16.6.12

Nennen Sie Beispiele, wo man in der Analytik oder in der Technik die Löslichkeit eines Stoffes durch Komplexbildung gezielt verändert.

Aufgabe 16.6.13

Ein Niederschlag von Bariumsulfat soll gewaschen werden. Dabei dürfen nicht mehr als 0,05 mg in Lösung gehen. Entscheiden Sie, ob sich 200 ml Schwefelsäure $c(\text{H}_2\text{SO}_4) = 0{,}1 \text{ mol} \cdot \ell^{-1}$ oder 100 ml Wasser besser dazu eignen. Begründen Sie Ihre Entscheidung.

Lösungen

Lösung Aufgabe 16.6.1

a) Nach Brönsted sind Säuren Protonendonatoren, Basen Protonenakzeptoren.

Korrespondierendes Säure/Base-Paar:
$$\underset{\text{Säure}}{HCl} \rightleftharpoons \underset{\text{Base}}{Cl^-} + H^+$$

Korrespondierendes Säure/Base-Paar:
$$\underset{\text{Base}}{NH_3} + H^+ \rightleftharpoons \underset{\text{Säure}}{NH_4^+}$$

Säure/Base-Reaktion:
$$\underset{\text{Säure 1}}{HCl} + \underset{\text{Base 2}}{NH_3} \rightleftharpoons \underset{\text{Säure 2}}{NH_4^+} + \underset{\text{Base 1}}{Cl^-}$$

b) Eine Säure/Base-Reaktion liegt vor, wenn zwei korrespondierende Säure/Base-Paare miteinander unter Protonenübertragung reagieren.

Bei Säure/Base-Reaktionen werden Protonen übertragen, bei Redoxreaktionen werden Elektronen übertragen.

Pro Reaktionsschritt wird bei der Säure/Base-Reaktion nur ein Proton übertragen, bei Redoxreaktionen können auch mehrere Elektronen übertragen werden. Durch Einrichten der Reaktionsgleichungen gleicht man aufgenommene mit abgegebenen Elektronen aus. ($\rightarrow$ Redoxreaktionen)

Lösung Aufgabe 16.6.2

Beispiel: Säurereaktion von Essigsäure-Molekülen:

$$CH_3-COOH + H_2O \rightleftharpoons H_3O^+ + CH_3-COO^- \text{ (Säurereaktion)}$$

$$K_c = \frac{c(CH_3COO^-) \cdot c(H_2O^+)}{c(CH_3COOH \cdot c(H_2O)}; \quad K_S = K_c \cdot c(H_2O)$$

Beispiel: Basereaktion von Acetat-Ionen:

$$CH_3-COO^- + H_2O \rightleftharpoons CH_3-COOH + OH^- \text{ (Basereaktion)}$$

$$K_c = \frac{c(CH_3COOH) \cdot c(OH^-)}{c(CH_3COO^- \cdot c(H_2O)}; \quad K_B = K_c \cdot c(H_2O)$$

Bei **korrespondierenden** Teilchen ist das Produkt aus K_S und K_B gleich dem Ionenprodukt des Wassers K_w.

Beispiel Essigsäure/Acetat-Ionen:

$K_S = 1{,}8 \cdot 10^{-5} \, mol \cdot \ell^{-1}$ ($pK_S = 4{,}75$)

$K_B = 5{,}6 \cdot 10^{-10} \, mol \cdot \ell^{-1}$ ($pK_B = 9{,}25$)

$K_S \cdot K_B = 1{,}0 \cdot 10^{-14} \, mol^2 \cdot \ell^{-2}$ oder: $pK_S + pK_B = pK_w$; $4{,}75 + 9{,}25 = 14$

Die pK-Werte sind jeweils die negativen dekadischen Logarithmen der entsprechenden Konstanten.

Lösung Aufgabe 16.6.3

Bei der Berechnung von pH-Werten müssen die Verbindungen in die Kategorien, starke Säure, schwache Säure, starke Base, schwache Base und Salz eingeordnet werden.

- **Starke Säuren:** Das Proton der Säure wird vollständig an Wasser abgegeben (Beispiel: Bildung von Salzsäure durch Lösen von Chlorwasserstoff). Die Ausgangskonzentration der Säure entspricht der Konzentration der Hydronium-Ionen. Schwefelsäure dissoziiert in zwei Stufen, die beide bei der Berechnung berücksichtigt werden müssen.
- **Starke Basen:** Bilden bei der Dissoziation in Wasser sofort Hydroxid-Ionen (Natronlauge). Hier entspricht die Ausgangskonzentration der Base-Lösung der Konzentration der Hydroxid-Ionen.
- Bei **schwachen Säuren** (Essigsäure) und **schwachen Basen** (Ammoniak) müssen die Gleichgewichtsbedingungen beachtet werden.
- Bei **Salzen** können Kationen und Anionen nach der Dissoziation mit Wasser reagieren und den pH-Wert beeinflussen (Eisen(III)-chlorid, Natriumacetat, Ammoniumchlorid).
- **Aminosäuren** sind Ampholyte und müssen gesondert betrachtet werden.

Berechnungen:

Allgemein gilt: $pH = -\lg \frac{c(H_3O^+)}{mol \cdot \ell^{-1}}$

Salzsäure: $c_0 = c(H_3O^+)$; $pH = 1$

Schwefelsäure:

1. Stufe: $c_0 = c(H_3O^+)$; $pH = 1$

2. Stufe: $HSO_4^- + H_2O \rightleftharpoons SO_4^{2-} + H_3O^+$

$c(SO_4^{2-}) = x \, mol \cdot \ell^{-1}$; $c(H_3O^+) = (0{,}1 + x) \, mol \cdot \ell^{-1}$;

$c(HSO_4^-) = c_0(HSO_4^-) - c(SO_4^{2-}) = (0{,}1 - x) \, mol \cdot \ell^{-1}$

In den Gleichgewichts-Term für $K_S(HSO_4^-)$ einsetzen:

$K_S = \frac{c(SO_4^{2-}) \cdot c(H_3O^+)}{c(HSO_4^-)}$

$1{,}58 \cdot 10^{-2} \, mol \cdot \ell^{-1} = \frac{x \cdot (0{,}1 + x)}{0{,}1 - x} mol \cdot \ell^{-1}$

$x = c(SO_4^{2-}) = 0{,}0123 \, mol \cdot \ell^{-1}$

Die Gesamtkonzentration der Hydronium-Ionen beträgt demzufolge $0{,}1123 \, mol \cdot \ell^{-1}$ und der pH-Wert beträgt 0,95.

Essigsäure:

Genaue Berechnung:

$$CH_3-COOH + H_2O \rightleftharpoons H_3O^+ + CH_3-COO^-$$
$$\quad \text{(0,1 - x) mol} \qquad\qquad \text{x mol} \quad \text{x mol}$$

$K_S = \frac{c(CH_3COO^-) \cdot c(H_3O)^+}{c(CH_3COOH)}$

$2{,}24 \cdot 10^{-5} \, mol \cdot \ell^{-1} = \frac{x^2}{(0{,}1 - x)} mol \cdot \ell^{-1}$

$x = c(H_3O^+) = 0{,}0015 \, mol \cdot \ell^{-1}$

$pH = 2{,}824$

Berechnung mit der Näherungsformel:

$pH = \frac{1}{2} \cdot [pK_S - \lg c_0(HA)]$

$pH = \frac{1}{2} \cdot [4{,}65 - \lg 10^{-1}]$; $pH = 2{,}825$

16.6 Säure/Base- und Löslichkeitsgleichgewichte   **243**

Hinweis: Mittelstarke Säuren (z. B. Phosphorsäure) lassen sich mit der Näherungsformel nicht berechnen.

Natronlauge:

$c_0 = c\,(OH^-)$; $pOH = -\lg c\,(OH^-)$; $pOH = 1$; $pH + pOH = 14$; $pH = 13$

Ammoniak:

Berechnung über Lösungsformel oder genau (siehe Essigsäure)

$$pOH = \tfrac{1}{2} \cdot \left[\, pK_B - \lg c_0\,(B) \,\right]$$

$pOH = \tfrac{1}{2} \cdot [4{,}75 - \lg 10^{-1}]$

$pOH = 2{,}87$

$pH = 14 - pOH$; $pH = 11{,}13$

Natriumacetat:

$CH_3{-}COONa \rightleftharpoons Na^+ + CH_3{-}COO-$

$CH_3{-}COO- + H_2O \rightleftharpoons CH_3{-}COOH + OH-$ (Basereaktion des Anions mit Wasser)

Berechnung wie schwache Base:

$pOH = \tfrac{1}{2} \cdot [pK_B - \lg c_0\,(B)]$

$pOH = \tfrac{1}{2} \cdot [9{,}25 - \lg 10^{-1}]$

$pOH = 5{,}13$

$pH = 14 - pOH$; $pH = 8{,}87$

Eisen(III)-chlorid:

$FeCl_3 \rightleftharpoons Fe^{3+} + 3\,Cl^-$

Das hydratisierte Fe^{3+}-Ion entspricht dem Aquakomplex $[Fe(H_2O)_6]^{3+}$.

$[Fe(H_2O)_6]^{3+} + H_2O \rightleftharpoons [Fe(H_2O)_5OH]^{2+} + H_3O^+$ (Reaktion des hydratisierten Kations mit Wasser)

Berechnung wie schwache Säure:

$pH = \tfrac{1}{2} \cdot \left[\, pK_S - \lg c_0\,(HA) \,\right]$

$pH = \tfrac{1}{2} \cdot \left[\, 2{,}22 - \lg 10^{-1} \,\right]$; $pH = 1{,}61$

Natriumcarbonat:

$Na_2CO_3 \rightleftharpoons 2\,Na^+ + CO_3^{2-}$

$CO_3^{2-} + H_2O \rightleftharpoons HCO_3^- + OH^-$ (Reaktion des Anions mit Wasser)

Berechnung wie schwache Base:

$pOH = \tfrac{1}{2} \cdot \left[\, pK_B - \lg c_0\,(B) \,\right]$

$pOH = \tfrac{1}{2} \cdot \left[\, 3{,}6 - \lg 10^{-1} \,\right]$

$pOH = 2{,}30$

$pH = 14 - pOH$; $pH = 11{,}7$

Ammoniumchlorid:

$NH_4Cl \rightleftharpoons NH_4^+ + Cl^-$

$NH_4^+ + H_2O \rightleftharpoons NH_3 + H_3O^+$ (Reaktion des Kations mit Wasser)

Berechnung wie schwache Säure:
$$pH = \tfrac{1}{2} \cdot [pK_S - \lg c_0(HA)]$$
$$pH = \tfrac{1}{2} \cdot [9{,}25 - \lg 10^{-1}]$$
$$pH = 5{,}13$$

2-Aminoethansäure ist ein Ampholyt
Lösungsformel für Ampholyte:
$$pH = \tfrac{1}{2}(14 + pK_S - pK_B)$$
$$pH = \tfrac{1}{2}(14 + 9{,}7 - 11{,}7); \quad pH = 6$$

Lösung Aufgabe 16.6.4

Bei sehr stark verdünnten Säuren oder Basen ist der Anteil an Hydronium-Ionen bzw. Hydroxid-Ionen kleiner als der Anteil dieser Ionen im Wasser. Die Autoprotolyse des Wassers muss berücksichtigt werden. Die Berechnung müsste wie folgt aussehen:

(1) $(10^{-7} + 10^{-8} - x) \cdot (10^{-7} - x) \, mol^2 \cdot \ell^{-2} = 10^{-14} \, mol^2 \cdot \ell^{-2} \Rightarrow x = 0{,}05 \cdot 10^{-7}$

$c(H_3O^+) = 1{,}05 \cdot 10^{-7} \, mol \cdot \ell^{-1}$

$pH = 6{,}98$

In Zeile (1) wird berücksichtigt, dass zur Einstellung des Gleichgewichtes Hydronium-Ionen mit Hydroxid-Ionen reagieren.

Lösung Aufgabe 16.6.5

a) Skizzen:

Die Kurven beginnen beim pH-Wert der reinen Säure und enden beim pH-Wert, der sich aus der Konzentration der überschüssigen Natronlauge ergibt. Da gleiche Konzentrationen von Säure und Natronlauge verwendet werden, benötigt man die gleichen Volumina von Säure und Lauge bis zum Erreichen des Äquivalenzpunktes. Im Beispiel wird von jeweils 10 ml Säure ausgegangen.

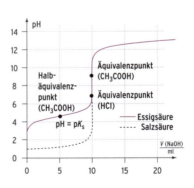

- Salzsäure/Natronlauge: Titration einer starken Säure mit einer starken Base; der Äquivalenzpunkt entspricht einer 0,1-molaren Natriumchlorid-Lösung und liegt bei pH = 7. Besonders geeignet sind Indikatoren, die im Bereich des Äquivalenzpunkts (Wendepunkt der Titrationskurve) umschlagen, hier Bromthymolblau.
- Essigsäure/Natronlauge: Titration einer schwachen Säure mit einer starken Base; die Kurve steigt wegen der Nachdissoziation der Säure nicht wie bei der Salzsäure linear an. Der Äquivalenzpunkt entspricht einer 0,1-molaren Natriumacetat-Lösung. Er liegt im basischen Bereich (→ Berechnung von pH-Werten). Außerdem verläuft die Kurve nach der Hälfte der verbrauchten Menge Natronlauge durch den pK_S-Wert der Essigsäure. An dieser Stelle haben Essigsäure und Acetat-Ionen die gleiche Konzentration. Es tritt Puf-

ferwirkung ein ($\rightarrow$ Puffersysteme). Ein geeigneter Indikator wäre hier Phenolphthalein (Umschlagsbereich bei pH = 8,3 bis 10)

b) Kohlensäure, die wässrige Lösung von Kohlenstoffdioxid, verhält sich wie eine zweiprotonige Säure. Die Kurve hätte einen ersten Äquivalenzpunkt, der einer Hydrogencarbonat-Lösung entspricht und einen zweiten, der einer Carbonat-Lösung entspricht. Beide Äquivalenzpunkte liegen im basischen Bereich. Wie bei Essigsäure steigt die Kurve nicht sofort linear an. Sie durchläuft die zwei pK_S- Werte der verschiedenen Stufen. Der erste Äquivalenzpunkt kann durch den Farbumschlag von Bromthymolblau erfasst werden. Der zweite Äquivalenzpunkt entspricht pH $\approx$ 13; für diesen pH-Bereich stehen keine geeigneten Indikatoren zur Verfügung.

Lösung Aufgabe 16.6.6

Salzsäure:

Berechnung der Stoffmengenkonzentration:

$$HCl + NaOH \rightarrow NaCl + H_2O$$

$$\frac{n_1}{n_2} = \frac{1}{1}$$

$$c_1 \cdot V_1 = c_2 \cdot V_2$$

$$c_1 = \frac{c_2 \cdot V_2}{V_1} = \frac{0,1 \, mol \cdot \ell^{-1} \cdot 5 \, ml}{10 \, ml} = 0,05 \, mol \cdot \ell^{-1}$$

Die Salzsäure ist 0,05-molar.

Berechnung der Masse in 100 ml Lösung:

$$1 \, mol \, HCl \qquad \Rightarrow \quad m = 36,5 \, g$$

$$0,05 \, mol \, HCl \cdot \ell^{-1} \Rightarrow \quad m = 1,825 \, g \cdot \ell^{-1}$$

In 100 ml Salzsäure sind 0,1825 g reine Säure enthalten.

Schwefelsäure:

Berechnung der Stoffmengenkonzentration:

$$H_2SO_4 + 2 \, NaOH \rightarrow Na_2SO_4 + 2 \, H_2O$$

$$\frac{n_1}{n_2} = \frac{1}{2}$$

$$n_1 = \frac{1}{2} \cdot n_2$$

$$c_1 \cdot V_1 = \frac{1}{2} \cdot c_2 \cdot V_2$$

$$c_1 = \frac{c_2 \cdot V_2}{2 \cdot V_1} = \frac{0,1 \, mol \cdot \ell^{-1} \cdot 5 \, ml}{2 \cdot 10 \, ml} = 0,025 \, mol \cdot \ell^{-1}$$

Die Schwefelsäure ist 0,025-molar.

Berechnung der Masse in 100 ml Lösung:

$$1 \, mol \, H_2SO_4 \qquad \Rightarrow \quad m = 98 \, g$$

$$0,025 \, mol \, H_2SO_4 \cdot \ell^{-1} \Rightarrow \quad m = 2,45 \, g \cdot \ell^{-1}$$

In 100 ml Schwefelsäure sind 0,245 g reine Säure enthalten.

Da beide Säuren die gleichen Mengen gleichkonzentrierter Natronlauge verbrauchen, die Schwefelsäure aber zweiprotonig ist, verhalten sich die Stoffmengenkonzentrationen wie 2:1.

Lösung Aufgabe 16.6.7

Es liegt eine Natriumacetat-Lösung vor. Durch Verdoppelung des Volumens hat die Lösung eine Stoffmengenkonzentration von $0,1 \, \text{mol} \cdot \ell^{-1}$.

$$\text{pOH} = \tfrac{1}{2} \cdot \left[\text{p}K_B - \lg c \, (CH_3COO^-) \right]$$
$$= \tfrac{1}{2} \cdot \left[9,25 - \lg 10^{-1} \right]$$
$$\text{pOH} = 5,13$$
$$\text{pH} = 14 - \text{pOH}$$
$$\text{pH} = 8,87$$

Lösung Aufgabe 16.6.8

Durch Versetzen mit Salzsäure wird das Carbonat im Boden umgesetzt:

$$CO_3^{2-} + 2 \, H_3O^+ \rightarrow CO_2 + 3 \, H_2O$$

Die Säure wird im Überschuss zugesetzt.

Die nicht umgesetzte Säure wird mit Natronlauge rücktitriert.

Berechnung:

Die Säure wird im Überschuss zugesetzt:

$n \, (\text{eingesetzte Säure}) = c \, (HCl) \cdot V \, (HCl) = 0,01 \, \text{mol} \cdot \ell^{-1} \cdot 0,01 \, \ell = 0,001 \, \text{mol}$

Die umgesetzte Säure wird rücktitriert:

$$HCl + NaOH \rightarrow NaCl + H_2O$$

$n_1 : n_2 = 1 : 1$

$\quad n_1 = c_2 \cdot V_2 = 0,1 \, \text{mol} \cdot \ell^{-1} \cdot 0,002 \, \ell = 0,0002 \, \text{mol}$

$n \, (\text{umgesetzte Säure}) = n \, (\text{eingesetzte Säure}) - n \, (\text{rücktitrierte Säure})$

$\qquad\qquad\qquad = 0,001 \, \text{mol} - 0,0002 \, \text{mol} = 0,0008 \, \text{mol}$

Masse an umgesetztem Carbonat:

$$\frac{n \, (H^+)}{n \, (CO_3^{2-})} = \frac{2}{1}$$

$n \, (CO_3^{2-}) = \tfrac{1}{2} \cdot n \, (H^+) = 0,0004 \, \text{mol}$

$m \, (CO_3^{2-}) = n \, (CO_3^{2-}) \cdot M \, (CO_3^{2-}) = 0,0004 \, \text{mol} \cdot 60 \, \text{g} \cdot \text{mol}^{-1}$

$m \, (CO_3^{2-}) = 0,024 \, \text{g}$

Anteil von Carbonat in der Bodenprobe:

$m \, (\text{Bodenprobe}) = 3 \, \text{g}; \quad w \, (\text{Carbonat}) = 0,8 \, \%$

Die Bodenprobe enthielt Carbonat mit einem Massenanteil von 0,8 %.

Lösung Aufgabe 16.6.9

Löslichkeit ist die Konzentration eines Stoffes in seiner gesättigten Lösung. Gesättigt ist eine Lösung, wenn eine weitere Zugabe von Fällungsmittel sofort eine Niederschlagsbildung hervorrufen würde. Die Lösung über dem Bodensatz eines ausgefällten Stoffes ist also immer gesättigt.

Lösung Aufgabe 16.6.10

Es können Silberchlorid, Silbercarbonat und Silberchromat ausgefällt werden. Silbernitrat ist leicht löslich.

$Ag^+ + Cl- \rightleftharpoons AgCl$

$2\,Ag^+ + CO_3^{2-} \rightleftharpoons Ag_2CO_3$

$2\,Ag^+ + CrO_4^{2-} \rightleftharpoons Ag_2CrO_4$

Die Reihenfolge der Ausfällung kann nicht durch Vergleich der Löslichkeitskonstanten ermittelt werden, da diese unterschiedliche Einheiten haben. Beim Vergleich der Löslichkeitskonstanten von Silberchromat $\left(K_L = 4 \cdot 10^{-12}\ mol^3 \cdot \ell^{-3}\right)$ und Silberchlorid $\left(K_L = 1{,}6 \cdot 10-^{10}\ mol^2 \cdot \ell-^2\right)$ könnte man annehmen, dass Silberchromat zuerst ausfiele. Vergleicht man jedoch die Löslichkeiten, so stellt man fest, dass Silberchlorid zuerst ausfällt.

Berechnung der Löslichkeiten: $L\left(A_m B_n\right) = \sqrt[m+n]{\dfrac{K_L}{m^m \cdot n^n}}$

Silberchlorid:

$m = 1;\ n = 1$

$L\left(AgCl\right) = \sqrt{K_L} = \sqrt{2 \cdot 10^{-10}\ mol^2 \cdot \ell^{-2}} = 1{,}4 \cdot 10^{-5}\ mol \cdot \ell^{-1}$

$M\left(AgCl\right) = 143{,}5\ g \cdot mol^{-1}$

$L\left(AgCl\right) = 0{,}002\ g \cdot \ell^{-1}$

Silbercarbonat:

$m = 2;\ n = 1$

$L\left(Ag_2CO_3\right) = \sqrt[3]{\dfrac{K_L}{4}} = \sqrt[3]{\dfrac{8 \cdot 10^{-12}\ mol^3 \cdot \ell^{-3}}{4}} = 1{,}26 \cdot 10^{-4}\ mol \cdot \ell^{-1}$

$M\left(Ag_2CO_3\right) = 276\ g \cdot mol^{-1}$

$L\left(Ag_2CO_3\right) = 0{,}035\ g \cdot \ell^{-1}$

Silberchromat:

$m = 2;\ n = 1$

$L\left(Ag_2CrO_4\right) = \sqrt[3]{\dfrac{K_L}{4}} = \sqrt[3]{\dfrac{4 \cdot 10^{-12}\ mol^3 \cdot \ell^{-3}}{4}} = 10^{-4}\ mol \cdot \ell^{-1}$

$M\left(Ag_2CrO_4\right) = 332\ g \cdot mol^{-1}$

$L\left(Ag_2CrO_4\right) = 0{,}033\ g \cdot \ell^{-1}$

Zuerst fällt Silberchlorid aus, gefolgt von Silberchromat und zuletzt Silbercarbonat.

Lösung Aufgabe 16.6.11

Es werden die entsprechenden Hydroxide ausfallen, die an ihren unterschiedlichen Farben zu erkennen sind. Aluminiumhydroxid löst sich unter Komplexbildung in einem Überschuss an Lauge auf.

$Fe^{2+} + 2\,OH^- \rightarrow Fe(OH)_2$ graugrün

$Fe^{3+} + 3\,OH^- \rightarrow Fe(OH)_3$ rotbraun

$Cu^{2+} + 2\,OH^- \rightarrow Cu(OH)_2$ hellblau

$Al^{3+} + 3\,OH^- \rightarrow Al(OH)_3$ weiß

$Al(OH)_3 + OH^- \rightleftharpoons [Al\,(OH)_4]^-$ Auflösen des Niederschlages

Lösung Aufgabe 16.6.12

Löslichkeiten kann man z.B. durch Komplexbildung verbessern. Dies wird genutzt, wenn man der FEHLING'schen Lösung II Tartrat zusetzt, um eine Ausfällung von Kufer(II)-hydroxid beim Mischen mit Fehling'scher Lösung I zu verhindern (Maskierung). Auch bei der Aluminiumherstellung wird Aluminium über Komplexbildung in Lösung gebracht ($\rightarrow$ Lösung Aufgabe 16.6.11)

Bei der Goldgewinnung wird die sogenannte Cyanidlaugerei angewendet.

In der Analytik dient die Überprüfung der Löslichkeit zur Unterscheidung von z. B. Chlorid-, Bromid- und Iodid-Ionen.

Eine Verringerung der Löslichkeit erreicht man durch gleichionige Zusätze. Dies ist nötig, um Verluste beim Waschen von Niederschlägen zu minimieren ($\rightarrow$ Lösung Aufgabe 16.6.13).

Lösung Aufgabe 16.6.13

Berechnung der Löslichkeit von Bariumsulfat in 200 ml Wasser:

$m = 1; \quad n = 1$

$L(\text{BaSO}_4) = \sqrt{K_L} = \sqrt{10^{-10}\,\text{mol}^2 \cdot \ell^{-2}} = 10^{-5}\,\text{mol} \cdot \ell^{-1}$

$M(\text{BaSO}_4) = 233\,\text{g} \cdot \text{mol}^{-1}$

$L(\text{BaSO}_4) = 0{,}002\,33\,\text{g} \cdot \ell^{-1}$

In 200 ml Wasser lösen sich 0,47 mg Bariumsulfat.

Berechnung der Löslichkeit von Bariumsulfat in 200 ml in 0,1-molarer Schwefelsäure:

Durch Zugabe von Schwefelsäure wird die Sulfat-Ionen-Konzentration stark erhöht:

$c(\text{SO}_4^{2-}\,\text{aus}\,\text{H}_2\text{SO}_4) \gg c(\text{SO}_4^{2-}\,\text{aus dem Löslichkeitsgewicht von BaSO}_4)$

$\Rightarrow c_{\text{gesamt}}(\text{SO}_4^{2-}) \approx c(\text{H}_2\text{SO}_4)$

Daher kann die Löslichkeit nicht mehr als $\sqrt{K_L}$ berechnet werden. Die Barium-Ionen-Konzentration ist wesentlich kleiner als $c(\text{H}_2\text{SO}_4)$. Die Löslichkeit entspricht der Gleichgewichtskonzentration der Barium-Ionen:

$c(\text{Ba}^{2+}) = \dfrac{K_L}{c(\text{SO}_4^{2-})} = \dfrac{K_L}{c(\text{H}_2\text{SO}_4)} = = \dfrac{10^{-10}\,\text{mol}^2 \cdot \ell^{-2}}{0{,}1\,\text{mol} \cdot \ell^{-1}} = 10^{-9}\,\text{mol} \cdot \ell^{-1}$

$L(\text{BaSO}_4) = 10^{-9}\,\text{mol} \cdot \ell^{-1}$

$M(\text{BaSO}_4) = 233\,\text{g} \cdot \text{mol}^{-1}$

$L(\text{BaSO}_4) = 0{,}000\,233\,\text{mg} \cdot \ell^{-1}$

In 200 ml 0,1-molarer Schwefelsäure lösen sich 0,000 047 mg Bariumsulfat.

Die Sulfat-Ionen der Schwefelsäure sind gleichionige Zusätze. Deshalb zeigen die Ergebnisse, dass die Schwefelsäure als Waschflüssigkeit besser geeignet ist.

16.7 Puffersysteme

Aufgabe 16.7.1
Erläutern Sie an einem selbst gewählten Beispiel Aufbau und Wirkungsweise eines Puffers. Wählen Sie ein Beispiel mit praktischer Bedeutung.

Aufgabe 16.7.2
Berechnen Sie den pH-Wert eines Puffers, der entsteht, wenn man 50 ml Essigsäure (die 0,06 g reine Säure enthält) mit 50 ml Natriumacetat-Lösung (die 0,82 g Natriumacetat enthält) mischt?

Aufgabe 16.7.3
Ermitteln Sie qualitativ den pH-Wert einer verdünnten Natriumdihydrogenphosphat-Lösung. Wie würde sich der pH-Wert ändern, wenn man eine geringe Menge verdünnte Natronlauge zutropft? Erklären Sie mithilfe von Reaktionsgleichungen.

Aufgabe 16.7.4
Bei der Verwendung von Puffern spricht man oft von der Pufferkapazität. Definieren und erläutern Sie den Begriff. Verwenden Sie zur Beantwortung der Frage auch die Grafik rechts.

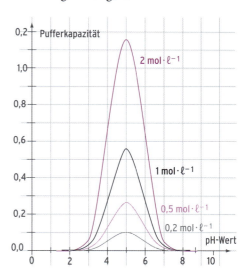

Aufgabe 16.7.5
Berechnen Sie die Änderung des pH-Wertes eines Acetatpuffers aus 1-molarer Essigsäure und 1-molarer Natriumacetat-Lösung, wenn man so viel Salzsäure zugibt, wie für die Bildung einer 0,01-molaren Lösung benötigt würde. Berechnen Sie anschließend den pH-Wert für die Zugabe von Natronlauge unter den gleichen Bedingungen. Werten Sie die Ergebnisse aus.

Aufgabe 16.7.6
Leitungswasser mit einem hohen Härtegrad reagiert basisch. Leitet man Kohlenstoffdioxid ein, sinkt der pH-Wert bis zum Neutralpunkt. Auch nach längerem Einleiten von Kohlen-

stoffdioxid wird das Wasser nicht „sauer". Werten Sie diese Aussagen aus und stellen Sie einen Bezug zu Puffersystemen her.

Lösungen

Lösung Aufgabe 16.7.1

Als Beispiel kann der Blutpuffer Hydrogencarbonat/Kohlensäure verwendet werden. Puffer bestehen aus einer schwachen Säure (hier Kohlensäure) und deren korrespondierenden Base (hier Hydrogencarbonat).

Puffer können in einem bestimmten Bereich zugegebene Hydronium- bzw. Hydroxid-Ionen abfangen und den pH-Wert dadurch weitgehend konstant halten.

Grundgleichung: $\underset{\text{Säure}}{H_2CO_3} + H_2O \rightleftharpoons \underset{\text{Base}}{HCO_3^-} + H_3O^+$

Reaktion bei Zugabe von Hydronium-Ionen: $HCO_3^- + H_3O^+ \rightleftharpoons H_2CO_3 + H_2O$

Reaktion bei Zugabe von Hydroxid-Ionen: $\quad H_2CO_3 + OH^- \rightleftharpoons HCO_3^- + H_2O$

Durch Zugabe von Säure oder Base entstehen nur Teilchen, die bereits im Gleichgewicht enthalten sind oder Wasser. Der pH-Wert wird demzufolge nicht verändert. Eine optimale Wirkung hat der Puffer, wenn Säure und korrespondierende Base im Konzentrationsverhältnis 1:1 enthalten sind. In diesem Fall ist laut der Puffergleichung ($\rightarrow$ auch Lösung Aufgabe 16.7.2 und Lösung Aufgabe 16.7.4) $pH = pK_S$.

Lösung Aufgabe 16.7.2

Es wird mit der Puffergleichung gearbeitet (Henderson/Hasselbalch): $pH = pK_s + \lg \frac{c(B)}{c(S)}$

Da die Stoffmengenkonzentrationen der Pufferkomponenten nicht direkt gegeben sind, müssen diese berechnet werden:

$V(\text{Lösung}) = V(HAc) + V(NaAc) = 0{,}1 \, \ell$

$c(HAc) = \frac{n(HAc)}{V(\text{Lösung})} = \frac{m(HAc)}{V(\text{Lösung}) \cdot M(HAc)} = \frac{0{,}06 \, g}{0{,}1 \, \ell \cdot 60 \, g \cdot mol^{-1}} = 0{,}01 \, mol \cdot \ell^{-1}$

$c(Ac^-) = \frac{n(Ac^-)}{V(\text{Lösung})} = \frac{m(Ac^-)}{V(\text{Lösung}) \cdot M(Ac^-)} \qquad (m(NaAc) = 0{,}82 \, g \Rightarrow m(Ac^-) = 0{,}59 \, g$

$\qquad = \frac{0{,}59 \, g}{0{,}1 \, \ell \cdot 59 \, g \cdot mol^{-1}} = 0{,}1 \, mol \cdot \ell^{-1}$

Einsetzen in die Puffergleichung:

$pH = pK_s + \lg \frac{c(B)}{c(S)} = 4{,}75 + \lg \frac{0{,}1 \, mol \cdot \ell^{-1}}{0{,}01 \, mol \cdot \ell^{-1}}$

$pH = 5{,}75$

Der Puffer hat einen pH-Wert von 5,75.

Lösung Aufgabe 16.7.3

Das Salz dissoziiert in Wasser

$\quad NaH_2PO_4 \rightleftharpoons Na^+ + H_2PO_4^-$

Das Dihydrogenphosphat-Ion kann als Ampholyt wie folgt mit Wasser reagieren:

$H_2PO_4^- + H_2O \rightleftharpoons H_2PO_4^{2-} + H_3O^+$ (Säurereaktion) $K_S = 6{,}2 \cdot 10^{-8}$ mol $\cdot \ell^{-1}$

$H_2PO_4^- + H_2O \rightleftharpoons H_3PO_4 + OH^-$ (Basereaktion) $K_B = 1{,}3 \cdot 10^{-12}$ mol $\cdot \ell^{-1}$

Da $K_S > K_B$ wird das Salz in seiner Lösung schwach sauer reagieren.

Zugabe von einer geringen Menge Natriumhydroxid-Lösung:

$H_2PO_4^- + OH^- \rightleftharpoons H_2O + H_2PO_4^-$

Das Dihydrogenphosphat-Ion reagiert als Säure mit den Hydroxid-Ionen, wobei Hydrogen-phosphat-Ionen gebildet werden. Dihydrogenphosphat und Hydrogenphosphat sind Komponenten eines Puffersystems. Der pH-Wert wird demzufolge nahezu konstant bleiben.

Lösung Aufgabe 16.7.4

In der Chemie ist die Pufferkapazität die Menge Base (oder Säure), die durch eine Puffer-Lösung ohne wesentliche Änderung des pH-Wertes aufgenommen werden kann.

Die Abbildung zeigt die Pufferkapazität von Essigsäure/Acetatsystemen unterschiedlicher Ausgangskonzentration. Das Maximum der Pufferkapazität liegt bei $pH = pK_S$. Die Abbildung zeigt ebenfalls, dass die Pufferkapazität umso größer ist, je konzentrierter die Puffer-Lösung ist. Außer von der Konzentration hängt die Pufferkapazität vom Konzentrationsverhältnis zwischen Säure und konjugierter Base im Puffersystem ab; sie ist am höchsten beim Verhältnis $1 : 1$.

Lösung Aufgabe 16.7.5

Der pH-Wert der Ausgangslösung beträgt 4,75.

Begründung: Bei gleicher Stoffmengenkonzentration der Pufferkomponenten entspricht der pH-Wert des Puffers dem pK_S-Wert der Säure des Puffersystems.

$pH = pK_s + \lg \frac{c(B)}{c(S)} = 4{,}75 + \lg \frac{1 \, mol \cdot \ell^{-1}}{1 \, mol \cdot \ell^{-1}}$

$pH = 4{,}75$

Zugabe von Salzsäure: Die Säure reagiert mit den Acetat-Ionen, deshalb entsteht im Gleichgewicht mehr Essigsäure.

Acetat-Ionen werden verbraucht.

$CH_3-COO^- + H_3O^+ \rightleftharpoons CH_3-COOH + H_2O$

Berechnung:

$pH = pK_S + \lg \frac{c(B) - c(HCl)}{c(S) + c(HCl)} = 4{,}75 + \lg \frac{(1 - 0{,}001) \, mol \cdot \ell^{-1}}{(1 + 0{,}01) \, mol \cdot \ell^{-1}} = 4{,}75 + \lg \frac{0{,}99 \, mol \cdot \ell^{-1}}{1{,}01 \, mol \cdot \ell^{-1}}$

$pH = 4{,}74$

Zugabe von Natronlauge: Die Lauge reagiert mit der Essigsäure, deshalb entstehen im Gleichgewicht mehr Acetat-Ionen. Essigsäure wird verbraucht.

$CH_3-COOH + OH^- \rightleftharpoons CH_3COO^- + H_2O$

Berechnung:

$pH = pK_S + \lg \frac{c(B) + c(NaOH)}{c(S) - c(NaOH)} = 4{,}75 + \lg \frac{(1 + 0{,}01) \, mol \cdot \ell^{-1}}{(1 - 0{,}01) \, mol \cdot \ell^{-1}} = 4{,}75 + \lg \frac{1{,}01 \, mol \cdot \ell^{-1}}{0{,}99 \, mol \cdot \ell^{-1}}$

$pH = 4{,}76$

Der pH-Wert ändert sich jeweils um 0,01 Einheiten. Er bleibt nahezu konstant. Das ist der Beweis für die Wirksamkeit von Puffersystemen.

Lösung Aufgabe 16.7.6

Leitungswasser mit hoher Härte enthält Hydrogencarbonat-Ionen, die mit Wasser zu einer basischen Lösung reagieren.

$$HCO_3^- + H_2O \rightleftharpoons OH^- + H_2CO_3$$
$$\text{Base 1} \qquad \text{Säure 1} \qquad \text{Base 2} \qquad \text{Säure 2}$$

Beim Einleiten von Kohlenstoffdioxid entsteht Kohlensäure.

Hydrogencarbonat und Kohlensäure bilden ein Puffersystem, dessen pH–Wert bei gleicher Konzentration der Komponenten im Neutralbereich liegt. Das Wasser wird nur dann sauer, wenn man die Pufferkapazität des Hydrogencarbonat/Kohlensäure-Puffers überschreitet.

16.8 Redoxreaktionen

Wissen

- Beim Aufstellen der Redoxgleichung betrachtet man zuerst die beiden beteiligten Redoxpaare und stellt die Teilgleichungen für Oxidation und Reduktion auf. Da die Anzahl der von einem Reaktionspartner abgegebenen Elektronen selten direkt mit der vom anderen Reaktionspartner aufgenommenen Anzahl an Elektronen übereinstimmt, müssen die Teilgleichungen entsprechend vervielfacht werden.
- Nach dem Multiplizieren der Teilgleichungen mit geeigneten Faktoren kann die Gesamtgleichung für die Elektronenübertragung entwickelt werden.
  Anschließend wird die Bruttogleichung einschließlich aller nicht an der Reaktion beteiligten Gegenionen aufgestellt.
- Bei der experimentellen Auswertung von Redoxreaktionen lassen sich oft charakteristische Farbänderungen beobachten, die auf den Wechsel der Oxidationsstufen zurückzuführen sind.

Beispiele:

Oxidationsstufe	Farbe: Mangan	Farbe: Chrom
+II	rosa (in verdünnter Lösung farblos)	–
+III	braun	grün
+IV	braun	–
+V	blau	–
+VI	grün	gelb (Chromat); orange (Dichromat)
+VII	violett	–

Aufgabe 16.8.1

Stellen Sie für folgende Reaktionen in saurer Lösung die Gleichungen auf:

a) Kaliumpermanganat-Lösung mit Kaliumiodid-Lösung

b) Kaliumpermanganat-Lösung mit Natriumsulfit-Lösung

c) Kaliumpermanganat-Lösung mit Oxalsäure

d) Kaliumdichromat-Lösung mit Eisen(II)-sulfat-Lösung

e) Kaliumdichromat-Lösung mit Methanal-Lösung

f) Im klassischen Alkoholprüfröhrchen reagiert Kaliumdichromat im sauren Medium mit Ethanol, was zu einer typischen Grünfärbung führt. Stellen Sie auch hierfür die Reaktionsgleichung auf.

Aufgabe 16.8.2

a) Bestimmen Sie für folgende Reaktionen die Oxidationszahlen. Welche Besonderheiten treten auf? Erklären Sie.

$$H_2SO_4 + 3\,H_2S \rightarrow 4\,S + 4\,H_2O$$

$$4\,KClO_3 \rightarrow 3\,KClO_4 + KCl$$

b) Stellen Sie die Gleichung für die Reaktion von Chlor mit Wasser auf und ordnen Sie die Reaktion den oben genannten Beispielen zu. Gehen Sie auf die praktische Bedeutung dieser Reaktion ein.

Aufgabe 16.8.3

Im Labor kann man aus Kaliumpermanganat und Salzsäure kleine Mengen Chlor-Gas herstellen, wobei Mangan in die Oxidationsstufe IV übergeht. Berechnen Sie die Masse an Kaliumpermangant, die zur Herstellung von 5 ml Chlorgas unter Normbedingungen umgesetzt werden muss.

Welches Volumen würde das Gas bei 25 °C und 10^5 Pa einnehmen?

Aufgabe 16.8.4

Eine Vorratsflasche mit Eisen(II)-sulfat ($FeSO_4 \cdot 7\,H_2O$) hat längere Zeit gestanden und wird durch manganometrische Titration auf Eisen(II)-Ionen untersucht.

Dazu löst man 0,6 g Eisen(II)-sulfat in 100 ml Wasser.

25 ml dieser Lösung verbrauchen 6,3 ml Kaliumpermanganat-Lösung $c\,(KMnO_4) = 0,02\ mol \cdot \ell^{-1}$.

Berechnen Sie den prozentualen Anteil an Eisen(II)-Ionen in der Probe.

Aufgabe 16.8.5

Zum Nachweis von Stärke wird eine Iod/Kaliumiodid-Lösung mit einem Masseanteil von 0,2 % Iod benötigt.

Welches Volumen an Natriumthiosulfat-Lösung $c\,(Na_2S_2O_3) = 0,1\ mol \cdot \ell^{-1}$ wird von 5 ml dieser Lösung bei der iodometrischen Titration verbraucht, wenn die Lösung genau den angegebenen Gehalt aufweist?

16 Aufgaben wie im Abitur

Aufgabe 16.8.6

a) Wasserstoffperoxid kann mit Kaliumpermanganat und mit Kaliumiodid reagieren. Nutzen Sie zur Erklärung der unterschiedlichen Reaktionsmöglichkeiten Reaktionsgleichungen.

b) Warum kann der Gehalt an Bleichmitteln im Waschpulver quantitativ mit Kaliumpermanganat bestimmt werden?

Aufgabe 16.8.7

In der Werbung wird oft das Produkt „Supersauber" als wahres Wundermittel unter den Bleichmitteln auf Sauerstoffbasis angepriesen (rechts).

In einem Werbespot wird das Produkt getestet, indem man zu einer Lösung mit „Supersauber" Iod hinzufügt. In kurzer Zeit tritt eine Entfärbung auf.

> **NEU! Die Komplettlösung gegen Flecken bietet eine Lösung für alle Temperaturen und viele Gewebearten.**
>
> „Supersauber" enthält eine besondere Formel, die das Produkt universell einsetzbar macht:
> * entfernt kraftvoll viele Arten von Flecken
> * ist für zahlreiche Gewebearten geeignet
> * einsetzbar für Weiß- und Buntwäsche
> * wirkt auch gegen eingetrocknete Flecken
> * wirkt bei allen Temperaturen von 30° bis 95°C

a) Informieren Sie sich, welcher Wirkstoff in Bleichmitteln auf Sauerstoffbasis meist enthalten ist.

b) Diskutieren Sie die Reaktion, die bei der Entfärbung auftreten kann, und stellen Sie die Reaktionsgleichung auf.

c) Diskutieren Sie unter Verwendung des Materials und der Reaktionsgleichung, welche Probleme beim Einsatz von Bleichmitteln auftreten können.

Lösungen

Lösung Aufgabe 16.8.1

a) $MnO_4^- + 8\,H^+ + 5\,e^- \rightleftharpoons Mn^{2+} + 4\,H_2O \qquad |\cdot 2$

$2\,I^- \rightleftharpoons I_2 + 2\,e^- \qquad\qquad\qquad\qquad\quad |\cdot 5$

$\overline{2\,MnO_4^- + 10\,I^- + 16\,H^+ \rightleftharpoons 2\,Mn^{2+} + 5\,I_2 + 8\,H_2O}$

$2\,KMnO_4 + 10\,KI + 8\,H_2SO_4 \rightleftharpoons 5\,I_2 + 2\,MnSO_4 + 8\,H_2O + 6\,K_2SO_4$

b) $MnO_4^- + 8\,H^+ + 5\,e^- \rightleftharpoons Mn^{2+} + 4\,H_2O \qquad |\cdot 2$

$SO_3^{2-} + H_2O \rightleftharpoons SO_3^{2-} + 2\,H^+ + 2\,e^- \qquad |\cdot 5$

$\overline{2\,MnO_4^- + 6\,H^+ + 5\,SO_3^{2-} \rightleftharpoons 5\,SO_4^{2-} + 2\,Mn^{2+} + 3\,H_2O}$

$2\,KMnO_4 + 3\,H_2SO_4 + 5\,Na_2SO_3 \rightleftharpoons 5\,Na_2SO_4 + 2\,MnSO_4 + K_2SO_4 + 3\,H_2O$

16.8 Redoxreaktionen

c) $MnO_4^- + 8\,H^+ + 5\,e^- \rightleftharpoons Mn^{2+} + 4\,H_2O \qquad |\cdot 2$

$\quad (COOH)_2 \rightleftharpoons CO_2 + 2\,H^+ + 2\,e^- \qquad\qquad\quad |\cdot 5$

$\quad 2\,MnO_4^- + 5\,(COOH)_2 + 6\,H^+ \rightleftharpoons 2\,Mn^{2+} + 10\,CO_2 + 8\,H_2O$

$\quad 2\,KMnO_4 + 5\,(COOH)_2 + 3\,H_2SO_4 \rightleftharpoons 2\,MnSO_4 + 10\,CO_2 + 8\,H_2O + K_2SO_4$

d) $Cr_2O_7^{2-} + 14\,H^+ + 6\,e^- \rightleftharpoons 2\,Cr^3 + 7\,H_2O \qquad |\cdot 1$

$\quad Fe^{2+} \rightleftharpoons Fe^{3+} + e^- \qquad\qquad\qquad\qquad\qquad |\cdot 6$

$\quad Cr_2O_7^{2-} + 6\,Fe^{2+} + 14\,H^+ \rightleftharpoons 6\,Fe^{3+} + 2\,Cr^{3+} + 7\,H_2O$

$\quad K_2Cr_2O_7 + 6\,FeSO_4 + 7\,H_2SO_4 \rightleftharpoons 3\,Fe_2(SO_4)_3 + Cr_2(SO_4)_3 + K_2SO_4 + 7\,H_2O$

e) $Cr_2O_7^{2-} + 14\,H^+ + 6\,e^- \rightleftharpoons 2\,Cr^{3+} + 7\,H_2O \qquad |\cdot 1$

$\quad HCHO + H_2O \rightleftharpoons HCOOH + 2\,H^+ + 2\,e^- \qquad |\cdot 3$

$\quad Cr_2O_7^{2-} + 3\,HCHO + 8\,H^+ \rightleftharpoons 2\,Cr^{3+} + 3\,HCOOH + 4\,H_2O$

$\quad K_2Cr_2O_7 + 3\,HCHO + 4\,H_2SO_4 \rightleftharpoons Cr_2(SO_4)_3 + 3\,HCOOH + K_2SO_4 + 4\,H_2O$

f) Kaliumdichromat geht im sauren Medium in die Oxidationsstufe III über. Es tritt die typische Grünfärbung für die Oxidationsstufe III des Chroms auf.

$\quad K_2Cr_2O_7 + 3\,CH_3-CH_2-OH + 4\,H_2SO_4 \rightleftharpoons Cr_2(SO_4)_3 + 3\,CH_3-CHO + 7\,H_2O + K_2SO_4$

Lösung Aufgabe 16.8.2

a)
$$\overset{I\ \ VI\,-II}{H_2SO_4} + 3\,\overset{I\ -II}{H_2S} \rightleftharpoons 4\,\overset{0}{S} + 4\,\overset{I\ -II}{H_2O}$$

Schwefel geht von einer höheren und einer niederen Oxidationsstufe in eine mittlere Oxidationsstufe über. Es liegt Synproportionierung vor.

$$4\,\overset{I\ \ V\,-II}{KClO_3} \rightleftharpoons 3\,\overset{-I\ VII\,-II}{KClO_4} + \overset{I\ -I}{KCl}$$

Chlor geht von einer mittleren in eine höhere und eine niedere Oxidationsstufe über. Es liegt eine Disproportionierung vor.

b)
$$\overset{0}{Cl_2} + H_2O \rightleftharpoons \overset{I\ \ -I}{HClO} + \overset{-I}{Cl^-}$$

Es liegt Disproportionierung vor, weil Chlor von einer mittleren Oxidationsstufe in eine höhere und eine niedere Oxidationsstufe übergeht.

Die Reaktion hat praktische Bedeutung, da zur Entkeimung dem Leitungswasser oder dem Wasser im Schwimmbad Chlor zugesetzt werden kann. Folglich finden wir im chlorierten Wasser Chlorid-Ionen.

Lösung Aufgabe 16.8.3

Gleichung:

$2\,KMnO_4 + 8\,HCl \rightleftharpoons 3\,Cl_2 + 2\,MnO_2 + 4\,H_2O + 2\,KCl$

Berechnung der Masse an Kaliumpermanganat:

$\dfrac{n\,(KMnO_4)}{n\,(Cl_2)} = \dfrac{2}{3}; \quad n\,(KMnO_4) = \dfrac{2}{3} \cdot n\,(Cl_2)$

$$m\,(\text{KMnO}_4) = \frac{2}{3} \cdot \frac{V(\text{Cl}_2)}{V_m} \cdot M\,(\text{KMnO}_4) = \frac{2 \cdot 0,005\,\ell \cdot 158\,\text{g/mol}}{3 \cdot 22,4\,\ell/\text{mol}} = 0,0235\,\text{g} = 24\,\text{mg}$$

Zur Herstellung von 5 ml Chlor-Gas müssen 24 mg Kaliumpermanganat eingesetzt werden.

Umrechnung des Gasvolumens auf Standardbedingungen:

$$\frac{p_0 \cdot V_0}{T_0} = \frac{p_1 \cdot V_1}{T_1}$$

$$V_1 = \frac{p_0 \cdot v_0 \cdot T_1}{T_0 \cdot p_1} = \frac{1,013 \cdot 10^5\,\text{Pa} \cdot 0,005\,\ell \cdot 298\,\text{K}}{273\,\text{K} \cdot 10^5\,\text{Pa}} = 0,005\,53\,\ell$$

5 ml Chlor-Gas nehmen unter Standardbedingungen ein Volumen von 5,53 ml ein.

Lösung Aufgabe 16.8.4

$$\text{MnO}_4^- + 5\,\text{Fe}^{2+} + 8\,\text{H}^+ \rightleftharpoons \text{Mn}^{2+} + 5\,\text{Fe}^{3+} + 4\,\text{H}_2\text{O}$$

$$\frac{n_1}{n_2} = \frac{1}{5}$$

$$n_2 = 5 \cdot n_1$$

$$m_2 = 5 \cdot c_1 \cdot V_1 \cdot M_2 = 5 \cdot 0,02\,\text{mol} \cdot \ell^{-1} \cdot 0,0063\,\ell \cdot 56\,\text{g/mol} = 0,0353\,\text{g}\ \text{(in der 25-ml-Probe)}$$

In 100 ml Lösung sind demzufolge 141,12 mg Eisen(II)-Ionen enthalten.

Die Probe von 0,6 g bzw. 600 mg enthält 23,52 % Eisen(II)-Ionen.

Hinweis:

Für das reine Laborreagenz ergibt sich ein Fe^{2+}-Anteil von 20,1 %. Der experimentell ermittelte höhere Gehalt zeigt an, dass das Reagenz bei der Lagerung einen Teil des sogenannten Kristallwassers als Wasserdampf an die Luft abgegeben hat.

Lösung Aufgabe 16.8.5

$$2\,\text{S}_2\text{O}_3^{2-} + \text{I}_2 \rightleftharpoons \text{S}_4\text{O}_6^{2-} + 2\,\text{I}^-$$

$$\frac{n_1}{n_2} = \frac{2}{1}$$

$$c_1 \cdot V_1 = 2 \cdot c_2 \cdot V_2$$

$$c_2 = \frac{c_1 \cdot V_1}{2 \cdot V_2} = \frac{0,1\,\text{mol} \cdot 0,005\,\ell}{2 \cdot 0,01\,\ell} = 0,025\,\text{mol} \cdot \ell^{-1}$$

Die Stoffmengenkonzentration des Iods in der Lösung beträgt 0,025 mol $\cdot \ell^{-1}$.

Lösung Aufgabe 16.8.6

a) Wasserstoffperoxid kann Oxidationsmittel und Reduktionsmittel sein.

Disproportionierung von Wasserstoffperoxid

$$2\,\text{H}_2\text{O}_2 \quad \rightleftharpoons \quad 2\,\text{H}_2\text{O} + \text{O}_2$$

Reduktionsmittel $\quad \text{H}_2\text{O}_2$ wandelt sich in Sauerstoff um.

Oxidationsmittel $\quad \text{H}_2\text{O}_2$ wandelt sich in Wasser um.

Deshalb kann Wasserstoffperoxid mit Kaliumpermanganat als Reduktionsmittel

$$2\,\text{MnO}_4^- + 5\,\text{H}_2\text{O}_2 + 6\,\text{H}^+ \rightleftharpoons 2\,\text{Mn}^{2+} + 5\,\text{O}_2 + 8\,\text{H}_2\text{O}$$

und mit Kaliumiodid als Oxidationsmittel reagieren.

$$2\,\text{I}^- + 2\,\text{H}^+ + \text{H}_2\text{O}_2 \rightleftharpoons \text{I}_2 + 2\,\text{H}_2\text{O}$$

b) Bleichmittel enthalten oft Percarbonat, $(2\,\text{Na}_2\text{CO}_3 \cdot 3\,\text{H}_2\text{O}_2)$ welches in Lösung Wasserstoffperoxid freisetzt. Dieses kann manganometrisch bestimmt werden.

Lösung Aufgabe 16.8.7

a) Bleichmittel auf Sauerstoffbasis enthalten meist Percarbonat $(2\,Na_2CO_3 \cdot 3\,H_2O_2)$, welches in Lösung Wasserstoffperoxid freisetzt. Flüssige Bleichmittel enthalten Wasserstoffperoxid.

b) Das Wasserstoffperoxid reagiert in einer Redoxreaktion als Reduktionsmittel mit dem Iod als Oxidationsmittel. Es ist ein alkalisches Milieu erforderlich. Sauerstoff wird freigesetzt.
$$H_2O_2 + I_2 + 2\,OH^- \rightleftharpoons I^- + O_2 + 2\,H_2O$$

c) Die Bleichwirkung beruht überwiegend auf der Oxidationswirkung von Wasserstoffperoxid. Waschmittel enthalten zusätzlich einen Bleichmittelaktivator, sodass auch bei Temperaturen unterhalb von 60 °C eine ausreichende Bleichwirkung erreicht wird. Bei farbigen und empfindlichen Textilien können Bleichmittel zu Schäden führen.

16.9 Elektrochemie

Wissen

- Zur Berechnung von Potenzialen für Temperaturen und Konzentration, die von den Standardwerten $(298\,K,\ 1\,mol \cdot \ell^{-1})$ abweichen, verwendet man die Gleichung von NERNST:
$$U_H(Ox/Red) = U_H^0 + \frac{R \cdot T}{z \cdot F} \cdot \ln \frac{c(Ox)}{c(Red)}$$

- Fasst man R, T und F zusammen und wandelt den natürlichen in den dekadischen Logarithmus um, so erhält man für 298 K (25 °C) einen Wert von 0,059 V als Vorfaktor:
$$U_H(Ox/Red) = U_H^0 + \frac{0{,}059\,V}{z} \cdot \lg \frac{c(Ox)}{c(Red)}$$

- Im Logarithmus erscheint die oxidierte Form im Zähler, die reduzierte Form im Nenner. Stöchiometriezahlen werden als Exponenten der Konzentrationen angegeben. Für reine Stoffe, wie Metall oder Gase, mit dem Standarddruck 100 kPa, setzt man statt eines Konzentrationswertes den Zahlenwert 1 ein. Er entspricht der Aktivität a eines reinen Stoffes.

- Treten in Redoxpaaren Hydronium-Ionen oder Hydroxid-Ionen auf, so sind diese Reaktionen pH-abhängig. Diese Ionen müssen beim Aufstellen der NERNST-Gleichung berücksichtigt werden, da es durch Veränderung des pH-Wertes teilweise zu erheblichen Potenzialveränderungen kommt.

Aufgabe 16.9.1

Stellen Sie die Gleichungen für die Redoxreaktionen auf, die in den folgenden galvanischen Zellen ablaufen und berechnen Sie die Zellspannung unter Standardbedingungen.

a) $Ni/Ni^{2+}//Zn^{2+}/Zn$ b) $Cu/Cu^{2+}//Ag^+/Ag$ c) $Mg/Mg^{2+}//2\,Cl^-/Cl_2$

Aufgabe 16.9.2

a) Berechnen Sie die Potenziale folgender Halbzellen:

$Cl_2/2\,Cl^-$ mit $c(Cl^-) = 0{,}1\,mol \cdot \ell^{-1}$ und Cu^{2+}/Cu mit $c(Cu^{2+}) = 0{,}1\,mol \cdot \ell^{-1}$

b) Berechnen Sie die Spannung einer galvanischen Zelle aus diesen beiden Halbzellen.

Aufgabe 16.9.3

Zur Bestimmung der Löslichkeitskonstante von Silbercarbonat werden folgende Halbzellen kombiniert:

Halbzelle 1: Kaliumcarbonat-Lösung, $c(CO_3^{2-}) = 0,1 \; mol \cdot \ell^{-1}$

Halbzelle 2: Silbersalz-Lösung, $c(Ag^+) = 0,1 \; mol \cdot \ell^{-1}$

Nach Zugabe von einigen Tropfen Silbernitrat-Lösung zu Zelle 1 fällt Silbercarbonat aus. Die Konzentration der Carbonat-Ionen bleibt nahezu konstant. Es wird eine Spannung von 0,241 V gemessen. Berechnen Sie die Löslichkeitskonstante von Silbercarbonat und vergleichen Sie diese mit Tabellenwerten.

Aufgabe 16.9.4

Ein saures Abwasser mit dem pH-Wert 1 enthält Blei(II)-Ionen, die bei diesem pH-Wert nicht elektrolytisch abgeschieden werden können. Berechnen Sie, ab welchem pH-Wert Blei(II)-Ionen unter Standardbedingungen abgeschieden werden können. Überspannungseffekte bleiben unberücksichtigt.

Aufgabe 16.9.5

Berechnen Sie, bis zu welchem pH-Wert man mit einer Kaliumpermanganat-Lösung ($c = 0,1 \; mol \cdot \ell^{-1}$), die Mangan(II)-Ionen ($c = 0,0001 \; mol \cdot \ell^{-1}$) enthält, Chlorid-Ionen ($c = 1 \; mol \cdot \ell^{-1}$) zu Chlor oxidieren kann.

Aufgabe 16.9.6

Heizkessel aus Eisen werden gewöhnlich mit Kupferrohren verbunden. Warum rostet der Kessel trotzdem kaum?

Aufgabe 16.9.7

Konservendosen bestehen aus „Weißblech". Dieses wird hergestellt, indem man Eisenblech elektrolytisch verzinnt. Welche Art von Korrosion läuft ab, wenn der Überzug aus Zinn beschädigt wird, sodass an einer kleineren Stelle das Eisen freiliegt?

Aufgabe 16.9.8

Um die Korrosion in Rohrleitungen zu verhindern, kann man dem Wasser Natriumsulfit zusetzen. Erklären Sie die Wirkung des Natriumsulfits.

Aufgabe 16.9.9

Erläutern Sie die Prinzipien der Abscheidung von Stoffen bei der Elektrolyse. Wodurch kann die Abscheidung beeinflusst werden?

Aufgabe 16.9.10

Erläutern Sie die Begriffe Zersetzungsspannung und Überspannung am Beispiel von Salzsäure. Nutzen Sie zur Beantwortung die gegebene Skizze rechts.

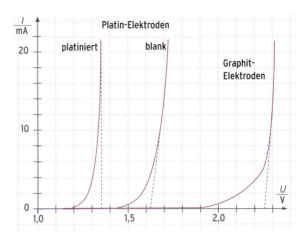

Strom/Spannungs-Kurven für die Elektrolyse von Salzsäure (1 mol/ℓ)

Aufgabe 16.9.11
a) Erklären Sie die Vorgänge bei der Elektrolyse einer Kupfer(II)-chlorid-Lösung mit Graphitelektroden.
b) Entfernt man nach einiger Zeit die Spannungsquelle und ersetzt diese durch ein Spannungsmessgerät, so kann man eine Spannung ablesen. Erklären Sie diese Beobachtung.

Aufgabe 16.9.12
Eine wässrige Lösung enthält Zink(II)-Ionen, $c(Zn^{2+}) = 0{,}001$ mol·ℓ^{-1}. Bei welchem pH-Wert der Lösung beginnt die Wasserstoffentwicklung an einer Graphitkathode? Die Überspannung des Wasserstoffs beträgt $-0{,}7$ V.

Aufgabe 16.9.13
Ein Metallgegenstand mit einer Gesamtoberfläche von 109,5 cm^2 soll galvanisch mit einer 0,3 mm starken Nickelschicht überzogen werden. Wie lange muss dazu ein Strom von 3 A durch eine Nickel(II)-salz-Lösung fließen, wenn die Stromausbeute 90 % beträgt?

Aufgabe 16.9.14
In einer Kupferraffinationsanlage sollen stündlich 100 kg Elektrolytkupfer aus Kupfer(II)-salz-Lösung abgeschieden werden. Berechnen Sie die elektrische Leistung der Anlage, wenn die Badspannung 0,25 V und die Stromausbeute 95 % beträgt.

Lösungen

Lösung Aufgabe 16.9.1
a) $U_H^0(Ni^{2+}/Ni) = -0{,}23$ V
$U_H^0(Zn^{2+}/Zn) = -0{,}76$ V
Die Nickelhalbzelle weist das positivere Potenzial auf. Sie ist also die Akzeptorhalbzelle.

Ablaufende Reaktion: $Ni^{2+} + Zn \rightleftharpoons Zn^{2+} + Ni$

$U = U_H^0 (\text{Akzeptor}) - U_H^0 (\text{Donator})$

$U = -0,23 \text{ V} - (-0,76 \text{ V}) = 0,53 \text{ V}$

Die Zellspannung beträgt 0,53 V.

b) $U_H^0 (Ag^+/Ag) = 0,8 \text{ V}$

$U_H^0 (Cu^{2+}/Cu) = 0,34 \text{ V}$

Die Silberhalbzelle weist das positivere Potenzial auf. Sie ist also die Akzeptorhalbzelle.

Ablaufende Reaktion: $2 Ag^+ + Cu \rightleftharpoons 2 Ag + Cu^{2+}$

$U = U_H^0 (\text{Akzeptor}) - U_H^0 (\text{Donator})$

$U = 0,8 \text{ V} - 0,34 \text{ V} = 0,46 \text{ V}$

Die Zellspannung beträgt 0,46 V

c) $Cl_2 + Mg \rightleftharpoons Mg^{2+} + 2 Cl^-$

$U_H^0 (Cl_2/2 Cl^-) = 1,36 \text{ V}$

$U_H^0 (Mg^{2+}/Mg) = -2,36 \text{ V}$

Die Chlorhalbzelle weist das positivere Potential auf. Sie ist also die Akzeptorhalbzelle.

$U = U_H^0 (\text{Akzeptor}) - U_H^0 (\text{Donator})$

$U = 1,36 \text{ V} - (-2,36 \text{ V}) = 3,72 \text{ V}$

Die Zellspannung beträgt 3,72 V.

Lösung Aufgabe 16.9.2

Chlor/Chlorid-Halbzelle:

$Cl_2 + 2 e^- \rightleftharpoons 2 Cl^-$
Ox   Red

$U_H (Cl_2/2 Cl^-) = U_H^0 + \dfrac{0,059 \text{ V}}{2} \cdot \lg \dfrac{1}{c^2 (Cl^-)}$

$U_H (Cl_2/2 Cl^-) = 1,36 \text{ V} + \dfrac{0,059 \text{ V}}{2} \cdot \lg \dfrac{1}{0,1^2 \text{ mol} \cdot \ell^{-1}} = 1,42 \text{ V}$

Kupfer-Ion/Kupfer-Halbzelle:

$Cu^{2+} + 2 e^- \rightleftharpoons Cu$
Ox   Red

$U_H (Cu^{2+}/Cu) = 0,35 \text{ V} + \dfrac{0,059 \text{ V}}{2} \cdot \lg \dfrac{0,1 \text{ mol} \cdot \ell^{-1}}{1} = 0,32 \text{ V}$

Galvanische Zelle der beiden Halbzellen:

$U = 1,42 \text{ V} - 0,325 \text{ V} = 1,095 \text{ V}$

Die Spannung der Zelle beträgt unter den gegebenen Bedingungen 1,095 V.

Lösung Aufgabe 16.9.3

Die gemessene Spannung beruht auf der Ausbildung einer Konzentrationszelle.

$Ag^+ + e^- \rightleftharpoons Ag$
Ox   Red

Durch Elektronenaustausch wird die Halbzelle mit der höheren Konzentration an Silber-Ionen zur Akzeptorhalbzelle, hier findet Elektronenaufnahme statt, die Konzentration der Silber-Ionen wird vermindert (Halbzelle 2). In der Donatorhalbzelle (kleinere Silber-Ionen-

Konzentration) findet die Elektronenabgabe statt (Halbzelle 1). Durch Kombination der Halbzellenpotenziale kann man über die NERNST-Gleichung die unbekannte Silber-Ionen-Konzentration c_1 berechnen, über die das Löslichkeitsprodukt ermittelt werden kann.

$$U = U_H(\text{Akzeptor}) - U_H(\text{Donator})$$

$$= \left[U_H^0(\text{Ag/Ag}^+) + \frac{0{,}059\ \text{V}}{1} \cdot \lg \frac{c_2(\text{Ag}^+)}{1} \right] - \left[U_H^0(\text{Ag}^+/\text{Ag}) + \frac{0{,}059\ \text{V}}{1} \cdot \lg \frac{c_1(\text{Ag}^+)}{1} \right]$$

$$0{,}241\ \text{V} = [0{,}8\ \text{V} + 0{,}059\ \text{V} \cdot \lg(0{,}1\ \text{mol} \cdot \ell^{-1})] - [0{,}8\ \text{V} + 0{,}059\ \text{V} \cdot \lg c_1]$$

$$= 0{,}059\ \text{V} \cdot (-1) - 0{,}059\ \text{V} \cdot \lg c_1$$

$$0{,}241\ \text{V} + 0{,}059\ \text{V} = 0{,}059\ \text{V} \cdot \lg c_1$$

$$\lg c_1 = -\frac{0{,}3\ \text{V}}{0{,}059\ \text{V}} = -5{,}085$$

$$c_1(\text{Ag}^+) = 8{,}22 \cdot 10^{-6}\ \text{mol} \cdot \ell^{-1}$$

$$K_L = c_1^2(\text{Ag}^+) \cdot c(\text{CO}_3^{2-}) = (8{,}22 \cdot 10^{-6}\ \text{mol} \cdot \ell^{-1})^2 \cdot 0{,}1\ \text{mol} \cdot \ell^{-1} = 6{,}77 \cdot 10^{-12}\ \text{mol}^3 \cdot \ell^{-3}$$

Das Löslichkeitsprodukt für Silbercarbonat beträgt $6{,}77 \cdot 10^{-12}\ \text{mol}^3 \cdot \ell^{-3}$. Der Tabellenwert beträgt $8 \cdot 10^{-12}\ \text{mol}^3 \cdot \ell^{-3}$. Die Abweichungen sind somit gering.

Lösung Aufgabe 16.9.4

Die Abscheidungen von Blei und Wasserstoff treten an der Kathode als Konkurrenzreaktionen auf. In beiden Fällen werden bei der Abscheidung Elektronen aufgenommen. Begünstigt für eine Elektronenaufnahme ist immer das positivere Potenzial. Der pH-Wert muss also so groß sein, dass das Potenzial des Redoxpaares $2\ \text{H}^+/\text{H}_2$ kleiner ist als das Potenzial des Redoxpaares Pb^{2+}/Pb.

$$U_H(\text{Akzeptor}) > U_H(\text{Donator})$$

$$U_H^0(2\ \text{H}^+/\text{H}_2) + 0{,}059\ \text{V} \cdot \lg c(\text{H}^+) < U_H^0(\text{Pb}^{2+}/\text{Pb})$$

$$0\ \text{V} + 0{,}059\ \text{V} \cdot \lg c(\text{H}^+) < -0{,}13\ \text{V}$$

$$\lg c(\text{H}^+) < -2{,}203$$

$$\text{pH} > 2{,}2$$

Unter Standardbedingungen können Blei-Ionen bei pH-Werten oberhalb von 2,2 abgeschieden werden.

Lösung Aufgabe 16.9.5

Akzeptorhalbzelle: $\text{MnO}_4^- + 8\ \text{H}^+ + 5\ \text{e}^- \rightleftharpoons \text{Mn}^{2+} + 4\ \text{H}_2\text{O}$

Donatorhalbzelle: $2\ \text{Cl}^- \rightleftharpoons \text{Cl}_2 + 2\ \text{e}^-$

$$c(\text{Cl}^-) = 1\ \text{mol} \cdot \ell^{-1}$$

$$U_H = U_H^0 = 1{,}36\ \text{V}$$

Die Oxidation von Chlorid zu Chlor ist möglich, solange das Akzeptorpotenzial größer ist als das Donatorpotenzial:

$$U_H(\text{Akzeptor}) > U_H(\text{Donator})$$

$$1{,}51\ \text{V} + \frac{0{,}059\ \text{V}}{5} \cdot \lg c(\text{MnO}_4^-) \cdot c^8(\text{H}^+)/c(\text{Mn}^{2+}) > 1{,}36\ \text{V}$$

$$1{,}51\ \text{V} + \frac{0{,}059\ \text{V}}{5} \cdot \lg \frac{0{,}1\ \text{mol} \cdot \ell^{-1} \cdot c^8(\text{H}^+)}{0{,}0001\ \text{mol} \cdot \ell^{-1}} > 1{,}36\ \text{V}$$

$0,0118 \text{ V} \left[\lg 10^3 + 8 \lg c\,(\text{H}^+) \right] > -0,15 \text{ V}$

$\lg c\,(\text{H}^+) > -1,96$

$c\,(\text{H}^+) > 0,011 \text{ mol} \cdot \ell^{-1}$

$\text{pH} < 1,96$

Durch eine 0,1-molare Kaliumpermanganat-Lösung kann man Chlorid-Ionen der vorgegebenen Stoffmengenkonzentration zu Chlor oxidieren, solange der pH-Wert unterhalb von 1,96 liegt.

Lösung Aufgabe 16.9.6

Voraussetzung für das Rosten der Heizkessel sind Feuchtigkeit und die Anwesenheit von Sauerstoff. Die Löslichkeit von Sauerstoff jedoch ist temperaturabhängig. Heißes Wasser enthält kaum Sauerstoff, sodass es nicht zur Korrosion kommt.

Lösung Aufgabe 16.9.7

Bei Anwesenheit eines Elektrolyten beginnt sich das Eisen des Weißblechs an der beschädigten Stelle aufzulösen. An der Berührungsstelle zwischen Eisen und Zinn entsteht ein Lokalelement. Eisen als Element mit dem kleineren Standard-Elektrodenpotenzial geht unter Abgabe von Elektronen in Lösung, das edlere Zinn wird nicht oxidiert.

Lösung Aufgabe 16.9.8

Natriumsulfit entzieht dem Wasser den korrosionsfördernden Sauerstoff.

$$2\,\text{SO}_3^{2-}\,(\text{aq}) + \text{O}_2\,(\text{aq}) \rightarrow 2\,\text{SO}_4^{2-}\,(\text{aq})$$

Lösung Aufgabe 16.9.9

Bei der Elektrolyse werden Stoffe unter Energieverbrauch zersetzt. Die Zersetzungsspannung ist die Mindestspannung, die für die Zersetzung eines Elektrolyten benötigt wird.

An der Anode (Pluspol) findet die Oxidation statt (Elektronenabgabe). Bei auftretenden Konkurrenzreaktionen wird zuerst der Stoff mit dem niedrigsten Elektrodenpotenzial unter den gegebenen Bedingungen abgeschieden.

An der Kathode (Minuspol) findet die Reduktion statt (Elektronenaufnahme). Es wird der Stoff abgeschieden, der unter den gegebenen Bedingungen das höchste Elektrodenpotenzial hat.

Die Abscheidung kann durch den pH-Wert der Lösung, das Elektrodenmaterial und auftretende Konkurrenzreaktionen beeinflusst werden.

Besonders bei der Abscheidung von Gasen können an verschiedenen Elektrodenmaterialien Überspannungen auftreten. Es muss eine höhere Spannung angelegt werden, als theoretisch berechnet, ehe die Zersetzung beginnt.

Wird eine Elektrolyse in wässriger Lösung durchgeführt, so kann auch das Wasser zersetzt werden. Aus diesem Grund kann z. B. Natrium aus wässriger Lösung nicht abgeschieden werden.

Die Erhöhung der Elektrolysespannung führt nicht zur Erhöhung der Menge an Elektrolyseprodukten, da diese von der Ladung abhängig ist (Produkt aus Stromstärke und Zeit). Bei Erhöhung der Stromstärke wird in vergleichbaren Zeiträumen mehr Elektrolyseprodukt gebildet.

Lösung Aufgabe 16.9.10

Die Zersetzungsspannung ist die Mindestspannung, bei der die Zersetzung eines Elektrolyten beginnt. Die Überspannung ist die Spannung, die über die berechnete Zersetzungsspannung angelegt werden muss, um den Elektrolyten zu zersetzen.

Die Abbildung zeigt Strom-Spannungs-Kurven für die Zersetzung von Salzsäure $c(HCl) = 1\,mol \cdot \ell^{-1}$ mit verschiedenen Elektrodenmaterialien.

Die theoretische Zersetzungsspannung beträgt für den gegebenen pH-Wert:

$U_H = U_H(Cl_2/2\,Cl^-) - U_H(2\,H^+/H_2) = 1,36\,V - 0\,V$

Diese Zersetzungsspannung tritt nur an platinierten Platin-Elektroden (große Oberfläche) auf. Mit blanken Platin-Elektroden tritt eine Zersetzungsspannung von 1,62 V auf, was einer Überspannung von 0,25 V entspricht. Mit Kohleelektroden beträgt die Zersetzungsspannung 2,25 V. Es tritt eine Überspannung von 0,89 V auf.

Lösung Aufgabe 16.9.11

a) Kupfer(II)-chlorid-Lösung zersetzt sich an Graphit-Elektroden wegen der Überspannung des Sauerstoffs zu Kupfer und Chlor-Gas. Die Wasserzersetzung tritt demzufolge nicht auf.

Kathode:	$Cu^{2+} + 2\,e^- \rightleftharpoons Cu$	Reduktion/Elektronenaufnahme
Anode:	$2\,Cl^- \rightleftharpoons Cl_2 + 2\,e^-$	Oxidation/Elektronenabgabe
Gesamtreaktion:	$Cu^{2+} + 2\,Cl^- \rightleftharpoons Cu + Cl_2$	

b) Während der Elektrolyse scheiden sich an den Graphit-Elektroden Chlor und Kupfer ab, die die Elektrodenoberflächen verändern. Es entstehen somit die Bedingungen für die folgende galvanische Zelle: $Cu/Cu^{2+}//2Cl^-/Cl_2$

Die Spannung ist niedriger als die theoretisch berechnete und fällt schnell ab.

Lösung Aufgabe 16.9.12

Lösung mit der NERNST-Gleichung:

$U_H(Zn^{2+}/Zn) = -0,76\,V + \frac{0,059\,V}{2} \cdot \lg 10^{-3} = -0,85\,V$

$U_H(2\,H^+/H_2) = 0\,V + 0,059\,V \cdot \lg c(H^+) + (-0,7\,V) = 0,059\,V \cdot (-pH) + (-0,7\,V)$

Wasserstoff nimmt Elektronen auf. Demzufolge muss sein Potenzial größer als das Potenzial des Zinks sein.

$U_H(2\,H^+/H_2/) > U_H(Zn^{2+}/Zn)$

$-0,85\,V < 0,059\,V\,(-pH) + (-0,7\,V)$

$-0,85 + 0,7\,V < 0,059\,V\,(-pH)$

– pH > – 2,54

pH < 2,54

Bei pH-Werten < 2,54 kommt es zur Wasserstoff-Abscheidung.

Lösung Aufgabe 16.9.13

Die Lösung erfolgt über das FARADAY-Gesetz.

$$I \cdot t = F \cdot \frac{m}{M} \cdot z; \qquad m = A \cdot h \cdot \varrho$$

$$t = \frac{F \cdot A \cdot h \cdot \varrho \cdot z}{I \cdot M \cdot \eta} = \frac{9{,}65 \cdot 10^4 \, A \cdot s/mol \cdot 109{,}5 \, cm^2 \cdot 0{,}03 \, cm \cdot 8{,}9 \, g \cdot cm^{-3} \cdot 2}{3 \, A \cdot 58{,}7 \, g/mol \cdot 0{,}9} = 35\,566 \, s$$

t = 9 h 53 min

Der Strom muss neun Stunden und 53 Minuten durch die Lösung fließen.

Lösung Aufgabe 16.9.14

Zur Lösung verwendet man das FARADAY-Gesetz: $I \cdot t = F \cdot \frac{m}{M} \cdot z$

$$P = U \cdot I$$

$$P = \frac{U \cdot F \cdot n \cdot z}{t \cdot M \cdot \eta} = \frac{0{,}25 \, V \cdot 9{,}65 \cdot 10^4 \, A \cdot s/mol \cdot 100 \cdot 10^3 \, g \cdot 2}{3600 \, s \cdot 63{,}55 \, g/mol \cdot 0{,}95} = 22\,200 \, A \cdot V = 22{,}2 \, kW$$

Die elektrische Leistung beträgt 22,2 kW.

16.10 Komplexchemie

Aufgabe 16.10.1

Stellen Sie für folgende Komplexverbindungen die Formeln auf und ordnen Sie die Verbindungen nach fallender Leitfähigkeit. Hat eine dieser Verbindungen die Leitfähigkeit null? Kaliumhexacyanoferrat(II), Triammintrinitritocobalt(III), Hexaammincobalt(III)-chlorid

Aufgabe 16.10.2

Von Platin sind unter anderem folgende Komplexverbindungen bekannt, deren Zusammensetzung den Additionsverbindungen a) $PtCl_4 \cdot 4 \, NH_3$ bzw. b) $PtCl_4 \cdot 5 \, NH_3$ entspricht. Bei a) entstehen durch Primärdissoziation 3 Ionen und bei b) 4 Ionen je Formeleinheit. Durch quantitative Fällung werden bei a) 2 Chlorid-Ionen und bei b) 3 Chlorid-Ionen bestimmt. Geben Sie Namen und Formeln der Komplexverbindungen an.

Aufgabe 16.10.3

Drei unbeschriftete Gefäße enthalten Lösungen von Kupfer(II)-nitrat, Kupfer(II)-chlorid und Eisen(III)-nitrat. Erarbeiten Sie einen Plan zur Identifizierung der Lösungen.

Aufgabe 16.10.4

Versetzt man eine Lösung, die Eisen(II)-Ionen enthält, mit Kaliumcyanid-Lösung im Überschuss und leitet anschließend Schwefelwasserstoff ein, so lässt sich kein Eisen(II)-sulfid ausfällen.

Erklären Sie das Ausbleiben des Niederschlages.

Aufgabe 16.10.5

Bestimmen Sie die Koordinationszahlen bei der Komplexbildung am Cobalt(III)-Ion und am Nickel(II)-Ion, wenn eine nach der Edelgasregel stabile Elektronenkonfiguration erreicht werden soll.

Aufgabe 16.10.6

Bei der komplexometrischen Wasserhärtebestimmung wurden in zwei Experimenten getrennt Calcium- und Magnesium-Ionen bestimmt. Bei der Bestimmung der Calcium-Ionen verbrauchten 200 ml Wasser 3,2 ml EDTA. $c\,(EDTA) = 0,01\ mol \cdot \ell^{-1}$.
Bei der Bestimmung der Magnesium-Ionen wurden 0,6 ml der gleichen EDTA-Lösung von ebenfalls 200 ml Wasser verbraucht. Berechnen Sie die Gesamthärte des Wassers.
($1\,°d \,\hat{=}\, 0,18$ mmol Erdalkalimetall-Ionen pro Liter Wasser)

Aufgabe 16.10.7

Skizzieren Sie die Aufspaltung der d-Orbitale im oktaedrischen Feld
a) unter Einfluss eines starken Liganden.
b) unter Einfluss eines schwachen Liganden.
c) Zeichnen Sie die Elektronenbesetzung des Mn^{2+}-Ions ein.

Aufgabe 16.10.8

Erklären Sie die Ursachen für die Farbigkeit von Komplexverbindungen.
Werten Sie folgendes Beispiel aus:

Verbindung	Farbe
$[Co(NH_3)_6]^{3+}$	gelb
$[Co(NH_3)_4CO_3]^+$	rot
$[Co(NH_3)_2\,(CO_3)_2]^-$	blau
$[Co(CO_3)_3]^{3-}$	grün

Wellenlänge	Spektralfarbe	Komplementärfarbe
> 770	Infrarot (IR)	
640 – 770	rot	grün
600 – 640	orange	blau
570 – 600	gelb	violett
490 – 570	grün	rot
480 – 490	blaugrün	orange
430 – 480	blau	gelb
390 – 430	violett	gelbgrün
< 390	Ultraviolett (UV)	

Lösungen

Lösung Aufgabe 16.10.1

$K_4[Fe(CN)_6] \quad \rightleftharpoons \quad 4\,K^+ + [Fe(CN)_6]^{4-}$

$[Co(NH_3)_6]Cl_3 \quad \rightleftharpoons \quad [Co(NH_3)_6]^{3+} + 3\,Cl^-$

Kaliumhexacyanoferrat(II) liefert pro Formeleinheit in der Primärdissoziation fünf Ionen. Seine Leitfähigkeit ist bei gleich konzentrierter Lösung höher als die des

Hexaammincobalt(III)-chlorids, welches nur 4 Ionen liefert. Triammintrinitrocobalt(III) ist ein ungeladener Komplex: $[Co(NH_3)_3(NO_2)_3]$. Es hat die niedrigste Leitfähigkeit. Diese wird aber nicht null, da durch den Zerfall des Komplexes (Sekundärdissoziation) ebenfalls Ladungsträger entstehen.

Lösung Aufgabe 16.10.2

a) $[Pt(NH_3)_4Cl_2]Cl_2$ Tetraammindichloroplatin(IV)-chlorid

b) $[Pt(NH_3)_5Cl]Cl_3$ Pentaamminmonochloroplatin(IV)-chlorid

Ionen entstehen durch die Primärdissoziation. Quantitativ nachweisbar sind Chlorid-Ionen, die nicht komplex gebunden sind.

Lösung Aufgabe 16.10.3

1. Weg: In allen Verbindungen Kupfer(II)-Ionen nachweisen, z. B. mit Ammoniak.
Zwei Verbindungen zeigen positives Ergebnis. Diese Verbindungen werden entweder auf Nitrat-Ionen oder Chlorid-Ionen untersucht. Bei der Untersuchung auf Chlorid-Ionen muss die Löslichkeit in Ammoniak bzw. Natriumthiosulfat überprüft werden.
Die dritte Verbindung wird zur Sicherheit auf Eisen(III)-Ionen, z. B. mit Kaliumthiocyanat, geprüft.
2. Weg: Alle Verbindungen auf Eisen(III)-Ionen prüfen. Die Verbindungen mit negativem Ergebnis auf Chlorid- oder Nitrat-Ionen prüfen.
Es ist auch möglich, ein Lösungsschema anzugeben.

	Ammoniak	Kaliumthiocyanat	Silbernitrat
Kupfer(II)-chlorid	+	−	+
Kupfer(II)-nitrat	+	−	−
Eisen(III)-nitrat	−	+	−

Lösung Aufgabe 16.10.4

Die Cyanid-Ionen binden die Eisen(II)-Ionen durch Komplexbildung. Deshalb sind diese maskiert und stehen für die Ausfällung von Eisen(II)-sulfid nicht zur Verfügung.
$$Fe^{2+} + 6\,CN^- \rightleftharpoons [Fe(CN)_6]^{4-}$$
Hinweis: Maskierung von Ionen durch Komplexbildung wird z. B. bei der FEHLING-Probe angewendet. Kupfer(II)-Ionen werden durch Tartrat maskiert.

Lösung Aufgabe 16.10.5

Cobalt(III)-Ionen haben 24 Elektronen. Zur Erreichung einer Edelgaskonfiguration fehlen 12 Elektronen. Da jeder Ligand 2 Elektronen liefert, wäre die Koordinationszahl 6.
Nickel(II)-Ionen haben 26 Elektronen. Es fehlen 10 Elektronen. Hier wäre die Koordinationszahl 5.

Lösung Aufgabe 16.10.6

Die Wasserhärte wird durch vorhandene Calcium- bzw. Magnesium-Ionen bestimmt.
Berechnung des Gehalts an Calcium-Ionen:

1 mol EDTA	≙ 1 mol Calcium-Ionen (40,08 g)
1 ℓ 0,01-molare EDTA-Lsg.	≙ 0,4008 g Calcium-Ionen
1 ml 0,01-molare Lsg.	≙ 0,4008 mg Calcium-Ionen
3,2 ml	≙ x mg

x = 1,28 mg ⇒ In 200 ml Wasser sind 1,28 mg Calcium-Ionen enthalten.
In einem Liter Wasser wären dann 6,4 mg Calcium-Ionen enthalten (0,16 mmol)

Berechnung des Gehalts an Magnesium-Ionen:

1 ml 0,01-molare EDTA-Lsg.	≙ 0,2431 mg Magnesium-Ionen
0,6 ml	≙ x mg

x = 0,146 mg ⇒ In 200 ml Wasser sind 0,146 mg Magnesium-Ionen enthalten.

In einem Liter Wasser sind 0,73 mg Magnesium-Ionen (0,03 mmol) und 6,40 mg Calcium-Ionen (0,16 mmol) enthalten. Ein Liter Wasser enthält 0,19 mmol Erdalkali-Ionen. Das entspricht einer Wasserhärte von rund 1 °d. Bei der Probe handelt es sich um extrem weiches Wasser.

Lösung Aufgabe 16.10.7

Im oktaedrischen Feld werden d-Orbitale, die in Wechselwirkung mit den Liganden treten ($d_{x^2-y^2}$ und d_{z^2}) energetisch angehoben, die anderen Orbitale (d_{xy}, d_{xz} und d_{yz}) werden energetisch abgesenkt.

a), c) b), c)

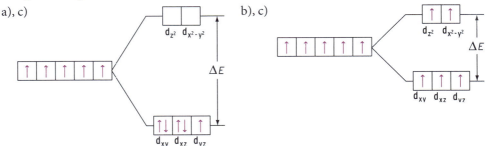

Starke Liganden verursachen ein größeres ΔE als schwache Liganden.

Lösung Aufgabe 16.10.8

Die Ursache für die Farbigkeit von Komplexverbindungen sind Elektronenübergänge zwischen den durch das Ligandenfeld aufgespaltenen d-Orbitalen. Bei diesen Übergängen wird Energie einer bestimmten Wellenlänge absorbiert. Die Verbindung hat dann die Farbe der entsprechenden Komplementärfarbe. Große Aufspaltung führt zur Absorption von energiereichem Licht mit kurzen Wellenlängen, geringe Aufspaltung führt zur Absorption von Licht mit geringerer Energie und größeren Wellenlängen. Im Beispiel wird durch Austausch der Liganden NH_3 gegen CO_3^{2-} die Absorption zu größeren Wellenlängen mit niedrigerer Energie verschoben. Carbonat-Ionen spalten das Ligandenfeld demzufolge weniger stark auf als der Ligand Ammoniak. Ammoniak ist der stärkere Ligand.

16.11 Kohlenwasserstoffe und Halogenkohlenwasserstoffe

Aufgabe 16.11.1

Es existieren zwei kettenförmige Verbindungen mit der Summenformel C_3H_4. Schreiben Sie die Strukturformeln der beiden Stoffe auf, benennen Sie die Stoffe und geben Sie für jedes Kohlenstoff-Atom den Hybridisierungszustand an.

Aufgabe 16.11.2

Welchen Einfluss hat der Hybridisierungszustand auf Bindungslänge, Bindungsenergie und Elektronegativität des C-Atoms?

Aufgabe 16.11.3

Entscheiden Sie, ob bei der Überlappung folgender Orbitale σ- oder π-Bindungen entstehen.

a) $sp^3 - sp^3$ b) $sp^3 - sp^2$ c) $sp^2 - sp^2$

d) $s - sp^3$ e) $s - sp^2$ f) $p - p$

Aufgabe 16.11.4

Schreiben Sie die Formeln für die beiden Isomeren des But-2-en auf und erläutern Sie, warum zwei Isomere entstehen.

Aufgabe 16.11.5

Von But-2-en gibt es drei verschiedene Brom-Additionsprodukte.

a) Stellen Sie die Strukturformeln auf. Wählen Sie eine Darstellungsweise, in der die räumlichen Verhältnisse erkennbar sind.

b) Wie kann man die Isomeren durch ein einfaches physikalisches Verfahren voneinander trennen?

Aufgabe 16.11.6

Alkene werden bei Raumtemperatur durch Kaliumpermanganat-Lösung zu 1,2-Diolen oxidiert.

a) Entwickeln Sie die Reaktionsgleichung für die Reaktion von Propen mit Kaliumpermanganat-Lösung.

16.11 Kohlenwasserstoffe und Halogenkohlenwasserstoffe

b) Bei der gleichen Reaktion mit Ethin entsteht Ethendiol. Diese Verbindung zeigt Keto-Enol-Tautomerie. Schreiben Sie die Formeln für das Keton und das Enol auf.

Aufgabe 16.11.7

Bei der radikalischen Substitution eines Wasserstoff-Atoms von But-2-en durch Chlor sind zwei Reaktionsprodukte möglich. Schreiben Sie die Strukturformeln beider Produkte auf (Z-E-Isomerie soll vernachlässigt werden). Begründen Sie, warum praktisch fast ausschließlich *ein* Produkt entsteht.

Aufgabe 16.11.8

Ausgehend von Benzol (Benzen) soll 1-Brom-3-nitrobenzol synthetisiert werden.

a) Stellen Sie die Gleichungen für die einzelnen Syntheseschritte auf und erläutern Sie diese (kein Reaktionsmechanismus).

b) An welcher Stelle würde die Zweitsubstitution durch eine Nitro-Gruppe erfolgen?

Aufgabe 16.11.9

Die Bromierung von Toluol (Toluen) kann als Kern- oder als Seitenkettensubstitution erfolgen. Stellen Sie die Reaktionsgleichungen auf und erläutern Sie die unterschiedlichen Reaktionsbedingungen.

Lösungen

Lösung Aufgabe 16.11.1

Propadien (Allen)   Propin

CH_2-C-CH_2 $CH\equiv C-CH_3$

sp^2 sp sp^2 sp sp sp^3

Lösung Aufgabe 16.11.2

In der Reihenfolge sp^3, sp^2, sp nehmen die Bindungslängen ab, die Bindungsenergien und die Elektronegativität des C-Atoms nehmen zu. Diese Tatsache hat Auswirkungen auf die Reaktivität von Verbindungen mit Einfach-, Doppel- und Dreifachbindung. Durch die größere Elektronegativität des sp-hybridisierten C-Atoms ist Ethin Protonendonator, während Ethan unpolare σ-Bindungen hat. Ethin bildet unter Abgabe von Protonen Salze mit einigen Metallionen.

Lösung Aufgabe 16.11.3

a) bis e) bilden σ-Bindungen. Nur bei der Überlappung von p-Orbitalen wird eine π-Bindung ausgebildet.

Lösung Aufgabe 16.11.4

Es besteht keine freie Drehbarkeit um die Bindung zwischen den beiden mittleren C-Atomen. Bei einer Rotation müsste die ½-Bindung unter hohem Energieaufwand aufgespalten werden. Es tritt Z/E bzw. cis/trans-Isomerie auf.

Z (cis)-Form

E (trans)-Form

$$\begin{array}{cc} H & H \\ & \diagup \\ C=C \\ \diagup & \diagdown \\ H_3C & CH_3 \end{array}$$

$$\begin{array}{cc} H_3C & H \\ & \diagup \\ C=C \\ \diagup & \diagdown \\ H & CH_3 \end{array}$$

Lösung Aufgabe 16.11.5

a) Geeignete Darstellungsformen sind die FISCHER- oder die NEWMAN-Projektion:

(I)   (II)   (III)

(I)
$$\begin{array}{c} CH_3 \\ | \\ Br-C-H \\ | \\ H-C-Br \\ | \\ CH_3 \end{array}$$

(II)
$$\begin{array}{c} CH_3 \\ | \\ H-C-Br \\ | \\ Br-C-H \\ | \\ CH_3 \end{array}$$

(III)
$$\begin{array}{c} CH_3 \\ | \\ H-C-Br \\ | \\ H-C-Br \\ | \\ CH_3 \end{array}$$

FISCHER-Projektion

NEWMAN-Projektion

b) Eine Unterscheidung ist über die Bestimmung der optischen Aktivität möglich.

(I) und (II) sind Spiegelbildisomere (Enantiomere). Sie drehen die Schwingungsebene des linear polarisierten Lichtes um den gleichen Betrag, aber in entgegengesetzter Richtung. Verbindung (III) hat eine Symmetrieebene (Meso-Form). Sie ist optisch inaktiv.

Lösung Aufgabe 16.11.6

a) $3\,CH_3-CH-CH_2 + 2\,KMnO_4 + 4\,H_2O \rightleftharpoons 3\,CH_3-CH(OH)-CH_2OH + 2\,MnO_2$
$$+ 2\,KOH$$

b) Ethendiol (Ketoform)   Ethendiol (Enolform)

(2-Hydroxyetanal)

$$\begin{array}{c} H \quad \overline{O}| \\ | \quad \diagup \\ H-C-C \\ | \quad \diagdown \\ OH \quad H \end{array}$$

$$\begin{array}{cc} H & H \\ \diagdown & \diagup \\ C=C \\ \diagup & \diagdown \\ HO & OH \end{array}$$

Lösung Aufgabe 16.11.7

Mögliche Produkte:

1-Chlor-2-buten   2-Chlor-2-buten

$CH_2Cl-CH=CH-CH_3$ $CH_3-CHCl=CH-CH_3$

Bei der radikalischen Substitution wird im ersten Reaktionsschritt ein Wasserstoff-Atom abgespalten. Es entstehen zwei Radikale.

(I) $\cdot CH_2{-}CH{-}CH{-}CH_3 \Leftrightarrow CH_2{-}CH{-}CH{-}\dot{C}H_3$

(II) $CH_3{-}\dot{C}{-}CH{-}CH_3$

Radikal (I) ist mesomeriestabilisiert. Seine Entstehung ist deshalb begünstigt.

Die Selektivität der Substitutionsreaktion wird durch die Mesomeriestabilisierung dieses Radikals bestimmt. Deshalb entsteht vorwiegend 1-Chlor-but-2-en.

Lösung Aufgabe 16.11.8

a) Benzol (Benzen) wird zuerst nitriert und dann bromiert. Die Nitro-Gruppe weist einen $-I$-Effekt und einen $-M$-Effekt auf. Sie dirigiert den Zweitsubstituenten daher in meta-Stellung. Brom würde den Zweitsubstituenten in ortho- oder para-Stellung dirigieren. Dies ist über die Stabilität der π-Komplexe erklärbar:

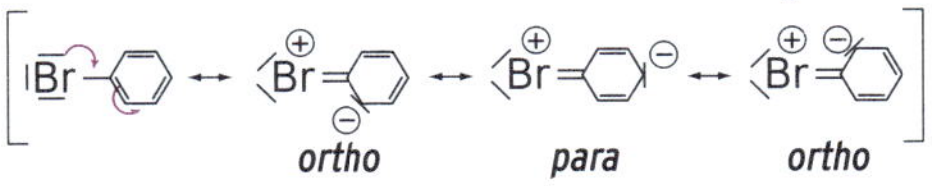

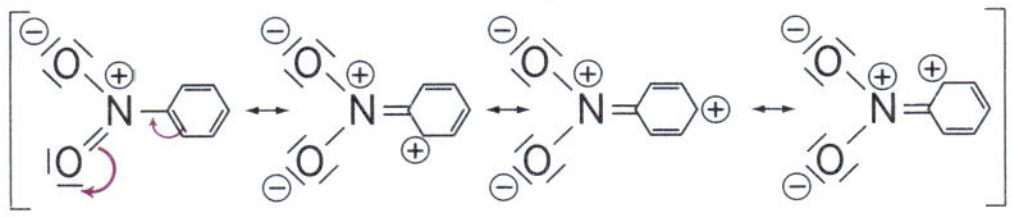

Stellungen mit positiven Ladungen sind für die elektrophile Substitution blockiert.

Reaktionsgleichungen:

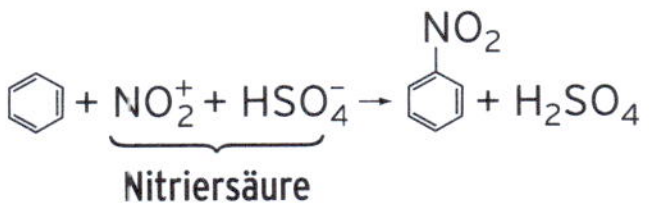

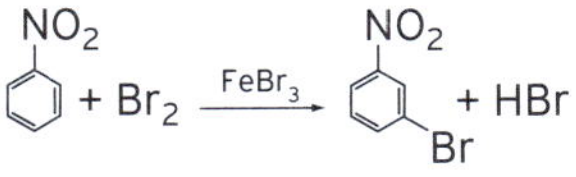

b) Bei bereits vorhandener Nitro-Gruppe würde eine zweite in meta-Stellung substituiert: Bei vorhandenem Brom erfolgt eine Zweitsubstitution in ortho- oder para-Stellung:

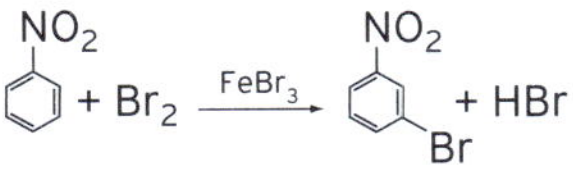

Lösung Aufgabe 16.11.9

Bei der *K*ernsubstitution von Toluol (Toluen) muss in der *K*älte und mit einem *K*atalysator (LEWIS-Säure) gearbeitet werden. Man spricht auch von der *KKK*-Regel. Der Mechanismus ist eine elektrophile Substitution.

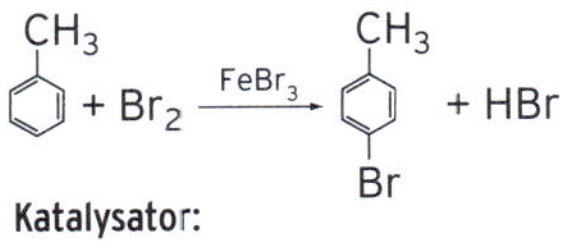

Katalysator:

$FeBr_3 + Br_2 \rightarrow [FeBr_4]^- + Br^+$

Bei der *Seitenkettensubstitution* werden *Sonnenlicht* (*UV-Licht*) und *Siedehitze* benötigt (SSS-Regel). Es läuft ein radikalischer Mechanismus ab.

$$\text{CH}_3\text{-C}_6\text{H}_5 + \text{Br}_2 \xrightarrow{\text{Licht + Wärme}} \text{CH}_2\text{Br-C}_6\text{H}_5 + \text{HBr}$$

16.12 Organische Stoffe mit funktionellen Gruppen

Aufgabe 16.12.1

Ethanol kann mit verschiedenen Katalysatoren dehydriert oder dehydratisiert werden. Stellen Sie die Reaktionsgleichungen auf und benennen Sie die Produkte.
Wie kann man die Produkte nachweisen?

Aufgabe 16.12.2

Erläutern Sie die unterschiedliche Acidität von Ethanol und Phenol.
Leiten Sie daraus Schlüsse für die unterschiedliche Löslichkeit von Phenol in Wasser und Natronlauge ab.

Aufgabe 16.12.3

Erläutern Sie den Begriff Carbonyl-Verbindungen. Geben Sie Name und Struktur der Carbonyl-Verbindungen an, die bei der Oxidation von
a) Butan-2-ol und
b) Butan-1-ol entstehen.

Aufgabe 16.12.4

Zeichnen Sie die Valenzstrichformeln der Keto-und Enolform von Pentan-2,4-dion. Welches Tautomere überwiegt?

Aufgabe 16.12.5

Bei der Veresterung können Ether als Nebenprodukte entstehen.
Erklären Sie diese Tatsache.

Aufgabe 16.12.6

Erklären Sie die Aciditätsunterschiede von Ameisensäure, Essigsäure und Propionsäure. Nutzen Sie zur Beantwortung die Tabelle:

Säure	pK_S-Wert
Ameisensäure	3,77
Essigsäure	4,75
Propionsäure	4,88

16.12 Organische Stoffe mit funktionellen Gruppen

Aufgabe 16.12.7

Acetylsalicylsäure ist ein weitverbreitetes Schmerzmittel.

a) Stellen Sie die Reaktionsgleichung zur Herstellung dieses Stoffes aus Salicylsäure und Essigsäure auf. Ordnen Sie das Reaktionsprodukt einer Stoffklasse zu und benennen Sie die Reaktionsart.

b) Stellen Sie die Gleichung zur Herstellung von Acetylsalicylsäure aus Essigsäureanhydrid und Salicylsäure auf. Begründen Sie den Vorteil des Einsatzes von Essigsäureanhydrid als Edukt.

c) Der erfolgte Umsatz kann durch die Eisen(III)-chlorid-Reaktion überprüft werden. Erklären Sie.

Aufgabe 16.12.8

Entwickeln Sie den Mechanismus für die saure und alkalische Hydrolyse von Essigsäureethylester. Vergleichen Sie die Verfahren.

Aufgabe 16.12.9

Um welche Substanz handelt es sich?

- Ein Gramm Substanz ergibt bei der Dampfdichtebestimmung ein Volumen von 0,368 ℓ (Normzustand).
- Die Substanz besteht aus Kohlenstoff, Wasserstoff und Sauerstoff.
- Sie entfärbt Bromwasser.
- Sie reagiert mit Natrium unter Wasserstoffbildung.
- Die Iodoformprobe verläuft negativ.
- Eine Aldehyd-Gruppe wurde nicht nachgewiesen.

Stellen Sie für die positiven Nachweise die Gleichungen auf.

Aufgabe 16.12.10

Von einer Verbindung, die Kohlenstoff, Wasserstoff und Sauerstoff enthält, wurden 0,216 g vollständig verbrannt. Dabei entstanden 0,514 g Kohlenstoffdioxid und 0,263 g Wasser. Beim Verdampfen von 0,074 g der gleichen Substanz entstanden bei 22 °C und 98,675 kPa 24,8 ml Dampf.

Ermitteln Sie die Molekülformel und mögliche Strukturen.

Aufgabe 16.12.11

Nitro- und Amino-Gruppe sind wichtige funktionelle Gruppen.

a) Geben Sie für zwei Nitro- und zwei Aminoverbindungen Name und Formel an.

b) Erklären Sie, warum Nitroethan und Aminobenzen nicht in Wasser löslich sind.

c) Nitroethan löst sich in konzentrierter Natronlauge. Aminobenzol ist in Salzsäure löslich. Erklären Sie auch diese Sachverhalte.

Aufgabe 16.12.12

Schwefel kann in organischen Verbindungen auftreten.

Schreiben Sie Name und Formel für zwei organische Schwefelverbindungen auf.

Finden Sie strukturelle Ähnlichkeiten zu organischen Sauerstoffverbindungen.

Aufgabe 16.12.13

Eine der folgenden Verbindungen zeigt die Aldolreaktion:

Benzaldehyd, Dimethylpropanal, Propanal.

Formulieren Sie den Mechanismus dieser basenkatalysierten Reaktion.

Aufgabe 16.12.14

Folgende Molekülformeln entsprechen fünf geradkettigen Carbonyl-Verbindungen:

C_2H_4O, C_3H_6O, C_4H_8O.

Ordnen Sie mithilfe der Angaben aus der Tabelle die Verbindungen den Buchstaben A bis E zu. Begründen Sie.

Carbonylverbindung	A	B	C	D	E
FEHLING-Probe	−	+	+		+
SCHIFF'sche Probe	−	+	+		+
Iodoform-Probe	+	−	−		+
Siedetemperatur (°C)	56	49	76	80	20

Lösungen

Lösung Aufgabe 16.12.1

Dehydrierung mit Kupferkatalysator:

$$CH_3-CH_2-OH \xrightarrow{Cu} CH_3-CHO + H_2$$

Das entstehende Aldehyd kann über die SCHIFF'sche Probe nachgewiesen werden (Rotviolettfärbung).

Dehydratisierung mit Aluminiumoxidkatalysator:

$$CH_3-CH_2-OH \xrightarrow{Al_2O_3} CH_2{=}CH_2 + H_2O$$

Das entstandene Alken kann z. B. durch Addition von Brom nachgewiesen werden.

Lösung Aufgabe 16.12.2

Phenol hat eine höhere Acidität als Ethanol, da das Phenolat-Ion im Gegensatz zum Ethanolat-Ion mesomeriestabilisiert ist:
Phenol ist in Natronlauge besser löslich, da Phenol in das salzartige Phenolat überführt wird:

$$\bigcirc{-}OH + OH^- \rightarrow \bigcirc{-}O^- + H_2O$$

Lösung Aufgabe 16.12.3

Carbonyl-Verbindungen haben die Struktureinheit C−O. Vertreter sind Aldehyde und Ketone.

a) Butan-2-ol wird zu Butan-2-on oxidiert.   b) Butan-1-ol wird zu Butanal oxidiert.

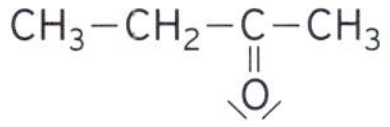

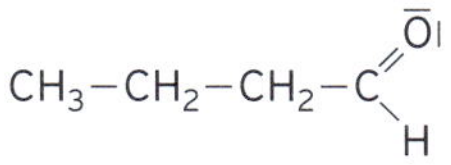

$CH_3-CH_2-\underset{\underset{\displaystyle \overline{O}}{\|}}{C}-CH_3$

$CH_3-CH_2-CH_2-\underset{\underset{\displaystyle H}{}}{\overset{\overset{\displaystyle \overline{O}|}{}}{C}}$

Lösung Aufgabe 16.12.4

Enolform   Ketoform

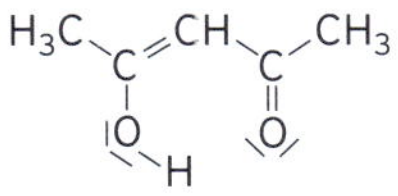

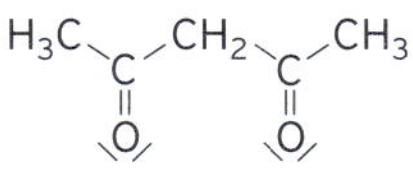

Die Enolform überwiegt, da sie durch konjugierte Doppelbindungen, Wasserstoffbrücken und Mesomerie stabilisiert ist:

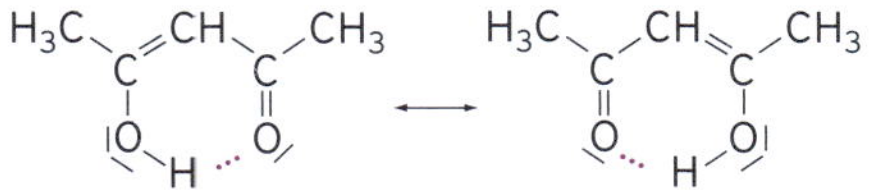

Lösung Aufgabe 16.12.5

Ether entstehen z. B. durch Erhitzen von Alkoholen mit konzentrierter Schwefelsäure.

$2\ CH_3-CH_2-OH \rightarrow CH_3-O-CH_3 + H_2O$

Bei der Veresterung wird auch Alkohol und konzentrierte Schwefelsäure als Katalysator zugesetzt.

Lösung Aufgabe 16.12.6

Die Methyl-Gruppe in der Essigsäure erhöht durch ihren +I-Effekt die Elektronendichte im Carbonyl-Kohlenstoff. Dadurch wird die Polarität der O−H-Bindung verringert und die Dissoziation im Vergleich zur Ameisensäure zurückgedrängt. Bei der Propionsäure wird dieser Effekt durch die größere Kettenlänge noch verstärkt. Die pK_S-Werte bestätigen diese Aussagen.

Lösung Aufgabe 16.12.7

a) Das Reaktionsprodukt ist ein Ester. Die Reaktion ist eine Substitution (Kondensation):

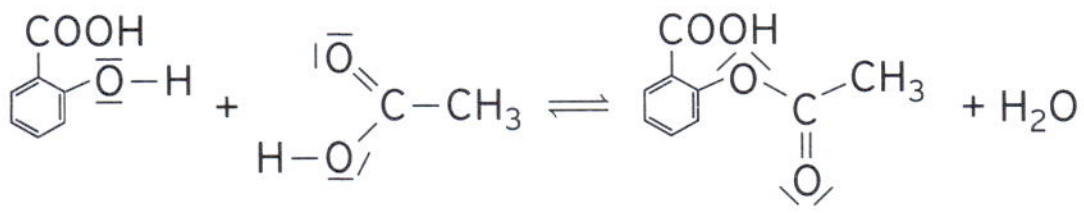

b)

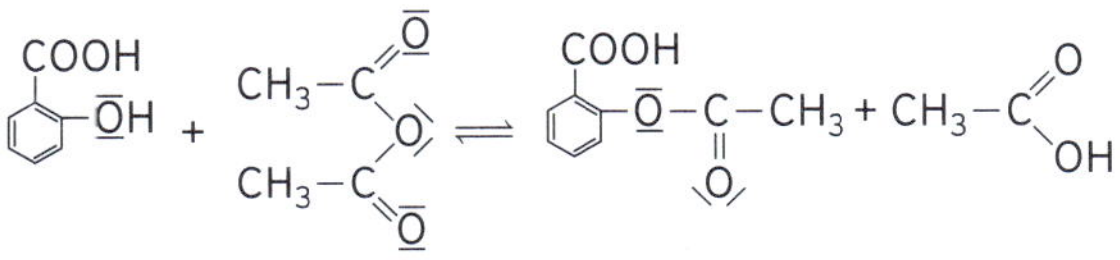

Beim Einsatz von Essigsäureanhydrid entsteht kein Wasser, welches das Gleichgewicht in Richtung der Edukte verschieben kann. Dadurch wird die Ausbeute an Ester erhöht.

c) Die Eisen(III)-chlorid-Reaktion ist typisch für alle Verbindungen mit der Gruppierung C=C−OH. Es werden violette Eisen(III)-Komplexe gebildet. Da die Gruppierung durch Veresterung der −OH-Gruppe in der Acetylsalicylsäure im Gegensatz zur Salicylsäure nicht mehr vorhanden ist, tritt beim Reaktionsprodukt keine Eisen(III)-chlorid-Reaktion auf.

Lösungen Aufgabe 16.12.8

Alle Schritte der säurekatalysierten Esterbildung sind reversibel, deshalb stellt sich ein Gleichgewicht zwischen Edukten und Produkten ein:

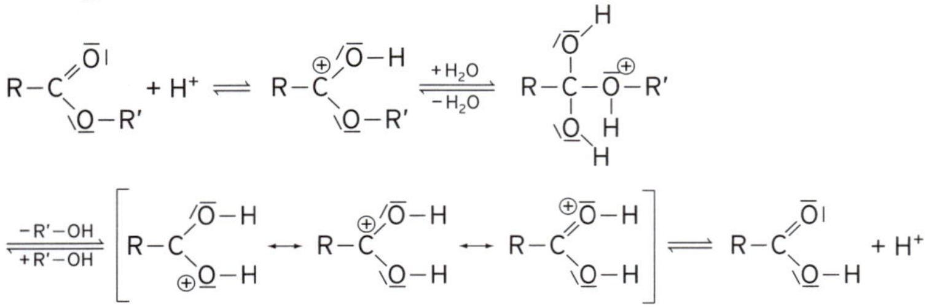

Bei der alkalischen Esterspaltung ist der letzte Schritt irreversibel. Deshalb kann der Ester quantitativ gespalten werden. Man erhält allerdings nicht die freie Säure, sondern ihr Anion:

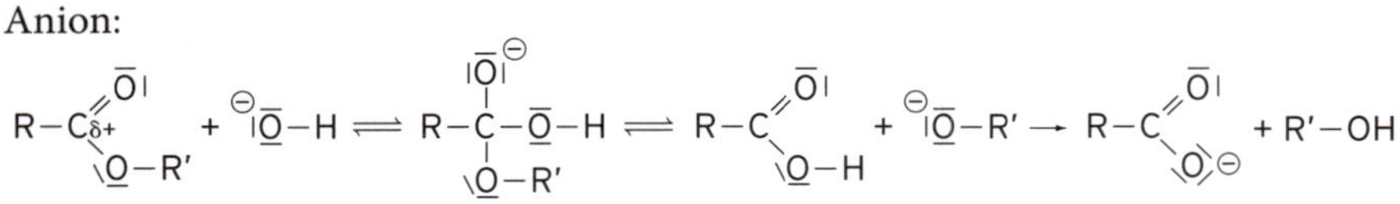

Lösungen Aufgabe 16.12.9

Berechnung der molaren Masse:

Wenn 1 g 0,36 ℓ Dampf ergibt, so ergeben 58 g Substanz 22,4 ℓ.

Die molare Masse beträgt 58 g/mol.

Entfärbung von Bromwasser weist auf eine ungesättigte Verbindung hin.

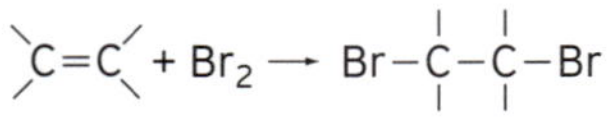

$$\text{C=C} + Br_2 \longrightarrow Br-\overset{|}{\underset{|}{C}}-\overset{|}{\underset{|}{C}}-Br$$

Reaktion mit Natrium weist auf einen Alkohol hin.

$$2\ R-OH + 2\ Na \longrightarrow 2\ R-O^- Na^+ + H_2$$

Negative Iodoformprobe: Weder $CH_3-C{=}O$-Gruppen noch $CH_2-CH(OH)$-Gruppen sind enthalten.

Es handelt sich um folgende Verbindung: $CH_2{=}CH-CH_2-OH$ (Prop-1-en-3-ol)

16.12 Organische Stoffe mit funktionellen Gruppen

Lösungen Aufgabe 16.12.10

Auswertung der Elementaranalyse:

m	0,514 g	m	0,263 g
C + O$_2$	CO$_2$	H$_2$ + $\frac{1}{2}$ O$_2$	H$_2$O
12 g	44 g	2 g	18 g

„C" (aus Verbindung) + O$_2$ → CO$_2$
12 g   44 g

$m\,(\mathrm{C}) = \frac{12\,\mathrm{g} \cdot 0{,}514\,\mathrm{g}}{44\,\mathrm{g}} = 0{,}14\,\mathrm{g}$

„H$_2$" (aus Verbindung) + $\frac{1}{2}$ O$_2$ → H$_2$O
2 g   18 g

$m\,(\mathrm{H}) = \frac{2\,\mathrm{g} \cdot 0{,}263\,\mathrm{g}}{18\,\mathrm{g}} = 0{,}029\,\mathrm{g}$

$m\,(\mathrm{O}) = m\,(\text{Einwaage}) - m\,(\mathrm{C}) - m\,(\mathrm{H}) = 0{,}216\,\mathrm{g} - 0{,}14\,\mathrm{g} - 0{,}029\,\mathrm{g} = 0{,}047\,\mathrm{g}$

$m\,(\mathrm{O}) = m\,(\text{Einwaage}) - m\,(\mathrm{C}) - m\,(\mathrm{H}) = 0{,}0468\,\mathrm{g}$

Wegen $n = \frac{m}{M}$ ergibt sich:

$n\,(\mathrm{C}) : n\,(\mathrm{H}) : n(\mathrm{O}) = 0{,}0116 : 0{,}0292 : 0{,}00292$

Dies entspricht einem ganzzahligen Verhältnis von rund $4 : 10 : 1$

Verhältnisformel: C$_4$H$_{10}$O; Molekülformel : (C$_4$H$_{10}$O)$_n$

Berechnung der molaren Masse:

$p \cdot V = \frac{m}{M} \cdot R \cdot T$

$M = \frac{m \cdot R \cdot T}{p \cdot V} = \frac{0{,}074\,\mathrm{g} \cdot 8{,}314\,\mathrm{J/mol \cdot K^{-1}} \cdot 295\,\mathrm{K}}{98{,}675\,\mathrm{kPa} \cdot 24{,}8\,\mathrm{cm^3}} = \frac{0{,}074\,\mathrm{g} \cdot 8{,}314\,\mathrm{N \cdot m \cdot mol^{-1} \cdot K^{-1}} \cdot 295\,\mathrm{K}}{98{,}675 \cdot 10^3\,\mathrm{N \cdot m^{-2}} \cdot 24{,}8 \cdot 10^{-6}\,\mathrm{m^3}}$

$M = 74{,}1\,\mathrm{g/mol}$

Die molare Masse beträgt 74 g/mol. Deshalb ist $n = 1$.

Folgende Strukturen sind möglich:

CH$_3$—CH$_2$—CH$_2$—CH$_2$—OH   Butan-1-ol (primärer Alkohol)

CH$_3$—CH$_2$—CH—CH$_3$ Butan-2-ol (sekundärer Alkohol)
                        |
                        OH

         CH$_3$
          |
CH$_3$—C—CH$_3$ 2-Metylpropan-2-ol (tertiärer Alkohol)
          |
          OH

Weiterhin gibt es noch zwei isomere Ether:

CH$_3$—CH$_2$—O—CH$_2$—CH$_3$ und   CH$_3$—O—CH$_2$—CH$_2$—CH$_3$

Dimethylether   Methylpropylether

Lösungen Aufgabe 16.12.11

a) Aminoethan   CH$_3$—CH$_2$—NH$_2$ Aminobenzol (Anilin)   C$_6$H$_5$—NH$_2$

   Nitromethan   CH$_3$—NO$_2$ Nitrobenzol   C$_6$H$_5$—NO$_2$

b) Beide Verbindungen sind unpolar und lösen sich demzufolge nicht im polaren Lösungsmittel Wasser.

c) Aliphatische Nitroverbindungen mit mindestens einem Wasserstoff-Atom am C-Atom, welches die Nitro-Gruppe trägt, sind CH-acid ($-I$-Effekt und $-M$-Effekt der Nitro-Gruppe) und bilden mit NaOH Salze.

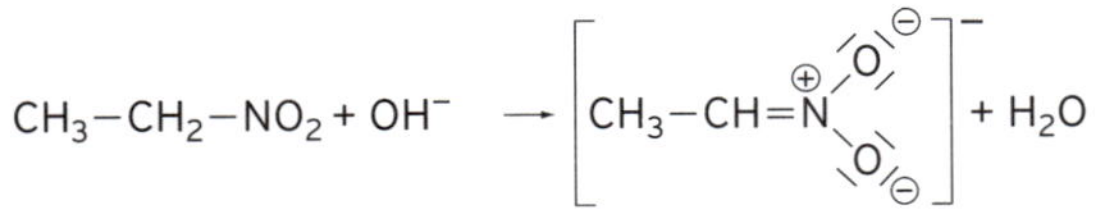

$$CH_3-CH_2-NO_2 + OH^- \longrightarrow \left[CH_3-CH=\overset{\oplus}{N}\overset{\diagup \overset{\ominus}{O}}{\diagdown O_\ominus} \right]^- + H_2O$$

Die Base Anilin wird durch Salzsäure in folgendes Salz überführt: $[C_6H_5-NH_3^+]\,Cl^-$

Lösungen Aufgabe 16.12.12

CH_3-CH_2-SH Ethylmercaptan ist ein Vertreter der Mercaptane (Thio*alkohole*)

CH_3-S-CH_3 Dimethylsulfid ist ein Vertreter der Thio*ether*

Es gibt also Verbindungen zu den organischen Sauerstoff-Verbindungen (Ethanol, Dimethylether). Sauerstoff und Schwefel können durch ihre Stellung im PSE gut gegeneinander ausgetauscht werden.

Lösungen Aufgabe 16.12.13

Aldolreaktionen gehen Aldehyde mit einer zur Carbonyl-Gruppe α-ständigen Methyl- oder Methylen-Gruppe ein (acide Wasserstoff-Atome). Sie dimerisieren unter katalytischem Einfluss von z.B. Säuren oder Basen zu β-Hydroxyaldehyden (Aldolen). Von den genannten Verbindungen zeigt nur Propanal eine Aldolreaktion.

Mechanismus:

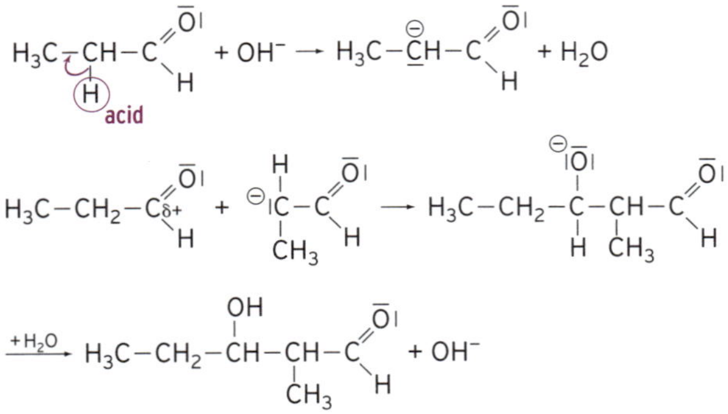

Lösungen Aufgabe 16.12.14

Die Verbindungen A und D sind Ketone, da FEHLING-Probe und SCHIFF'sche Probe negativ verlaufen. Die positive Iodoformprobe weist auf eine der Carbonyl-Gruppe benachbarte Methyl-Gruppe hin. Bei D liegt die Siedetemperatur höher. Es wirken stärkere zwischenmolekulare Kräfte. Das Molekül ist größer.

Deshalb ist *A Propanon* und *D Butanon*.

Verbindung A: Propanon (C_3H_6O) Verbindung D: Butanon (C_4H_8O)

$$CH_3-\overset{\overset{O}{\|}}{C}-CH_3 \qquad\qquad CH_3-\overset{\overset{O}{\|}}{C}-CH_2-CH_3$$

Wegen der positiven Proben nach FEHLING und SCHIFF sind B, C, und E Aldehyde.

E hat eine Methyl-Gruppe neben der Aldehyd-Gruppe (Iodoform-Probe positiv)

Verbindung C muss, aufgrund der höheren Siedetemperatur, die größeren Moleküle aufweisen.

Demzufolge ist *E Ethanal*, *B Propanal* und *C Butanal*.

Verbindung E: Ethanal (C_2H_4O) Verbindung B: Propanal (C_3H_6O)

$$CH_3-C\overset{\overline{O}|}{\underset{H}{<}} \qquad\qquad CH_3-CH_2-C\overset{\overline{O}|}{\underset{H}{<}}$$

Verbindung C: Butanal (C_4H_8O)

$$CH_3-CH_2-CH_2-C\overset{\overline{O}|}{\underset{H}{<}}$$

16.13 Aminosäuren/Proteine

Aufgabe 16.13.1

a) Zeichnen Sie die optischen Isomeren von Alanin und benennen Sie diese.

b) Warum ist Glycin nicht optisch aktiv?

c) Beschreiben Sie an einem selbst gewählten Beispiel eine Methode zur Trennung eines Racemats.

Aufgabe 16.13.2

Erklären Sie unter Mitverwendung von Gleichungen an einer selbst gewählten Aminosäure den Zusammenhang zwischen Puffer und Molekülstruktur.

Erklären Sie den Begriff *isoelektrischer Punkt*.

Aufgabe 16.13.3

Welche verschiedenen Möglichkeiten gibt es, um aus Glycin und Alanin ein Tripeptid herzustellen? Formulieren Sie für eine Möglichkeit die Reaktionsgleichung.

Kennzeichnen Sie wichtige Strukturmerkmale.

Aufgabe 16.13.4

Erklären Sie den Begriff der *Denaturierung* von Proteinen.

Welche Faktoren können eine Denaturierung hervorrufen und welche Auswirkungen hat diese?

Aufgabe 16.13.5

Beschreiben Sie zwei Möglichkeiten für den qualitativen Nachweis von Proteinen in der Milch.

Lösungen

Lösung Aufgabe 16.13.1

a) D-Alanin   L-Alanin

$$
\begin{array}{cc}
\text{COOH} & \text{COOH} \\
| & | \\
\text{H}-\text{C*}-\text{NH}_2 & \text{H}_2\text{N}-\text{C*}-\text{H} \\
| & | \\
\text{CH}_3 & \text{CH}_3
\end{array}
$$

D- und L-Alanin sind Spiegelbildisomere (Enantiomere).

b) Glycin besitzt kein asymmetrisches C-Atom und ist demzufolge nicht optisch aktiv.

c) Ein Racemat ist ein Gemisch aus D- und L-Form einer optisch aktiven Substanz. D- und L-Form unterscheiden sich nur in der Drehrichtung der Ebene des linear polarisierten Lichtes. Das Gemisch ist optisch inaktiv.

Trennung eines Racemats: Man setzt z. B. ein Säureracemat mit einer linksdrehenden Base um. Die entstehenden Salze sind nicht mehr spiegelbildisomer sondern diastereomer und unterscheiden sich in ihren Eigenschaften. Sie können voneinander getrennt werden.

$$
\left.\begin{array}{c}
(+)\text{-HA} \\
(-)\text{-HA}
\end{array}\right] + (-)\text{-B} \longrightarrow \left[\begin{array}{c}
[(-)\text{-BH}^{\oplus} (+)\text{-A}^{\ominus}] \\
[(-)\text{-BH}^{\oplus} (-)\text{-A}^{\ominus}]
\end{array}\right.
$$

Säure-Racemat   diastereomere Salze

Lösung Aufgabe 16.13.2

In wässriger Lösung liegen Aminosäuren überwiegend als Zwitterion vor: Eine Aminosäure-Lösung kann deshalb über die Carboxyl-Gruppe Protonen und über die Ammonium-Gruppe Hydroxid-Ionen abfangen. Der pH-Wert ändert sich deshalb bei Säure oder Basezugabe unwesentlich (Pufferwirkung).

$$
\begin{array}{c}
\text{COO}^{\ominus} \\
| \\
\text{H}_3\overset{\oplus}{\text{N}}-\text{C}-\text{H} \\
| \\
\text{CH}_3
\end{array}
$$

Der isoelektrische Punkt einer Aminosäure-Lösung ist der pH-Wert mit der höchsten Konzentration an Zwitterionen neben wenig, aber gleich vielen Anionen und Kationen.

Lösung Aufgabe 16.13.3

Die Vielfalt der Möglichkeiten ergibt sich aus der Tatsache, dass eine Aminosäure sowohl mit der Carboxyl-Gruppe als auch mit der Amino-Gruppe reagieren kann.

mögliche Kombinationen:

AAA, AAG, GAA; AGA, GGG; GGA; GAG, AGG

GAG-Kombination:

Amino-Gruppe   Carboxyl-Gruppe   Peptidbindung

Lösung Aufgabe 16.13.4

Denaturierung ist die irreversible Zerstörung der Tertiär- und Quartärstruktur von Eiweißen.

Denaturierung erfolgt z. B. durch Erhitzen, Zugabe von Säuren, Schwermetall-Ionen und Alkohol.

Durch Denaturierung geht die biologische Funktionsfähigkeit des Eiweißes verloren.

Lösung Aufgabe 16.13.5

Xanthoprotein-Reaktion: Zu einer Milchprobe wird konzentrierte Salpetersäure gegeben. Der Test ist positiv, wenn eine Gelbfärbung eintritt.

Erklärung: Die Gelbfärbung tritt auf, wenn aromatische Aminosäuren im Protein nitriert werden.

Biuret-Reaktion: Zur Milchprobe wird alkalische Kupfer(II)-sulfat-Lösung gegeben. Der Test ist positiv, wenn eine Blaufärbung auftritt.

Erklärung: Die Kupfer(II)-Ionen bilden mit der Peptidbindung blaue Komplexe.

Milch enthält Proteine, beide Tests verlaufen positiv.

16.14 Fette

Aufgabe 16.14.1

Beschreiben Sie unter Verwendung von selbst gewählten Formelbeispielen den Aufbau eines Fettes und eines Öls. (Es soll sich hier um kein Mineralöl handeln.)

Aufgabe 16.14.2

Linolsäure ist eine essentielle Fettsäure. Erklären Sie den Zusammenhang der Existenz von essentiellen Fettsäuren und menschlicher Ernährung!

Aufgabe 16.14.3

Als Größe zur Charakterisierung eines Fettes gibt man die Iodzahl an.

a) Erklären Sie den Begriff.

b) Für ein als Reinstoff vorliegendes Fett mit der molaren Masse $M = 874 \, \text{g} \cdot \text{mol}^{-1}$ wurde die Iodzahl 116 ermittelt. Berechnen Sie die Zahl der pro Fettmolekül vorhandenen C=C-Doppelbindungen.

Aufgabe 16.14.4

Bei der Herstellung kalorienreduzierter Margarine wird ein Teil des Fettes durch Wasser ersetzt. Außerdem gibt man Tenside zu. Erklären Sie dies. Nutzen Sie zur Auswertung die Grafik.

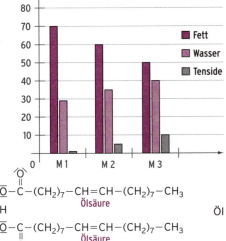

Lösungen

Lösung Aufgabe 16.14.1

Fette sind Ester aus Glycerin (Glycerol) und langkettigen gesättigten und ungesättigten Carbonsäuren. Je größer der Anteil an Mehrfachbindungen ist, desto weniger leicht bilden die Moleküle eine geordnete Struktur, desto tiefer liegt der Schmelzbereich des Fettes. Bei Raumtemperatur flüssige Fette bezeichnet man als Öle.

Hinweis: Mineralöle sind langkettige Alkane.
$CH_3-(CH_2)_{14}-CH_3$

Lösung Aufgabe 16.14.2

Essenzielle Fettsäuren kann der Mensch nicht selbst synthetisieren. Sie müssen mit der Nahrung aufgenommen werden. Pflanzenfette haben einen höheren Anteil an essenziellen Fettsäuren als tierische Fette. Der Mensch sollte die Ernährung den biologischen Bedürfnissen anpassen.

Lösung Aufgabe 16.14.3

a) Die Iodzahl gibt an, wie viel Gramm Iod von 100 g Fett addiert werden können.
   Sie ist ein Maß des Anteils von Doppelbindungen im Fett.
b) Iodzahl 116: 116 g Iod/100 g Fett
   116 g Iod ≙ 0,457 mol
   100 g Fett ≙ 0,114 mol
   Daraus folgt: 1 mol Fett kann 4 mol Iod anlagern.
   Jedes Fettmolekül enthält also 4 Doppelbindungen.

16.15 Kohlenhydrate **283**

Lösung Aufgabe 16.14.4

Der Zusatz von Wasser vermindert den Energieinhalt (Kalorienreduzierung).

Da Fett und Wasser nicht miteinander mischbar sind, müssen Emulgatoren zugesetzt werden. Tenside wirken als Emulgatoren.

In der Grafik ist zu sehen, dass man umso mehr Emulgatoren zusetzen muss, je geringer der Fettanteil wird.

16.15 Kohlenhydrate

Aufgabe 16.15.1

Bestimmen Sie die Anzahl der asymmetrischen C-Atome eines Glucose-Moleküls.

Wie viele Spiegelbild-Isomere sind zu erwarten?

Welche Formel steht für den Namen D-Glucose?

Aufgabe 16.15.2

Zeichnen Sie die Ringstrukturformeln einer Aldohexose und einer Ketohexose sowie die eines Disaccharids aus diesen beiden Monosacchariden.

Aufgabe 16.15.3

Vergleichen Sie das Reaktionsverhalten der von Ihnen in Aufgabe 15.2 gewählten Stoffe bei der FEHLING-Probe. Begründen Sie!

Aufgabe 16.15.4

Definieren Sie den Begriff Mutarotation. Inwieweit beobachtet man Mutarotation bei den von Ihnen unter Aufgabe 15.2 gewählten Stoffen?

Aufgabe 16.15.5

Geben Sie Erläuterungen zu folgenden Aussagen:

- Stärkekörner in Pflanzenzellen haben meist eine Amylopektinhülle.
- Als Gerüstsubstanz in Pflanzen eignet sich Cellulose wesentlich besser als Stärke.
- Stärke gewinnt zunehmend Bedeutung als nachwachsender Rohstoff.

Lösungen

Lösungen Aufgabe 16.15.1

Die Kettenform der Glucose hat vier asymmetrische C-Atome. Entscheidend ist das asymmetrische C-Atom, welches von der Carbonyl-Gruppe am weitesten entfernt steht. Ist dieses D-konfiguriert, gehört der Zucker zur D-Reihe.

Es sind deshalb 2^n, also 16 Stereo-Isomere zu erwarten:

D-Reihe

```
 CHO        CHO        CHO        CHO        CHO        CHO        CHO        CHO
HC–OH     HO–CH      HC–OH      HC–OH     HO–CH      HC–OH     HO–CH      HO–CH
HC–OH     HC–OH     HO–CH      HC–OH     HO–CH     HO–CH      HC–OH     HO–CH
HC–OH     HC–OH     HC–OH     HO–CH     HO–CH     HO–CH     HO–CH      HC–OH
HC–OH     HC–OH     HC–OH     HC–OH      HC–OH     HC–OH     HC–OH      HC–OH
CH₂OH     CH₂OH     CH₂OH     CH₂OH     CH₂OH     CH₂OH     CH₂OH     CH₂OH
```

L-Reihe

```
 CHO        CHO        CHO        CHO        CHO        CHO        CHO        CHO
HC–OH     HO–CH      HC–OH      HC–OH     HO–CH      HC–OH     HO–CH      HO–CH
HC–OH     HC–OH     HO–CH      HC–OH     HO–CH     HO–CH      HC–OH     HO–CH
HC–OH     HC–OH     HC–OH     HO–CH     HO–CH     HO–CH     HO–CH      HC–OH
HO–CH     HO–CH     HO–CH     HO–CH     HO–CH     HO–CH     HO–CH     HO–CH
CH₂OH     CH₂OH     CH₂OH     CH₂OH     CH₂OH     CH₂OH     CH₂OH     CH₂OH
```

Hinweis: Betrachtet man die Ringform von Hexosen, so kommt durch den Ringschluss ein asymmetrisches C-Atom hinzu, wodurch sich die Zahl der möglichen Verbindungen erhöht.

Lösungen Aufgabe 16.15.2

Aldohexose (Glucose)

Ketohexose (Fructose)
(auch 6-Ring möglich)

α-D-Glucose   β-D-Glucose   α-Fructose   β-Fructose

Der Ringschluss ist eine intramolekulare Halbacetalbildung. Das C-Atom der Carbonyl-Gruppe wird asymmetrisch. Ist das C-Atom D-konfiguriert, spricht man von α-Glucose, bei L-Konfiguration liegt β-Glucose vor. Gleiches gilt für die Fructose. Hier kann es zur Fünfringbildung (Furanose) oder zur Sechsringbildung (Pyranose) kommen.

Saccharose

α-Glucose-Rest   β-Fructose-Rest

Bei der Kondensation von zwei Monosacchariden erfolgt eine Vollacetalbildung.

Lösungen Aufgabe 16.15.3

Die durch Ringschluss gebildete halbacetalische (glykosidische) OH-Gruppe ist besonders reaktiv. In wässriger Lösung stehen α- und β-Form über die Aldehyd bzw. Ketoform im Gleichgewicht. Die Aldehydform kann zur Carbonsäure oxidiert werden. Die FEHLING-Probe verläuft positiv.

Bei der Ketose erwartet man eigentlich wie bei anderen Ketonen kein Reduktionsvermögen. Da die der Keto-Gruppe benachbarte OH-Gruppe besonders reaktiv ist, kann es zu Umlagerungen kommen, die eine Aldehyd-Gruppe bilden. Deshalb verläuft die FEHLING-Probe bei Fructose ebenfalls positiv.

Das Saccharose-Molekül weist keine halbacetalische OH-Gruppe auf; eine Ringöffnung kann deshalb nicht ablaufen. Es kann keine Ringöffnung mehr stattfinden. Die FEHLING-Probe verläuft negativ. (Sollten Sie andere Beispiele gewählt haben, übertragen Sie bitte die Lösungsvorschläge auf Ihr Beispiel.)

$$
\begin{array}{ccc}
\mathrm{CH_2-OH} & \mathrm{CH-OH} & \mathrm{O\!\!\diagup\!\!H} \\
| & \| & \mathrm{C} \\
\mathrm{C=O} \quad\rightarrow & \mathrm{C-OH} \quad\rightarrow & \mathrm{H-C-OH} \\
| & | & | \\
\mathrm{R} & \mathrm{R} & \mathrm{R} \\
 & \text{(Endiol)} &
\end{array}
$$

Lösungen Aufgabe 16.15.4

Bei wässrigen Zucker-Lösungen ändert sich der Drehwinkel des linear polarisierten Lichtes allmählich, bis schließlich ein konstanter spezifischer Wert erreicht wird. Diese Tatsache bezeichnet man als Mutarotation. In wässriger Lösung liegt ein dynamisches Gleichgewicht zwischen den beiden Anomeren vor; die Umwandlung verläuft über die offenkettige Form. Der resultierende Drehwinkel ergibt sich aus der prozentualen Verteilung der Anomeren im Gleichgwicht. Bei Glucose und Fructose tritt Mutarotation auf. Bei Saccharose tritt keine Mutarotation auf: Da das Molekül keine halb-acetalische OH-Gruppe enthält, kann die Ringöffnung nicht ablaufen.

Lösungen Aufgabe 16.15.5

- Stärke besteht aus Amylose (1,4-verknüpfte Glucose-Moleküle) und Amylopektin (1,4- und 1,6-verknüpfte Glucose-Moleküle). Durch die zusätzliche Verknüpfung im Amylopektin wird die Struktur vernetzt. Die Wasserlöslichkeit sinkt wesentlich. Deshalb ist Amylopektin als Hülle von Stärkekörnern geeignet.
- Cellulose besteht aus 1,4-verknüpften Glucose-Molekülen. Sie ist linear aufgebaut und durch Wasserstoffbrücken stabilisiert (Mikrofibrillen in Zellwänden). Diese Struktur ist stabiler als die der Stärke und ist somit das bessere Gerüstmaterial.
- Stärke (auch Cellulose) werden von Pflanzen relativ schnell gebildet. Sie wachsen schnell nach. Da sich der Vorrat an fossilen Rohstoffen (z. B. Erdöl) langsam erschöpft, wendet man sich der großtechnischen Verwertung von Stärke und Cellulose immer mehr zu.

16.16 Seifen und Waschmittel

Aufgabe 16.16.1

Stellen Sie die Gleichungen für die Reaktion von Octadecansäure mit Natronlauge und für die Reaktion von Tetradecanol mit Schwefelsäure auf. Vergleichen Sie beide Produkte hinsichtlich Struktur und Eigenschaften. Leiten Sie Verwendungsmöglichkeiten ab.

Aufgabe 16.16.2

Sind folgende Aussagen richtig?

a) Seife zerstört den Säureschutzmantel der Haut.

b) Meerwasser stört die Waschwirkung der Seife.

Aufgabe 16.16.3

Moderne Waschmittel enthalten als Zusatzstoffe u. a. Enthärter, Bleichmittel und Stellmittel.

a) Erklären Sie die Funktion dieser Zusatzstoffe.

b) Wie kann man die Anwesenheit der Zusatzstoffe mit einfachen Mitteln nachweisen?

Aufgabe 16.16.4

Tenside sind vor allem als waschaktive Substanzen in Waschmitteln bekannt. Welche weiteren Verwendungsmöglichkeiten gibt es? Nennen Sie zwei Verwendungsmöglichkeiten. Welche Eigenschaft der Tenside wird jeweils genutzt?

Aufgabe 16.16.5

Hausfrauentipps werden oft belächelt, haben aber häufig einen wissenschaftlichen Hintergrund.

Erklären Sie folgende Tipps:

a) Wollfasern dürfen nicht zu „scharf" gewaschen werden.

b) Wäsche muss nach dem Waschen gründlich gespült werden.

c) Handtücher trocknen schlecht, wenn man zu viel Weichspüler verwendet.

d) Hautcreme bewahrt man im Sommer am besten im Kühlschrank auf.

Lösungen

Lösung Aufgabe 16.16.1

Octadecansäure: $CH_3-(CH_2)_{16}-COOH + NaOH \rightarrow CH_3-(CH_2)_{16}-COONa + H_2O$

Es handelt sich um eine Neutralisation. Das Produkt ist ein Salz aus einer langkettigen Carbonsäure und einer Lauge: eine Seife. Da es sich um ein Natriumsalz handelt, ist es eine Kernseife.

Tetradecanol:

$CH_3-(CH_2)_{12}-CH_2O\boxed{H + H\overline{\underline{O}}}-\underset{\underset{O}{\|}}{\overset{\overset{O}{\|}}{S}}-\overline{\underline{O}}H \rightarrow CH_3-(CH_2)_{12}-CH_2-\overline{\underline{O}}-SO_3H + H_2O$

Es handelt sich um einen Ester aus einem langkettigen Alkohol und Schwefelsäure. Beide Verbindungen setzen sich aus einem hydrophilen und einem hydrophoben Anteil zusammen. Es sind anionische Tenside. Sie setzen die Oberflächenspannung des Wassers herab und eignen sich demzufolge als waschaktive Substanzen. Schwefelsäureester werden dabei in Form der durch Neutralisation mit Natronlauge erhaltenen Natriumsalze eingesetzt.

$CH_3-(CH_2)_{12}CH_2-OSO_3H + NaOH \rightarrow CH_3-(CH_2)_{12}CH_2-O-SO_3^- Na^+ + H_2O$

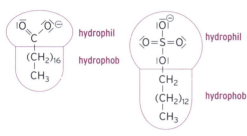
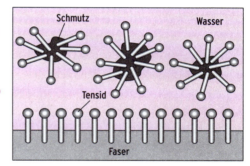

Lösung Aufgabe 16.16.2

Die Aussagen sind richtig:

a) Seifen-Anionen können mit Wasser reagieren. Sie bilden eine alkalische (basische) wässrige Lösung. Die Hautoberfläche ist mit einem pH-Wert von ca. 5,5 schwach sauer. Die Seifen-Lösung kann mit der sauren Hautoberfläche eine Neutralisation eingehen und somit den pH-Wert der Hautoberfläche verändern. Bei nicht zu intensiver Behandlung mit Seife, wird der Säureschutzmantel der Haut schnell wieder regeneriert.

b) Bei Seifen-Lösungen tritt der Aussalz-Effekt auf. Wegen der höheren Ladungsdichte werden vor allem die im Meerwasser in hoher Konzentration enthaltenen kleineren Cl^--Ionen besser hydratisiert als Seifen-Anionen. Die Hydrathülle der Seifen-Anionen wird abgebaut. Dies begünstigt das Ausflocken der Seife; die Waschwirkung verringert sich entsprechend.
Da im Meerwasser auch Calcium-Ionen vorhanden sind, können ebenfalls Kalkseifen ausgefällt werden.

Lösung Aufgabe 16.16.3

a) **Enthärter** entfernen die Calcium- und Magnesium-Ionen (Härtebildner) aus dem Wasser. Dazu verwendet man heute Zeolithe, früher verwendete man Polyphosphate.

Als **Bleichmittel** wird meist das sogennante Percarbonat eingesetzt: $2\,Na_2CO_3 \cdot 3\,H_2O_2$. Beim Auflösen werden dementsprechend, die als Oxidationsmittel wirkenden, Wasserstoffperoxid-Moleküle freigesetzt:

$$2\,Na_2CO_3 \cdot 3\,H_2O_2 \rightarrow 4\,Na^+ + 2\,CO_3^{2-} + 3\,H_2O_2$$

Die Bleichwirkung von Wasserstoffperoxid wird durch den Zusatz von Bleichmittelaktivatoren verstärkt. Auf diese Weise erzielt man gute Effekte schon bei einer Waschtemperatur von 30 °C.

Hinweis: In Ländern wie den USA, in denen bei niedrigen Temperaturen gewaschen wird, ist man bei der sogenannten Chlorbleichlauge geblieben. Sie enthält Natriumhypochlorit ($NaOCl$) mit dem oxidieren wirkenden OCl^--Ion.

Stellmittel verbessern die Rieselfähigkeit und Lagerungsfähigkeit des Waschmittels. Meist verwendet man Natriumsulfat. Flüssigwaschmittel enthalten keine Stellmittel.

b) Zum Nachweis von **Enthärtern** (Zeolithen) kann man eine Lösung einsetzen, die durch Thiocyanato-Komplexe des Eisen(III)-Ions rot gefärbt ist. Die Rotfärbung lässt sich vereinfacht auf die folgende Gleichgewichtsreaktion zurückführen:

$$[Fe(H_2O)_6]^{3+} + SCN^- \rightleftharpoons [Fe(H_2O)_5SCN)]^{2+} + H_2O$$
farblos   rot

Diese Reagenzlösung wird weitgehend entfärbt, wenn man sie zu einer verdünnten Waschmittel-Lösung gibt. Die Ursache dafür ist eine Verschiebung des beschriebenen Gleichgewichts nach links: Eisen(III)-Ionen werden sehr fest von den als Ionenaustauscher wirkenden Zeolithen gebunden. Diese Erniedrigung der Konzentration der Eisen(III)-Ionen in der Lösung begünstigt den Zerfall des Thiocyanato-Komplexes.

Bleichmittel werden qualitativ nachgewiesen, indem man zu einer verdünnten Waschmittel-Lösung saure Kaliumpermanganat-Lösung tropft, die mit dem Wasserstoffperoxid reagiert.

$$2\,KMnO_4 + 3\,H_2SO_4 + 5\,H_2O_2 \rightarrow 2\,MnSO_4 + 5\,O_2 + K_2SO_4 + 8\,H_2O$$

Die Permanganat-Lösung wird entfärbt. Je mehr Bleichmittel enthalten sind, umso mehr Lösung wird entfärbt ($\rightarrow$ Redoxreaktionen, Aufgabe 16.8.6). **Stellmittel** weist man nach, indem man zu verdünnter (klarer) Waschmittel-Lösung Bariumchlorid-Lösung zugibt. Bariumsulfat wird ausgefällt.

$$Ba^{2+} + SO_4^{2-} \rightarrow BaSO_4$$

Lösung Aufgabe 16.16.4

Auch bei der Verwendung von Tensiden außerhalb des Waschbereichs wird ausgenutzt, dass die Tenside grenzflächenaktiv sind.

Beispiele für weitere Anwendungen:

- als Emulgatoren z. B. in Salben und Margarine
- zur Bildung gleichmäßiger Schmierfilme in Getriebeölen

16.17 Farbstoffe   289

- in Schädlingsbekämpfungsmitteln, um die Verteilung und Haftung der Wirkstoffe zu verbessern
- zur Schaumstabilisierung in Schaumlöschmitteln

Lösung Aufgabe 16.16.5

a) Wollfasern sind Proteine, also Polypeptide. Unter „scharfem" Waschen versteht man entweder stark alkalische Waschmittel oder Waschmittel mit einem hohen Anteil an Bleichmitteln. Dadurch werden die Wollfasern angegriffen und deshalb unansehnlich.

b) Durch das Spülen der Wäsche entfernt man den Schmutz, der sich in der Waschlauge in den Tensid-Micellen befindet. Außerdem werden Waschmittelreste ausgespült. Wird zu wenig gespült, befinden sich nach dem Trocknen noch Schmutz- und Waschmittelreste auf der Faser. Die Wäsche ist dadurch hart und hat einen Grauschleier.

c) Weichspüler sind Tenside, die durch ihre Ladung Wechselwirkungen mit der Faser eingehen und demzufolge auf die Faser aufziehen. Bei der Verwendung von zuviel Weichspüler werden die Faserporen zugesetzt und die Faser kann nur noch schlecht Wasser aufsaugen. Das Abtrocknen mit diesen Handtüchern wird erschwert, weil kaum Wasser aufgesaugt wird.

d) Hautcreme ist eine Wasser-in-Fett-Emulsion. Durch die Wärme entmischt sich die Creme, es bilden sich an der Oberfläche kleine Wassertröpfchen. Später können sich sogar verschiedene Phasen bilden. Daher ist es sinnvoll, Creme im Sommer im Kühlschrank aufzubewahren

Hinweis: Auch große Kälte führt zum Entemulgieren.

16.17 Farbstoffe

Aufgabe 16.17.1

a) Mit den Substanzen Natronlauge, Sulfanilsäure, Natriumnitrit, N,N-Dimethylanilin und Salzsäure lässt sich Methylorange herstellen. Stellen Sie die Gleichungen für diese Farbstoffsynthese auf.

b) Erläutern Sie am Beispiel von Methylorange den prinzipiellen Aufbau eines Farbstoffmoleküls.

c) Methylorange ist ein pH-Indikator. Erklären Sie den Farbwechsel im sauren Medium von Orange nach Rot.

Beziehen Sie in Ihre Ausführungen auch Gleichgewichtsbetrachtungen ein.

Aufgabe 16.17.2

Folgende Strukturformel beschreibt den Farbstoff Kongorot. Erläutern Sie, warum Kongorot Licht im sichtbaren Bereich absorbiert.

Aufgabe 16.17.3

In eine wässrige Lösung von 4-Nitroanilin wird Chlorwasserstoffgas eingeleitet. Die vorher gelbe Lösung wird nahezu farblos. Erklären Sie die Beobachtung unter Verwendung von Strukturformeln.

Aufgabe 16.17.4

Durch Kondensation von einem Molekül Benzaldehyd mit zwei Molekülen Dimethylanilin entsteht in Gegenwart von Zink(II)-chlorid Leukomalachitgrün. Dieses geht in saurer Lösung durch Oxidation mit Blei(IV)-oxid in Malachitgrün über. Stellen Sie die Reaktionsgleichungen auf und ordnen Sie Malachitgrün einer Farbstoffklasse zu. Erklären Sie auch, warum Malachitgrün in saurer Lösung gelb wird.

Aufgabe 16.17.5

Blaue Veilchen färben sich unter Einwirkung von Chlorwasserstoffgas rot. Unter Einwirkung von Ammoniak werden sie gelblich bis grün. Erklären Sie.

Lösungen

Lösung Aufgabe 16.17.1

a) Reaktionsgleichungen:

Diazotierung:

$HO_3S{-}\langle\rangle{-}NH_2 + |\overset{\oplus}{N}{=}O| \longrightarrow \left[HO_3S{-}\langle\rangle{-}\overset{\oplus}{N}{=}N| \leftrightarrow HO_3S{-}\langle\rangle{-}N{\equiv}\overset{\oplus}{N}|\right] + H_2O$

Kupplung:

$^{\ominus}O_3S{-}\langle\rangle{-}N{=}\overset{\oplus}{N}| + \langle\rangle{-}N\overset{CH_3}{\underset{CH_3}{\diagdown}} \xrightarrow{NaOH} {^{\ominus}}O_3S{-}\langle\rangle{-}\boxed{N{=}\bar{N}}{-}\langle\rangle{-}N\overset{CH_3}{\underset{CH_3}{\diagdown}} + H^+$

Azo-Gruppe
Methylorange

b) Farbstoffmoleküle bestehen aus einem Chromophor (Gruppen mit π-Elektronen, auch konjugierte π-Elektronensysteme), sowie auxochromen (Elektronendonatoren/+M-Effekt) und antiauxochromen Elektronenakzeptoren/−M-Effekt) Gruppen, die die Farbe beeinflussen können. Endgruppen dominieren in der Farbgebung vor konjugierten ½-Elektronen.

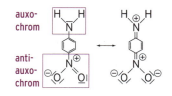

c) Indikatorfarbstoffe sind schwache Säuren. Sie unterscheiden sich farblich von ihren Basen. Durch Protonierung und Deprotonierung ändert sich die Elektronenverteilung im Molekül und es kommt zur Veränderung der Absorptionsmaxima. Gleichgewichtsbetrachtungen:

Indikatoren sind meist schwache organische Säuren. In Wasser ergeben sich folgende Gleichgewichte:

$$\text{HInd} + \text{H}_2\text{O} \rightleftharpoons \text{H}_3\text{O}^+ + \text{Ind}^-$$

Säure 1   Base2   Säure 2   Base 1

Farbe 1   Farbe 2

Säurezugabe: $\text{H}_3\text{O}^+ + \text{Ind}^- \rightleftharpoons \text{HInd} + \text{H}_2\text{O} \Rightarrow$ Gleichgewicht wird zur Indikatorsäure verschoben

Basezugabe: $\text{OH}^- + \text{HInd} \rightleftharpoons \text{Ind}^- + \text{H}_2\text{O} \Rightarrow$ Gleichgewicht wird zur Indikatorbase verschoben

Sind die Konzentrationen von Indikatorsäure (HInd) und Indikatorbase (Ind$^-$) gleich, erhält man eine Mischfarbe aus Farbe 1 und Farbe 2.

$$K_\text{S} = \frac{c(\text{H}_3\text{O}^+) \cdot c(\text{Ind}^-)}{c(\text{HInd})}$$

Am Äquivalenzpunkt gilt:

$$c(\text{Ind}^-) = c(\text{HInd}) \Rightarrow K_\text{S} = c(\text{H}_3\text{O}^+)$$

$$\text{pH} = \text{p}K_\text{s}$$

Beispiel:

Methylorange: Indikatorsäure rot, Indikatorbase gelb, Mischfarbe orange.

Lösung Aufgabe 16.17.2

Kongorot hat ein durchgehendes π-Elektronensystem, welches als Chromophor wirkt und im sichtbaren Bereich anregbar ist. Die Amino-Gruppen haben $+$ M-Effekt. Sie sind Elektronendonatoren und wirken farbvertiefend. Kongorot sieht deshalb rot aus.

Lösung Aufgabe 16.17.3

Paranitroanilin sieht gelb aus, weil die auxochrome Amino-Gruppe mit der antiauxochromen Nitro-Gruppe wechselwirkt. Es kommt zu einer Verschiebung des Absorptionsmaximums in den langwelligen Bereich.

Durch Protonierung wird die Wechselwirkung der Nitro- und der Amino-Gruppe aufgehoben. Die Ammonium-Gruppe ist kein Elektronendonator. Es tritt eine Verschiebung zu kürzeren Wellenlängen auf.

Lösung Aufgabe 16.17.4

Bildung von Leukomalachitgrün.

Bildung von Malachitgrün:

Protonierung:

Malachitgrün ist ein Triphenylmethanfarbstoff.

Im Gegensatz zum Leukomalachitgrün, bei dem die π-Elektronen durch das sp^3-hybridi-sierte zentrale C-Atom getrennt sind, ermöglicht das beim Malachitgrün sp^2-hybridisierte zentrale C-Atom eine Wechselwirkung der auxochromen Dimethylamino-Gruppen und des antiauxochromen Immonium-Ions. Es kommt zu einer Farbvertiefung (bathochromer Effekt). Die Protonierung schränkt die Konjugation des π-Elektronensystems ein. Es erfolgt eine Farbaufhellung (hypsochromer Effekt).

Lösung Aufgabe 16.17.5

Veilchen enthalten als Farbstoffe Anthocyane, deren Absorptionsverhalten wie bei pH-Indikatoren vom pH-Wert abhängt. Chlorwasserstoffgas entspricht Säurezugabe, Ammoniak-Lösung entspricht Basezugabe.

Beispiel: Pelargonidinchlorid

16.18 Kunststoffe

Aufgabe 16.18.1

a) Beschreiben Sie unter Verwendung von Strukturformeln die Herstellung der beiden Polymere Polyethylen und Polypropylen. Auf technische Einzelheiten kann verzichtet werden.

b) Beide Produkte besitzen keinen festen Schmelzpunkt, sondern erweichen allmählich. Polypropylen erweicht bei höheren Temperaturen als Polyethylen. Erklären Sie diese Erscheinungen.

Aufgabe 16.18.2

a) Aus Glykol und Phthalsäure lässt sich ein Kunststoff herstellen. Geben Sie eine Reaktionsgleichung an und benennen Sie die Polyreaktion.

b) Welche Eigenschaften lassen sich aus der Struktur des Kunststoffes ableiten? Begründen Sie.

Aufgabe 16.18.3

Stellen Sie die Gleichung für die Herstellung eines Kunststoffes aus Pentandisäure und Pentan-1,5-diol auf. Zeichnen Sie den charakteristischen Strukturformelausschnitt des Makromoleküls. Formulieren Sie den Mechanismus der säurekatalysierten Reaktion, die zu diesem Makromolekül führt!

Aufgabe 16.18.4

Geben Sie die Formel von Dimethylformamid an. Schätzen Sie die Eignung dieses Stoffes als Lösemittel für Kunststoffe wie Polyacrylnitril ein!

Aufgabe 16.18.5

Naturkautschuk besteht aus Isopren (2-Methylbutadien).
Heute sind unter dem Namen Synthesekautschuk viele ähnliche Produkte bekannt. Geben Sie für zwei Arten von Synthesekautschuk die charakteristischen Struktureinheiten an. Gehen Sie auf Eigenschaften und daraus resultierende Verwendungen ein.

Aufgabe 16.18.6

Getränkeflaschen aus Kunststoff bestehen häufig aus PET.
a) Recherchieren Sie, um welchen Kunststoff es sich hierbei handelt. Stellen Sie die Reaktionsgleichung auf und bestimmen Sie die Reaktionsart.
b) Wie kennzeichnet man bei Getränkeflaschen und anderen Verpackungsmaterialien, aus welchem Kunststoff sie bestehen?

Lösungen

Lösung Aufgabe 16.18.1

a) Herstellung von Polyethen:

Start: $R-\overline{\underline{O}}-\overline{\underline{O}}-R \xrightarrow{\hbar\cdot\nu} 2\,R-\overline{\underline{O}}\cdot$

Kette: $R-\overline{\underline{O}}\cdot + CH_2{=}CH_2 \longrightarrow R-\overline{\underline{O}}-CH_2-\dot{C}H_2 \xrightarrow{+\,CH_2=CH_2} R-\overline{\underline{O}}-CH_2-CH_2-CH_2-\dot{C}H_2$ usw.

Abbruch: $R-\overline{\underline{O}}-(CH_2)_x-\dot{C}H_2 + \dot{C}H_2-(CH_2)_y-\overline{\underline{O}}-R \longrightarrow R-\overline{\underline{O}}-(CH_2)_x-CH_2-CH_2-(CH_2)_y-\overline{\underline{O}}-R$

16 Aufgaben wie im Abitur

Herstellung von Polypropen:

Start: $R-\overline{\underline{O}}-\overline{\underline{O}}-R \xrightarrow{h \cdot \nu} 2\ R-\overline{\underline{O}}\cdot$

Kette: $R-\overline{\underline{O}}\cdot + CH_2=\underset{\underset{CH_3}{|}}{CH} \longrightarrow R-\overline{\underline{O}}-CH_2-\underset{\underset{CH_3}{|}}{\dot{C}H} \xrightarrow{+CH_2=\underset{\underset{CH_3}{|}}{CH}} R-\overline{\underline{O}}-CH_2-\underset{\underset{CH_3}{|}}{CH}-CH_2-\underset{\underset{CH_3}{|}}{\dot{C}H}$ usw.

Abbruch: $R-\overline{\underline{O}}-(CH_2-\underset{\underset{CH_3}{|}}{CH})_x-CH_2-\underset{\underset{CH_3}{|}}{\dot{C}H} + \underset{\underset{CH_3}{|}}{\dot{C}H}-CH_2-(\underset{\underset{CH_3}{|}}{CH}-CH_2)_y-\overline{\underline{O}}-R \longrightarrow$

$R-\overline{\underline{O}}-(CH_2-\underset{\underset{CH_3}{|}}{CH})_x-CH_2-\underset{\underset{CH_3}{|}}{CH}-\underset{\underset{CH_3}{|}}{CH}-CH_2-(\underset{\underset{CH_3}{|}}{CH}-CH_2)_y-\overline{\underline{O}}-R$

b) Bei der Polymerisation kommt es zur Bildung eines Reaktionsproduktes, welches Bestandteile unterschiedlicher Kettenlängen enthält. Deshalb kann es zu keinen festen Schmelzpunkten kommen. Durch das Auftreten von amorphen und kristallinen Bereichen im Kunststoff kommt es ebenfalls zu einer unterschiedlichen Verflüssigung. Die zusätzlichen Methyl-Gruppen beim Polypropylen behindern die Beweglichkeit der Ketten. Außerdem treten durch die größere Oberfläche stärkere zwischenmolekulare Kräfte auf. Beide Faktoren führen zur Erhöhung der Erweichungstemperatur.

Lösung Aufgabe 16.18.2

a) Gleichung:

$$2\ HO-CH_2-CH_2-\overline{\underline{O}}H + \underset{HOOC\qquad COOH}{\text{[Benzol]}} \longrightarrow ...\overline{\underline{O}}-CH_2-CH_2-\overline{\underline{O}}-\underset{}{\text{[Ester]}}-\overline{\underline{O}}-CH_2-CH_2-\overline{\underline{O}}... + 2\ H_2O$$

Es handelt sich um eine Veresterung. Der Kunststoff ist ein Polyester.

b) Bis auf die sperrigen herausragenden Phenylreste ist das Makromolekül linear gebaut. Er wird zumindest in der Kälte nur schwer beweglich sein. Beim Erwärmen können sich die Ketten besser bewegen, weshalb auf thermoplastische Eigenschaften zu schließen ist.

Lösung Aufgabe 16.18.3

Es handelt sich um einen Polyester. Die Herstellung verläuft nach dem gleichen Mechanismus wie die Veresterung:

$$HOOC-(CH_2)_3-COOH + HO-(CH_2)_5-OH \longrightarrow ...\overline{\underline{O}}-\overset{\overset{O}{\|}}{C}-(CH_2)_3-\overset{\overset{O}{\|}}{C}-\overline{\underline{O}}-(CH_2)_5-\overline{\underline{O}}... + H_2O$$

Ester-Gruppe

Lösung Aufgabe 16.18.4

Formel von Dimethylformamid (DMF)

Formel von Polyacrylnitril (Grundbaustein)

$$\left[-CH_2-\underset{\underset{C\equiv N|}{|}}{CH}- \right]_n$$

DMF besitzt polare und unpolare Gruppen. Es können mit Polyacrylnitril sowohl Wasserstoffbrücken als auch VAN-DER-WAALS-Kräfte ausgebildet werden. DMF eignet sich als Lösungsmittel.

Lösung Aufgabe 16.18.5

Nitrilkautschuk: Copolymerisat aus Acrylnitril und Butadien

$$n\, H_2C{=}CH{-}CH{=}CH_2 + n\, CH_2{=}CH{-}CN \longrightarrow [-CH_2{-}CH{=}CH{-}CH_2{-}CH_2{-}CH(CN){-}]_n$$

Beständigkeit gegenüber Benzin und Mineralölen, deshalb Verwendung in Treibstoffschläuchen.

Polybutadien wurde unter dem Namen BUNA bekannt, weil die Polymerisation früher mithilfe von Natrium erfolgte.

$$n\, H_2C{=}CH{-}CH{=}CH_2 \longrightarrow [-CH_2{-}CH{=}CH{-}CH_2{-}]_n$$

Dieses Produkt ist sehr hart und wird als Hartgummi und als Laufflächenmaterial für Autoreifen verwendet.

Lösung Aufgabe 16.18.6

a) PET steht für Polyethylenterephthalat.

$$HOOC{-}C_6H_4{-}COOH + n\, HO{-}CH_2{-}CH_2{-}OH \xrightarrow{-H_2O} [-OOC{-}C_6H_4{-}CO{-}O{-}CH_2{-}CH_2{-}O{-}]_n$$

Es handelt sich um eine Substitution (Polykondensation). PET ist ein Polyester.

b) Kunststoffe werden mit folgenden Symbolen gekennzeichnet:

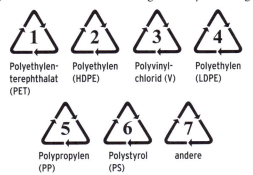

16.19 Biochemie

> **Tipp**
>
> Beachten Sie bitte bei der Vorbereitung auf Ihr Abitur im Teilbereich Biochemie auch die Abschnitte Proteine, Fette und Kohlenhydrate.

Aufgabe 16.19.1

Biochemische Prozesse in der Zelle werden von Enzymen gesteuert.
a) Erläutern Sie die chemische Zusammensetzung, Wirkungsweise und Spezifität von Enzymen.
b) Vergleichen Sie die normale Enzymreaktion mit der kompetitiven und allosterischen Enzymhemmung.
c) Für gleiche Stoffmengen der Alkoholdehydrogenase in der Leber (1) bzw. in einer Hefe (2) wurden die folgenden MICHAELIS-Konstanten ermittelt:
   (1): $K_M = 2,5 \cdot 10^{-4}$ mol $\cdot \ell^{-1}$
   (2): $K_M = 1,2 \cdot 10^{-2}$ mol $\cdot \ell^{-1}$
Bewerten Sie die Ergebnisse.

Aufgabe 16.19.2

Die Grafik zeigt Ergebnisse von Experimenten, die zur Untersuchung des Ablaufs der Fotosynthese mit Grünalgen durchgeführt wurden.
Kurve 1: Bestrahlung mit hoher Lichtintensität
Kurve 2: Bestrahlung mit niederer Lichtintensität

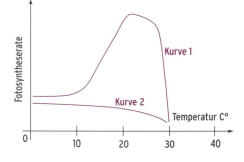

a) Erläutern Sie die Grafik.
b) Erläutern Sie, welche Schlüsse dieses Experiment auf den Ablauf der Fotosynthese zulässt.

Aufgabe 16.19.3

Ein Endprodukt der Glykolyse ist Pyruvat, welches unterschiedlich weiterverarbeitet werden kann. Formulieren Sie zwei Gleichungen für den weiteren Umsatz unter anaeroben Bedingungen unter Berücksichtigung der einzelnen Reaktionsschritte.

Aufgabe 16.19.4

Bis in die 1930er-Jahre wurde angenommen, dass der bei der Fotosynthese freigesetzte Sauerstoff durch photolytische Spaltung von Kohlenstoffdioxid entsteht.

a) Stellen Sie die Reaktionsgleichung für die Fotosynthese auf.

b) Erklären Sie, wie man mit der Tracer-Methode den Weg des Sauerstoffs bei der Fotosynthese verfolgen kann.

Aufgabe 16.19.5

Erläutern Sie die Bedeutung der Transaminierung bei biochemischen Prozessen.

Lösungen

Lösung Aufgabe 16.19.1

a) Enzyme sind entweder Proteine oder Proteide. Man unterscheidet
- Substratspezifität: Das Enzym setzt nur ein bestimmtes Substrat um.
- Wirkspezifität: Das Enzym katalysiert am Substrat nur eine bestimmte Reaktion.

b) Enzymreaktion: Enzym + Substrat → Enzym-Substrat-Komplex → Enzym + Produkte
Bei Enzymhemmung kommt keine Reaktion zustande.
- Kompetitive Hemmung: Ein Hemmstoff lagert sich an das aktive Zentrum und verhindert die Anlagerung des Substrats. Hemmstoff und Substrat haben ähnliche Struktur. Es findet eine Konkurrenz zwischen Hemmstoff und Substrat statt. Durch Erhöhung der Substratkonzentration kann die Hemmung aufgehoben werden.
- Allosterische Hemmung: Hemmstoffe werden an einer anderen Stelle des Enzyms gebunden. Die Struktur des Enzyms ändert sich und die Reaktion mit dem Substrat kann nicht stattfinden. Entfernt man den Hemmstoff durch eine andere Reaktion aus dem System, kann die Hemmung verhindert werden.

c) Die MICHAELIS-Konstante gibt die Substratkonzentration an, bei der die Hälfte der maximalen Enzymaktivität erreicht ist. Sie ist ein Maß für die Affinität zwischen Enzym und Substrat.
- Hohe Konstante: geringe Affinität; man benötigt viel Substrat, um die Hälfte der maximalen Reaktionsgeschwindigkeit zu erreichen
- Niedere Konstante: hohe Affinität; man benötigt wenig Substrat, um die Hälfte der maximalen Reaktionsgeschwindigkeit zu erreichen
  K_M (Hefe) > K_M (Leber)
  Das Enzym der Hefe hat die geringere Affinität als das Enzym der Leber.

Lösung Aufgabe 16.19.2

a) Starklichtkurve (1): Die Fotosynthese steigt bis 35 °C stark an und fällt anschließend stark ab. Schwachlichtkurve (2): Die Fotosynthese bleibt vorerst nahezu konstant und fällt ab 35 °C ebenfalls ab.

b) Die Fotosynthese hat eine Lichtreaktion (lichtabhängig, temperaturunabhängig) und eine Dunkelreaktion (temperaturabhängig, lichtunabhängig). Für die Dunkelreaktion sind Enzyme erforderlich, die jedoch bei Temperaturen über 35 °C denaturieren. Bei Starklicht ist die Dunkelreaktion der begrenzende Faktor. Die Lichtreaktion liefert genügend Produkte, die die Enzyme umsetzen können. Bei Schwachlicht werden wenig Produkte für die Dunkelreaktion geliefert, sodass die Enzyme nicht ausgelastet sind.

Lösung Aufgabe 16.19.3

Alkoholische Gärung:

Milchsäuregärung:

Lösung Aufgabe 16.19.4

a) $6\,CO_2 + 12\,H_2O^* \rightarrow C_6H_{12}O_6 + 6\,O_2 + 6\,H_2O^*$

b) Zur Klärung des Problems wurde das Sauerstoff-Isotope $^{18}_{6}O$ eingesetzt. Nur wenn sich dieses Isotop im Wasser befand, konnte es im entstehenden Sauerstoff gefunden werden. So wurde eindeutig nachgewiesen, dass der bei der Fotosynthese entstehende Sauerstoff aus dem Wasser kommt (Tracer-Methode).

Lösung Aufgabe 16.19.5

Bei der Transaminierung werden Aminosäuren in Ketosäuren umgewandelt. Aus Alanin entsteht z. B. Brenztraubensäure, die zum Glucoseaufbau benötigt wird. Der Körper kann also Eiweiße in Kohlenhydrate umwandeln. Brenztraubensäure kann aber auch zur Synthese von Fettsäuren und Glycerin verwendet werden, wodurch eine Umwandlung von Eiweiß in Fett ebenfalls auf diesem Wege möglich ist.

Beispiel:

Diese Reaktion wird durch die Transaminasen und das Coenzym Pyridoxalphosphat katalysiert. Pyridoxalphosphat ist die aktive Form von Pyridoxin (Vitamin B6).

Ein Beispiel für diese Reaktion ist die Umwandlung von α-Ketoglutarat und Alanin zu Glutamat und Pyruvat und umgekehrt. Auf diese Weise kann der Organismus (nicht essenzielle) Aminosäuren selbst herstellen oder abbauen.

16.20 Kernchemie

Aufgabe 16.20.1

a) Beschreiben Sie die Arten der natürlichen radioaktiven Strahlung.

b) Erläutern Sie die Schritte der Zerfallsreihe von Ra-223 bis Pb-207.

Aufgabe 16.20.2

Von den radioaktiven Sauerstoff-Isotopen hat $^{15}_{6}O$ die längste Halbwertszeit.

$t_{1/2} = 2{,}03$ min

a) Berechnen Sie die Masse an Sauerstoff, die von 1 g nach 30 Minuten noch vorhanden ist.

b) Erläutern Sie, wie Sauerstoff-Isotope zur Aufklärung biologischer Prozesse verwendet wurden.

Aufgabe 16.20.3

Die Radiocarbonmethode dient zur Altersbestimmung von abgestorbenem pflanzlichem und tierischem Material.

a) Erklären Sie das Prinzip dieser Methode.

b) Berechnen Sie das Alter eines fossilen Materials, welches nur noch 81,7 % des ursprünglichen C-14 Anteils enthält. Die Halbwertszeit beträgt: $t_{1/2}(^{14}C) = 5763$ a

Aufgabe 16.20.4

Die Spaltung von U-235 wird im Kernreaktor zur Energiegewinnung verwendet.

a) Erklären Sie, wie in einem Spaltungsreaktor die Kernreaktion ermöglicht und aufrechterhalten wird.

b) Erklären Sie, warum es in Uranlagerstätten zu keiner Kernspaltung kommt.

Aufgabe 16.20.5

Natürlich vorkommendes $^{238}_{92}U$ zerfällt in mehreren Schritten zu $^{206}_{82}Pb$. In den ersten beiden Schritten entstehen $^{234}_{91}Th$ (Halbwertszeit 24,1 Tage) und dann $^{234}_{91}Pa$, (Halbwertszeit 6,66 Stunden).

a) Geben Sie für diese Zerfallschritte die Gleichungen an.

b) Berechnen Sie die kinetische Energie, die bei diesen Prozessen frei wird.

Material:

Element	$^{238}_{92}U$	$^{206}_{82}Pb$	$^{234}_{90}Th$	$^{234}_{91}Pa$
Atommasse in u	238,05079	235,04393	234,04360	234,04360

$m(^{4}_{2}He) = 4{,}00260$ u

$\Delta m = 1$ u $= 931{,}5$ MeV

1 MeV $= 1{,}602 \cdot 10^{13}$ J

Lösungen

Lösung Aufgabe 16.20.1

a) α-Strahlung: Zweifach positiv geladene Heliumkerne. Diese wirken wegen der großen Masse und Ladung bei relativ geringer Geschwindigkeit stark ionisierend.

β-Strahlung: Elektronenstrahlung. Diese haben wegen der geringen Masse bei hoher Geschwindigkeit eine mittlere ionisierende Wirkung.

γ-Strahlung: elektromagnetische Strahlung. Diese Strahlen haben geringe ionisierende Wirkung, aber demzufolge hohe Durchdringungsfähigkeit.

b) Bei einem α-Zerfall verringert sich die Massenzahl um vier Einheiten, die Protonenzahl nimmt um zwei Einheiten ab. Beim β-Zerfall bleibt die Massenzahl gleich, die Protonenzahl steigt um eine Einheit. Vom Ra-223 bis Pb-207 ergibt sich eine Differenz der Massenzahlen von 16 u. Das entspricht vier α-Zerfallsschritten. Die Protonenzahl müsste um acht Einheiten auf 80 abnehmen. Durch zwei β-Zerfallsschritte ergibt sich 82. Es finden vier α-Zerfallsschritte und zwei β-Zerfallsschritte statt.

Lösung Aufgabe 16.20.2

a) $N_t = N_0 \cdot e^{-\lambda \cdot t}$; $\lambda = \frac{\ln 2}{t_{\frac{1}{2}}}$; $N_0 = 1\,g$; $\lambda = 5{,}69 \cdot 10^{-3}\,s^{-1}$

$30\,min = 1800\,s$

$N_t = 1\,g \cdot e^{-5{,}69 \cdot 10^{-3} \cdot 1800}$

$N_t = 3{,}56 \cdot 10^{-5}\,g$

Nach 30 min sind noch $3{,}56 \cdot 10^{-5}\,g$ vorhanden.

b) Radioaktive Isotope wurden z. B. zur Aufklärung der Fotosynthese verwendet. Durch radioaktive Markierung der Ausgangsstoffe konnte nachgewiesen werden, dass der freigesetzte Sauerstoff ausschließlich aus dem Wasser stammt (Tracer-Methode). Die folgenden Gleichungen zeigen den Weg der markierten Teilchen:

$6\,C^{18}O_2 + 12\,H_2O = \rightarrow C_6H_{12}{}^{18}O_6 + 6\,H_2{}^{18}O + 6\,O_2$

$6\,CO_2 + 12\,H_2{}^{18}O = \rightarrow C_6H_{12}O_6 + 6\,H_2O + 6\,{}^{18}O_2$

Lösung Aufgabe 16.20.3

a) Sowohl in der Atmosphäre wie auch in lebenden Organismen ist ein konstantes Verhältnis von $^{12}C : {}^{14}C$ vorhanden. Nach dem Tod des Lebewesens wird kein ^{14}C mehr bei Pflanzen über die Fotosynthese und bei Mensch und Tier über die Nahrung aufgenommen und sein Anteil verringert sich. Da ^{14}C ein β-Strahler ist, kann aus der Anzahl der β-Zerfälle pro Zeiteinheit das Alter bestimmt werden.

b) $t = \ln\frac{\frac{N_0}{N_t}}{\lambda}$ $\qquad \lambda = \frac{\ln 2}{t_{\frac{1}{2}}}$ $\quad t = t_{\frac{1}{2}} \cdot \frac{\ln\frac{N_0}{N_t}}{\ln 2}$

$t = 5736\,a \cdot \frac{0{,}202}{0{,}693} = 1672\,a$

Das fossile Material hat ein Alter von 1672 Jahren.

16.20 Kernchemie

Lösung Aufgabe 16.20.4

a) Uran-235-Kerne werden im Reaktor durch langsame Neutronen gespalten. Dabei werden 2 bis 3 schnelle Neutronen frei. Damit diese Neutronen weitere Uran-Kerne spalten können, bedarf es einer Abbremsung. Das wird durch Moderatoren wie Wasser oder Graphit erreicht. Der Multiplikationsfaktor muss dabei 1 bleiben. Es darf also von den 2 bis 3 Neutronen nur ein Neutron in die weitere Spaltung eingehen.

Die überschüssigen Neutronen werden von Steuerstäben absorbiert. Je weiter diese Stäbe in den Reaktor eingeschoben werden, umso mehr Neutronen werden absorbiert.

b) In natürlichen Uranlagerstätten sind nur 0,7 % des spaltbaren Uran-235 enthalten. Wenn das vorwiegend auftretende Uran-238 zufällig vorhandene Neutronen absorbiert, wird es nicht gespalten. In natürlichen Lagerstätten fehlen außerdem die für die Spaltung notwendigen thermischen Neutronen und die nötigen Moderatoren.

Lösung Aufgabe 16.20.5

a) 1. Schritt $^{238}_{92}U \rightarrow ^{234}_{90}Th + ^{4}_{2}He$ α-Zerfall

   2. Schritt $^{234}_{90}Th \rightarrow ^{234}_{91}Pa + ^{0}_{-1}e$ β-Zerfall

b) $Q = \Delta m \cdot c^2$; $\Delta m = 1\ u \triangleq 9{,}31{,}5\ MeV$

   1. Schritt

   $Q = \left[m\left(^{238}_{92}U\right) - m\left(^{234}_{90}Th\right) - m\left(^{4}_{2}He\right) \right] 931{,}5\ MeV$

   $Q = (4{,}59 \cdot 10^{-3}\ u)\ 931{,}5\ MeV/u$

   $Q = 4{,}28\ MeV$

   2. Schritt

   $Q = \left[m\left(^{234}_{90}Th\right) - m\left(^{234}_{92}Pa\right) \right] 931{,}5\ MeV$

   $Q = (2{,}8 \cdot 10^{-4}\ u) \cdot 931{,}5\ MeV/u$

   $Q = 0{,}26\ MeV$

   Die kinetische Energie beträgt im 1. Schritt 4,28 MeV und im 2. Schritt 0,26 MeV.

Glossar

α-Aminosäuren: Die Amino-Gruppe sitzt stets am unmittelbar zur Carboxyl-Gruppe benachbarten C-Atom, nur sie sind Bausteine der Proteine.

π-Bindung: An ihr sind die nicht-hybridisierten p-Elektronen beteiligt. Sie ist nicht rotationssymmetisch ($\rightarrow$ σ-Bindung).

σ-Bindung: Bindung, die rotationssymmetrisch zur Bindungsachse der beiden Atomkerne ist und daher eine freie Drehbarkeit der Atome um die Bindungsachse ermöglicht. Hybridisierte Orbitale gehen immer eine σ-Bindung ein.

Aktivierungsenergie: Energie, die auch bei exothermen Reaktionen zugeführt werden muss, damit die Reaktion in Gang kommt.

Aldose: Monosaccharid mit doppelt gebundenem Sauerstoff am C_1 der Kette.

Alkanale: Verbindungen mit endständiger Carbonyl-Gruppe.

Alkane: Kohlenwasserstoffe mit maximal möglicher Zahl an Wasserstoff-Atomen.

Alkanone: Der doppelt gebundene Sauerstoff befindet sich an einem sekundären Kohlenstoff-Atom.

Amine: Substitutionsprodukte des Ammoniaks, bei dem ein oder mehrere H-Atome durch aliphatische oder aromatische Reste ersetzt sind.

Aminosäuren: Carbonsäuren, bei denen ein oder mehrere H-Atome der Alkyl-Gruppe durch die Amino-Gruppe $-NH_2$ ersetzt sind.

Amylopektin: Bestandteil der Stärke, bis zu einer Million α-Glucose-Einheiten sind α-(1,4)-glykosidisch verknüpft. Zusätzlich ist etwa jede 25. Glucose-Einheit α-(1,6)-glykosidisch verknüpft, was zu Verzweigungen der Kette führt.

Amylose: Bestandteil der Stärke, bis zu 10000 α-Glucose-Einheiten sind α-(1,4)-glykosidisch miteinander verknüpft.

Anion: Negativ geladenes Teilchen.

Anode: Elektrode, an der eine Oxidation stattfindet.

Anthrachinon-Farbstoffe: stellen eine große Gruppe synthetischer und natürlich vorkommender organischer Farbstoffe dar. Chromophor ist das Diphenylketon-System.

Asymmetrische C-Atome: C-Atom ist mit vier unterschiedlichen Substituenten verbunden.

Atombindung: Bindung von Nichtmetallen durch gemeinsame Elektronenpaare ($\rightarrow$ Molekül).

Azo-Farbstoffe: stellen die größte Klasse der synthetischen organischen Farbstoffe dar. Chromophor ist die Azo-Gruppe ($-N=N$-Gruppe) in Verbindung mit aromatischen Systemen.

Base (nach BRÖNSTED): Protonenakzeptor.

Basenkonstante K_B: Maß für die Basenstärke.

Bindungsenergie: Energie, die benötigt wird, um Moleküle in Atome zu spalten.

BORN-HABER-Kreisprozess: Eine Anwendung des Satzes von HESS ($\rightarrow$ HESS, Satz von) zur Bestimmung der Gitterenergie ($\rightarrow$ Gitterenergie) von Ionengitter, da diese Größe experimentell nicht messbar ist.

Brennstoffzelle: Primärzellen, bei denen die Reaktanden von außen kontinuierlich zugeführt und an Elektroden mit Katalysatorwirkung elektrochemisch umgesetzt werden.

Carbonsäurederivat: Die Hydroxyl-Gruppe der Carboxyl-Gruppe wird durch andere Atome oder Atomgruppen ersetzt.

Carbonyl-Gruppe: Funktionelle Gruppe der Alkanale und Alkanone.

Carboxyl-Gruppe: Funktionelle Gruppe der Carbonsäuren.

Cellulose: Bestandteil der pflanzlichen Zellwand, mehrere Tausend β-Glucose-Einheiten sind β-(1,4)-glykosidisch miteinander verknüpft

Chemisches Gleichgewicht: In einem geschlossenen System stellt sich für eine umkehrbare Reaktion bei konstanter Temperatur und bei konstantem Druck ein gleich bleibendes Stoffmengenverhältnis zwischen den Edukten (Ausgangsstoffen) und den Produkten (Endstoffen) ein.

Chirale Moleküle: Moleküle, die sich wie Bild und Spiegelbild verhalten.

Chromophore: sind Atomgruppen in einer Verbindung mit π-Elektronensystemen (Mehrfachbindungen), die die Farbigkeit der Verbindung verursachen, indem sie bestimmte Wellenlängen des Lichts absorbieren.

cis-trans-Isomerie: Unterschiedliche Stellung von Substituenten an Doppelbindungen.

Delokalisierte Elektronen: π-Elektronen sind nicht einer Bindung zuzuordnen. Sie verteilen sich über mehr als zwei Atome.

Denaturierung: Irreversible Zerstörung der Tertiär- bzw. Quartärstruktur der Proteine.

Diazotierung: Reaktion von primären aromatischen Aminen mit Nitrit-Ionen bei der Herstellung von Azo-Farbstoffen.

Dipol: Molekül mit Zentren positiver und negativer Ladung.

Dipol-Dipol-Wechselwirkung: Anziehung zwischen (permanenten) Dipolen.

Disaccharide: Entstehen durch den Zusammenschluss von zwei Monosacchariden unter Wasserabspaltung.

Disproportionierung: Vorgang, bei dem ein und derselbe Stoff zugleich oxidiert und reduziert wird.

Donator-Akzeptor-Konzept: Chemisches Basiskonzept; Austausch von Teilchen wie Protonen (Protolyse) oder Elektronen (Redox-Reaktion) zwischen den Reaktionspartnern beim Zusammenstoß während einer chemischen Reaktion. Dabei wird der abgebende Reaktionspartner als Donator, der aufnehmende Reaktionspartner als Akzeptor bezeichnet.

Duroplasten: Die Makromoleküle sind durch Elektronenpaarbindungen dreidimensional eng vernetzt.

Elastomere: Lassen sich durch Zug oder Druck leicht verformen und kehren aufgrund ihrer Elastizität immer wieder in die ursprüngliche Form zurück.

Elektrolyse: ist eine durch Gleichstrom erzwungene Redoxreaktion, die in einer Elektrolysezelle abläuft. Dabei bleibt im Vergleich zur galvanischen Zelle die Zuordnung von Minus- und Pluspol bestehen, jedoch wird der Minuspol zur Kathode (Reduktionsreaktion) und der Pluspol zur Anode (Oxidationsreaktion).

Elektrolyt: ist ein elektrisch leitendes Medium (Lösung, Schmelze, Feststoff) auf der Grundlage von beweglichen Ionen.

Elektron: Teilchen mit einer quantifizierbaren negativen Ladung, das eine außerordentlich geringen Masse besitzt.

Elektronegativität: Maß für die Fähigkeit eines Atoms, Bindungselektronen anzuziehen.

Elektronenaffinität: Energie, die umgesetzt wird, wenn Atome ein Elektron aufnehmen (→ Elektronegativität).

Elektronenakzeptor: Elektronenaufnehmende Verbindung bei einer Redoxreaktion.

Elektronendonator: Elektronenabgebende Verbindung bei einer Redoxreaktion.

Elektronenkonfiguration: Man erhält sie für ein Atom, indem man alle Elektronen des Atoms Orbitalen zuordnet.

Elektronenübergang: Findet bei Redoxreaktionen statt. Der Reaktionspartner, der Elektronen abgibt, wird als Elektronendonator, der aufnehmende Reaktionspartner als Elektronenakzeptor bezeichnet.

Elektrophil: Teilchen mit Elektronenmangel.

Enantiomere: Spiegelbild-Isomere, verhalten sich wie Bild und Spiegelbild und können nicht durch Drehung ineinander überführt werden.

Endergonische Reaktion: Wenn die Änderung der freien Enthalpie $\Delta_R G_m$ positiv ist $(\Delta_R G_m^0 > 0)$, kann die Reaktion nicht spontan ablaufen. Sie kann aber durch Arbeit erzwungen werden.

Endotherme Reaktion: Bei einer endothermen Reaktion wird Wärme vom System aus der Umgebung aufgenommen. Die Reaktionsenthalpie ist größer null: $\Delta H > 0$.

Energie, chemische: ist Teil der Energie des Systems, der in chemischen Bindungen und zwischenmolekularen Wechselwirkungen gespeichert ist. Im Verlauf einer chemischen Reaktion wird durch Abbau und Neuaufbau von Bindungen ein Teil dieser chemischen Energie in andere Energiearten umgewandelt.

Energie/Entropie-Konzept: Chemisches Basiskonzept; alle chemischen Reaktionen sind mit Energieumsatz verbunden. Dabei tendieren chemischen Systeme zu einem Zustand, der möglichst energiearm und ungeordnet ist.

Energie: kann weder geschaffen noch vernichtet werden. Energiearten können ineinander umgewandelt werden. Die Energie eines Systems ist ein Maß für die Fähigkeit dieses Systems, Arbeit zu verrichten oder Wärme abzugeben.

Enthalpie H: Energieinhalt eines chemischen Systems unter konstantem Druck, wobei nur Enthalpie-Änderungen (ΔH) messbar sind. Wärmeaufnahme des Systems: $\Delta H > 0$, Wärmeabgabe des Systems: $\Delta H < 0$.

Entropie S: Maß für die Unordnung eines chemischen Systems bzw. die Wahrscheinlichkeit eines bestimmten Zustandes. Sie ist neben der Reaktionsenthalpie Faktor für die Triebkraft einer chemischen Reaktion.

Essenzielle Aminosäuren: Können im menschlichen Organismus nicht synthetisiert werden und müssen mit der Nahrung aufgenommen werden.

Exergonische Reaktion: Wenn die Änderung der freien Enthalpie $\Delta_R G_m$ negativ ist ($\Delta_R G_m < 0$), läuft eine Reaktion **freiwillig** ab und es kann dabei physikalisch Arbeit geleistet werden.

Exotherme Reaktion: Bei einer exothermen Reaktion wird Wärme vom System an die Umgebung abgegeben. Die Reaktionsenthalpie ist kleiner null: $\Delta H < 0$.

FARADAY-Gesetze: Mithilfe der FARADAY-Gesetze lassen sich bei Elektrolysen umgesetzte Ladungs- und Stoffmengen quantitativ bestimmen.

Farbmittel: Farbgebende Stoffe.

Farbstoffe: Farbmittel, die sich im Anwendungsmedium lösen oder in Lösung verarbeitet werden können.

Fette: Ester aus Fettsäuren (langkettigen Carbonsäuren) und Glycerin (Propan-1,2,3-triol)

Formalladungen: Man erhält sie, indem man von der Anzahl der Valenzelektronen des freien Atoms die freien Elektronen und die Hälfte der Bindungselektronen des Atoms im Molekül subtrahiert.

Freie Elektronenpaare: Valenzelektronen, die nicht an der Bindung beteiligt sind.

Freie Enthalpie (GIBBS'sche Energie) G: ist Maß für die faktisch nutzbare oder notwendige Energie einer chemischen Reaktion. Die freie Enthalpie lässt sich aus der Differenz von der (Gesamt-)Enthalpie H und dem Produkt aus Temperatur T und Entropie S eines Systems berechnen: $G = H - T \cdot S$

Funktionsisomerie: Unterschiedliche funktionelle Gruppen bei gleicher Summenformel.

Galvanische Zelle (galvanisches Element): Ist eine elektrochemische Spannungsquelle (z. B. Batterie), die entsteht, wenn zwei unterschiedliche Elektroden oder Halbzellen über eine Elektrolytbrücke miteinander verbunden werden.

Galvanisieren: Überziehen von Werkstücken mit einem Metall durch Elektrolyse.

Geschwindigkeitskonstante: Sie ist charakteristisch für eine Reaktion bei konstanter Temperatur.

GIBBS-HELMHOLTZ-Gleichung: verknüpft mathematisch die Enthalpie- und Entropie-Änderung einer chemischen Reaktion: $\Delta G = \Delta H - T \cdot \Delta S$ ($\rightarrow \Delta G$: freie Enthalpie).

Gitterenergie: Energiebetrag, der bei der Bildung des Ionengitters aus den Ionen der Gasphase frei wird.

Glykogen: Menschliche bzw. tierische Speicherform von Glucose

Glykosidische Bindung: Bindung zwischen zwei Monosacchariden, die durch Abspaltung von Wasser zwischen zwei OH-Gruppen entstanden ist.

Gruppe: Vertikale Reihe des Periodensystems. Elemente einer Gruppe besitzen die gleiche Anzahl an Elektronen auf der äußeren Schale.

Halbacetal: Das Produkt einer Reaktion zwischen einer Aldehyd-Gruppe und einer OH-Gruppe.

Halbsynthetische Kunststoffe: Durch Umwandlung von Naturprodukten entstanden.

Halbzelle (Halbelement): Bezeichnung für ein Redoxsystem mit Elektrode. Dabei kann die Elektrode Teil des Redoxsystems oder inerte Ableitelektrode sein. Zwei Halbzellen können zu einem galvanischen Element kombiniert werden.

Hauptquantenzahl (n): Gibt die Größe des Orbitals an.

HESS, Satz von: Die Reaktionsenthalpie bei einer chemischen Reaktion ist unabhängig vom Reaktionsweg, sie hängt nur vom Ausgangs- und Endzustand des Systems ab.

Heterogene Katalyse: Katalysator und Edukt liegen in verschiedenen Phasen vor.

Heterolyse: Spaltung einer Atombindung so, dass eines der beteiligten Atome beide Elektronen der Bindung erhält.

Hexose: Monosaccharid mit sechs C-Atomen.

Homogene Katalyse: Katalysator und Edukt liegen in gleicher Phase vor.

Homolyse: Spaltung einer Atombindung so, dass jedes der beteiligten Atome eines der beiden Elektronen erhält.

HUND'sche Regel: Energiegleiche Orbitale gleicher Nebenquantenzahl werden zunächst einfach besetzt.

Hybridisierung: Mischen von Orbitalen (Energie und Gestalt).

Hybridorbital: Orbital, das durch Hybridisierung entstanden ist.

Hydrat: Besitzt zwei Hydroxylgruppen am selben C-Atom.

Hydrathülle: In wässriger Lösung sind alle Ionen von einer Hülle aus Wassermolekülen umgeben.

Hydroxylgruppe: Funktionelle Gruppe der Alkanole.

Indikatoren: Farbige organische (schwache) Säuren oder Basen, deren korrespondierende Basen bzw. Säuren eine andere Farbe besitzen.

Induktiver Effekt: Atome und Atomgruppen beeinflussen die Reaktivität einer funktionellen Gruppe in einem Molekül.

Ionenbindung: Bindung zwischen Metall und Nichtmetall. Sie kommt dadurch zustande, dass das Metall Elektronen abgibt, das Nichtmetall Elektronen aufnimmt.

Isoelektrischer Punkt: Der pH-Wert, bei dem die Aminosäure als Zwitterion vorliegt und nicht im elektrischen Feld wandert.

Isolierte Doppelbindung: Mindestens zwei Einfachbindungen zwischen zwei Doppelbindungen,

Isomerie: Unterschiedliche Verbindungen mit gleicher Molekülformel.

Katalysatoren: Stoffe, die eine Reaktion beschleunigen, am Ende aber wieder in der ursprünglichen Form vorliegen. Sie erniedrigen die benötigte Aktivierungsenergie.

Kathode: Elektrode, an der eine Reduktion stattfindet.

Kation: Positiv geladenes Teilchen.

Keto-Enol-Tautomerie: Isomerieart mit unterschiedlicher Position eines Protons im Molekül.

Ketose: Monosaccharid mit doppelt gebundenem Sauerstoff am C_2 der Kette.

Kohlenhydrate: Bestehen neben Kohlenstoff aus Sauerstoff und Wasserstoff, welche in der Regel im Verhältnis 1 : 2 stehen.

Konformations-Isomerie: Unterschiedliche Atompositionen durch Drehung um Einfachbindungen.

Konjugierte Doppelbindung: Alternierende Anordnung von Einfach- und Doppelbindungen.

Konstitutions-Isomere: Isomere mit unterschiedlicher Verknüpfung in der Reihenfolge ihrer Atome.

Konzept des chemischen Gleichgewichts: Chemisches Basiskonzept; reversible chemische Reaktionen können in geschlossenen Systemen zu einem Gleichgewichtszustand führen, der mathematisch mithilfe des Massenwirkungsgesetzes (MWG) beschreibbar ist.

Korrespondierendes Säure/Base-Paar: Zwei Teilchen, die sich nur durch ein Proton unterscheiden.

Korrosion: Zerstörung von Metallen von der Oberfläche her durch elektrochemische Reaktionen mit ihrer Umgebung.

Kumulierte Doppelbindung: Die Doppelbindungen befinden sich unmittelbar nebeneinander.

Lewis-Formel: = Valenzstrichformel = Strukturformel.

Lokalelement: Ein Lokalelement ist eine kurzgeschlossene galvanische Zelle, bei der Anode und Kathode nicht räumlich voneinander getrennt sind sondern sich berühren.

Löslichkeitsprodukt (K_L): Gleichgewichtskonstante für das Löslichkeitsgleichgewicht schwerlöslicher Salze.

Magnetquantenzahl (m): Gibt die Lage des Orbitals im Raum an.

Massenwirkungsgesetz (MWG): Bei einem homogenen System im chemischen Gleichgewicht ist das Produkt der Konzentrationen der rechts stehenden Teilchen dividiert durch das Produkt der Konzentrationen der links stehenden Teilchen bei einer bestimmten Temperatur konstant.

Mesomerie: Elektronenverteilung in einem Molekül wird durch mehrere (fiktive) Lewis-Formeln (Grenzformeln) beschrieben.

Mesomerieenergie: Energiedifferenz zwischen den Verbindungen mit delokalisierten Elektronen und der hypothetischen Form mit lokalisierten Doppelbindungen.

Mesomeriestabilisiert: Teilchen mit delokalisierten π-Elektronen sind energiearm (= stabil), da den delokalisierten π-Elektronen mehr Raum zur Verfügung steht.

Molekül: Verbindung aus Nichtmetall-Atomen, die auf der Bildung gemeinsamer Elektronenpaare beruht.

Molekülorbitale: Entstehen durch Überlappen benachbarter Atomorbitale.

Mutarotation: Die Änderung des Drehwinkels einer Lösung aus α- und β-Isomeren bis zur Gleichgewichtseinstellung.

Nebenquantenzahl (ℓ): Gibt die Form des Orbitals an.

Nernst-Gleichung: Stellt den quantitativen Zusammenhang zwischen der Elektrolytkonzentration c und dem Elektrodenpotential her. Mit der Nernst-Gleichung lässt sich die

Konzentrationsabhängigkeit des Redoxpotentials eines Redoxpaares beschreiben, das heißt, man kann das Potential einer Halbzelle mit beliebiger Elektrolytkonzentration berechnen.

Nitroverbindungen: Derivate aliphatischer oder aromatischer Kohlenwasserstoffe mit einer oder mehreren Nitrogruppen im Molekül,

Nucleophil: Teilchen mit Elektronenüberschuss.

Oktettregel: Jedem Atom werden in der LEWIS-Formel vier Elektronenpaare zugeordnet.

Oligopeptide: Weniger als 10 Aminosäuren sind miteinander verknüpft.

Oligosaccharide: Durch Verknüpfung von zwei bis zehn Monosacchariden entstanden.

Optisch aktive Verbindungen: Drehen die Schwingungsebene von linear polarisiertem Licht.

Orbital: Aufenthaltsbereich in einem Atom bzw. Molekül, in dem ein Elektron mit großer Wahrscheinlichkeit anzutreffen ist.

Oxidation: Abgabe eines Elektrons oder mehrerer Elektronen an einen Reaktionspartner bzw. Teilreaktion, bei der die Oxidationszahl eines Atoms erhöht wird; historisch: Reaktion, bei der sich ein Stoff mit Sauerstoff verbindet.

Oxidationsmittel: Reaktionsteilnehmer, dessen Oxidationszahl durch Elektronenaufnahme erniedrigt wird. Das Oxidationsmittel ist Elektronenakzeptor und wird aufgrund dessen bei der Redoxreaktion reduziert.

Oxidationszahl: Fiktive Ladung eines Atoms in einer Verbindung. Für die Ermittlung der Oxidationszahl werden die Bindungselektronen jeweils den elektronegativeren Atomen zugeordnet.

Passivierung: Bildung einer schwer angreifbaren Deckschicht auf unedlen Metallen meistens durch Bildung einer lückenlosen, festhaftenden Metalloxidschicht. Beispiel: Aluminiumoxidschicht bei Aluminium.

PAULING-Schreibweise: Orbitalschreibweise, bei der das Orbital als Kästchen dargestellt, die Elektronen durch Pfeile symbolisiert werden.

PAULI-Prinzip: Alle Elektronen eines Orbitals müssen sich in mindestens einer der vier Quantenzahlen unterscheiden.

Pentose: Monosaccharid mit fünf C-Atomen.

Periode: Horizontale Reihe des Periodensystems der Elemente. Elemente einer Periode besitzen dieselbe Schalenzahl.

Phenole: Verbindungen, bei denen eine oder mehrere OH-Gruppen unmittelbar an einen Benzolring gebunden sind.

pH-Wert: Der negative dekadische Logarithmus des Zahlenwertes der Hydronium-Ionen (H_3O^+).

Pigmente: Anorganische oder organische Farbmittel, die im Anwendungsmedium unlöslich sind.

Polare Atombindung: Bindung zwischen Atomen mit unterschiedlicher Elektronegativität.

Polyaddition: Verknüpfung bifunktioneller Monomere über Endgruppen, die Additionsreaktionen eingehen.

Polykondensation: Zusammenschluss von Monomeren mit je zwei funktionellen Gruppen.

Polymerisation: Zusammenlagerung von ungesättigten Monomeren unter Aufspaltung der Doppelbindungen.

Polypeptide: 10 bis 100 Aminosäuren sind miteinander verknüpft.

Polysaccharide: Mehr als 10 Monosaccharide dienen als Bausteine.

Primärer Alkohol: Die Hydroxylgruppe sitzt an einem primären Kohlenstoff-Atom.

Primärstruktur der Proteine: Reihenfolge der Aminosäuren (Aminosäuresequenz).

Primärzelle: Galvanische Zellen, deren Zellreaktion nicht umkehrbar ist, das heißt, sie lassen sich nur entladen, aber nicht mehr aufladen.

Prinzip von Le Chatelier: (= Prinzip vom kleinsten Zwang); jede Störung eines Gleichgewichts durch die Änderung der äußeren Bedingungen (Temperatur-, Druck- oder Konzentrationsänderung) führt zu einer Verschiebung des Gleichgewichts, die der Störung entgegenwirkt.

Promotion: Energetische Anhebung eines Elektrons.

Proteine (Eiweißstoffe): Sind aus den 20 natürlich vorkommenden α-Aminosäuren aufgebaut, die über Peptidbindungen miteinander verknüpft sind.

Puffer: Eine wässrige Lösung, deren pH-Wert sich bei Zusatz nicht allzu großer Mengen an Säuren oder Basen oder bei Verdünnung nur unwesentlich ändert.

Quantenzahl: Charakterisiert den Zustand des Elektrons im Atom.

Quartärstruktur der Proteine: Zwei oder mehrere Polypeptidketten lagern sich zu einem funktionsfähigen Protein zusammen.

Reaktionsenergie ΔU: Wärme, die ein System bei einer chemischen Reaktion unter konstantem Volumen abgibt oder aufnimmt.

Reaktionsenthalpie ΔH: Wärme, die ein System bei einer chemischen Reaktion unter konstantem Druck abgibt oder aufnimmt. Sie ist unabhängig vom Reaktionsweg und hängt nur vom Ausgangs- und Endzustand des Systems ab.

Reaktionsgeschwindigkeits-Konzept: Chemisches Basiskonzept; Stoffe reagieren unterschiedlich schnell miteinander. Ausschlaggebend für die Reaktionsgeschwindigkeit sind (neben der Natur der beteiligten Stoffe) Faktoren wie Zerteilungsgrad, Temperatur, Konzentration und Katalysator.

Redoxpaar, korrespondierendes: Reduktionsmittel und Oxidationsmittel gehen bei Redoxreaktionen ineinander über.

Redoxreaktion: Elektronenaustauschreaktion, chemische Umsetzung bei der gleichzeitig Oxidation und Reduktion, also ein Elektronenübergang stattfindet; historisch: Sauerstoffaustauschreaktion.

Reduktion: Aufnahme eines Elektrons oder mehrerer Elektronen vom Reaktionspartner bzw. Teilreaktion, bei der die Oxidationszahl eines Atoms erniedrigt wird; historisch: Reaktion, bei der ein Stoff Sauerstoff abgibt.

$$\text{Reduktionsmittel} \xrightarrow[\text{Reduktion}]{\text{Oxidation}} \text{Oxidationsmittel} + z\,e^-;$$

z: Anzahl der pro Formelumsatz ausgetauschten Elektronen

Reduktionsmittel: Reaktionsteilnehmer, dessen Oxidationszahl durch Elektronenabgabe erhöht wird. Das Reduktionsmittel ist Elektronendonator und wird deswegen bei der Redoxreaktion oxidiert.

Regel von KOSSEL: Die Reaktionsfähigkeit von Atomen beruht auf deren Bestreben, durch Abgabe oder Aufnahme von Elektronen in der Reaktion mit anderen Atomen Edelgaskonfiguration zu erreichen.

RGT-Regel: Die Reaktionsgeschwindigkeit steigt auf das Doppelte bis Vierfache, wenn man die Temperatur um 10 °C erhöht.

Salzartige Stoffe: Ionenverbindungen.

Sauerstoff-Korrosion: Unter Sauerstoff-Korrosion versteht man die Zerstörung von Metallen, bei der in der Elektrolytlösung gelöster Sauerstoff kathodisch zu Hydroxid-Ionen reduziert wird.

Säure (nach BRÖNSTED): Protonendonator.

Säureamide: Derivate von Carbonsäuren bzw. der Kohlensäure, bei denen die Hydroxyl-Gruppe durch eine Amino-Gruppe ersetzt ist.

Säurekonstante K_S: Maß für die Säurestärke.

Säure-Korrosion: Unter Säure-Korrosion versteht man die Zerstörung von Metallen durch die Hydronium-Ionen einer Elektrolytlösung unter Wasserstoffentwicklung.

Sekundärer Alkohol: Die Hydroxylgruppe sitzt an einem C-Atom, welches mit zwei weiteren C-Atomen Bindungen eingeht.

Sekundärstruktur der Proteine: Die regelmäßige räumliche Anordnung von Peptidketten.

Sekundärzelle: Stellen galvanische Zellen dar, deren Zellreaktion umkehrbar ist. Sie lassen sich mehrfach entladen und mit einer fremden Stromquelle wieder aufladen. Sie werden auch als Akkumulatoren oder „Akkus" bezeichnet.

Spannungsreihe: Zusammenstellung der Standard-Elektrodenpotentiale, nach Größe geordnet, in einer Tabelle.

sp-Hybridisierung: Ein s- und ein p-Orbital mischen sich.

sp^2-Hybridisierung: Ein s- und zwei p-Orbitale mischen sich.

sp^3-Hybridisierung: Ein s- und drei p-Orbitale mischen sich.

Spinquantenzahl (s): gibt die Eigenrotation des Elektrons im Orbital an.

Standard-Bildungsenthalpie, molare $\triangle_f H_m^0$: Die molare Standard-Bildungsenthalpie einer Verbindung entspricht der bei der Bildung von einem Mol der Verbindung bei Standardbedingungen ($p = 1013\,hPa$, $T = 298\,K$) aus den Elementen freigesetzten oder aufgenommenen Wärme. Einheit: $kJ \cdot mol^{-1}$.

Standard-Bildungsentropie $\triangle S_m^0$: Ist die Entropieänderung, die mit der Bildung von einem Mol einer Verbindung bei Standardbedingungen aus den Elementen einhergeht.

Standard-Bindungsenthalpie, molare $\triangle_B H_m^0$: Die Energie, die man unter Standardbedingungen ($p = 1013\,hPa$, $T = 298\,K$) zur Spaltung von einem Mol Atombindungen benötigt. Einheit: $kJ \cdot mol^{-1}$.

Standard-Elektrodenpotentiale: Halbzellenpotentiale, die auf die Standard-Wasserstoff-Halbzelle bezogen sind.

Standard-Reaktionsenthalpie, molare $\triangle_R H_m^0$: Die bei einer chemischen Reaktion unter konstantem Druck pro Formelumsatz abgegebene $(\Delta H < 0)$ oder aufgenommene Wärme $(\Delta H > 0)$ bei Standardbedingungen $(p = 1013 \text{ hPa}, \ T = 298 \text{ K})$.

Standard-Reaktionsentropie, molare $\triangle_R S_m^0$: Ergibt sich aus der Differenz der Standard-Bildungsentropien der Produkte und der Edukte:
$\triangle_R S_m^0 = \Sigma \ \Delta S_m^0 \ (\text{Produkte}) - \Sigma \ \Delta S_m^0 \ (\text{Edukte})$

Stellungs-Isomerie: Unterschiedliche Verknüpfungsstellen bei gleichen funktionellen Gruppen.

Stoff-Teilchen-Beziehungen: Chemisches Basiskonzept; die erfahrbaren Phänomene der stofflichen Welt sind auf der Teilchenebene deutbar. Stoffebene und Teilchenebene müssen dabei immer konsequent unterschieden werden.

Struktur-Eigenschafts-Beziehungen: Chemisches Basiskonzept; Strukturmerkmale, Art, Anordnung und Wechselwirkung der Teilchen bestimmen die Eigenschaften und somit auch das Reaktionsverhalten eines Stoffes.

Substitution: Austausch einzelner Atome oder Atomgruppen im Molekül einer organischen Verbindung gegen andere Atome oder Atomgruppen.

Synproportionierung: (auch Komproportionierung) nennt man einen Vorgang, bei dem Verbindungen höherer und niedrigerer Oxidationsstufen desselben Elements miteinander unter Bildung von Verbindungen mittlerer Oxidationsstufe reagieren.

System (& Umgebung): „System" ist in der Energetik ein genau begrenzter Teil der Welt, der Gegenstand einer Beobachtung oder Messung ist (z. B. Messung eines Energieumsatzes bei einer chemischen Reaktion). Alles, was sich außerhalb des Systems befindet wird als Umgebung bezeichnet

System, geschlossenes: Kann mit seiner Umgebung nur Energie austauschen (z. B. geschlossene Sprudelflasche).

System, isoliertes (abgeschlossenes): Kann mit seiner Umgebung weder Energie noch Materie austauschen (z. B. Flüssigkeit in Thermoskanne).

System, offenes: Kann mit seiner Umgebung sowohl Energie als auch Materie austauschen. (z. B. offene Sprudelflasche).

Tertiärstruktur der Proteine: Charakteristische dreidimensionale Teilchengestalt.

Thermoplaste: Makromoleküle, die kettenförmig linear oder wenig verzweigt angeordnet und untereinander nicht vernetzt sind.

Titration: Ein maßanalytisches Verfahren zur quantitativen Bestimmung der in einer Probelösung enthaltenen Stoffmenge. Die Säure/Base-Titration beruht auf einer Neutralisationsreaktion.

Triphenylmethan-Farbstoffe: Synthetische, brillante Farbstoffe, die sich von Triphenyl-methan ableiten. Triphenylmethan weist ein Ringsystem mit chinoider Struktur auf, das als Chromophor fungiert.

Überspannung: Differenz zwischen der theoretischen Zellspannung und der an den Elektroden gemessenen Zersetzungsspannung bei einer Elektrolyse. Der Überspannungsanteil einer Elektrodenreaktion hängt von der Stromdichte, der Temperatur, vom abzuscheidenden Stoff, der Elektrolytkonzentration, vom Elektrodenmaterial und dessen Oberflächenbeschaffenheit ab.

Valenzelektronen: Elektronen der äußeren Schale eines Elements.

VAN-DER-WAALS-Kraft: Schwache Anziehungskräfte zwischen den induzierten Dipolen.

Veresterung: Reaktion zwischen Alkohol und Säure unter Wasserabspaltung.

Verseifung: Die alkalische Hydrolyse von Fetten.

Vollsynthetische Kunststoffe: Durch Synthese aus Monomeren (Einzelbausteinen) hergestellt.

Wärme: Energie, die aufgrund einer Temperaturdifferenz zwischen einem System und seiner Umgebung übertragen wird.

Wärmeenergie: Energie, die ein Objekt aufgrund seiner Temperatur besitzt.

Wasserstoffbrückenbindung: Starke zwischenmolekulare Kraft zwischen Molekülen, bei denen H unmittelbar an F, O oder N gebunden ist.

Zellspannung: Die elektrische Spannung, die man zwischen den Polen einer galvanischen Zelle misst. Die Zellspannung U zwischen verschiedenen Halbzellen einer galvanischen Zelle kann aus den Standardpotentialen U_H^0 berechnet werden:
$U = U_H^0$ (Akzeptorhalbzelle) – U_H^0 (Donatorhalbzelle)

Zersetzungsspannung: Spannung, die man bei einer Elektrolyse anlegen muss, damit sich Stoffe in nennenswerter Konzentration abscheiden.

Zwischenmolekulare Kraft: Elektrostatische Anziehung zwischen Molekülen bzw. isolierten Atomen.

Stichwortverzeichnis

+I-Effekt, –I-Effekt 171
+M-Effekt, –M-Effekt 148, 200
α-Aminosäuren 302
π-Bindung 23, 302
σ-Bindung 302

A

Abscheidungsdruck 81
Abscheidungspotentiale 98
Acetalbildung 165
Acidität 272, 274
Aggregatzustand 42, 220
Aktivierungsenergie 52, 231, 233, 302
Akzeptor 60
Aldolreaktion 274, 278
Aldose 187, 302
Alkali/Mangan-Batterie 119
Alkanale 163, 302
Alkane 133, 302
Alkanole 153
Alkanone 163, 302
Alkene 138
Alkoholische Gärung 298
Alkoholklassen 159
Alkoxy-Gruppe 159
Altersbestimmung 299
Aluminium, Herstellung von 108
Amalgam-Verfahren 104
Amine 180, 302
Aminocarbonsäuren 182
Amino-Gruppe 273
Aminosäuren 180, 182, 184, 194, 302
Ampholyt 61
Amylopektin 192, 302
Amylose 192, 302
Analytik 89
Anion 14, 17, 302
Anionische Polymerisation 212
Anode 302

Anthrachinon-Farbstoffe 203, 302
Antiauxochrome 200
Äquivalenzpunkt 69, 244
Aromaten 150
Asymmetrische C-Atome 303
Atombindung 26, 303
Atome 9
Atommodelle 10
Azofarbstoffe 303, 202
Azo-Kupplung 202

B

Bakelite 214
Base 303
Basenkonstante 63, 303
Bathochromer Effekt 199, 292
Baumwolle 206
Benzol 143
Bindungsarten 220
Bindungsenergie 303
Bindungsenthalpien 40
Biuret-Reaktion 281
Blei-Akkumulator 120
Bleichmittel 288
BOHR'SCHE Postulate 10
BOLTZMANN, Energieverteilung nach 51
BOLTZMANN-Konstante 42
BORN-HABER-KREISPROZESS 17, 40, 303
BOUDOUARD-GLEICHGEWICHT 234, 236
Brennstoffzelle 123, 303
Brönsted 239, 241
BRÖNSTED-Basen und -Säuren 156
BRÖNSTED-Säure/Base-Theorie 61
Bunt-Pigmente 201

C

Carbonsäurederivat 303
Carbonsäuren 168
Carbonylgruppe 163, 303

Carbonyl-Verbindungen 272, 274, 275
Carboxylat-Anion 175
Carboxyl-Gruppe 303
Celluloid 217
Cellulose 192, 303
Chemisches Gleichgewicht 303
Chiral 171, 303
Chromophor 197, 199, 290, 303
cis-trans-Isomerie 185, 303
Cycloalkane 137

D

DANIELL-Element 80
Delokalisierte Elektronen 304
Denaturierung 196, 279, 281, 304
Desoxyribose 190
Diaphragma-Verfahren 106
Diazotierung 202, 290, 304
Dicarbonsäuren 171
Dipol-Dipol-Wechselwirkung 28, 304
Dipole 26, 27, 28, 304
Direkt-Methanol-Brennstoff-zelle 126
Disaccharide 190, 304
Disproportionierung 78, 255, 256, 304
Duroplaste 210, 304

E

Edelgaskonfiguration 16, 218
Edelgasregel 265
Einfach-, Doppel- und Dreifachbindung im Vergleich 25, 142
Eisen, Rosten des 113
Eiweißstoffe 311
Elastomere 210, 304
Elektrodenreaktion, allgemeine 87

Elektrolyse 94, 96, 100, 259, 304
Elektrolysezelle 110
Elektrolyt 304
Elektron 304
Elektronegativität 26, 304
Elektronenaffinität 304
Elektronenakzeptor 304
Elektronendonator 76, 305
Elektronengas-Modell 28
Elektronenkonfiguration 12, 218, 265, 305
Elektronenpaar-abstoßungsmodell 20, 220
Elektronenpaarbindung 221
Elektronenpaare 19
Elektronenübergang 305
Elektrophil 305
Elektrophile Addition 140, 142
Elektrophile Substitution 144, 161
Elementaranalyse, qualitative, quantitative 129–130
Eliminierung 158
Eloxal-Verfahren 109
Emulgatoren 283
Enantiomere 280, 305
Endergonische Reaktion 45, 305
Endotherme Reaktion 36, 46, 305
Energie 34, 37, 305
Energiearten 37
Energiediagramm 144
Energieerzeuger, elektrochemische 127
Energieprinzip 12
Energiequellen, mobile 117
Enthalpie 35, 39, 45, 305
– Bildungsenthalpie 225, 228
– Lösungsenthalpie 225, 229
– Reaktionsenthalpie 224, 225, 229
– Verbrennungsenthalpie 224, 227
Enthärter 287
Entropie 42, 305

Enzyme 296, 297
Enzymhemmung 296, 297
Essenzielle Aminosäuren 305
Ester 173
Esterbildung 276
Esterspaltung 174
Ether 158
Exergonische Reaktion 45, 306
Exotherme Reaktion 47, 306

F

Faraday-Gesetze 101, 306
Farbe 198
Färbeverfahren 206
Farbmittel 201, 306
Farbstoffe 306
Farbstoffindustrie 201
Farbstoffsynthese 289
FEHLING-Lösung 166
FEHLING-Probe 189, 266, 278, 283, 285
Fette 193, 306
Fettsäuren 193
Fettsäuren, essentielle 281, 282
FISCHER-Projektion 270
FISCHER-Projektionsformel 188
Formalladungen 20, 306
Fotosynthese 296, 297
Freie Elektronenpaare 306
Freie Enthalpie 306
Fructose 190
Funktionsisomerie 159, 185, 306
Furanose 190

G

Galvanische Zelle 80, 92, 110, 306
Galvanisieren 107, 115, 306
Gasgleichung 227
Gerüstisomerie 185
Gesättigte Fettsäuren 193
Gesättigte Lösung 57
Geschwindigkeitsgleichung 50, 230, 232, 233
Geschwindigkeitskonstante 306

GIBBS-HELMHOLTZ-GLEICHUNG 228, 306
GIBBS'SCHE Energie 45, 306
Gitterenergie 17, 40, 306
Gleichgewicht 53, 56
Gleichgewichtskonstante 55, 236, 237
Gleichgewichtsreaktion 61, 234, 235
Glucose 188
Glykogen 306
Glykolyse 296
Glykoside 190
Glykosidische Bindung 190, 307
Grenzformeln, mesomere 26
Gummi 216

H

Halbacetal 307
Halb-Äquivalenzpunkt 70
Halbelement 307
Halbsynthetische Kunststoffe 307
Halbtitration 71
Halbwertszeit 299
Halbzelle 82, 86, 89, 307
Halogenalkansäuren 170
Hauptgruppenelement 218
Hauptquantenzahl 11, 307
HAWORTH-Formel 188
Heizwert 224, 227
HENDERSON/HASSELBALCH 250
HESS, Satz von 39, 307
Heterogene/homogene Katalyse 52, 307
Heterolyse 307
Hexosen 187, 307
Homolyse 307
HÜCKELL-Regel 143, 149
HUND'SCHE Regel 12
Hybridisierung 22, 25, 220, 222, 307
Hybridisierungszustand 268
Hybridorbital 22, 307
Hydrat 307
Hydrathülle 307

Hydroxylgruppe 307
hypsochromer Effekt 292

I

Indigo 204
Indikator 66, 239, 244, 289, 290, 308
Induktiver Effekt 141, 308
Iodoformprobe 278
Iodometrie 90
Iodzahl 281, 282
Ionenbindung 16, 221, 308
Ionengitter 17
Ionenradien 14
IR-Spektroskopie 130
Isoelektrischer Punkt 182, 279, 280, 308
Isolierte Doppelbindung 308
Isomere 268
Isomeren, optische 279
Isomerie 167, 308

K

Kalorimeter 36
Katalysator 51, 232, 235, 236, 238, 308
Kathode 308
Kation 14, 17, 308
Kationische Polymerisation 213
Kernseife 286
Keto-Enol-Tautomerie 167, 269, 308
Ketose 187, 308
Kettenformel 188
Kettenreaktion 211
KKK-Regel 147, 271
Knallgasprobe 239
Knallgaszelle 124
Kohlenhydrate 187, 308
Kohlenwasserstoffe 151
Komplementärfarbe 198
Komplexbildung 240, 248, 265, 266
Komplexverbindung 264, 265, 267
Konformations-Isomerie 137, 308

Konjugierte Doppelbindung 308
Konstitutions-Isomere 133, 308
Konvertierungsreaktion 238
Konzentrationsabhängigkeit 50
Konzentrationszelle 86
Koordinationszahl 18, 265, 266
Korrespondierendes Redox-paar 76
Korrespondierendes Säure/Base-Paar 61, 309
Korrosion 112, 258, 262, 309
Korrosionsschutz 114, 115
Kossel, Regel von 16
Kugelpackung, dichteste 18
Kumulierte Doppelbindung 309
Kunststoffe 208
Kunststoffsynthese 211
Küpenfarbstoff 204
Kupfer-Raffination 103
Kupplung 290

L

Le Chatelier 234
Leclanché-Element 117
Leitfähigkeit 264, 265
Lichtabsorption 198
Linienspektrum 11
Lithium-Batterie 119
Lithium-Ionen-Akkumulator 122
Lokal-Element 309
Löslichkeit 240, 246, 248, 262
Löslichkeitsprodukt 57, 309
Lösungsdruck 81

M

Magnetquantenzahl 11, 309
Makromolekül 293
Makromoleküle, Bildung von 217
Manganometrie 90
Markonikow-Regel 141
Maßanalyse 69

Massenwirkungsgesetz 54, 234, 309
Membran-Verfahren 106
Mesomerer Effekt 148
Mesomere Wechselwirkungen 199
Mesomerie 25, 200, 309
Mesomerieenergie 144, 223, 309
Mesomeriestabilisiert 309
Metalle 15
Metall-Halbzelle 86, 88
Metallische Bindung 28
Metallkomplexfarbstoffe 206
Metallschutzschichten 114
Michaelis-Konstante 296, 297
Milchsäuregärung 298
Molare Masse, Ermittlung 129–130
molare Volumenarbeit 224, 225, 227
Molekül 15, 19, 309
Molekülorbitale 21, 25, 309
Molekülstruktur, Übersicht 21
Molmassenbestimmung 220
Monoalkansäuren 170
Monosaccharide 187
Mutarotation 189, 283, 285, 309

N

Naturkautschuk 293
Naturstoffe 196
Nebengruppenelemente 218
Nebenquantenzahl 11, 309
Nernst-Gleichung 257, 309
Neutralpunkt 249
Newman-Projektion 270
Nichtmetalle 16
Nichtmetall-Halbzelle 86, 89
Nickel/Cadmium-Akkumula-tor 120
Nickel/Metallhydrid-Akkumulator 121
Nickel/Metallhydrid-Rundzelle 121
Nitro-Gruppe 273

Nitroverbindungen 180, 184, 310
NMR-Spektroskopie 130
Nucleophil 310
Nucleophile Addition 164, 166
Nucleophile Reaktionen 181
Nucleophile Substitution 156–157, 158
Nucleophilie 157
Nukleinsäuren 190

O

Oktettregel 19, 220, 221, 310
Oligopeptide 310
Oligosaccharide 310
Optisch aktive Verbindungen 310
Optische Aktivität 172, 270
Optische Isomerie 185
Orbital 11, 265, 267, 268, 269, 310
Orbitalbesetzung 218
Orbitalmodell 11
Ordnungszahl 13
Organische Verbindungen, Strukturaufklärung 128
Oxidation 74, 252, 310
Oxidationsmittel 76, 256, 310
Oxidationsstufe 218, 219, 252, 253, 255
Oxidationszahlen 75, 76, 159, 310

P

Partialladungen 26
Passivierung 310
PAULING-Schreibweise 12, 310
PAULI-PRINZIP 12, 310
PEM-Brennstoffzelle 125
Pentose 187, 310
Peptidbindung 196
Periode 310
Periodensystem 13
pH-Berechnungen 64–65
Phenol 160, 311
Phenoplaste 214
pH-Sprung 70

pH-Wert 62, 239, 241, 242, 244, 249, 250, 251, 257, 258, 259, 261, 311
Pigmente 201, 311
Polare Atombindung 311
Polyaddition 215, 311
Polyamide 214
Polyene 199
Polyester 214
Polyesterfasern 206
Polykondensation 214, 215, 295, 311
Polymerisation 211, 212, 214, 294, 311
Polypeptide 311
Polyreaktion 292
Polysaccharide 192, 311
Potential 257, 259, 261
Primärstruktur 194, 311
Primärzelle 311
Prinzip von LE CHATELIER 311
Promotion 22, 311
Proportionalitätskonstante 50
Proteine 194, 311
Protolysegleichgewichte 64
Protolysen 72
Protonen-Isomerie 167
Puffer 68, 249, 250, 251, 279, 311
Puffergleichung 68, 250
Pufferkapazität 249, 251
Puffersystem 250, 251
Pufferwirkung 244
Pyranose 190

Q

Quantenzahl 11, 311
Quartärstruktur 195, 312

R

Racemat 279, 280
Radikalische Polymerisation 212
Radikalische Substitution 135
radioaktive Strahlung, natürliche 299
Radiocarbonmethode 299

Reaktionen, Umkehrbarkeit von 54
Reaktionsbedingungen 234
Reaktionsenergie 312
Reaktionsenthalpie 36, 39, 45, 312
Reaktionsgeschwindigkeit 49, 50, 51, 232
– Anfangsgeschwindigkeit 230, 232
– Durchschnittsgeschwindigkeit 230, 232
– Momentangeschwindigkeit 230, 232
Reaktionsmechanismen, Übersicht 176
Reaktionsordnung 233
Reaktionswärmen 35
Reaktivfarbstoffe 206
Redox-Begriff 74
Redoxgleichung 252
Redoxpaar 252, 257
Redoxpaar, korrespondierendes 312
Redoxpotential 84
Redoxreaktion 73, 75, 77–78, 91, 92, 93, 239, 241, 257, 312
Redoxreihen 78, 78–79, 80–81
Reduktion 74, 252, 312
Reduktionsmittel 76, 256, 312
Regel von KOSSEL 312
RGT-Regel 51, 232, 312
Ribose 190
Ringformel 188
Ringstrukturformel 283

S

Saccharose 190
Salzartige Stoffe 17, 19, 312
Salzartige Verbindung 57
Salze 15, 18, 57
Sauerstoff-Korrosion 113, 313
Säure 313
Säureamide 180, 183, 313
Säure/Base-Paar, korrespondierendes 239, 241
Säure/Base-Reaktion 59, 60, 91, 239, 241

Stichwortverzeichnis

Säure/Base-Titrationen 69
Säurekonstante 63, 313
Säure-Korrosion 112, 115, 313
Schachbrett 13
SCHIFF'sche Probe 239, 274, 278
Schmelzfluss-Elektrolyse 108
Schmelztauchen 115
Schwarz-Pigmente 201
Sekundärstruktur 195, 313
Sekundärzelle 120, 313
Siede- und Schmelztemperatur 30
sp^2-Hybridisierung 23, 313
sp^3-Hybridisierung 21, 313
Spaltungsreaktor 299, 301
Spannung 257, 259, 260
– Überspannung 259, 262, 263
– Zersetzungsspannung 259, 262
Spannungsreihe 85, 313
Spektroskopie 130
sp-Hybridisierung 24, 313
Spiegelbildisomerie 171
Spinquantenzahl 11, 313
SSS-Regel 147, 272
Standard-Bildungsenthalpie 36, 37, 38, 45, 313
Standard-Bildungsentropie 313
Standard-Bindungsenthalpie 313
Standard-Elektrodenpotentiale 83, 314
Standard-Reaktionsenthalpie 314
Standard-Reaktionsentropie 314
Stärke 192
Stellmittel 288
Stellungs-Isomerie 185, 314
Stereo-Isomerie 185
Stoff (Definition) 9

Stoffgemische 9
Stoffmengenkonzentration 239, 245, 250, 251, 256
Strahlung 300
Stromstärkespannungskurve 95, 96
Strukturisomerie 185
Substitution 136, 314
Substitution, elektrophile 271
Substitution, radikalische 269, 270
Synproportionierung 78, 255, 314
Synthesekautschuk 216
System 35, 314

T

Tautomerie 167
Temperaturabhängigkeit 51
Tenside 286
– anionische 287
Tertiärstruktur 195, 314
Tetrosen 187
Thermoplaste 210, 315
Titration 69, 240, 244, 253, 315
Titrationskurve 239, 244
Titrationskurven 70
TOLLENS-Probe 189
TOLLENS-Reagenz 167
Tracer-Methode 298, 300
Trevira 214
Triphenylmethan-Farbstoffe 204, 315

U

Überspannung 98, 315
Umschlagsbereich 66
Ungesättigte Fettsäuren 193

V

Valenzelektronen 315
VAN-DER-WAALS-Bindung 224
VAN-DER-WAALS-Kraft 28
Veresterung 172, 173, 272, 315
Verhältnisformeln 18
Verseifung 173, 193, 315
Vollacetalbildung 284
Vollsynthetische Kunststoffe 315
Volumen 253, 256

W

Wärme 315
Wärmeenergie 315
Waschmittel 286
Waschwirkung 193
Wasserhärte 267
Wasserhärtebestimmung, komplexometrisch 265
Wasserstoffbrückenbindung 29, 223, 315
Wasserstoff-Halbzelle 88
Weiß-Pigmente 201
Welle-Teilchen-Dualismus 11
Wolle 206

X

Xanthoprotein-Reaktion 281

Z

Zellspannung 315
Zellstoff 192
Zerfallsreihe 299
Zersetzungsspannung 315
Zink, Herstellung von 102
Zink/Kohle-Batterie 117
Zustand
– quasistabiler 218, 219
– stabiler 218, 219
Zwischenmolekulare Kraft 28, 315
Zwitterionen 182